BESTSELLER

Cristina Morató (Barcelona, 1961) estudió periodismo y fotografía. Desde muy joven ha recorrido el mundo como reportera, realizando numerosos artículos y reportajes. Tras pasar largas temporadas en países de América Latina, Asia y África –donde trabajó para la Cooperación Sanitaria Española en la actual República Democrática del Congo–, en 2005 viajó por primera vez a Oriente Próximo y visitó Siria y más tarde Jordania. Durante esos años alternó sus viajes con la dirección de programas de televisión, trabajo que decidió abandonar para dedicarse a escribir sobre la vida de las grandes viajeras y exploradoras olvidadas por la historia. En busca de sus rastros, recorrió más de cuarenta países. Los documentos, libros y datos encontrados durante el camino le permitieron escribir *Viajeras intrépidas y aventureras* (2001), *Las reinas de África* (2003), *Las damas de Oriente* (2005) y *Cautiva en Arabia* (2009). Su fascinación por las mujeres excepcionales la ha llevado también a escribir sobre una serie de mujeres de leyenda en *Divas rebeldes* (2010) y en *Reinas malditas* (2014). En la actualidad tiene una columna de opinión en la revista *Mujer Hoy*. Además, es miembro fundador y vicepresidenta de la Sociedad Geográfica Española, y pertenece a la Royal Geographical Society de Londres.

Para más información, visite la web de la autora: www.cristinamorato.com

Biblioteca

CRISTINA MORATÓ

Reinas malditas

DEBOLS!LLO

Reinas malditas

Primera edición en Debolsillo en España: marzo, 2015
Primera edición en Debolsillo en México: noviembre, 2016

D. R. © 2014, Cristina Morató

D. R. © 2014, Penguin Random House Grupo Editorial, S. A. U.
Travessera de Gràcia, 47-49, 08021, Barcelona

D. R. © 2016, derechos de edición mundiales en lengua castellana:
Penguin Random House Grupo Editorial, S. A. de C. V.
Blvd. Miguel de Cervantes Saavedra núm. 301, 1er piso,
colonia Granada, delegación Miguel Hidalgo, C. P. 11520,
Ciudad de México

www.megustaleer.com.mx

© de las portadillas interiores: Roger-Viollet; Mary Evans Picture Library (general history) /
ACI; Musée des Beaux-Arts, Béziers, France / Giraudon / Th e Bridgeman Art Library; UIG vía Getty Images;
Th e Maas Gallery, London / Th e Bridgeman Art Library; Time & Life Pictures / Getty Images

ISBN: 978-607-314-939-6

Impreso en México – *Printed in Mexico*

El papel utilizado para la impresión de este libro ha sido fabricado a partir de madera procedente
de bosques y plantaciones gestionadas con los más altos estándares ambientales, garantizando
una explotación de los recursos sostenible con el medio ambiente y beneficiosa para las personas.

Penguin
Random House
Grupo Editorial

A mi hermana, Maite Morató,
que tanto me ha enseñado

Índice

Los príncipes y princesas son simplemente esclavos de su posición; no deben seguir las inclinaciones de su propio corazón.

Proverbio antiguo

No tengo por muy feliz la condición de reina: en mi vida habría querido serlo. Se padece la mayor de las coacciones y no se disfruta de ningún poder. Una es como un ídolo; debe aguantarlo todo y encima mostrarse contenta.

ELISABETH-CHARLOTTE, cuñada de Luis XIV, Palacio de Versalles, 1719

Las reinas de los libros de historia no pueden confundirse con las de los cuentos de hadas. Los diamantes que lucen en sus coronas nos ciegan acerca de la realidad de las transacciones políticas que su matrimonio sanciona, y de las cuales unos prudentes amoríos raramente las consuelan.

CHANTAL THOMAS,
La reina desalmada, 1993

EMPERATRIZ
SISSI

Una extraña en la corte

No me quedó otro remedio que vivir como una ermitaña. En el gran mundo me persiguieron y me juzgaron mal, me hirieron y me calumniaron tanto… Y sin embargo, Dios, que ve en mi alma, sabe que jamás le hice daño a nadie.

Confesiones de Isabel de Baviera
a su profesor de griego,
Constantin Christomanos, 1891

Al cumplir los treinta y cinco años de edad, Isabel de Baviera —la famosa Sissi— decidió ocultar su rostro tras un abanico y protegerse con una sombrilla de la mirada de los curiosos. Ella, que había sido considerada la emperatriz más hermosa de Europa, estaba harta de ser contemplada por el pueblo como un ídolo. También se negaba a interpretar su papel de encantadora emperatriz del poderoso Imperio austrohúngaro en una corte anticuada y perversa donde siempre se sintió una extraña. No se dejó retratar nunca más y nadie pudo ser testigo de su decadencia física, que tanto le angustiaba. Porque la leyenda sobre su belleza iba paralela a la de su excéntrico comportamiento. Durante más de cuarenta años asombró a todas las casas reales con sus desplantes y su menosprecio al rígido ambiente de los Habsburgo. Sissi rompió todos los moldes de la época y, desde luego, no fue la dócil y ñoña princesa de las películas. Se podrían llenar páginas enteras enumerando sus rarezas y extravagancias, fruto de una enfermedad que hizo de su vida un infierno.

El emperador Francisco José la amó hasta el final de su desdichada vida pero nunca la entendió. Ella, golpeada por las tragedias familiares y las presiones de la corte, bordeó la locura y acabó refugiándose en su propio mundo, olvidando sus deberes y viviendo sólo para sí misma.

La legendaria Sissi vino al mundo en el palacio ducal de Munich la fría noche del 24 de diciembre de 1837. Al ser domingo y día de Nochebuena, su llegada fue recibida como un feliz augurio. Su madre, la princesa real Ludovica de Wittlesbach, era hija del rey Maximiliano I de Baviera y de su segunda esposa, Carolina de Baden. Ludovica era la pariente pobre de sus poderosas hermanas, todas ellas muy bien casadas con reyes y emperadores. Una era reina de Prusia, otra de Sajonia y la mayor, Sofía, habría sido emperatriz de Austria si no hubiera obligado a su débil esposo a renunciar al trono en favor de su hijo mayor, Francisco José.

La mayoría de las princesas de su época tuvieron que dejar a un lado los sentimientos para cumplir con las obligaciones propias de su rango. Ludovica no fue una excepción y, en 1828, contrajo matrimonio con un primo segundo, el duque Maximiliano de Baviera —o Max, como le llamaban—, hombre liberal, bohemio y bastante excéntrico que pertenecía a una rama menor de la Casa de Wittlesbach. Desde un principio, Max le confesó a su esposa que no la amaba y que si había accedido a casarse con ella era por temor a enojar a su enérgico abuelo. Aunque fue un matrimonio de conveniencia y mal avenido, tuvieron diez hijos, de los que dos murieron al poco de nacer.

Ludovica, una mujer de notable belleza en su juventud, contó más tarde a sus hijos que había pasado su primer aniversario de boda llorando todo el día porque se sentía inmensamente desgraciada. Le costó mucho acostumbrarse a la vida bohemia de su esposo, a sus escándalos y a tener que cuidar ella sola de su numerosa prole. Era una esposa sumisa que soportó con abnegación las infidelidades del duque, que solía almorzar en sus aposentos del palacio ducal con sus dos hijas ilegítimas a las que quería con ternura.

La princesa Isabel —a la que todos llaman Sissi o Lisi— estaba habituada a los lamentos de su pobre madre y nunca olvidaría una frase que ésta no dejaba de repetir: «Cuando se está casada, ¡se encuentra una tan sola!». La familia vivía alejada de las rígidas convenciones de la corte imperial de Munich y pasaba largas temporadas en su residencia estival de Possenhofen. Por su rango, los padres de Isabel no tenían que ejercer ninguna función oficial y llevaban una vida sencilla y despreocupada en el campo sin ningún tipo de obligaciones.

La futura emperatriz de Austria nació en el seno de una familia nada corriente. Su padre, el duque Max, era sin duda el Wittelsbach más popular de la época y todo un personaje. En el palacio donde vino al mundo la pequeña, situado en la Ludwigstrasse de Munich, instaló un circo en medio del patio con palcos y butacas de platea para los invitados. El propio duque solía actuar en la pista mostrando su habilidad ecuestre con arriesgados números acrobáticos y vistiendo de payaso. También era famoso su *café-chantant*, al estilo de París, y un salón de baile con un enorme friso de Baco de cuarenta metros de largo. Allí se reunía con su círculo de amigos escritores y artistas bohemios, en torno a una peña conocida como la Tabla Redonda que él mismo presidía emulando al rey Arturo. Una alegre tertulia literaria donde se bebía cerveza, se cantaba, se leía poesía y se discutía acaloradamente. El duque Max fue un apasionado de la música popular bávara y célebre compositor de cítara, instrumento que llevaba en sus viajes alrededor del mundo.

Un mes después del nacimiento de Sissi, abandonó a su familia y emprendió un largo viaje por Oriente Próximo. Cuando llegó a El Cairo tocó la cítara en lo alto de la pirámide de Keops, para asombro de sus acompañantes árabes. También aprovechó su estancia para comprar en el mercado de esclavos «tres negritos», que causaron gran sensación en Munich, así como un buen número de antigüedades. Max, un hombre rico y juerguista, dilapidó su fortuna viviendo como quiso. Pero también era muy culto y poseía una magnífica biblioteca de casi treinta mil volúmenes que decía haber leído o consultado. De todos sus hijos sentía una especial debilidad por Sissi —se refería a ella como «su regalo de Navidad»—, que era la más parecida a él en gustos y carácter.

Isabel pasó la mayor parte de su infancia y adolescencia en el castillo de Possenhofen, situado en un paraje idílico a orillas del lago de Starnberg. Possi, como lo llamaban, era un recio y modesto edificio, flanqueado por cuatro torres, que se alzaba en medio de un extenso parque entre rosaledas que descendían hasta la misma orilla del lago. Aunque veía poco a su padre, que se ausentaba con frecuencia, en el tiempo que Max pasó con sus hijos les inculcó su amor a la naturaleza, la libertad y la vida sencilla. Otra de sus pasiones eran los caballos purasangre, y en su palacio de Munich organizaba concursos de equitación en un hipódromo que mandó construir en su propio jardín.

Como su padre, Sissi prefería el campo a la ciudad y no cambiaba los frondosos paisajes que rodeaban Possenhofen por el brillo de los salones palaciegos. Ya de niña amaba la vida al aire libre, montar a caballo, nadar en el lago, pescar con anzuelo, pasear sola por los bosques y practicar el montañismo. También le gustaba la cerveza y sentía debilidad por las salchichas bávaras, que tanto añorará en la corte de Viena.

Ludovica, a pesar de ostentar desde su nacimiento el título de Su Alteza Real y Princesa Real de Baviera, se comportaba más como un ama de casa burguesa que como un miembro de la alta aristocracia. Apenas disponía de servicio y ella misma educó a sus ocho hijos —algo excepcional en una familia noble— mientras su esposo llevaba una vida errante lejos de casa. La duquesa no tenía grandes ambiciones políticas pero vivía bajo la influencia de su enérgica hermana, la archiduquesa Sofía de Austria. Tres años mayor que ella, sentía un amor devoto y gran admiración hacia esta hermana autoritaria que gobernaba a su antojo en el Palacio Imperial de Hofburg en Viena. Por miedo a perder su favor, seguía con cierto temor todos sus consejos y la ponía siempre de ejemplo a sus hijos.

La corte austríaca le quedaba muy lejos a Ludovica, que vivía como una aldeana, vestía de manera informal y no mantenía ningún trato con su sobrino Maximiliano II, rey de Baviera. Sus únicas aficiones eran coleccionar toda clase de relojes y estudiar geografía. Su esposo Max se burlaba de ella diciendo que sus conocimientos geográficos procedían de los calendarios de las misiones que colgaban en su salón.

Hasta los diecisiete años, Possenhofen es un paraíso para la pequeña Isabel; le encanta andar descalza por sus prados y corretear entre sus animales de compañía: un corzo, un cordero y varios conejos de todas las razas. La princesa habla el dialecto de la región y tiene buenos amigos entre los hijos de los campesinos de la vecindad. Su nueva preceptora, la baronesa Wulffen, tratará de inculcar sin éxito algo de disciplina a estos ocho hermanos medio salvajes que han sido educados con bastante libertad y sin prejuicios sociales. Sissi es una niña delicada y muy sensible que, en ocasiones, se sume en la tristeza sin motivo aparente.

La baronesa no tardará en darse cuenta de que es especial y distinta a su hermana mayor: «Isabel es por temperamento más débil y con tendencia a escrúpulos y preocupaciones. La hermana mayor la domina». La pequeña no tiene mucho interés por el estudio, pero escribe a escondidas versos ingenuos e infantiles. También le gusta el dibujo y toma apuntes de los animales, de los árboles del jardín y de las lejanas crestas de los Alpes, que ejercen en ella una poderosa atracción. A veces el duque Max interrumpe las tediosas clases de la baronesa, y se lleva a sus hijos a recoger fruta al campo o a trepar a los árboles. Otras, se presenta en Possenhofen con una pequeña orquesta y organiza un concierto o un baile en medio del prado. Isabel adorará a este padre ausente, tierno y fantasioso, con el que tanto tiene en común.

El 18 de agosto de 1848 Francisco José cumple dieciocho años y el sueño que su poderosa madre acaricia desde hace tiempo está a punto de cumplirse. Tras la abdicación de su tío

Fernando I, que padecía una enfermedad mental, y la renuncia de su padre, el archiduque Francisco Carlos —hombre débil y poco apto para enfrentarse a las tareas del gobierno—, el joven se convierte en jefe de la casa imperial de los Habsburgo. Su llegada al trono coincide con el estallido de una revolución burguesa en Austria, que sacude los cimientos de la monarquía y que es reprimida con mano dura por los militares. Sofía, satisfecha por haber superado esta grave crisis sin pérdidas territoriales, sólo piensa en la coronación de su hijo. Ésta no se celebrará en Viena —por miedo a nuevos brotes de violencia en la capital—, sino en el palacio arzobispal de la ciudad de Olmütz, en Moravia.

La emperatriz ejercerá una gran influencia sobre este hijo tan joven e inseguro, a pesar de haber afirmado que no se inmiscuiría en los asuntos de gobierno: «[...] en el advenimiento de mi hijo al trono, me propuse firmemente no intervenir en ningún asunto de Estado; no creo tener derecho a ello y lo dejo todo en tan buenas manos, después de trece años de penoso abandono, que siento profunda alegría de poder presenciar ahora con gran confianza, tras el espinoso año de 1848, el nuevo camino emprendido». Pero Sofía no cumplirá sus promesas y durante los siguientes años será ella la que moverá los hilos en Hofburg, centro del poder imperial. Las primeras medidas que Francisco José toma como soberano —entre ellas, la ejecución de los opositores políticos y la abolición de la prometida Constitución— son obra de su madre. Sofía, pragmática y autoritaria, había renunciado a sus ambiciones políticas y conseguido sentar a su hijo mayor en el trono gracias a su influencia en la corte. Es «la emperatriz a la sombra» y manejará a su antojo a su dócil vástago, a quien llama «mi Franzi».

En su juventud la archiduquesa Sofía de Baviera había sido tan hermosa que fue la única de sus hermanas cuyo retrato, su primo, el excéntrico rey Luis I de Baviera, había incluido en su célebre Galería de Bellezas de su residencia de Munich. A los diecinueve años se vio obligada a contraer matrimonio con un hombre al que ni conocía ni amaba, el archiduque Francisco Carlos de Austria. Fue una unión meramente política y aunque Sofía comprendió que no podría cambiar su triste destino, ante las adversidades se transformó en una mujer independiente y enérgica.

Con el tiempo, llegó a amar a su bondadoso esposo «como a un niño al que hay que cuidar» y estuvo muy pendiente de la educación de los cinco hijos que tuvieron en común. En Viena se referirían a ella como «el único hombre de la corte». La archiduquesa, que siempre juzgaría muy duramente a su nuera, olvidaba que también ella había sido una joven e inexperta princesa bávara perdida en una corte extranjera en la que no conocía a nadie y donde se sintió muy sola.

Cinco años más tarde, Francisco José se había convertido en un monarca absoluto y uno de los hombres más poderosos de su época. Fiel representante del Antiguo Régimen, era el jefe de las fuerzas armadas y gobernaba sin Parlamento y sin Constitución. En realidad sus ministros ejercían de meros consejeros porque él era el único responsable de la política del imperio.

Por entonces Austria se había convertido en una gran potencia mundial y el mayor Estado europeo después de Rusia, con cerca de cuarenta millones de habitantes. El imperio abarcaba territorios que hoy pertenecen a Italia, la República Checa, Eslovaquia, Hungría, Polonia, Rumanía, Ucrania, Serbia, Bosnia-Herzegovina o Croacia.

El emperador acaba de cumplir veinticuatro años y desprende un aire de autoridad y un porte majestuoso que despiertan la admiración de los que le rodean. En los retratos oficiales que se conservan de él en aquella época se ve a un joven apuesto, rubio, de ojos claros, cuidado bigote y una figura esbelta a la que sienta como un guante el ceñido uniforme de militar. Era, además, un hombre atento, de exquisitos modales y buen bailarín. Había llegado el momento de buscar una buena esposa a este monarca considerado un soltero de oro por el que suspiraban muchas damas de la corte. Sofía y su hermana Ludovica hace ya tiempo que acarician el proyecto de casar a Francisco José con Elena (Nené), la más responsable y preparada para convertirse en una buena emperatriz. Aunque la joven sólo procedía de una rama bávara secundaria y no pertenecía a la Casa Real de Baviera, ambas coincidían en que era la mejor aspirante. Francisco José está tan dominado por su madre que sólo hará lo que ella disponga y aceptará sin protestar la novia que le destine.

En el verano de 1853, la archiduquesa Sofía invita a su hermana Ludovica y a sus dos sobrinas, Elena e Isabel, a Bad Ischl, una famosa estación termal donde la familia imperial pasa el verano. Francisco José celebra su aniversario y es la excusa perfecta para que conozca a la candidata elegida por su madre para ser la emperatriz consorte. A primera vista, Elena es la prometida ideal: bella, discreta, sabe hablar un francés perfecto (idioma utilizado en las cortes europeas) y ha aprendido el complicado ceremonial cortesano.

Por su parte a Sissi, ajena a lo que su madre y su tía Sofía traman, este viaje largo y agotador por los tortuosos caminos de la región de Salzburgo le resulta un engorro. Ludovica ha insistido en que la acompañe porque le preocupa su estado de ánimo. Isabel, que tenía quince años, se había enamorado de un apuesto conde de la corte al servicio de su padre el duque Max. El incipiente romance fue rápidamente interrumpido por éste y el caballero fue enviado a alguna misión para alejarlo de Munich. Cuando regresó estaba gravemente enfermo y murió poco después. Sissi cayó en una profunda tristeza y pasaba las horas en su habitación escribiendo poemas a su amado y llorando desconsoladamente.

Ludovica pensó que un cambio de aires le sentaría bien y que su hija recuperaría la alegría. Además, abrigaba la secreta esperanza de que el hermano menor del emperador Francisco José, el archiduque Carlos Luis, aún se sintiera atraído por Sissi. Ambos jóvenes se conocieron en 1848 en una reunión familiar en Innsbruck siendo apenas unos niños. Carlos Luis demostró un interés especial por su prima bávara, que entonces contaba once años. Durante un tiempo se intercambiaron románticas cartas de amor y algunos presentes, pero con el paso de los meses la relación se enfrió. La duquesa creyó que este viaje podría reavivar el interés del archiduque por su hija menor, que había cambiado mucho y ahora era una adolescente «bonita y lozana aunque no tuviera ningún rasgo especialmente hermoso».

Desde la primavera Ludovica no ha parado ni un instante carteándose con su hermana y organizando los preparativos de un viaje en el que ha puesto todas sus esperanzas. En esta ocasión tan especial, el duque Max no las acompañará para no entorpecer el proyecto matrimonial de su hija mayor y se limitará a despedirlas en la frontera. Sus ideas democráticas y extravagante forma de vida no son del gusto de Sofía, que intenta pronunciar su nombre lo menos posible en la corte vienesa.

El 16 de agosto de 1853 la duquesa llegaba a Bad Ischl con sus hijas, pero tuvo que solventar varios contratiempos. Sufría una fuerte migraña que la obligó a posponer la salida y llegaron con bastante retraso a su destino. Las tres vestían de riguroso luto porque acababa de morir una tía muy querida. El equipaje se demoró y no les dio tiempo a cambiarse el vestido, negro y polvoriento, que llevaban puesto en el viaje. La archiduquesa Sofía les envió una camarera al hotel donde se alojaban para ayudar a peinar a Elena, que debía estar impecable antes de presentarse ante el emperador. Sissi, a quien nadie ayudó, se arregló ella misma el cabello que recogió en dos largas trenzas.

Sofía invitó a su hermana y a sus dos hijas a tomar el té en la Kaiservilla (Villa Imperial), una lujosa y elegante mansión que la monarquía austríaca alquilaba como residencia de verano. En el salón principal Francisco José esperaba puntual y algo nervioso a sus invitadas, pues sabía muy bien lo que significaba aquella visita. Sólo ha visto una vez a sus primas, y casi no las recuerda porque entonces los asuntos políticos ocupaban toda su atención. Encuentra a Elena bonita, elegante y distinguida, aunque algo fría y estirada. Tiene veinte años pero sus facciones duras y el vestido de luto la hacen aparentar mayor edad. En cambio Sissi, más espontánea e infantil, le resulta encantadora y no puede dejar de mirarla.

Fue un amor a primera vista que a nadie pasó desapercibido. «Enamorado como un cadete, feliz como un dios», dijo sentirse al poco de conocerla. El archiduque Carlos Luis, contrariado y celoso ante el inesperado interés de su hermano por el que fue un amor de juventud, le confesará a su madre que «desde el momento en que el emperador vio a Isabel, apareció en su rostro tal expresión de contento, que ya no cupo duda de a quién elegiría».

Sissi no disfrutó de aquella velada y el nerviosismo le quitó el apetito. A diferencia de Nené, no estaba acostumbrada a las reuniones sociales y en público se sentía cohibida. A la mañana siguiente el emperador acudió temprano al dormitorio de su madre, que acababa de levantarse. Estaba radiante y le comunicó que la pequeña Sissi le parecía adorable y que era con ella y no con Elena con quien deseaba casarse. Sofía le pidió que no se precipitara pues apenas la conocía, pero él insistió en que no era conveniente alargar esta situación. En su diario la archiduquesa Sofía escribió sus primeras impresiones sobre la joven: «¡Pero qué mona es Sissi! Se la ve fresca como una almendra cuando se abre, y... ¡qué espléndida corona de cabellos enmarca su cara! Tiene los ojos dulces y hermosos, y sus labios parecen fresas».

De nada sirvió que Sofía le recordara a su hijo que Elena, a sus diecinueve años, era una muchacha más madura y preparada para compartir el peso de la corona y su hermana, sólo una chiquilla. Por primera vez Francisco José, que tanto reverencia y respeta a su madre, se mostrará inflexible en su decisión. Por la noche se celebra un baile donde el emperador elige a Sissi como su pareja dejando muy claro delante de todos los invitados el lugar que ocupa en su corazón. Sin embargo su prima es tan joven e inocente que no tiene conciencia de todo lo que ocurre a su alrededor. Incluso cuando el soberano le ofrece todos los ramilletes de flores que, según la tradición, debía repartir entre las demás damas participantes, no le llamará la atención.

Tras el baile, en el que Sissi lució un sencillo vestido de seda rosa pálido, Sofía describió con todo lujo de detalles a su hermana María de Sajonia el aspecto de su sobrina: «En sus preciosos cabellos llevaba una gran peineta que mantenía las trenzas sujetas hacia atrás. Como es moda ahora, se aparta el pelo de la cara. ¡La actitud de la pequeña es tan delicada, tan modesta y perfecta y tan llena de una gracia casi sumisa cuando baila con el emperador! La encontré extraordinariamente atractiva, en su modestia de niña y, sin embargo, se mostraba muy natural con él. Lo único que le apocaba era el gran número de personas que la observaba». El único defecto que Sofía encuentra a la joven princesa es que «tiene los dientes un poco amarillos». Ludovica le promete que se los limpiará con más esmero para que sean de su agrado.

A la mañana siguiente el destino de Sissi ya había sido decidido. Aquel 18 de agosto se celebró el cumpleaños de Francisco José en una ceremonia íntima y familiar. Durante el banquete ella se sentó junto al emperador, que no dejaba de agasajarla. Aquella misma tarde éste le rogó a su madre que tanteara si su prima Sissi «le aceptaba» pero sin que nadie la presionara. Cuando Ludovica le preguntó a su hija «si se creía capaz de amar al emperador» la muchacha, angustiada y nerviosa, se puso a llorar. Entre sollozos le respondió que haría todo lo posible para que el emperador fuese feliz y ser una «hija cariñosa» para su tía Sofía. También añadió que no entendía cómo el soberano se podía haber fijado en ella siendo tan insignificante.

Cuando años más tarde alguien preguntó a la duquesa Ludovica si su hija había sido consultada respecto a sus sentimientos antes de dar un paso tan serio, ella contestó: «Al emperador de Austria no se le dan calabazas». La duquesa, ajena a lo que su hija pudiera sentir, estaba muy feliz y agradecida a su hermana, tal como escribió en una carta: «Es una suerte enorme y a la vez una situación tan importante y difícil, que estoy imprésionada en todos los sentidos. ¡Ella es tan joven e inexperta…! Espero, sin embargo, que sean benevolentes con Sissi. Su tía Sofía es muy buena y cariñosa con ella, y para mí representa un gran consuelo que mi hija tenga como segunda madre a una hermana tan querida». Isabel, ya siendo emperatriz de Austria, recordaba aquellos días con menos romanticismo y sentenciaba: «El matrimonio es una institución absurda. Una se ve vendida a los quince años y presta un juramento que no entiende y del que luego se arrepiente a lo largo de treinta años o más, pero que ya no se puede romper».

En los días siguientes Sissi vive en una nube, agasajada por un apuesto y cariñoso emperador que sólo tiene ojos para ella. Se suceden las fiestas, los bailes, los banquetes en su honor y los regalos que le llegan de todas partes. El emperador la obsequia con costosas joyas, entre ellas una magnífica diadema de diamantes y esmeraldas que puede entrelazar entre sus largos cabellos. No deja de exhibir su felicidad, pero a su lado Sissi se muestra muy tímida, callada y llorosa. Sofía, ajena a los sentimientos de la joven, le escribe a su hermana María de Sajonia: «No puedes imaginarte lo encantadora que resulta Sissi cuando llora». A Ludovica le preocupan menos los lloros de su hija que el hecho evidente de que su niña no esté a la altura de lo que se espera de una emperatriz de Austria. En aquellos días le confesaba a una amiga sus temores y «cuánto le asustaba la complicada tarea que aguardaba a su hija Isabel, que prácticamente ascendía al trono desde la *nursery*». Asimismo, sentía inquietud ante las mordaces críticas de las damas de la aristocracia vienesa.

El padre de la novia se enteró del compromiso de su hija preferida a través de un escueto telegrama que le mandó su esposa, y decía así: «El emperador pide la mano de Sissi y tu consentimiento; permaneceré en Bad Ischl hasta finales de agosto, todos muy contentos». Al conocer la noticia el duque Max primero creyó que se trataba de un error en la transcripción, ya que daba por sentado que era su hija Nené la elegida. Tras descubrir que el emperador de Austria había pedido la mano de su dulce Sissi, cuentan que se encogió de hombros y le respondió: «Te lo desaconsejo, es un bobo».

Cuando Max se reunió al jueves siguiente con sus amigos de la peña en torno a su Tabla Redonda todos le felicitaron de manera muy jocosa. En una comida que organizaron en su honor el 30 de octubre de aquel año de 1853, cuando el vino ya hizo sus efectos, todos los comensales allí reunidos cantaron a coro unos improvisados pareados poco respetuosos hacia la familia imperial austríaca. El rey de Baviera, Maximiliano, al conocer el incidente llamó la atención al duque Max y le hizo comprender que a partir de ahora debería llevar «una vida privada honorable, ya que el compromiso de su hija con el emperador atraía sobre toda la familia la curiosidad pública». Pero el duque no estaba dispuesto a obedecer las órdenes de nadie y mucho menos de este monarca débil y enfermizo.

En Viena, la archiduquesa Sofía, que consideraba a Max una «deshonra para la familia y un mal ejemplo para sus hijos», intentará imponer una cláusula matrimonial para evitar que éste asista a la boda imperial. Ludovica le suplicará a su hermana que no le cause semejante humillación ya que su ausencia en el enlace podría interpretarse como que su esposo la había abandonado por una de sus muchas amantes.

Sissi ha cautivado a todos los que la conocen, pero en la corte vienesa a algunos les preocupa este enlace porque los novios no sólo son primos hermanos sino que, además, pertenecen a la misma familia real. También los padres de la novia eran parientes próximos, y ambos de la familia Wittelsbach. Esta dinastía, que durante setecientos años reinó en Baviera, dio a lo largo de su historia una lista de príncipes y reyes excéntricos y trastornados. Se hablaba de que existía entre ellos una tara hereditaria, e incluso el abuelo de Sissi —el duque Pío, padre de Max— era un hombre contrahecho y demente que terminó su triste vida como ermitaño, en la más absoluta soledad. También dos primos de Sissi, el rey Luis II de Baviera (el famoso «Rey Loco») y su hermano Otón, fueron declarados incapacitados para gobernar debido a su extravagante comportamiento y serios trastornos mentales.

Para que la boda imperial pueda celebrarse será necesaria la dispensa papal. Finalmente el 24 de agosto, apenas ocho días después del encuentro de Sissi con Francisco José, se anunció oficialmente su compromiso de matrimonio. La noticia causó gran sensación y, tal como Ludovica temía, en la corte de Viena comenzaron a circular rumores acerca de la prometida. Lo primero que se criticó es que la futura emperatriz de Austria, aunque pertenecía a una familia de la alta aristocracia, no tenía la alcurnia de los Habsburgo. La envidia e inquina de la corte que tanto afectarían a Sissi no habían hecho más que empezar.

El 31 de agosto la dulce estancia en Bad Ischl toca a su fin. El emperador Francisco José debe regresar a sus obligaciones en Viena y Sissi al castillo de Possenhofen. Al emperador le cuesta separarse de su novia, con la que ha compartido quizá los únicos momentos felices de su austera existencia. Como recuerdo de su compromiso matrimonial, la archiduquesa Sofía decidió adquirir la Kaiservilla donde la pareja se había conocido y transformarla en residencia de verano de la familia real. Ya en el palacio de Hofburg, inmerso en los asuntos de la corte, el emperador le escribirá a su madre: «Verdaderamente es un salto duro y terrible pasar de aquel cielo a esta triste existencia de tinta y papel de escribir, atormentada y fatigosa». El regreso de Sissi tampoco es fácil porque le aguarda un intenso programa de estudios. Durante los ocho meses que duró su noviazgo tuvo que prepararse a marchas forzadas para su nuevo cometido. Era urgente que aprendiera francés e italiano y mejorara en poco tiempo su descuidada formación. También era muy importante que conociera la historia austríaca y tres veces por semana acudía a su casa un historiador, el conde Johann Mailáth, asiduo a las tertulias del duque Max. Este profesor, al que Sissi tomó un gran afecto, era un hombre orgulloso de sus raíces húngaras que supo transmitirle el amor y las reivindicaciones de su maltrecho país. No dudó en explicarle a su atenta alumna cómo la antigua Constitución húngara había sido abolida en 1849 por el hombre que pronto sería su esposo. Mailáth enseñó a la pequeña Sissi las ventajas de una forma de gobierno republicana y sus ideas políticas calaron muy hondo en la joven princesa. Ya siendo emperatriz, Isabel de Baviera dejó sin habla a un grupo de cortesanos en una recepción en Hofburg cuando comentó: «He oído decir que la república es la forma de gobierno más conveniente».

Si antes pasaba desapercibida entre sus hermanas, ahora la prometida del emperador es el centro de todas las miradas. Tres artistas se dedican a retratarla para enviar la mejor miniatura a Francisco José y comienzan los preparativos para el ajuar de la novia. Durante las semanas siguientes docenas de modistas, bordadoras, zapateros y sombrereras de Baviera trabajarán a marchas forzadas para tener a tiempo el *trousseau* (ajuar) de la futura emperatriz. La archiduquesa Sofía, en la distancia, no deja de dar consejos y recordar a su hermana que la joven princesa «debía limpiarse mejor los dientes». A Sissi le importan muy poco los vestidos y las continuas pruebas le resultan un fastidio. Las joyas que le llegan de Viena apenas despiertan su interés y ninguno de los costosos regalos le hará tanta ilusión como un papagayo que el emperador le envió a Baviera.

Ludovica observa con preocupación cómo a su hija la invade la melancolía y se muestra callada. Sólo la llegada del emperador a mediados de octubre le devuelve por unos días la alegría. Francisco José se siente dichoso en el ambiente informal de Possi; disfruta jugando con los hermanos pequeños de Sissi, montando a caballo con su prometida y descubriendo las bellezas de sus queridas montañas bávaras. El afecto de Sissi hacia su prometido va en aumento y cada nueva separación provoca en ella un mayor desconsuelo. En una ocasión en que Francisco José tuvo que marcharse precipitadamente porque tenía que atender sus deberes, la pequeña Sissi lloró tanto que «tenía la cara y los ojos muy hinchados».

A principios de marzo, y una vez conseguida la dispensa papal, se firmó el contrato matrimonial. La futura emperatriz recibiría, como dote del duque Max y muestra de «amor paterno y especial predilección», la cantidad de cincuenta mil florines, además de un ajuar acorde a su rango y jerarquía. El emperador se comprometió a aumentar esta modesta dote con otros cien mil ducados, a los que añadió doce mil ducados más en concepto del *Morgengabe*, el «regalo de la mañana», una antigua costumbre de la Casa Imperial que consistía en indemnizar a la esposa en la mañana siguiente de su noche de bodas por la pérdida de su virginidad.

Además, la emperatriz obtendría cien mil ducados destinados sólo a «vestidos, adornos y limosnas y otros gastos menores». Porque todo lo demás (mesa, ropa de casa y caballos, mantenimiento y pago de la servidumbre, así como lo relativo al mobiliario y decoración de los palacios imperiales) corría a cargo de Francisco José. La asignación anual de que Sissi iba a disponer tras ser coronada emperatriz de Austria era cinco veces mayor que la de la archiduquesa Sofía. Una cifra considerable, si se tiene en cuenta que un obrero podía ganar al año unos doscientos florines.

En su última visita a Munich antes de contraer matrimonio, Francisco José entregó a su prometida una valiosa joya que debía lucir el día de la boda. Era una diadema de ópalos y brillantes a juego con el collar y los pendientes, obsequio de Sofía. Por el momento, Sissi no podía quejarse de la forma en que su futura suegra se comportaba con ella. Además de espléndidos regalos, la archiduquesa se volcó en decorar con el máximo lujo la vivienda destinada a los recién casados. Situada en un ala del palacio de Hofburg, no reparó en gastos para contentar a su nuera. Todo tenía que ser lo mejor y lo más caro, desde las tapicerías hasta las cortinas, las alfombras y los muebles. El juego de tocador de Sissi era de oro macizo. Sofía decoró los aposentos del apartamento imperial con numerosos tesoros artísticos, cuadros, objetos de plata, porcelanas chinas, estatuas y relojes provenientes de las diversas colecciones privadas de la Casa Imperial.

Cuando Sissi escribió una carta a su futura suegra para darle las gracias por todas las atenciones, a ésta no le gustó el tono de familiaridad que empleó y así se lo hizo saber a su hijo. Francisco José le dijo al respecto a Sissi: «No estaría bien que yo, su hijo verdadero, la tratase de usted pero todos los demás tienen que tratar a mi madre con el respeto y la consideración que merece por su edad y condición». Aquel incidente hirió su sensibilidad y le dejó un amargo recuerdo. Era solamente el comienzo de una relación imposible con su suegra marcada por las constantes desavenencias. Su tía y suegra Sofía de Baviera no iba a ser para ella una «segunda madre» como tanto deseaba Ludovica, sino su peor enemiga en la corte.

En los días previos a la boda el ajuar de la futura emperatriz quedó listo y fue enviado en veinticinco baúles a la corte de Viena. En el meticuloso inventario que se hizo de todas sus pertenencias queda patente que la novia del emperador no era lo que se consideraba entonces «un buen partido». La mayoría de las joyas que Sissi llevó consigo eran regalo del novio y de su suegra con ocasión de la petición de mano. Las damas de la corte pronto comenzarían a juzgar, a la vista de tan modesto ajuar, a la futura esposa del emperador, a quien desde el primer instante consideraron «una duquesa bávara sin fortuna ni alcurnia». Para Isabel, que sólo tenía dieciséis años y pasaba sus días corriendo en zuecos libremente por los bosques y parques de Possenhofen, semejante ajuar representaba un lujo hasta entonces desconocido. Acostumbrada a una vida sencilla en el campo, la visión de aquellos elegantes vestidos de raso, de tul o de seda junto a tocados de plumas, encajes y perlas, y sus correspondientes corpiños y miriñaques, le pareció un sueño.

Un sueño infantil que muy pronto iba a convertirse en una dolorosa pesadilla. Era muy difícil que Sissi, que odiaba la altanería aristocrática, la etiqueta y las formalidades, pudiera encajar en una corte tan estricta, pomposa y ultraconservadora como la vienesa. El 27 de marzo, en un acto que tuvo lugar en la sala del trono del palacio ducal de Munich y en presencia de toda la corte, la princesa Isabel renunció a sus eventuales derechos al trono de Baviera. Aquel mismo día quedó fijada la fecha de la que iba a ser la boda del año.

EL PESO DE LA CORONA

A finales de abril la duquesa Isabel de Baviera abandonaba Munich en compañía de su madre y sus hermanas. La princesa se despidió con gran emoción de sus amigos y de los hermosos paisajes de los Alpes bávaros que tanto añoraría. Durante buena parte del viaje, que duró tres días enteros, apenas dejó de llorar, tal como fue testigo el enviado prusiano que escribió: «La joven duquesa, a pesar de todo el esplendor y la magnificencia de la posición que le aguarda junto a su egregio esposo, parece muy triste por verse forzada a alejarse de su familia y de su país. Y el dolor de esta separación parece proyectar una sombra de melancolía sobre su rostro...». Cuando el carruaje llegó a orillas del Danubio les aguardaba un majestuoso vapor fluvial —el *Francisco José*—, puesto a disposición del emperador para trasladar a la comitiva nupcial. El barco estaba equipado con un lujo extraordinario: el camarote de Sissi era de terciopelo púrpura y la cubierta había sido transformada en un jardín florido con una glorieta de rosas en el centro para que la novia pudiera retirarse a descansar.

A lo largo de la travesía miles de personas, en su mayoría pobres campesinos, se acercaron a las orillas con la esperanza de poder ver a la novia. Aunque se encontraba agotada por el fatigoso viaje, Sissi no dejó de saludar con un pañuelo de encaje y sonreír tímidamente. Aún estaban con ella su madre y sus hermanas, que intentaban entretenerla para aliviar su nerviosismo. Pero a la duquesa Ludovica, que conocía muy bien a su hija, le preocupaba verla tan pálida, silenciosa y asustada.

Al llegar al embarcadero de Nussdorf, cerca de Viena, todos los pasajeros se cambiaron de ropa. La futura emperatriz de Austria fue recibida por los vieneses con grandes muestras de afecto y admiración. Autoridades, dignatarios del imperio, los miembros más destacados de la Casa de Habsburgo-Lorena y aristócratas esperaban impacientes bajo un arco de flores construido para la ocasión. Sissi hizo su aparición ataviada con un vaporoso vestido de seda rosa, con un amplio miriñaque, mantilla de encaje blanco y un pequeño sombrerito a juego. Antes de que el vapor atracara en el muelle, Francisco José, llevado por la impaciencia, saltó a bordo desde la orilla para saludar a su prometida. Delante de miles de personas que se agolpaban para ver a la novia, la estrechó entre sus brazos y la besó con entusiasmo. Ante esta espontánea escena de amor, el público estalló en vítores y aplausos. Hacía mucho tiempo que los habitantes de Viena deseaban tener una emperatriz como Sissi. El año anterior Napoleón III había contraído matrimonio con la hermosa española Eugenia de Montijo, convirtiendo París en el centro de la elegancia y el buen gusto europeos. Ahora con este matrimonio los austríacos confiaban en que Viena recuperara su antiguo esplendor gracias al encanto y juventud de su emperatriz.

Al ver al emperador tan enamorado, muchos pensaron que llegarían tiempos mejores y que, llevado por su felicidad, se mostraría menos déspota y más abierto a las reformas que tanto ansiaba el país. Tras abrirse paso entre la multitud la pareja imperial se subió a una carroza dorada y puso rumbo al palacio de Schönbrunn, la espléndida residencia de verano de los Habsburgo.

Desde su llegada a Austria la princesa Isabel no podría disfrutar de un momento de descanso ni privacidad. Fatigada y nerviosa por la larga travesía y las interminables recepciones, al llegar al palacio tuvo una vez más que salir al balcón, sonreír y saludar a la gente congregada en sus jardines. En lo sucesivo estos gestos constituirán una parte importante de su vida como emperatriz. En el Gran Salón de Schönbrunn dio comienzo una solemne ceremonia que se prolongó hasta bien entrada la noche. Durante varias horas le fueron presentados, uno por uno, todos los miembros de la Casa de Habsburgo —entre ellos los tres hermanos menores de su esposo, primos, tías y tíos—, así como los altos funcionarios de la corte. Tras el intercambio de los regalos de boda, Sissi se retiró a sus aposentos rendida de cansancio, pero la jornada aún no había acabado. Le quedaba por conocer a las personas que a partir de ahora estarían a su servicio en sustitución de sus damas bávaras, obligadas a regresar a Munich. Su camarera mayor era la condesa Sofía de Esterházy, nacida princesa de Liechtenstein y persona de suma confianza de la madre del emperador.

Esta estirada dama de cincuenta y seis años, ceremoniosa y severa, prácticamente iba a ejercer de institutriz de la soberana. Desde el primer instante Isabel sintió un profundo desagrado hacia ella porque la consideraba una espía al servicio de su suegra. Tal como anotó un ayudante del emperador: «Por un lado trataba a la soberana con demasiados aires de institutriz, mientras que, por otro, veía una de sus principales tareas en iniciar a la futura esposa imperial en toda la chismografía de la alta aristocracia, por la que, naturalmente, la princesa bávara apenas se interesaba». En cambio sus jóvenes damas de honor, encargadas de iniciarla en las costumbres y ceremonias de la corte, le resultaron bastante más simpáticas. La archiduquesa Sofía le advirtió que, como emperatriz, no debía estrechar lazos de amistad con ninguna persona de su servicio.

La casa de la emperatriz Isabel se componía, además de un secretario, de una camarera, dos doncellas, un mayordomo, un gentilhombre de entrada, cuatro lacayos, un criado y una sirvienta. Cuando ya muy avanzada la noche llegó al fin la hora de acostarse, Sissi recibió de manos de su camarera mayor un cuaderno con el siguiente epígrafe: «Ceremonial para la introducción en la Corte Imperial de Su Alteza Real la Serenísima princesa Isabel de Baviera». Debía estudiar su contenido al pie de la letra para que al día siguiente no cometiera ningún desliz y todo se desarrollara según una tradición que se mantenía inalterable desde siglos atrás.

La prometida del emperador de Austria hizo su entrada en la ciudad de Viena en una rica carroza tirada por ocho caballos blancos con las crines trenzadas y escoltada por dos lacayos vestidos de gala y peluca blanca. Sissi, acompañada por su madre la duquesa Ludovica, lucía un vaporoso vestido de color rosa bordado con hilos de plata y adornado con pequeñas guirnaldas rosas. En la cabeza portaba la diadema de brillantes regalo de su prometido. Las modistas y damas de cámara habían tardado tres horas en vestirla y arreglarla para la ocasión, un ceremonial al que a partir de ahora debería acostumbrarse. Pero a los vieneses no les pasó inadvertido que, tras los cristales de la dorada carroza, la novia no dejó de llorar ni un instante.

El largo cortejo cruzó las murallas de la ciudad mientras sonaban todas las campanas de Viena. Con lágrimas en los ojos y un nudo en el estómago, Sissi llegó al que ahora sería su nuevo hogar: el impresionante Palacio Imperial de Hofburg, el edificio más grande de toda la capital. Ajena al sufrimiento y la tristeza de su futura nuera, la archiduquesa Sofía, que esperaba a la novia a la entrada del palacio en compañía de toda su familia, escribió en su diario: «El comportamiento de mi querida niña fue perfecto, lleno de dulce y graciosa dignidad».

La fastuosa boda imperial tuvo lugar en la tarde del 24 de abril de 1854 en la iglesia de los Agustinos y fue oficiada por el arzobispo de Viena. Todos los cronistas coinciden en el insuperable boato y la magnificencia de este enlace pensado para mostrar al mundo el poderío del Imperio austríaco. Uno de los invitados, el embajador de Bélgica, dijo al respecto: «En una ciudad donde no hace mucho el espíritu revolucionario originó tantos estragos, convenía desplegar toda la grandeza y pompa monárquicas».

El interior del templo ha sido iluminado con quince mil velas que proporcionan una luminosidad casi diurna y las altas columnas están engalanadas con ricas colgaduras de terciopelo rojo. Los novios, tan jóvenes y atractivos —ella tiene dieciséis años y él veinticuatro—, parecen los protagonistas de un cuento de hadas. Francisco José, alto y esbelto, con su uniforme de mariscal de campo y el pecho cubierto de condecoraciones, luce un porte regio. A su lado su prima Sissi, con un delicado vestido blanco, bordado en oro y plata y larga cola de encaje, está radiante. En su cabello recogido luce la diadema de brillantes y ópalos que había pertenecido a la archiduquesa Sofía y un ramo de rosas frescas prendido sobre su pecho. La novia muestra una sobrecogedora belleza, pero llama la atención la palidez y seriedad de su rostro. Tras la romántica pues-

ta en escena algunos invitados, como el barón de Kübeck,
intuyen que no todo es de color de rosa: «En el estrado y entre los espectadores, júbilo y una alegría llena de esperanza.
Entre bastidores hay presagios muy, muy oscuros».

Durante la larga y tediosa ceremonia Isabel parece agotada y al borde de una crisis nerviosa. La noche anterior apenas
ha podido dormir debido a sus nuevas obligaciones. A la hora
de acostarse la condesa Esterházy le ha hecho entrega de dos
cuadernos. El primero sólo tiene que leerlo, pero el segundo
debe aprendérselo de memoria. Bajo el título de «Recuerdos
indispensables», sus páginas contienen todos los detalles del
ceremonial de la boda. El emperador ha recibido las mismas
instrucciones y, para disipar la inquietud de su prometida
—incapaz de distinguir entre «las damas de cámara», «las damas de primer orden», «los pajes nobles» «o «los sostenedores
de la cola nupcial»—, la tranquiliza con estas palabras: «Créeme, al fin no será todo tan molesto y cuando hayamos pasado
por todas esas pruebas, tú serás mi dulce y buena mujercita y
juntos ya podremos olvidar deliciosamente tantas incomodidades en nuestro hermoso palacio de Laxenburg».

Pero los buenos propósitos del emperador no se iban a
cumplir. Aunque en un principio Isabel creyó que tras las celebraciones nupciales podría escapar de la corte y refugiarse
en su vida privada, estaba equivocada. Al contraer matrimonio con Francisco José sobre ella recaen el peso y la gloria de
todo el imperio. La joven emperatriz de Austria ha perdido lo
que más aprecia, su libertad.

El tiempo ya no le pertenece y tendrá que soportar una
lista interminable de fiestas, ceremonias, desfiles militares y
recepciones —con sus respectivos cambios de vestuario tres o
cuatro veces al día— sin perder jamás la sonrisa. Según el rí-

gido ceremonial de los Habsburgo nadie puede dirigirse a ella, sino únicamente responder a sus preguntas. Debe ser gentil pero distante, no sonreír en exceso sino con recato. Los besos y abrazos están prohibidos, incluso a sus familiares; sólo se permite besar la mano de la soberana. Espontánea por naturaleza, en más de una ocasión infringirá esta norma para saludar a la gente de la calle al igual que hacía en su Baviera natal.

La archiduquesa Sofía se ha convertido en su sombra; no se separa de ella y la vigila criticando todos sus movimientos: «Has de saber tratar a la gente, saludar con más amabilidad. Te has olvidado de atender a esta dama. Te has entretenido demasiado hablando con aquel caballero». Tras el enlace los recién casados regresan a Hofburg para continuar con los actos protocolarios previstos, pero Sissi ya no puede más y se derrumba. Rodeada de extraños y agotada por la tensión de ese día interminable, abandona precipitadamente el suntuoso Salón de los Espejos donde les esperan los embajadores, legaciones, miembros de la corte a su servicio y cortesanos.

Ante las miradas de desaprobación de los presentes, la joven se refugia en una habitación contigua y rompe a llorar. Su suegra, molesta ante esta reacción que califica de pueril y caprichosa, pronto descubrirá que su nuera —a la que ya trata de «excéntrica»— no está preparada para esa dura disciplina. Hasta el día de su muerte, Sofía le reprochará su negativa a sacrificar su vida personal en aras del deber. Las dos mujeres nunca llegarán a entenderse porque entre ellas existe un abismo generacional. Sissi, tan romántica como ingenua, exclamará tras su boda: «Yo quiero mucho al emperador… pero ¡lástima que no sea un sastre!». Para ella los títulos, las joyas y el dinero no tienen importancia. Lo único que cuenta son los sentimientos hacia su esposo, del que parece cada vez más enamorada. Isabel ignora que acaba de convertirse en un personaje público y que a partir de ahora hasta el menor de sus gestos será observado por mil ojos. Tal como temía su madre, todo el cariño y el fervor que la «novia-niña» —como la llamaban los austríacos— había despertado entre la gente desde su llegada a Austria se iba a transformar en recelo y maledicencia en cuanto pisara Hofburg.

Tras el banquete de gran gala acabaron los festejos nupciales y la pareja imperial pudo retirarse a sus aposentos. Sissi aún tendría que soportar la «ceremonia del acostamiento» vigente en la corte vienesa desde tiempos inmemoriales. En esta ocasión se prescindió del complejo y frío ritual que rodeaba este acto y fueron ambas madres las que acompañaron a sus respectivos hijos hasta su alcoba. Así lo describe Sofía en su diario: «Ludovica y yo condujimos a la joven novia a sus aposentos. Allí la dejé en compañía de su madre y permanecí en la pequeña pieza que hay junto al dormitorio hasta que Sissi estuvo acostada. Entonces fui en busca de mi hijo y le llevé junto a su esposa, a la que también saludé para desearle una buena noche. Sissi trató de esconder entre la almohada su bonito rostro, enmarcado por su espléndida cabellera, del mismo modo que un pajarillo asustado se esconde en su nido».

A la mañana siguiente los recién casados tampoco pudieron estar a solas. Isabel, recién levantada, se vio obligada a desayunar con el emperador y su suegra. Aunque ella hubiera deseado quedarse en sus aposentos con su esposo, éste le suplicó que bajara al salón para evitar una escena desagradable con su madre. Más adelante le confesó a su dama de honor, la condesa de Festetics, lo violenta que se sintió mientras su suegra la examinaba con curiosidad intentando averiguar lo que había ocurrido en la noche de bodas: «El emperador estaba tan acostumbrado a obedecer, que hasta en esto cedió. Pero para mí fue horrible. Si al fin cedí, fue por él».

Ni siquiera en la alcoba imperial existía verdadera intimidad. Los lacayos y las doncellas eran los encargados de difundir cualquier rumor por muy indiscreto que éste fuera. Toda la corte se enteró de que hasta el tercer día no consumaron su matrimonio. También que el emperador Francisco José, aunque muy enamorado de su esposa, se comportó en el lecho de manera torpe y no supo hacerla feliz.

Tras una semana de audiencias, recepciones, bailes de salón y cenas de gala, los emperadores se retiraron al palacio de Laxenburg para disfrutar de su luna de miel. Fue entonces cuando Sissi por primera vez fue consciente de su soledad y aislamiento. Cada mañana muy temprano el emperador viajaba hasta el palacio de Hofburg, en Viena, a unos veinte kilómetros de Laxenburg, para atender sus asuntos y ella se quedaba sola todo el día o en compañía de su suegra. Su madre Ludovica y sus hermanos —incluida Nené— habían regresado a Baviera. Ya no tenía con quién desahogarse y las personas que la rodeaban, desde la condesa Esterházy hasta sus doncellas, eran unas desconocidas. Sissi sólo se entretiene con las inseparables mascotas que ha traído de Possenhofen. Pasa largas horas frente a las jaulas de sus papagayos, a los que enseña palabras y frases enteras, y jugando en su alcoba con sus perros daneses. Llevada por una profunda añoranza, se refugia en la poesía y llena páginas enteras de su cuaderno con versos que reflejan su estado de ánimo.

Su posterior dama de honor, María de Festetics, recogió en su diario los sentimientos de Sissi en su luna de miel: «Aquellos días lloré mucho. Sólo de pensar en ello se me encoge el corazón. Después de mi boda me sentí tan sola y abandonada... El emperador no regresaba hasta las seis de la tarde para cenar. Entretanto yo estaba sola y sentía un miedo terrible a las visitas de mi suegra la archiduquesa Sofía. Porque se presentaba a diario, para espiar todo lo que yo hacía. Aquí no había quien no temblase ante ella, y claro, todo se lo contaban enseguida. Cualquier tontería era un asunto de Estado».

Los primeros meses en Viena fueron muy duros para Sissi. Ella, que venía de un ambiente liberal y bohemio, tenía que enfrentarse al rigor de la corte más pomposa y antigua de Europa. Apenas dos semanas después de su boda se siente prisionera en una jaula de oro y atormentada por los continuos enfrentamientos con su suegra. La archiduquesa Sofía, preocupada por mantener la dignidad imperial, no tolerará la rebeldía de su nuera, pero fracasará en su intento de moldearla como ha hecho con su hijo. Sissi sólo tiene dieciséis años pero posee un carácter independiente y no es tan dócil como aparenta.

En su primera cena en el Palacio Imperial de Hofburg su comportamiento «tan inapropiado» causó un gran revuelo. En aquella velada Sissi pidió cerveza en lugar de vino, ante el asombro de todos los comensales, y después se quitó los guantes para coger los cubiertos. Sofía la reprendió con estas duras palabras: «Has escandalizado a todo el mundo comportándote como una lugareña bávara. Los guantes están prescritos por la etiqueta, la cerveza no es bebida para una emperatriz, por lo menos en público. No es correcto reír para una emperatriz, debe limitarse a sonreír, tanto si se divierte como si se aburre». La respuesta de Sissi fue tajante: «Si no me quiere tal y como soy lo siento mucho, pero no voy a cambiar». Aunque se resistió a cumplir algunas normas de etiqueta que consideraba anticuadas (como tener que cenar con guantes o la obligación de regalar a sus doncellas los zapatos que ha llevado una sola vez), en otras tuvo que claudicar. Tímida y recatada, tampoco le gusta que unas desconocidas la vistan y desvistan a diario cuando ella sola puede hacerlo, pero en este punto no logrará imponerse a Sofía.

La rancia aristocracia vienesa, como tanto temía su madre Ludovica, criticará sin piedad su sencillez y sus intentos de prescindir de la etiqueta tan sagrada para los Habsburgo. Sissi se muestra en público cohibida, apenas habla y sus largos silencios se interpretan como síntoma de escasa inteligencia. En realidad hablaba poco y en voz muy baja porque aún no dominaba bien el francés, idioma de la corte. Las conversaciones insípidas y superficiales —en su mayoría chismes— de palacio no le interesaban lo más mínimo. Además, tenía una fea dentadura y se sentía tan acomplejada que intentaba abrir lo menos posible la boca al hablar. La nobleza austríaca, a los pocos meses de su llegada, ya consideraba a su nueva emperatriz remilgada y tonta. La esposa del embajador belga comentará: «Es sumamente bella, con una figura espléndida y una cabellera que, según dicen, le llega hasta los tobillos. Su conversación, en cambio, no es tan brillante como su físico».

Desde el primer día la vida en el palacio imperial de invierno de Hofburg, la antigua residencia oficial de los Habsburgo, se le hizo insoportable. Este monumental edificio, «inmenso, húmedo y glacial» como ella lo describe, le resulta una prisión aún más terrible que Laxenburg. Sissi se estremece ante los retratos de María Antonieta que nació allí en un crudo invierno de 1755. Al igual que la infeliz emperatriz de Francia, que llegó a la corte de Versalles siendo apenas una niña para casarse con un rey al que no conocía, se siente como si viviera en un escenario teatral. Siempre se encuentra rodeada de un séquito de doncellas y lacayos que no le permiten hacer nada por sí misma. Los miembros de la alta nobleza, funcionarios, clérigos y militares que llenan los pasillos de palacio la miran por encima del hombro y no sabe cómo dirigirse o reaccionar ante ellos. Apenas tiene intimidad ni siquiera en los jardines, abiertos al público por orden de Sofía.

En Hofburg todo le está prohibido. No puede pasear sola ni por los pasillos del palacio, debe montar a caballo siempre acompañada por alguna de sus timoratas damas y ser anunciada antes de entrar en los aposentos de su suegra. No puede ir de compras a la ciudad, ni beber cerveza en las comidas o mostrarse demasiado caritativa. Tampoco en público puede ser cariñosa con el emperador, ni mucho menos abrazarle. Una de sus damas de honor recordaría más adelante que la emperatriz «sentía miedo en aquel mundo de desconocidos, donde todo era tan distinto, y añoraba profundamente su tierra y a sus hermanos, así como aquella vida despreocupada e inocente que llevaba en Possenhofen. Todo lo que en ella había de natural y sencillo tenía que desaparecer bajo la absurda opresión de la exagerada etiqueta. Dicho con otras palabras aquí sólo se trataba de "parecer" y no de "ser", lo que para ella era doblemente duro».

Aunque la emperatriz contaba con el apoyo de su esposo, éste no podía entender que sufriera tanto por estar sola. Su madre Sofía le había educado en un completo aislamiento y había hecho de él un joven muy educado, consciente de sus obligaciones, íntegro y defensor de los valores del Antiguo Régimen. Francisco José aceptaba estos sacrificios como algo inherente a su cargo, una expresión de su categoría imperial. Con el paso de los meses ambos descubrirán que son el polo opuesto.

El hombre con el que se ha casado tiene un carácter puntilloso, ordenado, tímido y modesto. Es un trabajador infatigable que se levanta a las cuatro de la mañana y no abandona su gabinete hasta muy entrada la noche. Es «el primer funcionario del Estado», como él mismo se define. Ella en cambio es una digna Wittelsbach como su padre, caprichosa, excéntrica, culta, excesivamente sensible y con un poderoso afán de libertad. Francisco José la amará hasta el final de su vida, pero siempre se sentiría apegado a su papel de emperador, conservador y absolutista.

Isabel también se sentía excluida porque su esposo nunca le informaba sobre los acontecimientos que sacudían el imperio. El emperador sólo consultaba los asuntos de Estado con su poderosa madre, cuyos consejos apreciaba mucho. Ella era la primera dama del imperio, pero no tenía ni voz ni voto. Como emperatriz de Austria, ostentaba una interminable lista de títulos —entre otros reina de Hungría y Bohemia, reina de Lombardía y Venecia, de Dalmacia, Croacia, Eslovenia...— y cuarenta y siete países más cuya existencia desconocía y ni sabía situar en un mapa. También lo ignora todo sobre la difícil situación que atraviesa Austria, sumida en la bancarrota, amenazada por guerras y hambrunas y muy atrasada en comparación a otros países europeos. Las duras acciones represivas desatadas por el emperador contra los revolucionarios democráticos y los nacionalistas húngaros de 1848 han provocado un malestar que pone en peligro la unidad del imperio.

El anuncio del primer viaje de los emperadores a Moravia y Bohemia ilusionó a Sissi, que por unos días pudo escapar de sus obligaciones en la corte. Tras los levantamientos en Viena y Hungría, la familia imperial se había visto obligada a huir de la capital para buscar refugio en Olmütz donde Francisco José

fue coronado emperador. El viaje era un acto de agradecimiento por la ayuda y fidelidad prestadas por estos dos países
a los Habsburgo en tan difíciles momentos. Por primera vez
Isabel pudo representar el papel de emperatriz ante sus súbditos. Visitó conventos e iglesias, orfanatos, escuelas y hospitales
para pobres. Su forma sencilla y afectuosa de dirigirse a los
más desfavorecidos despertó el entusiasmo de las gentes.

Por su educación y personalidad podía haberse convertido
en «la emperatriz del pueblo» impulsando obras sociales tan
necesarias en el empobrecido imperio. Pero Sofía —temiendo sus ideas liberales y revolucionarias— no se lo permitió y
le otorgó un papel meramente decorativo. Tras dos agotadoras semanas en Bohemia, a su regreso a Viena los emperadores
apenas pudieron descansar. Al día siguiente se celebraba con
gran boato la festividad del Corpus Christi, que en tiempos
de Francisco José era un acto más político que religioso. El
emperador encabezaba la procesión bajo palio para demostrar
su estrecha unión con la Iglesia católica. Al término tuvo lugar un gran desfile militar ante la extrañeza de Isabel, que no
entendía semejante muestra de poder ni la pompa imperial
con ocasión de una festividad eclesiástica. Para ella, que había
sido educada en un hogar católico, pero muy tolerante y liberal, era incomprensible la unión entre Iglesia y Estado. Aunque intentó acudir sólo a la iglesia y no estar presente en el
desfile, su suegra no se lo permitió. La encantadora y muy
elegante emperatriz era la atracción principal de esta festividad y miles de personas llegaron aquel día desde todas las
provincias del imperio para presenciar el acontecimiento y
conocer a su soberana.

La relación de Sissi con su suegra se hizo aún más tirante
cuando la emperatriz se quedó embarazada. De nuevo se sen-

tía muy sola en Hofburg y controlada por todos. El emperador apenas tiene tiempo para ella porque la guerra de Crimea acapara todo su interés. Rusia es ahora enemiga de Austria y los ejércitos imperiales han sido movilizados para impedir que su influencia se agrande, como el zar pretende, a costa de los territorios del Imperio turco. La archiduquesa Sofía la trataba con la misma severidad de siempre obligándola a aparecer en público para exhibir su estado. Años más tarde Isabel recordaría: «Apenas llegaba, me hacía bajar al jardín para explicarme que era mi deber marcar bien la barriga, para que el pueblo viera que realmente estaba embarazada. Era horrible. En cambio, sentía alivio cuando me dejaban sola y podía llorar a mis anchas».

Sofía, esperanzada ante la llegada de un príncipe heredero, se muestra aún más controladora con su nuera y se inmiscuye en todo. En una carta fechada el 29 de junio de 1854, Sofía le dice al emperador: «Me parece que Sissi no debería pasar tantas horas con los papagayos, pues, especialmente en los primeros meses de embarazo, es peligroso ver con insistencia determinados animales, ya que el pequeño en camino puede parecerse a ellos. Es conveniente que se mire mucho al espejo o que te contemple a ti. Que procurase hacerlo así sería muy de mi gusto». También le prohibió que sus enormes perros alemanes, que la seguían a todas partes, entraran en sus aposentos.

A los diecisiete años Sissi daba a luz a una niña «grande y robusta» que fue bautizada con el nombre de su abuela y madrina Sofía, sin que nadie le consultara. Al año siguiente, y para desencanto del emperador que deseaba un varón, tuvo otra niña a la que llamaron Gisela. La emperatriz se mostró feliz con el nacimiento de sus pequeñas y por primera vez en

mucho tiempo se la veía animada. Pero su suegra se interpuso
una vez más en la felicidad de la pareja. Sofía consideraba a su
nuera demasiado joven e inestable para criar a las futuras princesas. Según ella, la emperatriz se debía a sus obligaciones, a su
pueblo y a su esposo, y no podía perder el tiempo cuidando
de sus hijos. Decidió ocuparse ella misma de sus dos nietas y
ordenó instalar las habitaciones de las niñas cerca de las suyas
propias.

Sofía educaría a las princesas de acuerdo a la tradición y
guiada por su profundo catolicismo. Cuando Sissi quería ver a
sus hijas tenía primero que subir una empinada escalera y
cuando alcanzaba su cuarto, no podía estar ni un minuto a
solas con ellas pues siempre se encontraban presentes las sirvientas y los visitantes que acudían para admirar a las pequeñas. La emperatriz se sentía tratada como una niña; ni siquiera
pudo opinar sobre la elección del ama de cría ni de las niñeras
que las cuidaban. Sofía eligió también el médico de cabecera,
el doctor Seeburger, cuyos métodos anticuados la emperatriz
desaprobaba. A Sissi le preocupaba especialmente la salud de
su hija mayor, que tenía mal aspecto y sufría vómitos frecuentes. Se quejaba, y con razón, de que las niñas estaban alojadas
en unas habitaciones que apenas tenían luz natural y poco
ventiladas porque su médico consideraba «que las corrientes
de aire y los cambios de temperatura les eran perjudiciales».
Pero entonces, Sissi era muy tímida e insegura y aún se mostraba sumisa con su esposo.

Con el paso de los meses la separación de sus hijas se le
hizo insoportable y le pidió al emperador que tomara cartas
en el asunto. Francisco José se armó de valor para escribir la
siguiente carta a su madre: «Le suplico encarecidamente que
tenga condescendencia para con Sissi si tal vez le parece una

madre demasiado celosa. ¡Es una esposa y madre tan abnegada! Si usted se digna considerar con calma el asunto, quizá comprenda la pena que nos produce ver a nuestras hijas prácticamente encerradas en su casa, mientras que la pobre Sissi se ve obligada a subir la estrecha escalera para sólo raras veces encontrar solas a las pequeñas [...]. Además, Sissi no tiene en absoluto la intención de privarla a usted de las niñas, y me encargó especialmente que le dijera que las pequeñas estarán siempre a su completa disposición». Por primera vez el emperador desautorizó a su madre. Ésta, indignada ante la idea de apartar a las princesas de su lado, amenazó con abandonar para siempre Hofburg. Pero no lo hizo y siguió luchando para tener bajo su tutela a sus nietas.

Ante la delicada situación de aislamiento que atraviesa Austria tras el fin de la guerra de Crimea y los movimientos independentistas que amenazan la unidad del imperio, Francisco José decidió reconquistar el aprecio de sus provincias más problemáticas, Hungría y Lombardía-Venecia. Para demostrar su poderío militar, el emperador y su esposa viajaron en el invierno de 1856 a los dominios de los Habsburgo en la Alta Italia. Durante cuatro meses se alojaron en los antiguos palacios de Milán y Venecia y desplegaron allí el máximo esplendor de su corte.

En aquel viaje Sissi, acostumbrada hasta entonces a los cálidos recibimientos, pudo comprobar el clima de tensión que reinaba en esos territorios. Pese a todos los esfuerzos de la pareja imperial por mostrarse amables y cercanos, tropezaron con la desconfianza e incluso el odio de la gente. En sus apariciones iban siempre acompañados por un gran séquito militar, lo que constituía una provocación para los italianos hartos de la ocupación de su país. Sissi representó a la perfección su

papel y a pesar del clima de hostilidad no rehuyó las recepciones oficiales e incluso acompañó a su esposo a pasar revista a
sus tropas. El momento más duro fue en Venecia. Cuando los
soberanos atravesaron la gran plaza de San Marcos para visitar
la basílica, la multitud allí reunida les recibió con un gélido
silencio. El cónsul inglés envió a Londres este comentario:
«Lo que movía al pueblo era sólo la curiosidad de ver a la
emperatriz, cuya legendaria belleza había llegado, naturalmente, hasta aquí».

Pocas semanas después de su estancia en Italia, los emperadores emprendieron viaje a Hungría. Las relaciones entre
Viena y Budapest eran sumamente tensas desde 1848, cuando
la rebelión de la aristocracia húngara fue brutalmente reprimida por el ejército y muchos nobles fueron ajusticiados. La
corte de Viena, con la archiduquesa Sofía al frente, era extremadamente antihúngara; en cambio Isabel sentía simpatía por
este pueblo valiente y orgulloso. El viaje es arriesgado, pero el
emperador está convencido de que el encanto y la belleza de
su esposa cautivarán a los sublevados. Como iban a estar ausentes cuatro meses, Sissi quiso llevarse con ella a sus dos hijas, lo
que dio pie a un nuevo enfrentamiento con su suegra. La archiduquesa se mostró contraria a que las niñas realizaran una
travesía tan larga y agotadora, y temía que el clima malsano
del río les fuera perjudicial. Pero esta vez Sissi se salió con la
suya y las pequeñas les acompañaron.

El viaje se realizó en barco por el Danubio, desde Viena
hasta la actual Budapest (entonces eran dos ciudades, Buda y
Pest, que se unieron en 1873). Para la joven soberana fue un
flechazo con un país al que se sentiría unida para siempre.
A pesar de la tirantez política que se respiraba en el ambiente,
los recibieron con muestras de afecto y respeto. La habilidad de

Sissi para la equitación despertó gran admiración en Hungría. Cuando un día asistió a caballo, junto a su esposo, a una parada militar, el público la aplaudió con entusiasmo. En cambio al conde de Crenneville, miembro del séquito imperial, le horrorizó el ver a su emperatriz montada a caballo: «Una actitud tan impropia de una soberana me causó un efecto deplorable».

Sissi guardaría un triste recuerdo de su primer viaje oficial a Hungría. Cuando los emperadores se disponían a visitar las provincias húngaras, la pequeña Sofía de dos años cayó enferma con fiebres y disentería. Aunque los padres estaban muy inquietos, el doctor Seeburger los tranquilizó diciendo que no era nada grave y que su estado era debido a la dentición. Pero en los días siguientes la salud de la niña empeoró. El viaje al interior fue suspendido y Sissi no se separó ni un instante del lecho donde yacía su hija, que se encontraba extremadamente débil. Tras doce horas de agonía, Sofía falleció víctima del tifus en los brazos de su madre. «Nuestra pequeña ya tiene su morada en el cielo. Hemos quedado llenos de aflicción. Sissi, resignada ante los designios del Señor», telegrafió Francisco José a su madre.

El matrimonio regresó de inmediato a Viena con su séquito llevando consigo el pequeño ataúd con el cadáver de la niña. Tras esta desgracia la emperatriz intentó destituir a Seeburger, a quien consideraba anticuado e incompetente y culpable de la muerte de su niña. Pero su suegra no lo consentirá, y el médico del emperador, muy respetado en la corte vienesa, seguirá en su cargo atendiendo las crisis nerviosas y los peligrosos ayunos de Sissi.

La archiduquesa Sofía Federica de Habsburgo-Lorena, de dos años de edad, fue enterrada con toda solemnidad en la cripta de los Capuchinos donde reposan los restos de los miembros de la casa de los Habsburgo. Francisco José, por consejo médico, decidió que su esposa no asistiera al sepelio para no agravar más su delicado estado de salud. Durante el tiempo que duró su doloroso luto Sissi no tuvo fuerzas para visitar el lugar donde estaba enterrada su hija.

Pero en septiembre de 1858 falleció su prima Margarita de Sajonia, esposa de un hermano de Francisco José. Tenía sólo dieciocho años y sentía un gran afecto por ella. Pese a su mal estado de salud, Sissi decidió asistir al funeral de su desdichada prima en la cripta de los Capuchinos. En realidad deseaba conocer el lugar donde se encontraba la tumba de su hija mayor. Cuando descendió por una estrecha y lúgubre escalera alumbrada por antorchas al recinto mortuorio que albergaba los sarcófagos de la realeza austríaca, le pareció un lugar siniestro. Este sótano frío y húmedo era el destino reservado a todos los Habsburgo. Ya entonces Sissi, que comenzó a obsesionarse ante la idea de la muerte, manifestó su deseo de no ser enterrada en la cripta imperial. Pero incluso al final de sus días no podría librarse de las inquebrantables normas que regían en la corte de Viena, y su cuerpo reposaría en este tétrico mausoleo familiar.

La súbita muerte de Sofía sumió a Sissi en una grave depresión que marcaría su carácter para siempre. Estaba inconsolable, se aisló de todo el mundo, lloraba sin cesar y se negaba a comer. Nadie podía aliviar el profundo sentimiento de culpa que tenía por haber expuesto a su hija a un viaje tan arriesgado. Su suegra, aunque no se atrevió a reprocharle nada y se mostró con ella más condescendiente, en el fondo nunca le perdonó lo ocurrido. La relación entre ambas aún fue más conflictiva.

Tras esta tragedia familiar, Sissi se convenció de su incompetencia como madre y abandonó la lucha por su otra hija Gisela, de apenas once meses. Dejó de preocuparse por la niña y aceptó que su abuela Sofía se hiciera cargo de ella. El viaje a Hungría de la pareja imperial, a pesar de su trágico final, sirvió para que el emperador se mostrara más benevolente y aunque se negó a restituir la antigua Constitución húngara, promulgó una amnistía y autorizó la devolución de los bienes incautados a los nobles.

En aquel verano de 1857 el estado anímico de la emperatriz era tan preocupante que la duquesa Ludovica llego a Viena desde Possenhofen para tratar de consolarla. En esta ocasión la madre de Sissi se hizo acompañar por el viejo médico de cabecera de la familia, el doctor Fischer, que inspiraba más confianza a la emperatriz que el médico de la familia imperial. Pero ni la presencia de su madre y de sus hermanos logró animarla. Además en esta época tan dolorosa, el hermano menor del emperador Francisco José, el archiduque Maximiliano, se casó con Carlota, hija del rey de Bélgica.

La nueva cuñada de Sissi no sólo era bella, inteligente y muy rica, sino que contaba con un árbol genealógico intachable. La archiduquesa Sofía no se cansaba de ensalzar la buena educación y preparación que tenía la joven en comparación con Isabel, que aún se comportaba como si estuviera en Baviera. Mostrando sus preferencias hacia su nueva nuera, la archiduquesa consiguió que entre ambas jóvenes creciera una fuerte enemistad. La posición de Sissi en la corte empeoraba cada vez más, pero cuando a finales de aquel desdichado año de 1857 se supo que estaba embarazada, todos sintieron una gran satisfacción y acudieron a felicitarla.

El 21 de agosto de 1858 la emperatriz dio a luz en su residencia de Laxenburg al heredero al trono imperial. Fue bautizado con el nombre de Rodolfo en memoria del primer emperador de la dinastía Habsburgo. La alegría por este nacimiento tan esperado fue grande en la corte de Viena y sincera entre el pueblo llano, que recibió generosos donativos. El emperador regaló a su esposa un magnífico collar de perlas de tres hileras, como muestra de gratitud. Al día siguiente Francisco José, con gran emoción, nombró al recién nacido coronel de los ejércitos. «Quiero que el hijo que me ha sido dado por la gracia de Dios pertenezca a mi valeroso ejército desde su llegada al mundo», declaró exultante. Daba por hecho que el príncipe tendría que ser soldado, le gustara o no.

Mientras todos a su alrededor se mostraban alegres y felices con el acontecimiento, para Sissi resultó una experiencia muy dura. El parto, a diferencia de los anteriores, fue largo y complicado. Se encontraba muy débil y tardó varias semanas en recuperarse. Pese a sus ruegos, tampoco en esta ocasión se le permitió amamantar a su hijo que fue entregado a su ama de cría, Marianka, una campesina de Moravia robusta y sana elegida por su suegra.

Sissi atravesaba uno de los momentos más difíciles desde que llegó a la corte de Viena. Sus hermanas a las que tanto añoraba se iban casando una tras otra. Primero fue la mayor, Elena —Nené—, que había sufrido mucho con el desplante del emperador y ahora, a sus veinticuatro años, contraía matrimonio por amor con el príncipe Maximiliano de Thurn y Taxis, uno de los más poderosos y acaudalados del país. Después le llegó el turno a la menor, María Sofía, que se comprometió con el príncipe Francisco de Borbón, heredero de Nápoles y Sicilia. Este enlace causó un gran revuelo en toda la familia ya que otra de las hijas iba a ser reina de un Estado europeo. Una unión con la Casa Real de Nápoles constituía un gran partido para una duquesa de Baviera.

En enero de 1859 María Sofía de Baviera, casada por poderes con el heredero al trono de Nápoles, al que no conocía ni amaba, se detuvo en Viena de camino a su nuevo país. La joven, que tenía diecisiete años, permaneció dos semanas en la corte de Viena para alegría de la emperatriz cuya salud seguía empeorando. Al final de su estadía, Isabel la acompañó a Trieste y pudo contemplar llena de melancolía la ceremonia de entrega. Al igual que ella, su hermana iba a ser muy desgraciada junto a un esposo mental y físicamente débil, y obligada a vivir un largo exilio cuando el reino de Nápoles fue anexionado en favor de la unificación de Italia. El destino de María Sofía de Baviera le recordaba al suyo aunque en su caso ella tenía a su lado a un esposo que, a pesar de las desgracias familiares, se mostraba tan enamorado de ella como el primer día.

LA EMPERATRIZ AUSENTE

Aunque Francisco José no habla nunca de política con ella, Sissi sabe cómo el malestar de las provincias italianas y de Hungría pesa sobre la política interna de Austria. En la primavera de 1859, cuando Gisela tenía tres años de edad y Rodolfo nueve meses, el emperador —preocupado por el avance del ejército enemigo— parte a los territorios en guerra de la Alta Italia para supervisar personalmente las operaciones militares. Los dominios de los Habsburgo en Italia están en peligro y la inexperiencia del soberano conducirá a sus tropas a una terrible y sangrienta derrota. Cuando Sissi se entera de que su esposo debe partir al frente, se muestra muy afligida. Tras una triste despedida en la estación de Mürzzuschlag, la emperatriz regresa al palacio de Schönbrunn donde se encierra a llorar en sus aposentos. La niñera de sus hijos, Leopoldina Nischer, escribiría en su diario: «El desconsuelo de la emperatriz sobrepasa todo lo imaginable. No ha dejado de llorar desde ayer por la mañana, no come nada y está siempre sola, como no sea con los niños».

Ante la ausencia de su esposo Isabel atraviesa un estado de desesperación «casi histérico» que preocupa mucho a su madre Ludovica. La emperatriz, nerviosa y deprimida, abandona por completo sus obligaciones oficiales y casi no sale de sus aposentos. Fue entonces cuando comenzó a llevar un ritmo de vida tan insano como extravagante. Dormía muy poco y sufría frecuentes crisis de angustia. Volvió a sus curas de hambre, se la veía absorta en sus pensamientos y montaba a caballo durante horas seguidas. Su extraño comportamiento deja perpleja a la archiduquesa Sofía, que no se atreve a contarle a su hijo la actitud de su nuera. Su único consuelo son las largas cartas de amor que la pareja imperial se escribe a diario.

A su llegada a Verona el 31 de mayo de 1859, Francisco José, inquieto por su estado de salud, le dice: «Mi querido ángel Sissi, mis primeros instantes después de levantarme son para pensar en ti y decirte cuánto te quiero y cómo mi anhelo va hacia ti y los pequeños. Supongo que estarás bien, pero has de procurar cuidarte y no ponerte demasiado triste, como me prometiste. Procura, pues, distraerte y tener buen ánimo…». Tras la desastrosa batalla de Magenta en 1859 y la evacuación de Milán, la emperatriz le suplica que le permita reunirse con él, a lo que el emperador le responde: «Por desgracia, ahora no puedo acceder a tus deseos, por mucho que quisiera hacerlo. En la agitada vida del cuartel general no hay sitio para mujeres, y yo no puedo dar mal ejemplo a mis soldados». El emperador no sabía cómo tranquilizar a su esposa y en otra carta le suplica: «Ángel mío, si me amas, no te angusties tanto. Cuídate, procura hallar distracción, monta a caballo y sal a pasear en coche, pero con mesura y prudencia. Conserva para mí tu preciosa salud, para que a mi regreso te encuentres bien repuesta y podamos ser muy felices».

Pero de nada servirían los tiernos consejos del emperador a su esposa. Sissi ha vuelto a sus ayunos, galopa a caballo durante horas seguidas, se muestra ensimismada y rehúye los tés y las comidas familiares que da su suegra. Se siente sola y rodeada de enemigos que hablan a sus espaldas. El doctor Seeburger, que no siente ningún aprecio hacia ella, le dedica estas duras palabras: «Ni como mujer está a la altura deseada; en realidad vive desocupada. Sólo ve a los niños de tarde en tarde y, mientras llora y se desespera por la ausencia del emperador, se consuela cabalgando horas y horas, con evidente riesgo de su salud. Entre ella y la archiduquesa Sofía se abre un abismo de hielo, y la camarera mayor, condesa Esterházy, no tiene influencia alguna sobre ella». Por su parte, el capitán de palacio censura «la actitud de la emperatriz que fumaba mientras iba en coche, lo que me resultaba del todo desagradable…». Incluso la reina Victoria de Inglaterra se enteró de este escándalo y de que también la hermana menor de Sissi y futura reina de Nápoles era aficionada al tabaco.

Desde el frente, Francisco José no se cansará de recordarle a su esposa los deberes inherentes a su posición: «Te ruego por nuestro amor sagrado que procures mantenerte serena, que te vean por la ciudad. Visita tiendas, lugares públicos. No imaginas el bien que con ello puedes hacerme. Puedes levantar el ánimo de Viena, puedes mantener el espíritu que es necesario a un pueblo para vencer. Mantente firme para bien mío, ya que yo me encuentro tan cargado de desdichas». Ha llegado hasta sus oídos que Sissi muchas veces cabalga sola pero otras lo hace acompañada de su caballerizo, Henry Holmes, un apuesto y veterano jinete por quien la emperatriz siente gran simpatía. Sofía no aprueba esta conducta, pero la emperatriz seguirá practicando su deporte favorito y se aficionará, para pánico del emperador, a saltar obstáculos.

Mientras las noticias que llegan desde el frente son cada vez más preocupantes y el estado de ánimo en Austria es desastroso, el emperador sigue escribiendo a su esposa tiernas cartas tratando de calmar su angustia. El final está cerca y, tras las derrotas militares en Magenta y Solferino contra las tropas de Napoleón III, Francisco José por primera vez deberá asumir la responsabilidad de su fracaso. Nunca será tan impopular en su país como en aquellos difíciles días. El pueblo le reprochará al todopoderoso monarca su falta de mando político y militar, y la pérdida de miles de soldados en una guerra absurda por defender una provincia extranjera. Con los ánimos muy bajos, le escribe a Sissi: «He adquirido muchas nuevas experiencias, y ahora conozco lo que siente un general derrotado. Las graves consecuencias de nuestra desgracia todavía están por venir, pero yo confío en Dios y creo no tener de qué arrepentirme ni haber cometido ningún error de estrategia». La duquesa Ludovica, en cambio, no dudó en criticar el afán del emperador por destacar como jefe de los ejércitos a pesar de su inexperiencia militar.

Isabel se entera de la derrota de Italia en el palacio de Laxenburg, donde ha organizado un hospital para atender a las víctimas. En una carta Francisco José le dice: «Alberga a los heridos donde tú quieras; en todas las dependencias del palacio. Serán muy felices de estar atendidos». Tras las cruentas batallas hay más de sesenta y dos mil heridos y enfermos y los hospitales de Austria son insuficientes y faltan medicinas. Palacios, iglesias y conventos fueron convertidos en improvisados hospitales de campaña. En aquellos difíciles momentos Sissi intentó informarse sobre lo ocurrido a través de los periódicos y se mostraba muy crítica con su suegra, a la que acusa de «comprometer al Estado, la dinastía y el porvenir de su marido y de sus hijos». Está convencida de que las ideas de Sofía en política exterior, que tan hondo han calado en el emperador, acarrearán la ruina definitiva del imperio.

Sissi adopta una postura cada vez más contraria al régimen absolutista y militar de su esposo. Por primera vez se atrevió a darle un consejo político: que firmara la paz con Napoleón III lo antes posible. Francisco José no le hizo ningún caso, y se mostró molesto por lo que consideraba una intromisión en sus asuntos. Finalmente, Austria firmaría la paz con Francia, cediendo la Lombardía, su provincia más rica, y manteniendo por poco tiempo Venecia. El emperador aprobará el Diploma de Octubre, un decreto que supone un primer paso para establecer un régimen parlamentario y otorgar al imperio una Constitución. En una carta a su madre, la archiduquesa Sofía, le señala: «Tendremos que soportar algo de vida parlamentaria pero el poder continúa en mis manos». Con la destitución de los que hasta ahora eran sus hombres de mayor confianza, entre ellos el conde Grünne —su general ayudante de campo y gran amigo—, la archiduquesa es consciente de que va perdiendo su influencia en la corte.

Apartada de sus hijos y de los asuntos de gobierno en los

que su esposo no le permite inmiscuirse, en el invierno de
1859 Sissi sufre su primera crisis matrimonial. Francisco José
que, hasta el momento se ha mostrado muy paciente con su
egocéntrica y caprichosa esposa, está harto de las interminables discusiones entre la emperatriz y su autoritaria madre. El
ambiente de tensión en Hofburg le resulta insoportable y por
primera vez en casi seis años de matrimonio surgen los primeros rumores sobre los amoríos del emperador. Aunque
hace tiempo que ha olvidado sus obligaciones conyugales
—la sexualidad le produce verdadero rechazo y pocas veces
comparten su lecho—, la noticia le causa una gran desilusión.
Hasta ahora el emperador había demostrado un profundo
amor hacia ella y le consentía todos sus caprichos.

Sissi no sabe cómo enfrentarse a esta nueva e inesperada
situación y opta por provocar a los que la rodean. En aquel
duro invierno cuando el emperador atraviesa su peor momento tras las derrotas sufridas en Italia y la capital austríaca
está sumida en la miseria, decidió divertirse. Ella, que siempre
se había negado a participar en cualquier actividad social
—salvo las celebraciones oficiales de la corte a las que no podía negarse—, organizó en sus apartamentos seis espléndidos
bailes en la primavera de 1860. En cada uno invitó sólo a
veinticinco parejas, todos ellos jóvenes solteros de la más alta
sociedad y con un impecable árbol genealógico, como lo exigían las costumbres de la corte vienesa. El escándalo estalló
porque a estas fiestas privadas de Su Majestad sólo eran invitadas las parejas y no así las madres de las muchachas, como
era lo habitual. Además Sissi, que siempre se había mostrado
muy tímida y poco sociable, ahora acudía encantada a los
grandes bailes que se organizaban en casas particulares de la
ciudad y regresaba a altas horas de la madrugada.

En la corte todos están indignados con el comportamiento de la emperatriz, que parece haber perdido la razón. En los salones y pasillos de Hofburg sólo se habla de las excentricidades de la primera dama del imperio. De su manía de cabalgar al galope durante horas, de su nueva afición a los saltos hípicos, de sus continuos y peligrosos ayunos, de su empeño en llevar el corsé tan ceñido a su cintura de avispa que le causa ahogos y sofocos en público; también de su desmedido amor a sus perros, de sus papagayos de Brasil que viajan siempre con ella, y, más adelante, del mono que le compraría como mascota a su hija Valeria y que campará a sus anchas por los salones provocando el pánico de sus damas.

Muy pronto toda la corte tendrá un nuevo tema del que hablar y una ocasión más para criticarla. En aquellos días manda instalar en sus aposentos unos aparatos de gimnasia —potro, anillas y espalderas— para practicar a diario y durante horas. Le ha pedido a una de las caballistas del circo Renz de Viena que le enseñe una tabla de ejercicios para mantener su cuerpo ligero y flexible como el de una adolescente.

A finales de octubre de 1860 la extraña enfermedad que padece Isabel trae de cabeza a sus médicos. Los tres hijos que ha dado a luz en apenas cuatro años, la inquietud por la suerte de su hermana María, reina de Nápoles en una Italia donde el movimiento de unificación es imparable, las intrigas de la corte y las tensiones con su suegra han destrozado sus nervios. Con frecuencia sufre vértigos, jaquecas, náuseas y fatiga; también fiebre, padece insomnio y apatía.

En realidad Isabel comenzó a enfermar tras su boda con el emperador cuando no pudo soportar más el ambiente asfixiante de la vieja corte austríaca. De pequeña había sido una niña fuerte y muy saludable. Después de dar a luz a su hijo

Rodolfo se la veía más pálida y cansada, y tenía una tos persistente que le impedía dormir. Sus feroces ayunos la habían dejado muy debilitada y estaba anémica. Sus dolencias, aunque se achacan a sus continuos embarazos y a los regímenes demasiado estrictos a los que se somete para recuperar lo antes posible su silueta, son también de origen psicosomático.

Muy pocos tuvieron el placer de ver comer a la emperatriz en público; por lo general se excusaba de las comidas y cenas familiares. Tras el nacimiento de sus hijas, y para mantener su juventud y esbelta figura, se sometió a unos hábitos alimenticios que acabarían minando gravemente su salud. Los atracones de pasteles los compensaba con severas dietas que seguía con un fanatismo que sorprendía a todos. Un consomé compuesto por una mezcla de carne de ternera, pollo, venado y perdiz; carne fría, sangre de buey cruda, leche, tartas y helados constituían sus únicos alimentos. No comía verduras ni fruta, tan sólo naranjas. Durante una etapa de su vida en la que se dedicó de manera febril a la caza del zorro, se dejó influenciar por las dietas que seguían los jinetes ingleses y su único alimento era el bistec crudo. Su bebida favorita era la leche fresca y en todos sus viajes solía transportar vacas y cabras con ella. Cuando se instaló a vivir en su villa de la isla griega de Corfú se hacía llevar desde Trieste en barco cargamentos de chocolate, carne roja y cerveza.

Vivía obsesionada por mantener su peso de cincuenta kilos y conservar su famosa cintura de sólo cuarenta y siete centímetros. Sissi medía un metro setenta y dos, era bastante más alta que su esposo, pero en los retratos oficiales hacían que pareciera más baja que el emperador. Sus comportamientos obsesivos no sólo afectaron a sus dietas sino también a sus ocupaciones diarias, marcadas por un frenético afán de moverse —prohibió colocar sillas en sus salas de audiencia—, de pasear cuatro y cinco horas diarias y galopar a caballo hasta la extenuación. La emperatriz encontró en la gimnasia una de sus actividades predilectas que practicaba a diario, algo inusual para una dama de su época y rango. También daba clases de esgrima y hacía ejercicios de tiro en los fosos de Schönbrunn. Sus largas caminatas a paso de marcha provocaban las quejas de sus damas de compañía y personal de seguridad, incapaces de seguir su ritmo. En más de una ocasión recorrió a pie los treinta kilómetros que separaban Possenhofen de Munich. Estas manías y sus curas de hambre acrecentaron su carácter ya de por sí neurasténico. Isabel tenía todos los síntomas de una enfermedad entonces desconocida: la anorexia nerviosa.

A punto de cumplir veintitrés años, ha tocado fondo y le anuncia al emperador que quiere irse lejos de Viena aunque le duele separarse de sus hijos: «Me siento enferma; he de evitar la crudeza de los inviernos; me conviene un clima meridional». El doctor Skoda, especialista en enfermedades de pulmón, tras examinarla —y temiendo una tuberculosis— recomienda que se traslade a un lugar más cálido, porque su vida corre peligro. Francisco le propone que se retire a algún balneario del sur del país en el Adriático para curar sus pulmones, pero ella le responde que quiere salir de Austria e irse muy lejos. Sissi ha elegido la isla de Madeira tras escuchar a su cuñado favorito —el archiduque Maximiliano— alabar las bellezas de aquella isla donde residió una larga temporada. Su lejanía favorece que el emperador no pueda visitarla, algo que también desea la emperatriz porque necesita «encontrar la serenidad necesaria para su atormentado espíritu».

En su desesperación Sissi no piensa en la impresión que

causará en la opinión pública esta salida precipitada a un país extranjero. Aunque de todas las provincias llegaron mensajes de apoyo al emperador, la archiduquesa Sofía critica con dureza lo que considera un abandono de sus obligaciones como primera dama del imperio. En el fondo, esta situación le favorece porque su nuera estará un largo tiempo ausente y podrá recuperar su terreno perdido en la corte y educar sin interferencias a sus nietos. Sin embargo en su diario Sofía mostrará su hipocresía al escribir estas palabras ante la inminente partida de su nuera: «Estará cinco meses separada de Francisco José y de los niños, sobre los que tan feliz influencia ejerce y a los que educa realmente bien. La noticia de su decisión me causó una gran desazón».

En la corte nadie se compadece de ella; al contrario, muchos se alegran de su partida porque en Hofburg las cosas volverán a ser como antes. De nuevo madre e hijo compartirán algunas veladas. Aunque son muchos los que dudan de que la enfermedad de Sissi sea tan grave como ha diagnosticado su médico, su inesperada partida causa conmoción en todo el imperio. La reina Victoria pone gustosa a disposición de la emperatriz su confortable yate imperial que, en aquellos últimos días de noviembre, se encuentra en Amberes. Sissi no tiene que preocuparse por sus gastos pues el emperador le hace entrega de una carta de crédito ilimitado. Ella misma ha elegido a las damas y caballeros de su séquito, todos ellos jóvenes, alegres y atractivos que la harán olvidar las caras largas de la corte.

Esta vez la condesa Esterházy no irá con ella ni podrá espiar todos sus movimientos. Le ha ordenado que se quede en Viena al cuidado de sus hijos. Francisco José acompaña a su esposa hasta la ciudad bávara de Bamberg, donde se despide de ella con frialdad aunque le embarga la tristeza. Al día siguiente Isabel embarca en el yate real británico con su servidumbre y su voluminoso equipaje, que incluye sus inseparables mascotas. En el golfo de Vizcaya les sorprende un fuerte temporal que provoca mareos a casi todos los pasajeros, médicos incluidos. Pero la emperatriz, tan delicada de salud, es la que mejor resiste las molestias del mar. Lejos del lúgubre ambiente de Hofburg se siente renacer. Con este viaje da comienzo la vida errática de la soberana, que intentará pasar en Viena el menor tiempo posible. En ellos encontrará el único modo de escapar de las presiones a las que estaba sometida y dar rienda suelta a su carácter nostálgico y melancólico. En una carta al conde de Grünne confiesa: «Quisiera seguir viajando. Cada barco que veo alejarse me hace sentir deseos de hallarme a bordo. Tanto me da que fuese a Brasil como a África o al Cabo de Hornos con tal de no permanecer demasiado tiempo en el mismo sitio».

En Madeira la emperatriz se instala en una hermosa villa encalada, Quinta Vigia, con espléndidas vistas al mar. La mansión, construida sobre las rocas, está rodeada de un frondoso jardín tropical. Sissi lleva una vida tranquila y bastante solitaria porque la isla ofrece pocas distracciones. Se entretiene con sus perros, sus papagayos y con los ponies que ha mandado comprar para revivir su infancia en Possenhofen. El clima primaveral contribuye a mejorar su salud y está de buen humor. Pero a medida que pasan los días comienza a sentir una gran añoranza de su esposo y de sus hijos. De cuando en cuando recibe cartas del emperador interesándose por sus dolencias, pero las noticias que llegan a Viena son contradictorias.

El conde Rechberg, que la visita en su villa, escribe en una carta: «La pobre emperatriz causa mucha pena; de la tos no se encuentra mejor, la veo en el mismo estado, aunque en verdad nunca tosió mucho. Pero moralmente se halla en un estado de terrible abatimiento, sumida en una profunda melancolía, cosa muy natural en su situación. Se pasa la mayor parte del día encerrada en su habitación, llorando. [...] Come poquísimo, pues la comida de cuatro platos la devora en cinco minutos. En su melancolía no tiene humor para salir; casi siempre está sentada junto a la ventana, excepto algunos momentos en los que pasea a caballo nunca más de una hora».

Sin embargo otros visitantes la encuentran rejuvenecida y muy serena. Pasa sus días tocando la mandolina, escuchando *La Traviata* de Verdi en una pianola y jugando a las cartas con sus damas. Pero sobre todo leyendo mucho —entre otros a Rousseau y al poeta alemán Heine, sus dos escritores favoritos— y estudiando húngaro ayudada por el conde de Hunyady. Este galante caballero, que comparte con ella su amor por el mar y los caballos, no tardó en enamorarse de la melancólica soberana por lo que recibió la orden de regresar a Viena.

A principios de abril de 1861 la emperatriz piensa en el retorno a Hofburg con sentimientos encontrados. Anhela ver a sus hijos tras su larga ausencia pero teme enfrentarse de nuevo a su suegra y a la inquina de la corte: «Siento no pasar el mes de mayo en Viena, porque me perderé las carreras. Por otro lado, prefiero estar lo menos posible en la ciudad con quien, sin duda, habrá aprovechado al máximo mi ausencia para dirigir y vigilar al emperador y a los niños. El comienzo no será agradable y necesitaré algún tiempo para adaptarme y cargar de nuevo con mi cruz».

Antes de reunirse con su esposo en Trieste, la emperatriz Isabel llegaba a las costas de Cádiz a bordo del yate de la reina Victoria. Desea viajar de incógnito y ha pedido a su embaja-

dor en Madrid que no le hagan ninguna recepción. Pero en
Sevilla el duque de Montpensier, cuñado de la reina Isabel II,
pone a su disposición un coche de gala tirado por seis caballos
y le ofrece el suntuoso palacio de San Telmo para que se alo-
je con su séquito. Sissi rechaza el ofrecimiento del duque,
pues prefiere visitar la ciudad a su aire, sin obligaciones ni eti-
quetas. Tampoco acepta la invitación de los reyes de España
para que les visite en su palacio de verano en Aranjuez. En
cambio le interesa ver una corrida de toros y se organiza una
en su honor el 5 de mayo en Sevilla. Su presencia en la plaza
causa una gran expectación y la gente alaba su sencillez y lla-
neza.

El viaje continúa por Gibraltar hasta Mallorca, y de ahí a
Corfú. Esta isla, entonces en manos de Inglaterra, la cautivó
desde el primer instante y aunque quiso detenerse en ella más
tiempo y visitar el resto de islas Jónicas, Francisco José impaciente salió a su encuentro en Trieste. Tras seis meses de separación la pareja imperial se abrazó de nuevo con lágrimas en
los ojos de emoción. Al enterarse de su regreso Ludovica le
dice en una carta a su hermana Sofía: «Quiera Dios que Sissi
le proporcione ahora una feliz vida hogareña. Y Francisco
José halle la paz interior y el íntimo goce que tanto merece
después del largo y triste invierno. Confío en que, después de
tanto tiempo, Sissi sepa valorar y disfrutar su suerte y que él
encuentre en ella lo que de sobra necesita como bálsamo y
lenitivo para los dolorosos quebraderos de cabeza inherentes a
su cargo, así como para toda la ingratitud con que tropieza».

Pero Sissi nunca sería un «dulce bálsamo» para su enamorado esposo. Apenas llevaba unos días en Viena cuando su
salud de nuevo empeoró, volvieron la tos y los accesos de fiebre. Lloraba por cualquier motivo y buscaba la soledad. En

junio el doctor Skoda diagnosticó una «tisis galopante» y recomendó a su esposo que le permitiera instalarse un tiempo en Corfú, porque temía por su vida. Aunque muchos en la corte pensaron que este diagnóstico era exagerado, lo cierto es que el estado nervioso de Sissi era alarmante. En una carta a su madre Ludovica, angustiada por ser una pesada carga para Francisco José, la emperatriz le dice: «¡Ojalá tuviera una enfermedad que se me llevara deprisa! Entonces el emperador podría volver a casarse y ser feliz con una mujer sana, pero de esta forma nos hundimos poco a poco, de manera terrible... Es una desgracia para él y para el país...».

Sissi viaja a la isla griega de Corfú con un séquito de treinta y tres personas, entre ellas el doctor Skoda, encargado de velar por su salud. Ya durante el viaje en barco se siente aliviada, no tiene fiebre y parece más alegre. El gobernador inglés pone a su disposición el palacio donde él habita, pero la dama elige una casa de campo tranquila y algo retirada. El cambio de clima le sienta muy bien y al poco tiempo desaparece la tos, el dolor de pecho y ha recuperado el color de sus mejillas. Sissi da paseos por los bosques de laureles, hace largas excursiones en un velero alrededor de la isla y se aficiona a los baños de mar. «Mi vida es más tranquila aquí que en Madeira, me encanta pasar largas horas en una roca junto al mar, mientras los perros retozan en el agua y yo contemplo el claro de luna sobre las olas», le escribe al archiduque Luis Víctor, hermano del emperador.

Mientras su esposa descansa en su idílico retiro del Mediterráneo, Francisco José pasa sus días en su despacho preocupado por los disturbios que sacuden Hungría y la difícil situación que atraviesa su imperio, cada vez más empobrecido y debilitado. En los primeros días de octubre decide viajar él mismo a Corfú para comprobar en persona cómo siguen allí las cosas. No es un encuentro romántico como los de antaño, sino más bien frío y respetuoso, pero está dispuesto a recuperar a su esposa. Sissi le confiesa que sufre mucho al verse privada de sus hijos, pero que no desea pasar el invierno en Viena por miedo a recaer. Finalmente llegan a un acuerdo y el emperador, al ver su mejoría, permite que los niños viajen a Venecia para estar allí unos meses con ella. Al enterarse la archiduquesa exclamará: «Un sacrificio más para nuestro pobre mártir, su excelente padre». Sofía intentará por todos los medios que sus nietos no abandonen Viena durante tanto tiempo. Incluso llegará a decir que el agua de Venecia era mala para la salud y podían enfermar. El emperador mandó llevar a Venecia cada día agua fresca del manantial de Schönbrunn para no tener que oír sus recriminaciones.

Después de permanecer un año entero en Corfú y Venecia, la emperatriz aún no se atrevía a volver a Hofburg y prefirió quedarse un tiempo en Possenhofen. Las semanas que pasó en ese lugar que tan felices recuerdos le traían la ayudaron a coger fuerzas para enfrentarse de nuevo a la fría y aburrida vida cortesana de Viena. Sissi viajaba con abundante servidumbre, peluqueros, lacayos, criados, cocineros… tantos que no cabían en la residencia familiar y tuvieron que alojarse en las hosterías de los alrededores. A las estiradas damas vienesas de su séquito, aquel ambiente familiar tan informal y bohemio les resultó de lo más desagradable. En sus cartas a la corte describen el alboroto inaguantable de las comidas y el comportamiento de la duquesa Ludovica, que siente debilidad por los animales al igual que su hija: «La duquesa no se separa de los perros, siempre tiene alguno en su falda o a su lado o debajo del brazo, y les mata las pulgas encima de los platos. Cla-

ro que los platos se cambian en el acto». Alguna se atrevió a
hablar del «ambiente pordiosero» de la casa paterna de Isabel
y de la libertad de costumbres allí reinante.

Aunque a Sissi le hubiera gustado pasar más tiempo en su
amada Baviera, a mediados de agosto de 1862 tuvo que regresar a Viena porque era el cumpleaños del emperador. Francisco José cumplía treinta y dos años y escribió una carta a su
madre, que se encontraba veraneando en Bad Ischl: «¡Qué
feliz soy de tener de nuevo a Sissi conmigo y, así, volver a gozar de un "hogar"! El recibimiento de la población de Viena
fue realmente cordial y simpático. Hace tiempo que no reinaba aquí un espíritu tan favorable».

Isabel se instaló de momento en Schönbrunn dispuesta a
disfrutar de sus hijos y llevar una vida tranquila lejos de Hofburg. En este tiempo que ha estado separada de su marido y
de la corte imperial, ha madurado y no duda en imponer su
voluntad. Francisco José, temeroso de que vuelva a ausentarse
perjudicando así el prestigio de la Casa Real, acepta sin rechistar sus condiciones. Sissi desea que se respete su soledad y
poder pasear sola por el palacio y por los jardines, sin su séquito ni vigilancia policial que tanto la angustian. Montará a
caballo el tiempo que le plazca y asistirá a los actos oficiales
que sean imprescindibles. En su breve encuentro con el emperador en la isla de Corfú, también consiguió la autorización
para destituir a su camarera mayor, la condesa de Esterházy, a
la que tuvo que soportar durante ocho largos años. Ésta fue la
primera provocación de Sissi a la corte vienesa que lo tomó
como un grave desaire.

En su retiro de Schönbrunn la emperatriz olvida las odio-
sas normas de etiqueta y vive a su antojo. Una de sus damas
palatinas informa el 15 de septiembre de 1862: «Ha perdido

completamente la costumbre de ir acompañada; va mucho a pie y en carruaje con el emperador. Cuando Su Majestad no se encuentra en palacio, permanece sola en su cámara o en su jardín privado. Pero gracias a Dios, ahora está en su casa y permanecerá en ella, esto es lo principal. Tiene un aspecto sano, parece otra mujer, posee buen color, está fuerte y curtida, come con apetito, duerme bien, puede caminar horas enteras…».

Sissi le ha pedido también a su esposo que a partir de ahora opinará sobre lo que considere mejor para el desarrollo y la educación de sus hijos. Los príncipes Gisela y Rodolfo, de seis y cuatro años, respectivamente, han crecido bajo la influencia de su autoritaria abuela y apenas han tenido relación con su madre. Tras la muerte de su hija mayor Sofía, la emperatriz renunció a ocuparse de ellos pero ahora que ha regresado a casa descubre que su pequeño Rodolfo es un niño muy sensible que necesita su cariño. Su padre Francisco José lo ha mandado separar de su hermana y de su niñera la baronesa de Welden para ponerle en manos de su nuevo y severo educador, el conde de Gondrecourt. Desde el nacimiento de su heredero el emperador soñaba con hacer de aquel niño un valiente y fuerte soldado, pero su naturaleza se lo impedirá. Rodolfo había heredado la sensibilidad de su madre, era tímido, nervioso y fácilmente excitable. Desde que le pusieron bajo la tutela de su nuevo preceptor el pequeño padecía fiebres, anginas, indigestiones y múltiples trastornos. Gondrecourt había recibido órdenes muy estrictas de «tratar con rigidez» al futuro heredero para convertirlo en un militar ejemplar.

Los inhumanos métodos de adiestramiento sólo consiguieron que el pobre niño enfermara gravemente y se temiera por su vida. Cuando llegó a oídos de la emperatriz que su hijo era sometido a agotadores ejercicios físicos, a duchas de agua fría y a pasar hambre entre otros métodos expeditivos de absoluta crueldad, Isabel reaccionó y fue a ver al emperador. Su indignación y espanto eran tan grandes que, haciendo acopio de valor, le entregó por escrito la siguiente nota: «Es mi deseo que me concedan unos poderes ilimitados en todo lo referente a los niños: la elección de las personas que les rodean, del lugar de su estancia, el completo encauzamiento de su educación; es decir, que todo, hasta el momento de su mayoría de edad, sea decidido por mí sola. Isabel. Ischl, 27 de agosto de 1865».

Once años había tardado Sissi en encontrar el valor suficiente para enfrentarse a su esposo y a su suegra Sofía. Al imponerse de manera tan enérgica al emperador, amenazándole incluso en que si no cumplía con sus exigencias abandonaba para siempre Austria, Francisco José cedió. En la corte los rumores no se hicieron esperar y muchos criticaban la debilidad que el soberano mostraba frente a su mujer. Para Isabel lo importante es que había conseguido librar a su hijo de la severa educación militar que le infligía Gondrecourt y sustituirlo por un preceptor que sentía verdadero afecto por el niño. La emperatriz también se encargó de elegir a los profesores de su hijo apostando por intelectuales burgueses y liberales cuyas enseñanzas calaron hondo en su pupilo.

Con el tiempo el príncipe heredero Rodolfo de Habsburgo llegó a ser un liberal convencido, lo que le acarrearía graves enfrentamientos con su padre el emperador. Sin embargo su madre siempre lamentaría no haber intervenido antes porque el príncipe padecería graves secuelas —como trastornos psíquicos y pesadillas— a lo largo de toda su vida.

Si Francisco José cedía cada día más a las peticiones y caprichos de su esposa, no sólo era porque estaba en juego el prestigio de los Habsburgo, sino porque seguía enamorado de ella. Isabel había madurado y estaba en el apogeo de su belleza. La práctica constante de ejercicio y las estrictas dietas a las que se sometía mantenían su aspecto juvenil. Hacia 1860 la fama de la belleza de la emperatriz Isabel de Baviera se había extendido por toda Europa. Desde que llegó a la corte vienesa, la archiduquesa Sofía fue muy consciente del magnetismo que ejercía entre la gente sencilla. En una ocasión, tras una excursión por los jardines del Prater, escribió en su diario: «Es la emperatriz la que atrae a la gente, porque es su ilusión, su ídolo». Cuando Sissi se dejaba ver en las calles de Viena se formaban tales aglomeraciones que casi siempre tenía que intervenir su cuerpo de seguridad para rescatarla.

Consciente de su poder de seducción, Sissi se fue volviendo más arrogante, caprichosa y egocéntrica. Todos estaban enamorados de ella, desde Napoleón III hasta el príncipe de Prusia o el sha de Persia, siempre dispuesto a atender sus caprichos. En 1869, cuando Francisco José se encontraba de viaje en Egipto, ella le escribió diciéndole que deseaba tener «un negrito» para que su hija Valeria jugara con él. Como el emperador se negó a esta nueva extravagancia de su esposa, el sha de Persia le envió uno a la corte como regalo. Se llamaba Rustimo y era un pobre enano negro feo y contrahecho. Sissi se divertía a su costa llevándolo consigo en sus paseos y excursiones, para horror de sus damas de compañía que lo consideraban «un monstruo». Cuando al cabo de unos años la emperatriz se cansó de él, el desdichado acabó sus días en un asilo para pobres.

Fue en sus primeros viajes a las islas de Madeira y Corfú donde sufrió una gran transformación y fue consciente por primera vez de su belleza. Los jóvenes caballeros que viajaban con ella, como su ardiente admirador el conde de Hunyady, no dudaban en alabar sus virtudes y su atractivo físico. Con el tiempo Sissi iba a desarrollar un auténtico culto a la belleza, muy en la línea de la familia Wittelsbach —como Luis I de Baviera y su célebre Galería de Bellezas de Munich— y sólo le gustaba rodearse de mujeres guapas.

En 1862, durante su estancia en Venecia, Isabel comenzó su afición a coleccionar fotografías de bellezas de toda Europa. A su cuñado el archiduque Luis Víctor le escribe: «Comienzo un álbum de bellezas y colecciono fotografías de mujeres. Te agradeceré me envíes todas las caras bonitas que puedas conseguir de Angerer y de otros fotógrafos». También los diplomáticos austríacos recibieron la indicación de enviarle al ministro de Asuntos Exteriores fotos de mujeres hermosas para la emperatriz. Ante tal extraña petición, muchos pensaron que las fotografías en realidad eran para el emperador de Austria y no para su esposa.

En los años sesenta cada una de las escasas apariciones públicas de Sissi causaba sensación. En 1865, cuando acudió a la boda de su hermano Carlos Teodoro en Dresde, su presencia provocó un inesperado revuelo. «Sissi estaba resplandeciente de belleza, y la gente se volvía loca. Nunca había visto yo nada igual», confesó un testigo del enlace. Isabel lucía en aquella ocasión un vestido blanco, bordado de estrellas; en el cabello llevaba las famosas estrellas de brillantes, y en el pecho un ramillete de camelias frescas. Fue en aquel tiempo cuando Winterhalter pintó los tres célebres retratos de Isabel de Baviera que le dieron renombre mundial. Pero lejos de halagarla, la fama de su extraordinaria belleza a medida que aumentaba se hizo más agobiante para ella. Tímida y reservada en extremo, tenía que enfrentarse a las miradas curiosas y a las críticas de la gente. Hasta el mínimo defecto de su vestido o de su peinado era comentado.

Con el tiempo llegó a sentir un auténtico temor hacia las personas desconocidas y se dejaba ver muy poco en público. Isabel cuidaba su hermosura sólo para ella, como apoyo a su seguridad. Los que la conocían bien aseguran que consideraba su cuerpo como una obra de arte demasiado preciosa para exponerla a las miradas de todos los curiosos y mirones. Su belleza le proporcionaba la sensación de ser una elegida, de ser distinta. La condesa de Festetics, que conocía y apreciaba mucho a su emperatriz, a finales de los setenta escribió en su diario que Isabel de Baviera poseía muy buenas cualidades, pero que era como si un hada mala las hubiera transformado en lo contrario: «Belleza, encanto, distinción, sencillez, bondad, nobleza de sentimientos… ingenio, gracia, picardía, sagacidad, inteligencia, pero como una maldición todo se vuelve contra ti, y hasta tu hermosura no te causará más que disgustos, y tu elevado espíritu volará tan alto, tan alto, que te conducirá al error».

Pero era su larga cabellera lo que provocaba la mayor admiración. Sissi rendía un auténtico culto a su cabello, cuyo color rubio se hacía teñir de un tono castaño, y lo mimaba en extremo. En una ocasión llegó a confesar: «Soy esclava de mi pelo». Tenía una espléndida melena, sana y abundante, que en su juventud le llegaba hasta los tobillos. Generalmente lo llevaba recogido porque le pesaba tanto que le provocaba dolores de cabeza. Los originales y artísticos peinados que lucía —imitados por las damas de la corte— requerían una gran habilidad por parte de sus peluqueras.

El gasto y el trabajo que implicaba mantener el cabello de

Su Majestad eran enormes. Se lo lavaba cada tres semanas con costosas esencias y la ayuda de una mezcla de coñac y yema de huevo. Ese proceso le llevaba un día entero, en el que la soberana no estaba para nada más. El peinado diario de su melena requería no menos de tres horas —vestirse, otras tres— y aprovechaba el tiempo para leer y escribir cartas. También comenzó a estudiar griego y húngaro con el sacerdote Homoky, porque se sentía cada vez más atraída por este país. Su peluquera oficial, Fanny Angerer, se convirtió en una persona importante en la corte y cobraba un sueldo similar al de un catedrático universitario. La emperatriz sólo se dejaba peinar por ella y se negó a asistir a más de un acto oficial si la peluquera estaba enferma y no podía peinarla.

A medida que se hacía mayor, Isabel se obsesionó de manera enfermiza con mantener su legendaria belleza. En su lucha por no envejecer, recorría los más afamados balnearios europeos de Karlovy Vary, Gastein, Baden-Baden o Bad Kissinger para someterse a largos y costosos tratamientos. En una época en que no se conocían los cosméticos ella utilizaba innovadores cuidados corporales. Para mantener el cutis terso se aplicaba mascarillas de carne fresca de ternera, o fresas trituradas. Por las noches dormía con paños húmedos sobre las caderas pues creía que así no perdería su esbelta figura.

En el Palacio Imperial de Hofburg la emperatriz mandó construir detrás de su tocador un cuarto de baño propio —inexistente en el resto de los aposentos reales—, en el que instaló una bañera de chapa de cobre. Allí tomaba sus baños de vapor y de aceite de oliva para hidratar la piel, y contrató a una especialista en masajes e hidroterapia. Sissi sólo vivía para su cuidado personal mientras «su maridito», como firmaba sus cartas el emperador, le suplicaba que no se ausentara tanto de

Viena y que atendiera de vez en cuando sus obligaciones como emperatriz.

Isabel nunca disimuló las simpatías que sentía hacia el pueblo húngaro, tan maltratado por la corte y el gobierno de Viena. Con el tiempo se convirtió en una ardiente defensora de sus peticiones nacionalistas. En 1864, llegó a la corte vienesa Ida Ferenczy, una joven campesina de origen húngaro que ejercería gran influencia sobre la soberana. Su nombramiento como dama de compañía de la emperatriz fue muy criticado en Hofburg porque la elegida no pertenecía a la alta aristocracia. Durante treinta y cuatro años, hasta la muerte de Sissi, fue su más íntima confidente. Ida conocía todos sus secretos, se ocupaba de su correspondencia más privada y acabó siendo su amiga. Fue ella quien le presentó al conde Gyula Andrássy, uno de los líderes de la revolución del 48 y héroe nacional, cuyas ideas calaron hondo en la emperatriz. Cuando en una recepción de la corte, Andrássy tuvo el privilegio de ser presentado por primera vez a la emperatriz, ésta se quedó impresionada por su exótico aspecto entre «gitano y salvaje». El conde vestía el espléndido atuendo bordado en oro de la aristocracia magiar, que consistía en un manto con pedrería, botas altas con espuelas y una piel de tigre echada sobre los hombros.

En la corte vienesa se rumoreaba que eran amantes, pero la emperatriz admiraba a Andrássy por su inteligencia y valentía al poner en peligro su vida por defender una causa justa. Francisco José lo había condenado a muerte por alta traición, pero Andrássy consiguió huir a París y regresó tiempo después al ser concedida una amnistía. Tras largos años de negociaciones con la Corona austríaca, en 1867 el emperador restauró su antigua Constitución y reconoció sus privilegios

como reino independiente dentro del imperio. Fue un triunfo político de Isabel, que desde ese instante contó con el sincero afecto del pueblo húngaro. El 8 de junio, en una ceremonia de auténtico lujo asiático celebrada en la iglesia de
Matías en Budapest, los emperadores de Austria fueron coronados como reyes de Hungría. Francisco José vestía el uniforme de mariscal húngaro y la emperatriz, un vaporoso vestido
de inspiración húngara de brocado y plata confeccionado en
París por el modisto Worth, un corpiño de terciopelo y una
corona de diamantes. No será fácil volver a ver juntos en público a la pareja imperial.

UNA VIDA ERRANTE

En agradecimiento a su apoyo la nación húngara regaló a los
emperadores de Austria el castillo de Gödöllö, que se convertirá en el refugio favorito de Sissi. Este monumental edificio
barroco, coronado con llamativas cúpulas, se encontraba cerca
de Budapest y estaba rodeado de espesos bosques que cubrían
una extensión de diez mil hectáreas. Por su parte, el mayor
obsequio que Isabel pudo ofrecer a Hungría y a su esposo fue
el nacimiento de un cuarto hijo. A los diez meses de la coronación, nació en Budapest la princesa María Valeria, «su hija
húngara», como ella la llamaba. La emperatriz cuidó de la niña
con una dedicación exclusiva y un amor maternal exagerado.
«Ahora sé la felicidad que significa un hijo propio. Esta vez
tuve el valor de amar a mi pequeña y de quedármela. Cómo
lamento que los demás hijos me fueran arrebatados enseguida»,
le confesaría años más tarde a la condesa de Festetics.
Aunque en Viena corría el rumor de que Andrássy era el pa-

EMPERATRIZ
SISSI

Aunque su hermana mayor Elena –apodada Nené– era la destinada a casarse con el emperador de Austria, éste se quedó prendado de Isabel de Baviera –más conocida como Sissi–. Nadie entendía qué había visto Francisco José en aquella princesa bávara de quince años, tan delgada y poco desarrollada, de mirada melancólica que parecía una colegiala. La amó con pasión hasta el día de su trágica muerte.

El emperador Francisco José era un hombre atento, de exquisitos modales y buen bailarín, pero también un monarca absoluto y poderoso que gobernaba con mano dura su vasto imperio. Su madre, la archiduquesa Sofía de Baviera, le manejó a su antojo y fue ella la «emperatriz a la sombra» en la corte de Viena.

Uno de los retratos más conocidos de la emperatriz de Austria, pintado por Franz Xaver Winterhalter en 1864, en el que aparece con un fabuloso vestido de gasa y tul, ricamente bordado en oro, y con los hombros al descubierto. Su largo cabello, una de sus señas de identidad, está adornado con estrellas de diamantes.

El suntuoso palacio de Schönbrunn –conocido como el Versalles vienés– cuenta con 1.441 habitaciones y está rodeado de magníficos jardines. En este lugar de ensueño vivió Sissi los primeros y más felices años de su matrimonio. Fue también residencia de verano de la joven María Antonieta y uno de sus lugares favoritos.

El cuidado diario de su espléndida melena requería no menos de tres horas, y necesitaba otras tres más para vestirse. Se lavaba el pelo cada quince días con costosas esencias y una mezcla de coñac y yema de huevo. El proceso requería de un día entero en el que la emperatriz no estaba para nada más.

Una de sus grandes pasiones fue la equitación, que practicaba casi a diario. Era una intrépida y temeraria amazona: durante años participó en las cacerías inglesas y en las carreras de saltos de obstáculos. Podía resistir seis horas sobre su silla de montar y recorrer hasta doscientos kilómetros en un día. En su palacio húngaro de Gödöllö montó una pista de circo donde aprendió acrobacias sobre el caballo.

La vida de Isabel de Baviera no fue un romántico cuento de hadas y estuvo marcada por las desgracias familiares y su delicada salud. Su excéntrico comportamiento era debido a una enfermedad entonces desconocida: la anorexia nerviosa. La actriz Romy Schneider interpretó a Sissi en varias películas y su rostro quedó para siempre asociado a la bella emperatriz de Austria.

El suicidio de su hijo Rodolfo, heredero al trono imperial, fue para Isabel el golpe definitivo. Tras la tragedia, repartió sus joyas entre sus damas más fieles, se vistió para siempre de luto y prohibió que la retrataran.

dre de la pequeña, la paternidad de Francisco José quedó fuera de toda duda. En aquel tiempo los soberanos habían reanudado sus relaciones íntimas y ante el enorme parecido de Valeria con el emperador, los rumores se acallaron.

La admiración de Andrássy, nombrado primer ministro de Hungría, se mantuvo hasta la muerte de este político. En su frecuente correspondencia con la emperatriz se refleja su incondicional lealtad y agradecimiento. «Usted ya sabe que tengo varios amos: el rey, la Cámara de los Comunes, la Alta Cámara, etc… Pero ama no tengo más que una, y precisamente por conocer a una mujer que pueda mandarme obedezco muy a gusto», le dijo en una ocasión a Ida Ferenczy. El bautizo de la princesa tuvo lugar en el castillo húngaro de Ofen, lo que indignó aún más a la archiduquesa Sofía y a la sociedad cortesana. Isabel quiso a esta niña con un amor tan posesivo y asfixiante que en la corte de Viena era conocida irónicamente como «la Única». Años más tarde la propia Valeria confesaría: «El excesivo amor de mamá pesa sobre mí como una carga insoportable».

Las prolongadas estancias de Isabel en Hungría y los triunfos obtenidos en este país que tanto amaba provocaron un gran malestar en Viena. La vida en Hofburg era un infierno para ella debido al desprecio de la corte y los hirientes rumores que corrían sobre su vida privada. La noticia en julio de 1867 del asesinato de su apreciado cuñado Maximiliano en México, no hizo más que aumentar sus ganas de huir. La archiduquesa Sofía, que ya tenía sesenta y dos años, no pudo soportar la pérdida de su hijo favorito. Al conocer la noticia de su fusilamiento en Querétaro, escribió rota de dolor: «Pero el recuerdo del martirio que tuvo que pasar, en su soledad y tan lejos de nosotros, me acompañará durante lo que me quede de vida y constituye un dolor indescriptible». La antaño fuerte y todopoderosa dama del imperio se retiró de la vida pública y abandonó toda lucha, incluso la que mantenía con su nuera.

Tras el nacimiento de Valeria, la emperatriz pasaba la mayor parte del año en Hungría o en su palacio familiar de Baviera. Sus continuos desaires decepcionaban a los vieneses, que tantas esperanzas habían puesto en su joven y bella soberana. En mayo de 1869 fue inaugurado el nuevo teatro de la Ópera de Viena, un magnífico y muy costoso edificio. En su interior se mandó construir y decorar un lujoso salón tapizado de seda violeta y ricos adornos dorados especial para la emperatriz. En las paredes había unas enormes pinturas murales con los paisajes de Possenhofen y el lago de Starnberg. La fecha de inauguración de la Ópera vienesa fue retrasada en dos ocasiones a causa de Isabel que permaneció en Budapest más tiempo de lo previsto.

El emperador debía asumir solo todos los deberes de representación y además ejercer de padre. En aquella época la emperatriz se desentendió por completo de sus dos hijos mayores. Ni siquiera estuvo presente en la comunión de Gisela. Era Francisco José quien, pese a sus muchas obligaciones, buscaba tiempo para pasear con los niños, llevarles de excursión o ir juntos al circo Renz.

Mientras Francisco José contemplaba la imparable decadencia de Austria, su esposa sólo vivía para sí misma y para su idolatrada hija Valeria. El país se encontraba amenazado por las violentas revueltas internas, las luchas nacionalistas y las guerras que parecían no tener fin. En 1864 Austria y Prusia combatieron contra Dinamarca, y, tan sólo dos años después los ejércitos austríacos perdían definitivamente su pulso contra Prusia. La terrible derrota de Sadowa marcaría el declive de Austria, que se quedó sin posesiones en Alemania y tuvo que retirarse de Venecia. La archiduquesa Sofía no sería testigo del inevitable derrumbe del Imperio austríaco por el que sacrificó su vida. Tras una larga y penosa enfermedad, murió el 28 de mayo de 1872. Sus deseos de vivir se apagaron tras la trágica muerte de su segundo hijo Maximiliano en México.

Para Francisco José fue un golpe duro porque se sentía muy unido a su madre. Isabel, que se encontraba fuera de Viena, al enterarse de su inminente muerte acudió junto a su lecho y no se separó de ella hasta que expiró. Todos en la corte alabaron el papel desempeñado por Sofía, a la que muchos consideraban «la figura política más importante entre todas las mujeres de la Casa Imperial». Estas alabanzas iban dirigidas contra Isabel, a la que acusaban del constante incumplimiento de sus deberes. Sissi llevaba dieciocho años en el trono, pero no había sido aceptada por parte de la cúpula intelectual y política del país. Tras el sepelio, su dama de honor tuvo que escuchar estas duras palabras: «Acabamos de enterrar a nuestra emperatriz de Austria».

Los que pensaban que, tras la muerte de la archiduquesa Sofía, la emperatriz regresaría junto a su marido y cumpliría con el papel de primera dama del país se equivocaban. Sissi continuó rehuyendo la corte y la relación con Francisco José era tan distante como siempre. Hacían vidas separadas y sólo se veían en ocasiones especiales, como cumpleaños o ceremonias religiosas, y siempre rodeados de damas de honor y lacayos. Ni con la muerte de Sofía cambió en Hofburg la rigurosa etiqueta que tanto llegó a odiar Sissi. Las comidas en familia —a las que ella casi nunca asistía— seguían siendo frías y muy aburridas. Nadie podía dirigir la palabra al emperador, ni siquiera para hacerle una pregunta o un comentario. Francisco José, que no era muy conversador, se limitaba a comer en silencio y cuando él terminaba se daba por finalizada la comida o la cena, aunque los demás comensales no hubieran llegado a los postres. Hacía años que Sissi había desistido de mantener una charla durante estas reuniones porque los temas que a ella le interesaban, como la literatura clásica o la filosofía de Schopenhauer, a nadie le importaban.

A partir de los treinta y cinco años de edad, la emperatriz Sissi empezó a mostrarse huraña y su extraño comportamiento se agudizó. Se escondía no sólo de la mirada de la gente, sino también de los funcionarios de la corte. No quería que nadie fuera testigo de su decadencia física, aunque seguía siendo una mujer hermosa y de envidiable figura. Por aquella época comenzó a llevar un tupido velo azul, una sombrilla blanca y un abanico de cuero con los que se tapaba el rostro en público. Para la condesa de Festetics esta reacción se debía a que la soberana estaba ociosa y tenía demasiado tiempo para pensar: «Es una romántica, y su actividad favorita es la de cavilar. ¡Con lo peligroso que es eso! Ella quisiera averiguarlo todo y reflexiona demasiado, yo me atrevería a decir que hasta la mente más sana padecería con semejante forma de vida. Necesitaría la emperatriz una ocupación, un cargo, pero lo único que tiene va en contra de su forma de ser...».

Su refugio preferido era ahora el castillo de Gödöllö, donde tenía una cuadra con sesenta caballos y pasaba el tiempo dedicada a su gran pasión, la hípica. Aquí reunió su propia corte compuesta por los mejores jinetes austrohúngaros y aristócratas ociosos amantes de este deporte, con los que participaba en monterías y cabalgaba por las praderas que rodeaban el castillo. Pronto llegaron rumores a la corte de Viena de las nuevas extravagancias de su emperatriz. Sissi mandó construir en Gödöllö una pista de circo como antaño había hecho su padre el duque Max en su palacio de Munich. Allí instaló una escuela de alta equitación y se entrenaba con caballos de circo. Su sobrina María, baronesa de Wallersee, que pasó temporadas con ella, escribió: «Era un espectáculo encantador ver a la tía, vestida de terciopelo negro, haciendo dar la vuelta a la pista a paso de danza a su pequeño purasangre árabe. Claro que, para una emperatriz, no dejaba de ser una ocupación un tanto extraña». Montaba de lado, a la manera femenina, y lucía siempre elegantes trajes de amazona que, una vez subida al caballo, hacía coser para que los pliegues de la falda tuvieran la caída perfecta. Sissi invitaba a las más famosas amazonas del circo Renz para que le enseñasen acrobacias sobre el caballo. Pero además de los artistas de circo, también invitó a Gödöllö a grupos de gitanos que por la noche, a la luz de las hogueras, tocaban la vibrante música zíngara que tanto le gustaba.

En 1874 la ex reina María de Nápoles, que poseía en Inglaterra un pabellón de caza, invitó a Sissi a pasar una temporada con ella. Su hermana llevaba una vida ociosa en su exilio dorado, interesada sólo por sus caballos y las fiestas de la aristocracia. De su mano la emperatriz se introdujo en la alta sociedad inglesa y conoció a los mejores jockeys y jinetes. Desde aquel primer viaje a Inglaterra pareció enloquecer con la caza del zorro y el salto de obstáculos, para preocupación del emperador que temía el riesgo de una caída. Durante los siguientes diez años se dedicó por entero a brillar en las cacerías más célebres, comprar caballos carísimos para sus cuadras y representar ante el mundo el papel de «la reina amazona».

Aunque sus desplazamientos y alojamiento eran sumamente costosos —le acompañaba un séquito de sesenta personas—, ahora se lo podía permitir. En 1875 murió el ex emperador Fernando, sin descendencia directa, y su sobrino Francisco José se convirtió en el heredero de la fortuna de los Habsburgo, hasta ese momento en manos de su tío. Lo primero que hizo el emperador fue aumentar la anualidad de su esposa y además le regaló dos millones de florines (el equivalente a unos veintitrés millones de euros actuales). A partir de ahora podía gastar el dinero a su antojo, pero también hizo buenas inversiones en previsión de tiempos más difíciles. Asesorada por Rothschild, con quien tenía una buena amistad, compró acciones, abrió varias cuentas en distintos bancos y bajo falsa identidad, y colocó sus ganancias en Suiza. Fue el principio de la considerable fortuna particular que amasó la emperatriz de Austria a lo largo de su vida.

En esta etapa conoció a Bay Middleton, uno de los mejores jinetes ingleses, que se convirtió en su *pilot* e inseparable compañero de cacerías. Este apuesto deportista, nueve años menor que ella, acabó sucumbiendo a los encantos de la emperatriz. Admiraba sobre todo su intrepidez, porque las carreras eran agotadoras y los caballos saltaban vallas muy altas a gran velocidad. Sólo unas pocas damas en toda Europa eran capaces de participar en las monterías inglesas. Isabel podía resistir seis horas seguidas sobre su silla y recorrer hasta doscientos kilómetros en una jornada. Muchas veces montaba sin guantes y acababa con las manos ensangrentadas. Bay también la acompañará durante dos años en sus repetidas visitas a Irlanda, donde competirá con los mejores jinetes. Este país le gustaba especialmente porque no se veía obligada, como en Inglaterra, a actuar como representante de la Corona austríaca. «La gran ventaja de Irlanda es que allí no hay soberanos ni príncipes que atender», comentaría.

Hacia 1883 Sissi perdió todo su entusiasmo por los caballos y las cacerías. Liquidó sus cuadras y vendió sus mejores ejemplares, incluso sus favoritos. «De repente y sin causa he perdido el ánimo», confesó a una amiga. Un año atrás su querido capitán Middleton había contraído matrimonio y ya no podía acompañarla como antes. Entró en una de sus frecuentes crisis y sólo comía carne cruda, bebía sangre de buey y se daba atracones de helados. Comenzó la moda de las interminables caminatas diarias, que agotaban a sus damas de compañía. Sissi podía resistir entre ocho y diez horas de marcha y ni las tempestades de lluvia o la nieve la desalentaban.

En 1892 el intrépido Middleton se desnucó al caer durante una carrera de caballos y su joven viuda destruyó todas las cartas que la emperatriz le había mandado durante su estrecha relación. En aquella época sólo una vez abandonó su retiro por un asunto de Estado. Su amada Hungría sufrió unas graves inundaciones que causaron muchos muertos y la emperatriz consintió en interrumpir su descanso en Inglaterra y volver por unos días a Viena. En una carta a su marido le decía: «Por eso me parece mejor regresar y tú también lo preferirías. Es el mayor sacrificio que se puede pedir, pero en este caso es necesario».

La pareja imperial celebró sus bodas de plata en abril de 1879 y para la ocasión posaron cogidos del brazo para el que sería su último retrato oficial. Francisco José, que aún no ha cumplido los cincuenta años, parece tan cansado y envejecido que está irreconocible. Ya nada queda de aquel príncipe que lucía como un figurín en su ceñido uniforme militar y cuyo porte majestuoso causaba admiración en todas las cortes de Europa. A su lado Sissi, esbelta y muy delgada, aparenta menos años pero su rostro serio e inexpresivo delata su infelicidad. Luce un soberbio vestido de gala tan exageradamente encorsetado que da la sensación de que no pueda respirar.

Todos en la corte saben que su matrimonio hace tiempo que no funciona y que, tras el nacimiento de su hija Valeria, no han vuelto a compartir su alcoba. Pero la influencia de Sissi sobre el emperador ha ido en aumento. Este hombre tan temido y respetado ahora es incapaz de negar nada a su esposa. Francisco José lleva años firmando sus cartas con expresiones como «Tu solitario maridito» o «Tu queridito». En las cartas que Sissi le escribe le trata como a un niño: «Te me apartas mucho, mi querido pequeño, ahora que en los últimos días te había educado tan bien».

Entre ambos existe un abismo que con el paso de los años se ha hecho más profundo. No tienen nada en común; mientras ella vive entregada a sus placeres y fantasías, él se muestra sensato y es un trabajador infatigable. En Hofburg es el último que se acuesta y el primero que se levanta. María de Festetics, que vivió más de veinte años con la emperatriz, escribió acerca de su relación con el emperador: «La soberana estimaba a su esposo y estaba estrechamente unida a él. No... él no la aburría. No sería ésta la palabra justa. Pero Isabel se daba cuenta, naturalmente, de que Francisco José no participaba en su vida interior y de que era incapaz de seguirla en sus vuelos espirituales, que —según la expresión empleada por él— eran sólo "castillos en las nubes". En conjunto debo decir que la emperatriz estimaba y respetaba a su marido, aunque creo que nunca lo amó».

Pese a que corrían muchos rumores sobre las infidelidades de la emperatriz —su suegra Sofía se encargó de difundir algunos de ellos—, nunca pudo probarse. Para las personas que más la conocían tanto su héroe húngaro el conde Gyula Andrássy como el rudo jinete Bay Middleton fueron amores platónicos. Sissi rechazaba el amor físico, pero le gustaba rodearse de hombres apuestos y caballerosos que la admiraran y se desvivían por ella. Aunque se cansaba pronto de sus aduladores. Como anotó una de sus damas: «La emperatriz nunca se bajaba de su pedestal de majestad fría e inaccesible». Desengañada de su vida matrimonial y marcada por las infidelidades de su padre el duque Max, su opinión de los hombres era poco halagadora: «No existe ningún hombre en el mundo que merezca que un corazón de mujer se destroce por él. Un hombre, aun cuando se cree enamorado apasionadamente, encontrará siempre alguna otra mujer para consolarse. Una mujer, nunca».

Francisco José estaba cada vez más solo y aislado en Viena. Sus esporádicas aventuras amorosas no llenaban su vacío. Si antaño estas infidelidades provocaban terribles ataques de celos en la emperatriz, ahora sentía compasión por un esposo que se hacía viejo y al que ya no amaba. Fue entonces cuando, para alegrar la solitaria existencia del emperador, aceptó que la actriz Catalina Schratt se convirtiera en su amante oficial. Esta joven artista, muy popular en Austria, era veintitrés años menor que él, pero desde el primer instante en que se vieron congeniaron.

Isabel consintió esta relación porque así podía ausentarse más tiempo de Viena, pero sabiendo que su esposo se quedaba con una mujer «buena, decente y afable» que le alegraría su monótona existencia. Catalina se convirtió en su inseparable acompañante y confidente hasta la muerte del emperador en

1916. Para evitar el escándalo —la actriz estaba casada con un aristócrata húngaro del que se separó y tenían un hijo en común—, la emperatriz públicamente presentaba a la Schratt como amiga suya aunque todo el mundo conocía la verdadera naturaleza de su relación. El emperador fue generoso con ella; no sólo le obsequió con fabulosas joyas sino que pagaba sus deudas de juego en Montecarlo y su costoso tren de vida. Con el tiempo la actriz pasó a formar parte de la familia y Sissi la invitaba con frecuencia al palacio de Schönbrunn y a su villa imperial en Bad Ischl.

A la archiduquesa María Valeria, la hija menor de Sissi, que tenía veinte años, esta situación le resultaba muy incómoda como anotó en su diario: «Por la tarde, mamá, papá y yo le enseñamos el jardín… Realmente, es sencilla y simpática, pero yo siento hacia ella cierto enojo, aunque la Schratt no tiene la culpa de que papá quiera ser tan amigo de ella. La gente, maliciosa como es, hace comentarios, sin detenerse a pensar con qué ingenuidad toma papá este asunto y lo sentimental que es todo. Pero del emperador ni siquiera se debiera hablar. A mí me duele, y creo que por eso mamá no tendría que haber apoyado tanto su amistad».

Hacia 1886 Isabel pareció intuir que una serie de terribles desgracias la iban a golpear e incluso que su muerte estaba próxima. Alguien le contó la maldición que pesaba sobre los Habsburgo. Según la leyenda, desde tiempos lejanos una figura desvaída y misteriosa, la Dama Blanca, solía aparecerse a los miembros de la familia para anunciar una tragedia. Sissi la había visto en varias ocasiones, pero ahora pensaba que ya no podría rehuirla: «Sé que voy hacia un fin espantoso que me ha sido asignado por el destino y que sólo atraigo hacia mí la desgracia», le dijo un día paseando a su leal condesa de Festetics.

No estaba equivocada. Primero fue la muerte en extrañas circunstancias de Luis II de Baviera, su primo más querido, que apareció ahogado en las aguas del lago de Starnberg. Ambos tenían mucho en común, eran seres sensibles, narcisistas y solitarios que odiaban la vida en la corte. Luis heredó el trono de Baviera a los dieciocho años tras fallecer su padre Maximiliano II. Durante un tiempo el bello y lunático soberano estuvo comprometido con su prima Sofía, la hermana menor de Sissi. Tras posponer el enlace en varias ocasiones, finalmente se anuló el compromiso y Sofía se casó con el duque de Alençon. Luis, «el Rey Loco», dilapidó su fortuna construyendo espectaculares castillos de ensueño en lo alto de las montañas que nacían de su imaginación, hasta que lo declararon incompetente para reinar. La noticia de su trágica muerte, al día siguiente de haber sido recluido a la fuerza en el castillo de Berg, agravó el extravagante comportamiento de Sissi. Se aficionó al espiritismo para contactar con él y afirmaba que Luis se le había aparecido en varias ocasiones.

En un intento por hacer feliz a su esposa y retenerla a su lado, Francisco José mandó construir a las afueras de Viena un palacete de estilo romántico, conocido como Villa Hermes, llamado así en honor al dios griego predilecto de Sissi. Quería que fuera «el castillo de sus sueños» y todos los detalles se pensaron para satisfacer sus exigencias. Decoró las paredes y los techos del espléndido dormitorio de la emperatriz con frescos que representaban escenas del *Sueño de una noche de verano*, de Shakespeare, uno de sus autores favoritos. Las paredes de la sala de gimnasia estaban decoradas con pinturas de la Grecia clásica que recreaban la lucha de unos gladiadores. Pero la emperatriz estaba atravesando una de sus peores crisis y apenas habitó en él. Tenía cincuenta años y su belleza había decaído; sólo los poemas que seguía escribiendo, el estudio de la lengua griega y los viajes cada vez más largos y complicados llenaban su enorme vacío existencial.

El 30 de enero de 1889 Isabel recibió el golpe definitivo del que ya nunca se recuperaría. Fue ella la primera en enterarse de la terrible muerte de su hijo, aquel niño del que apenas se había ocupado y que sin embargo había heredado su temperamento artístico y su sensibilidad. Un compañero de caza de Rodolfo le dio la fatal noticia cuando la emperatriz leía a Homero durante su lección de griego. El heredero del Imperio austrohúngaro y la esperanza de continuidad de los Habsburgo se había suicidado en su dormitorio del pabellón de caza de Mayerling. Casado con Estefanía de Bélgica —un matrimonio de conveniencia—, tenía treinta años y fama de mujeriego. Junto a su cadáver se halló el de su amante, María Vetsera, una aristócrata húngara de diecisiete años con la que mantenía un apasionado romance.

Para la emperatriz esta tragedia fue devastadora y la enfrentó a su propia locura, que tanto temía. Más adelante supo que su hijo, enfermo y deprimido, buscó la compañía de su joven enamorada para no morir solo. A los pocos días de su sepelio, Sissi se dirigió en secreto a la cripta de los Capuchinos donde se encontraba el sarcófago de Rodolfo con la esperanza de que se le apareciera y averiguar los motivos de su suicidio. En su carta de despedida, el príncipe heredero había pedido ser enterrado con su amante en el cementerio de Heiligenkreuz, pero el emperador no lo consintió.

En los días siguientes el estado de ánimo de Isabel era muy preocupante. Deseaba morir como su hijo y sus más íntimos temían por ella. La prensa europea publicó algunos artículos donde se decía que la emperatriz de Austria había enloquecido siguiendo los pasos de su desquiciado primo Luis II de Baviera. Su hija Valeria, muy afectada, escribió en su diario: «Mamá me preocupa mucho últimamente… Dice que papá lo ha superado y que el creciente dolor de ella le resulta engorroso; se queja de que él no la comprende, y lamenta haberle conocido un día, porque le trajo la desgracia. No hay fuerza en el mundo capaz de librarla de esa idea».

La emperatriz repartió sus vestidos y fabulosas joyas entre sus hijas y sus damas más fieles. Ya no las necesitaba porque irá siempre de luto y ocultando su rostro tras un abanico negro y su inseparable sombrilla blanca. Nunca más se dejó fotografiar ni retratar por un pintor. Apenas comía —en ocasiones sólo bebía 6 vasos de leche— se pesaba tres veces al día obsesionada en engordar cuando sólo pesaba 46 kg. Volvió a sus curas termales y tratamientos en los balnearios de moda, donde los médicos ya nada podían hacer por ella.

«Cuando ya no tenga obligaciones con respecto a mi Valeria, mi hija del alma, me consideraré libre para iniciar "mi vuelo de gaviota".» Tras la boda de su hija menor, la emperatriz comenzó una estrambótica vida errante alejada de todos. Entonces le entró la pasión por el mar y se compró un barco de vapor, el *Miramar*, de mil ochocientas toneladas, para emular a Odiseo (Ulises), héroe de la mitología griega, y navegar los embravecidos mares. Se mandó tatuar un ancla en un hombro y pasaba sus días embarcada sin rumbo fijo eligiendo el destino al azar. «Quiero surcar los mares como un holandés errante femenino hasta que un día me hunda y desaparezca», escribió cada vez más desquiciada.

Su séquito le tenía pánico, porque la imprevisible emperatriz ordenaba a su tripulación hacerse a la mar aunque hubiera amenaza de vendavales o tempestades. A su fiel y abnegada condesa de Festetics, que ya se hacía mayor y su salud no era buena, le preocupaba mucho su extraña conducta: «Hace cosas que no solamente te encogen el corazón, sino que también te paralizan la mente. Ayer por la mañana hacía mal tiempo; ella, sin embargo, salió a navegar en el velero. A las nueve comenzó a llover a cántaros, y el temporal, acompañado de rayos y truenos, duró hasta las tres de la tarde. A pesar de todo, navegamos sin cesar, y ella, sentada en cubierta, estaba empapada, por mucho que se tapara con el paraguas. De pronto decidió desembarcar, pidió el coche y se le antojó pernoctar en una villa ajena. Puedes figurarte hasta dónde hemos llegado. ¡Menos mal que el médico la acompaña a todas partes! Y todavía ocurren cosas peores».

A la emperatriz parecían no afectarle las tormentas ni el fuerte oleaje. En otra ocasión se hizo atar al mástil en cubierta durante una terrible tempestad, ante el asombro del capitán, que nada pudo hacer para que entrara en razón. «Hago como Odiseo, porque me seducen las olas», le confesó a su joven y enamorado lector de griego Constantino Christomanos que la acompañó en sus temerarias travesías.

Isabel, a sus sesenta años, recorre el mundo como un alma en pena, huyendo de sí misma y de su inmenso dolor. Ya no tiene la agilidad de antaño y le cuesta caminar porque padece, entre otras enfermedades, reuma y ciática. Está muy enferma, pero no puede estarse quieta. Visita infinidad de países, en tren, a pie o en barco, entre ellos Portugal, Marruecos, Argelia, Malta, Grecia, Irlanda, Turquía y Egipto. En España, atraída por su clima cálido, visita Palma de Mallorca, Alicante y Elche, donde bautizó una palmera de siete brazos. Viaja con más de sesenta baúles y un botiquín que contiene medicamentos, cataplasmas, un frasco de morfina y una jeringuilla para la cocaína que la ayuda a controlar el ánimo. En Corfú, la isla donde le encontró el gusto a la vida errante, ha mandado construir una espléndida villa, el Achilleion, en honor a Aquiles, su héroe de la mitología.

Fue su época de la «pasión griega»: estudió el idioma, tradujo a esa lengua las obras de Shakespeare y Schopenhauer, y escribió mucho. Sissi deseaba ser reconocida en la posteridad como una gran poetisa, aunque era sólo una escritora aficionada muy influenciada por su idolatrado Heine. En 1890 reunió dos volúmenes de sus obras, los guardó en un cofre y dispuso que en 1950 se entregaran al presidente de la Confederación Helvética para que sus versos fueran publicados, como así se hizo.

Pero la isla de Corfú tampoco pudo retenerla, y apenas terminada su hermosa villa blanca decidió irse a otro lugar. A medida que pasaban los años, se iba convirtiendo en un ser más patético y enfermo. En su paranoia se sentía perseguida «por el gran mundo donde hablaban mal de mí, me calumniaban y me ofendían…». Se veía a sí misma como un hada (el hada Titania), un ser especial y maravilloso prisionero en un mundo mezquino donde nadie la comprendía. En uno de sus poemas escribe:

> *No debe Titania andar entre humanos,*
> *en un mundo donde no la comprenden.*
> *Miles de papanatas la contemplan*
> *y murmuran: ¡Mira, la loca, mira!*

En sus últimos años Suiza se convirtió en uno de sus destinos favoritos. Era una enamorada de sus verdes paisajes, montañas nevadas y lagos cristalinos que la trasladaban a los

escenarios de su niñez en los Alpes bávaros. El clima le sentaba bien y, aunque ahora ya no podía dar largas caminatas
como antaño, su principal entretenimiento consistía en comprar juguetes para sus numerosos nietos. Ya casi nunca ponía
el pie en Viena, pero mantenía una fluida correspondencia
con su esposo. Tras más de cuatro décadas de matrimonio y
tantas desavenencias, ahora se mostraban cariñosos y com-
prensivos el uno con el otro. Atrás quedaban los reproches, y
trataban de consolarse mutuamente en el ocaso de sus vidas.
En una de sus últimas cartas, fechada el 16 de julio, Francisco
José le decía: «Te echo tanto de menos; mis pensamientos no
se apartan de ti, y condolido pienso en el tiempo, para mí infinito, que vamos a estar separados. Con melancolía contemplo tus aposentos vacíos». No volverían a verse.

Porque fue en Ginebra donde al fin Isabel se encontraría
cara a cara con la Dama Blanca que tantas veces se le había
aparecido. En el mañana del 10 de septiembre de 1898, la emperatriz y su nueva dama de honor húngara, Irma de Sztáray,
salieron del hotel Beau Rivage donde se alojaban, a orillas del
lago Lemán. Se disponían a coger el vapor de línea para Mon-
treaux cuando en el embarcadero un individuo se abalanzó
sobre ella y le clavó un estilete a la altura del corazón. Sissi
cayó al suelo, pero no se dio cuenta de que la habían herido.
Se levantó enseguida y las dos damas caminaron cien metros
hasta subir al barco. Ya en cubierta la emperatriz se desplomó
y los que la atendieron comprobaron que estaba muerta.

Su agresor, un anarquista italiano desquiciado de nombre
Luigi Lucheni, confesó que se encontraba en Ginebra con la
intención de asesinar al pretendiente al trono de Francia, Enrique de Orleans. Pero quiso el destino que éste no llegara a la
ciudad como tenía previsto, y el asesino cambió de víctima.

En un diario local leyó que la emperatriz de Austria se hallaba de paso en la ciudad y se alojaba en el Beau Rivage. Sólo
tuvo que esperar y alcanzar a la dama de negro, que nunca
llegó a su destino.

Cuando el emperador se enteró en el palacio de Schönbrunn de la muerte de Sissi a través de un escueto telegrama,
intentó mantener la compostura pero se le saltaron las lágrimas. «Usted no imagina cómo amaba yo a mí esposa», le confesó a su más estrecho colaborador, el conde de Paar. No dejaba de repetir en voz alta que no podía entender que alguien
quisiese asesinar a una persona que nunca había hecho mal a
nadie. Francisco José la amaba de verdad, fue «su rayo de luz»
en su anodina existencia, su única felicidad.

Pero su siempre regia majestad no fue capaz ni en ese
instante de ceder a los últimos deseos de su mujer. Isabel quería ser enterrada junto al mar, en su refugio de Corfú, muy
lejos de Viena, que para ella se había convertido en una «ciudad maldita». En su lugar, y siguiendo el tradicional protocolo
de los Habsburgo que Sissi tanto aborrecía, su cadáver embalsamado comenzó un macabro ritual. Su corazón herido fue
depositado en la capilla de Loreto de la iglesia de los Agustinos, en una urna de plata. En la catedral de San Esteban quedaron custodiadas en un nicho sus vísceras, junto a las de otros
augustos monarcas. El féretro cubierto de flores blancas, acompañado de doscientos jinetes montados en caballos negros, fue
conducido a la iglesia de los Capuchinos donde llegó a las
nueve de la noche. En su lúgubre y húmeda cripta Isabel de
Baviera, descansa entre los Habsburgo, como una extraña y en
contra de su voluntad.

MARÍA
ANTONIETA

La reina desdichada

No puedo sino presagiaros una vida desgraciada y confieso que, dado el afecto que os profeso, me produce una pena infinita.

Carta del emperador José II de Habsburgo
a su hermana
María Antonieta (1775)

María Antonieta siempre creyó que su vida estaba marcada por la fatalidad. La fecha de su nacimiento ya fue un mal augurio. Era el día de los Difuntos y en Viena se recordaba a los seres desaparecidos con misas de réquiem. Las campanas de la capilla del palacio de Hofburg repicaban en memoria de los seres ausentes. La víspera a su llegada al mundo, un terremoto arrasó la ciudad de Lisboa dejándola prácticamente en ruinas. Los reyes de Portugal, padrinos de la recién nacida, conmocionados ante esta terrible tragedia que se cobró miles de víctimas, no acudieron a su bautizo. Un curioso presagio de las dificultades y tormentos que tendría que afrontar la futura reina de Francia. Aquella niña que veía la luz tan lúgubre día despertaría más odios y temores que ninguna otra soberana de su épo-

ca. De ser una de las princesas más bellas y afortunadas de
Europa, pasaría a ser declarada culpable de traición y morir en
la guillotina antes de cumplir los cuarenta años.

Fue al final de su vida, ante la adversidad, cuando demostró el valor y la dignidad que se ocultaban tras su frívola apariencia. En su última y más conmovedora carta antes de subir
al cadalso, le escribe a su cuñada la princesa Isabel: «Me acaban de condenar, no a una muerte honrosa —que sólo lo sería tal para los criminales—, sino a que me reúna con vuestro
hermano, el rey; al igual que él, soy inocente, y espero poder
mostrar la misma firmeza que él en los últimos instantes. Me
siento tranquila como cuando la conciencia nada os puede
reprochar. Me embarga un profundo pesar por tener que
abandonar a mis pobres criaturas».

Para la reina María Teresa de Habsburgo, la pequeña que llegaba al mundo en sus aposentos del palacio de Hofburg de
Viena el 2 de noviembre de 1755 era su decimoquinto hijo.
Tras un parto difícil que duró todo el día, nació una niña que
fue bautizada con el nombre de María Antonia Josefa Juana,
más conocida como María Antonieta. En familia la llamarán
Antoine (o madame Antonia), para diferenciarla de sus ocho
hermanas, pues todas llevaban María de primer nombre. El
chambelán de la corte anotó emocionado en su libreta: «Su
Majestad ha dado a luz felizmente a una archiduquesa pequeña, pero completamente sana». Ha sido un parto íntimo y
privado dado que la soberana ha puesto fin a la costumbre,
aún vigente en Versalles, que permitía la presencia de cortesanos junto al lecho de la reina durante el alumbramiento.

María Teresa, emperatriz de Austria y reina de Bohemia y

de Hungría, sorprende a todos por su buen aspecto tras un parto complicado y agotador. Está contenta, y no es para menos: la llegada de un nuevo descendiente supone para ella ventajosas alianzas políticas. Tuvo en total dieciséis hijos, de los cuales seis murieron a corta edad. Cada nacimiento era una esperanza de un buen matrimonio que asegurase la paz con alguno de sus temidos vecinos.

A sus treinta y ocho años esta gran soberana, que dirige con mano de hierro el gran Imperio austríaco, apenas se ocupará de su pequeña. Odia perder el tiempo y sólo vive para sus deberes y obligaciones. Hija del emperador Carlos VI, ascendió al trono tras su muerte y en circunstancias poco favorables. Durante su largo reinado recayó sobre sus hombros la suerte de millones de súbditos, y tuvo que enfrentarse a traiciones, guerras y conspiraciones. Salió victoriosa, y conservó no sólo su imperio sino su amenazado trono. Fue en su tiempo la mujer más poderosa de Europa y la única que gobernó sobre los dominios de los Habsburgo. María Teresa era admirada en el exterior «como esplendor de su sexo y modelo de reyes» y gozaba de una gran popularidad en su país.

Trabajadora incansable, tras el parto reanudó enseguida sus funciones firmando documentos en la cama y recibiendo a sus ministros en su alcoba. En aquellos días de obligado reposo, la emperatriz madura la idea de una alianza con Francia, su eterno rival; una unión que pueda frenar el ascenso del poder de Prusia y de las ambiciones de Inglaterra. Ya entonces piensa que aquella niña de cabellos dorados, que duerme plácidamente en su cuna, un día pueda llevar sobre su cabeza la corona de Francia.

María Antonieta es bautizada con todos los honores por el arzobispo de Viena en la iglesia de los Agustinos y en

ausencia de su madre. La tradición permite que la emperatriz
descanse unos días para recuperarse del gran esfuerzo. La pequeña archiduquesa es confiada a un ama de cría, pues en
aquella época las damas de alcurnia no criaban a sus propios
hijos. Cuando más tarde a los cortesanos y altos dignatarios se
les permite acceder a los aposentos de la emperatriz y conocer a la recién nacida, todos coinciden en que es pequeña
pero de rasgos hermosos.

De su madre María Antonieta ha heredado su cabello rubio, una piel tersa y nacarada, unos hermosos ojos azules y un
cuello largo y fino que de mayor acostumbrará a adornar con
llamativos collares. De su padre, el emperador Francisco I y duque de Lorena, caballero apuesto y amante de los placeres, heredó el poder de seducción. El soberano, que ejercía como príncipe consorte, nunca se inmiscuyó en los asuntos de Estado, ya
que dejaba en manos de su enérgica esposa esta ardua tarea. Era
un hombre culto y refinado, aficionado a las artes y que poseía
una valiosa biblioteca. También tenía fama de mujeriego, a lo
que María Teresa nunca puso reparos. Para ella fue un matrimonio por amor y era evidente la pasión que sentía por su esposo.

La emperatriz se recupera pronto del nacimiento de María
Antonieta y, tal como le confiesa a su chambelán, nunca se ha
sentido mejor tras un alumbramiento. Aunque respeta las cuatro semanas de reposo que le han impuesto los médicos, pronto reanuda su actividad y vuelve a sus obligaciones. Se levanta
a las cuatro de la mañana en verano y a las seis en invierno.
Asiste a misa, lee los periódicos, convoca a sus ministros, despacha el correo, firma decretos y saca tiempo para recibir a su
numerosa prole. Se acuesta siempre a las diez en punto. Con
tan apretado ritmo de trabajo apenas ve a sus hijos, que pasan
de las manos de las nodrizas a las de las institutrices.

Cuando María Teresa cumple cuarenta años su hija pequeña tiene diecisiete meses. La soberana está en su momento de mayor gloria, pero ya no tiene la vitalidad ni el humor de antaño. Ha ganado peso y su aspecto rollizo acentúa una imagen de imponente dignidad. Toda su energía está volcada en los asuntos de Estado y en sus preocupaciones, que no son pocas. Austria y Francia, tras dos siglos de hostilidades, han firmado una alianza para enfrentarse a dos enemigos que ahora tienen en común: Prusia e Inglaterra. Este pacto entre acérrimos rivales no iba a eliminar de un plumazo los prejuicios que habían prevalecido entre ambos países durante tanto tiempo, pero el sueño de casar a una de sus hijas con el delfín de Francia va tomando forma.

La infancia aparentemente idílica de María Antonieta transcurre entre el majestuoso palacio imperial de Hofburg, donde la familia real pasa el riguroso invierno, y Schönbrunn a sólo ocho kilómetros de allí. En Hofburg, pese a su enorme tamaño —más de dos mil aposentos divididos entre sus dieciocho alas—, los niños carecen de la más mínima libertad y viven bajo una estrecha vigilancia.

En cambio la residencia de verano de Schönbrunn —conocida como el «Versalles» vienés— es un lugar de ensueño rodeado de cuidados jardines y bosques que se extienden hasta donde alcanza la vista. María Teresa mandó decorar sus interiores, como estaba de moda entonces, con motivos orientales y chinescos, lo que le daba un aire mágico de cuento asiático. El emperador Francisco I, de gustos extravagantes, era un gran aficionado a las plantas y en Schönbrunn creó un jardín botánico de especies exóticas. También reunió una insólita colección de animales salvajes, que mandó instalar en un lugar del jardín donde pudiera contemplarlos mientras desayunaba. Su zoológico privado incluía un camello enviado por un sultán, un puma, un rinoceronte, ardillas rojas y vistosos loros de colores que hacían las delicias de los niños.

Sin embargo de todas sus residencias, el palacio rococó de Laxenburg, al sur de Viena, en el límite de un apacible pueblo y rodeado de frondosos bosques donde abundaba la caza, era el preferido de María Antonieta. Es la residencia real más acogedora en comparación con las otras mansiones, y el séquito también es menor. Aquí los niños disfrutaban de la placidez campestre y de una libertad impensable en la corte de Viena. El carácter alegre y desenfadado del emperador Francisco I ayuda a relajar las costumbres austeras y estrictas de los Habsburgo. Aunque la corte austríaca mantiene toda la pompa ceremonial cuando la ocasión lo requiere, en privado la vida de la pareja imperial recuerda a la de una familia normal burguesa. En un curioso retrato a lápiz realizado por la archiduquesa María Cristina en 1762, se muestra el estilo informal del que disfrutaban en la intimidad de Schönbrunn, algo impensable en la estirada corte de Versalles. Francisco aparece sentado desayunando vestido en bata y pantuflas y luciendo un turbante en la cabeza, en lugar de una peluca. El traje de la emperatriz María Teresa es muy sencillo y las niñas, que juegan a su alrededor, más parecen sirvientas que archiduquesas.

Desde muy temprana edad, María Antonieta participaba en las celebraciones familiares que organizaban sus padres donde los niños cantaban, actuaban o interpretaban piezas de danza. La numerosa prole también asistía como público a los conciertos que se celebraban en el palacio. María Antonieta nunca olvidaría su primer encuentro con Wolfgang Amadeus Mozart. El 13 de octubre de 1762, el «niño de Salzburgo» llegó a la corte de Viena con su padre y su hermana. El pequeño músico tocó el clavecín «a las mil maravillas», en presencia de la familia imperial. Mozart era un niño prodigio impetuoso y travieso que, saltándose el protocolo, se sentó en el regazo de la emperatriz María Teresa y ésta le dio un beso. Cuando en otra ocasión fue invitado a actuar en Schönbrunn resbaló en la tarima provocando las risas y burlas entre los asistentes. María Antonieta, que tenía siete años, se precipitó a ayudar al pequeño a ponerse en pie. Mozart, agradecido, le dijo: «Sois buena».

La archiduquesa ya tenía entonces un indudable talento artístico potenciado por sus padres, que le transmitieron su amor por la música y el bel canto. Los emperadores contrataron para ella a los mejores maestros de la época, como el músico y compositor de la corte imperial Gluck, que le dio clases de canto, y el gran coreógrafo Noverre, que le enseñó danza y el «arte de andar con estilo».

Como todas las archiduquesas Habsburgo, María Antonieta fue educada para ser dócil y complaciente Se esperaba de ella que fuese «mañosa, modesta y sumisa». A la joven le encantaba bordar, un don femenino muy apreciado en su tiempo, pero tenía un carácter rebelde. La emperatriz se mostraba muy estricta en cuanto a la absoluta obediencia que debían prestar sus hijas. Al año de nacer María Antonieta, declaró: «Han nacido para obedecer y deben aprender a hacerlo a su debido tiempo». Sin embargo, ella misma no era el mejor ejemplo de lo que predicaba. A María Teresa la admiraban en Europa por su fortaleza y decisión y, mientras su esposo se dedicaba a cazar y disfrutar de la buena vida, ella dirigía con mano firme el destino de su vasto imperio. Para María Antonieta no fue fácil tener una madre tan autoritaria y controladora. La soberana está acostumbrada a que se haga su voluntad y nadie le discuta. Si en política la tachan de «dama de hierro» por su tiranía, en el ámbito familiar es también muy severa.

Desde su más corta edad María Antonieta intentará agradar a su madre. Ya en su madurez, siendo reina de Francia, reconocería: «Quiero a la emperatriz, pero la temo, incluso desde la distancia. Nunca estoy tranquila del todo al escribirle». Aunque sus ocupaciones no le permiten cuidar de su numerosa prole, a María Teresa no le pasa inadvertido que de sus ocho hijas, la pequeña es la menos estudiosa, pero domina como ninguna el arte de agradar a todos, que tan útil le será para sobrevivir en Versalles. Un día la emperatriz descubre que su institutriz, la señora de Brandeiss, le escribe a lápiz los deberes a su hija, quien sólo necesita pasarlos a tinta. La condescendiente dama será sustituida por la condesa de Lerchenfeld, una institutriz más severa y enérgica, con quien María Antonieta no se entenderá y que fracasará en su intento de interesar a su pupila en el estudio y en la lectura.

Todos se muestran indulgentes con «la encantadora Antonieta», incluido su padre, que siente debilidad por ella. Su madre, menos benevolente, la tacha de rebelde, impetuosa y caprichosa. No se da cuenta de que, con su comportamiento y travesuras, la niña trata de llamar constantemente su atención. Siente celos de su hermana mayor, María Cristina —a la que apodan Mimi—, que es la preferida de la emperatriz. La pequeña, que nunca se ha sentido querida por su madre, se refugia en su hermana María Carolina, tres años mayor que ella, y con la que guarda un enorme parecido físico. Les une un vínculo muy especial y ambas son niñas extrovertidas y muy parlanchinas. También tienen en común el defecto de burlarse de la gente.

Cuando la emperatriz se entera del pasatiempo favorito de sus hijas, decide separarlas de inmediato. El 19 de agosto de 1767 María Teresa escribe a su hija María Carolina una breve y dura carta en que le dice: «Os advierto que seréis separada para siempre de vuestra hermana. Os prohíbo todo secreto, información o conversación con ella; si la pequeña volviera a hacerlo, ¡no le prestéis atención!».

La tranquila y despreocupada infancia de María Antonieta se vio truncada por una inesperada tragedia familiar. En agosto de 1765, los emperadores viajan a Innsbruck para asistir a la boda de su hijo el archiduque Leopoldo. Antes de partir el soberano se despide de sus hijos, pero abraza con especial ternura a María Antonieta, que entonces tiene nueve años. La niña advierte que su padre está visiblemente emocionado y los ojos, humedecidos por las lágrimas. Nunca olvidará esta triste despedida porque no volverá a verle. El 18 de agosto, en Innsbruck, el emperador muere de un ataque de apoplejía. Tiene cincuenta y seis años y deja a su esposa desconsolada.

La felicidad de la familia imperial se desvanece en un instante. La emperatriz, rota por el dolor, anota en su diario: «Mi feliz vida de casada ha durado veintinueve años, seis meses y seis días». También especifica las horas de felicidad que han pasado juntos: 258.774. En señal de duelo se cortó su larga y rubia melena, de la que tan orgullosa estaba, y tapizó las paredes de sus aposentos con telas de terciopelo oscuro. Vestiría de luto hasta el final de sus días en recuerdo de su adorado esposo. La antaño poderosa, fuerte e influyente «gran dama» se transformó en una mujer aún más severa, amargada e infeliz. Tal como recordaba María Antonieta, «cuanto la rodeaba se volvió triste y sombrío».

Aunque, tras quedarse viuda, María Teresa pensó en refugiarse tras los muros de un convento, su sentido del deber se lo impide. Despojada de su cargo, debe compartir el poder con su hijo mayor, elegido emperador para suceder a su padre con el nombre de José II. Pero el joven e inexperto soberano necesitará la ayuda de su madre para gobernar su imperio. A pesar del luto y el dolor por la pérdida de su esposo, María Teresa consagrará todas sus energías a casar a sus hijas con buenos partidos. Su numerosa descendencia le asegurará alianzas políticas con todas las potencias europeas, lo que le valió el título de «Suegra de Europa». La primera en contraer matrimonio es la mayor, la archiduquesa María Cristina. Al ser la favorita de la emperatriz, tiene el privilegio de casarse por amor con Alberto de Sajonia, un príncipe sin corona ni fortuna. El triunfo de su hermana despertó aún más las envidias de las otras archiduquesas, a quienes les esperaba un destino menos romántico.

A comienzos de 1767, María Teresa debe decidir el futuro de sus cinco hijas: Isabel de veintitrés años, Amalia a punto de cumplir los veintiuno, Josefa de dieciséis, Carolina de catorce y María Antonieta que pronto tendrá doce. Pero nuevas tragedias golpearán a la familia imperial en aquel horrible año y obligarán a la emperatriz a cambiar sus estrategias matrimoniales. La archiduquesa María Cristina estuvo a punto de morir al dar a luz a una niña que falleció al nacer, y después ya no pudo tener más hijos. Más tarde se sucedieron otros desastres en cadena. Una virulenta epidemia de viruela asoló la ciudad de Viena y se cobró cientos de víctimas, entre ellas la esposa del entonces emperador José II. La situación se agravó cuando la propia emperatriz cayó enferma, y estuvo tan cerca de la muerte que llegó a recibir la extremaunción.

Tras su milagrosa recuperación, María Teresa acudió al mausoleo familiar del palacio de Hofburg para rezar ante el féretro de su nuera. Le ha ordenado a su hija, la archiduquesa Josefa, que está a punto de partir a Nápoles para contraer matrimonio con el rey Fernando, que la acompañe a la cripta. Pero el ataúd de la esposa del emperador no estaba bien sellado y la joven prometida contrajo la enfermedad. Dos semanas más tarde, Josefa morirá tras una terrible agonía y será enterrada con su vestido de novia. Esta nueva desgracia sumirá a María Antonieta en una gran tristeza. Su hermana preferida, Carolina, cómplice de juegos y travesuras, ocupará el puesto de la fallecida y se casará con el rey de Nápoles.

Mientras María Antonieta se sobrepone a los terribles acontecimientos que han marcado su vida en los últimos meses, su madre ya ha decidido su destino. Las largas y arduas negociaciones que la emperatriz inició —cuando ella apenas contaba seis años de edad— para casarla con el Delfín de Francia, Luis Augusto de Borbón, han dado su fruto antes de lo que imaginaba. El rey Luis XV informa al conde de Mercy-Argenteau, embajador de Austria en la corte de Versalles, que la elegida para ocupar en un futuro el trono de Francia cuenta con su aprobación.

Por primera vez María Teresa centra toda su atención en su hija menor, que ha cumplido doce años. María Antonieta es delgada, de talle fino, tiene poco busto y escasa estatura. Su cabello rubio, de un tono claro, abundante y espeso como el de su madre, resulta muy favorecedor. Para el ojo crítico de la emperatriz es una jovencita bastante atractiva y sus defectos pueden arreglarse con facilidad. Por ejemplo, tiene los dientes montados y en mal estado, pero tras llevar durante tres meses unos incómodos alambres de acero consiguió una hermosa dentadura. Otro defecto llamativo es su frente, muy ancha y despejada. Un famoso peluquero parisino, Larseneur, creó un peinado especial para disimular la frente abombada de la archiduquesa. Lo único que no puede corregirse es su grueso labio inferior, característico de los Habsburgo, que le da un aire más bien desdeñoso, y su nariz aquilina. Pero en conjunto, y tras estos pequeños «retoques», la archiduquesa mejoró mucho su aspecto.

Pero el problema de María Antonieta no era su belleza, sino su educación. A los doce años apenas sabe escribir, su ortografía es mala, no siente interés por la lectura —ni nunca lo tendrá— y sus conocimientos de historia y literatura son casi nulos. Habla algo de italiano y pronuncia a duras penas unas palabras en francés. El rey Luis XV ha dejado muy claro que aprecia en especial la pureza del idioma francés y que la futura esposa de su nieto el Delfín deberá esforzarse en aprenderlo. María Teresa no ahorrará esfuerzos para hacer de su hija una dama instruida. En las siguientes semanas se duplican las horas de las clases de francés, de gramática y de ortografía.

Desde Francia se manda a la corte vienesa a un ilustre erudito, el abad de Vermond, con el cargo oficial de preceptor de la Delfina, pero durante el tiempo que pasará en Austria será su confidente y consejero. Cuando el clérigo conoció a María Antonieta en otoño de 1768, dijo de ella: «Es alegre, encantadora y simpática. Posee todas las innegables gracias, y si crece un poco más, como se espera, los franceses no necesitarán nada más para reconocer a su soberana». Vermond se ganó la confianza y el cariño de la archiduquesa y consiguió algunos progresos. Le enseñó no sólo francés sino también historia de Francia y de las grandes familias nobles que ocu-

paban importantes cargos en la corte de Versalles. Un año
más tarde, María Antonieta hablaba francés con bastante soltura, aunque con un ligero acento alemán. En sus informes
Vermond destacará que la niña es más ingeniosa de lo que
aparenta, pero lamenta su pereza en el estudio y la ligereza de
su comportamiento.

La emperatriz María Teresa había tardado seis largos años
en concretar el enlace entre su hija menor y el Delfín de
Francia. Tras arduas y complejas negociaciones, se sentía satisfecha por el éxito obtenido al unir a las casas reales de Francia
y Austria, pero como madre le embargaba una honda preocupación. Nadie preparó a María Antonieta para el destino que
le esperaba. A los doce años la infantil y despreocupada archiduquesa se enteró de que iba a ser reina de Francia. Dos meses antes de su partida, su madre trató de recuperar el tiempo
perdido y mandó trasladar la cama de su hija a su propia habitación. En la intimidad de su alcoba, la emperatriz mantiene
largas conversaciones con María Antonieta y procura prepa-
rarla para desempeñar su alto cargo. Se suceden las recomendaciones; entre ellas le pide que «nunca se avergüence de pedir consejo a alguien y que no obre jamás por puro capricho»;
también le recuerda que «no deje de ser una buena alemana».

La emperatriz, que conoce bien la naturaleza afable de su
hija, teme que se muestre en público torpe y vulnerable y sea
el blanco de todas las críticas. También le quitaba el sueño la
inmoralidad que imperaba en la corte francesa y que la archiduquesa, educada en la fe católica, cayera en costumbres inde-
corosas. María Teresa, mujer recta y piadosa, ya había sufrido
profundos desengaños con sus otras hijas destinadas a sentarse
en un trono, especialmente con la archiduquesa María Ame-
lia, cuya vida disoluta escandalizó a Europa. Para su gran pesar,

la sangre de la familia Lorena corría por las venas de sus hijos, proclives, como su padre, a los placeres de la vida.

El 6 de junio de 1769, el embajador francés en la corte de Viena solicita de manera formal la mano de María Antonieta, de trece años y medio, para el Delfín de Francia, que aún no ha cumplido los quince. María Teresa organizará unos días más tarde una espléndida fiesta en su palacio de Laxenburg para celebrar el santo de la prometida real. Todos los presentes conocen ya el futuro glorioso que le aguarda a la hija menor de la emperatriz. «Sólo teniendo en cuenta la grandeza de tu posición, eres la más feliz de tus hermanas y princesas», le recuerda la soberana, aunque en el fondo teme el destino que la aguarda.

Para María Antonieta se han acabado los juegos y las diversiones infantiles. Por expreso deseo de su madre, antes de contraer matrimonio, y con el fin de purificar su alma, realiza un retiro espiritual de tres días en Semana Santa bajo la guía espiritual del abad de Vermond, que es también su confesor. A su regreso a la corte de Viena, la joven comprueba con orgullo que se ha convertido en el centro de todas las miradas. Ella, la menos guapa e instruida de las archiduquesas, la pequeña de quien sus hermanas se burlaban y que había tenido que soportar la tiranía e indiferencia de su madre, va a entrar en la historia.

Mientras ese día llega, María Teresa envía una misiva urgente al rey Luis XV en que le comunica «con infinito placer» que desde el 7 de febrero de ese año de 1770, madame Antonieta ha dejado de ser una niña. La noticia no carecía de importancia porque ahora el rey de Francia tenía conocimiento de que la futura Delfina estaba preparada para ser madre, justo cuando iba a consumar su matrimonio. María Teresa seguiría de manera obsesiva, aun en la distancia, los ciclos menstruales de sus hijas. La emperatriz les pedirá a sus archiduquesas, convertidas en consortes de reyes y príncipes de otros países, que la mantuvieran al corriente de *«la générale Krottendorf»* —como entre ellas llaman a la menstruación—, sin omitir ningún detalle. En el caso de María Antonieta, el control de su madre en este asunto tan íntimo aún sería mayor porque tardará ocho años en quedarse embarazada.

El 17 de abril María Antonieta jura sobre la Biblia su renuncia a heredar los territorios que le correspondían de Austria, y a los de Lorena, así como a los derechos sucesorios. Esa misma noche su hermano el emperador José II organizó una cena con mil quinientos invitados en el palacio de Belvedere, en Viena, y un fastuoso baile de máscaras en sus jardines. La boda por poderes se celebró el 19 de abril en la iglesia de los Agustinos, la misma donde fue bautizada. Tras el enlace tuvo lugar la cena oficial del desposorio —un banquete de cien platos—, que duró varias horas y puso a prueba la resistencia de la novia. Con el banquete nupcial no acabaron los festejos. Durante todo el día siguiente recibió a embajadores y demás autoridades, a quienes se permitió besar la mano de *«madame la Dauphine»*, como era llamada oficialmente. Pero lo que mantuvo ocupada a la emperatriz y a su hija recién casada las últimas horas antes de su partida fue la redacción de una serie de cartas dirigidas a Luis XV. La Delfina debe dirigirse al rey como «señor y muy querido abuelo», pues a partir de este momento se considera que todos los miembros de la familia real francesa pasan a ser sus parientes. En su primera misiva al rey de Francia la joven se complacía en «pertenecer ahora a Su Majestad», y asimismo le pedía que «siendo que mi edad y mi inexperiencia a menudo requerirán vuestra indulgencia». Firma sus cartas con el nombre familiar de su infancia: «Antonia».

En la soleada mañana de primavera del 21 de abril de 1770, María Antonieta abandonaba con enorme tristeza la corte de Viena camino de Versalles. El magnífico cortejo previsto para acompañarla es digno de un gran imperio como el austríaco. Su séquito está compuesto por más de un centenar de personas a su servicio; entre ellos, damas de honor, camareras, peluqueros, secretarios, costureras, médicos, pajes, capellanes, boticarios, lacayos, cocineros, sin olvidar la guardia noble y un gran maestre de postas. Desde el día de su partida hasta el 7 de mayo, día de «la entrega» de la Delfina a su país de adopción, el viaje se hará en etapas escalonadas. La numerosa comitiva austríaca consta de cincuenta y siete carruajes y más de un centenar de personalidades nacionales. El rey de Francia ha regalado a su futura nuera dos lujosas carrozas revestidas en su interior de terciopelo y finos bordados en oro.

Aunque la emperatriz María Teresa era poco dada a los sentimentalismos, al despedirse de su hija no puede reprimir las lágrimas. La estrecha entre sus brazos antes de darle su bendición y, con voz temblorosa, le dice: «Adiós, querida hija. Una gran distancia nos separará. Siembra el bien entre el pueblo para que pueda decir que les he enviado un ángel». Nunca volverán a verse y sólo se comunicarán a través de las cartas, en que la emperatriz le dará sabios consejos que la joven no siempre escuchará. Acurrucada en su carroza de terciopelo carmín, María Antonieta asoma la cabeza por la ventanilla para contemplar por última vez los idílicos paisajes de su infancia que deja tras de sí. A lo lejos contempla la figura cansada y envejecida de la emperatriz, que con el corazón roto ve partir a su pequeña rumbo a un incierto destino.

Un regalo del cielo

María Antonieta atravesó toda Europa central en su viaje desde la corte de Viena hasta Versalles. Dos semanas y media de
agotadora y monótona travesía, ya que la mayor parte del
tiempo no sale de su carroza. Los últimos días ha estado sometida a una gran tensión y parece exhausta. La separación de
su madre y de sus seres más queridos contribuye a aumentar
su tristeza y angustia. Cuando la noche del 6 de mayo llega a
la abadía de Schuttern, es el último día que pisa suelo alemán
antes de ser entregada a Francia. Allí la espera el embajador
extraordinario de Luis XV, el conde de Noailles, encargado de
guiar sus primeros pasos en la corte de Versalles.

Su esposa, madame la condesa de Noailles, a quien la
Delfina conocerá horas después, ha sido nombrada su dama
de honor. Para esta severa dama la etiqueta de Versalles es sagrada y se comportará con la reina como una tiránica institutriz. Nunca la dejará sola —para preservar su reputación— y
continuamente la llamará al orden y reprenderá en lugar de
instruirla en sus nuevas obligaciones. María Antonieta llegará
a odiarla y la apodará «Madame Étiquette», además de ser el
blanco de sus burlas. Un día que la Delfina se cayó al suelo
cuando montaba sobre un asno, dijo riendo: «Id a buscar a
madame de Noailles, ella os dirá qué ordena la etiqueta cuando una reina de Francia no sabe mantener el equilibrio sobre
un asno».

Al día siguiente tiene lugar la ceremonia oficial de entrega de la Delfina y para este histórico momento se ha elegido
una isla en medio del Rin, cerca de Kehl. Aquí se ha impro-
visado un gran pabellón de madera con un estrado ricamente
engalanado. Tiene dos entradas, una austríaca y otra francesa,

con sus respectivos salones. La Delfina entra en el edificio de la mano de su ayudante el príncipe Starhemberg, el único de todo su séquito que la acompañará a Versalles. Aquí tendrá lugar el ritual en que María Antonieta es despojada de su rica indumentaria austríaca —incluidas sus medias y hasta su ropa interior— para vestir las prendas francesas.

La Delfina se despide con lágrimas en los ojos de su antiguo cortejo, en especial de sus queridas damas de compañía. Ni siquiera se le permite llevarse a Francia a su adorado perro carlino, Mops. Ya en el lado francés, se encuentra frente a la imponente figura de la condesa de Noailles. La joven, en un acto impulsivo, se echa a los brazos de su nueva mentora rompiendo por un instante el protocolo. La altiva condesa, tras rechazarla cortésmente, le presentará al séquito francés, la mayoría damas maduras y serias que habían servido a la casa de la reina María Leszczynska, difunta esposa de Luis XV.

Al fin, el 14 de mayo al atardecer María Antonieta pudo conocer al rey de Francia y a su flamante esposo. El legendario encuentro tuvo lugar en el bosque de Compiègne. El monarca llegó en su carruaje acompañado de su nieto el Delfín y tres de sus cuatro hijas solteras que aún le quedaban. Conocidas como «les Mesdames de Francia», eran unas solteronas poco agraciadas y antipáticas que, pese a no haber cumplido los cuarenta años, parecían unas ancianas. Adelaida, la mayor, era famosa por su lengua viperina y la más mala de las tres. Madame Victoria era muy devota y tan ingenua que muchos la creían tonta. De madame Sofía se decía que su extrema fealdad dejaba estupefacto a todo el que la conocía. El soberano, desde su más tierna infancia, les había puesto unos crueles apodos: Adelaida era «la Andrajos», Victoria «la Cerdita» y Sofía «la Zampa».

Aunque en un principio María Antonieta sintió cierta lástima por ellas, pronto descubrió que estas tres hermanas relegadas al olvido en la corte podían ser muy peligrosas. También se enteraría que su esposo, el Delfín de Francia, que se había quedado huérfano siendo apenas un niño, adoraba a sus tías.

Por su parte Luis XV, a pesar de haber cumplido los sesenta años, tenía un porte distinguido y aún era «el hombre más apuesto de su corte». Desde el primer instante su nuera, a la que llama «mi nieta», le parece encantadora. Es cierto que la Delfina no es muy alta y para su gusto está poco desarrollada, pero su aspecto general le satisface. «Espontánea y un poco infantil», así tilda a aquella niña alegre que salta del carruaje y se inclina frente a él en una profunda reverencia. Al llegar a Versalles el rey enviará a Viena un rápido correo para hacer saber a la emperatriz viuda María Teresa de Austria que «la familia real está maravillada con la señora archiduquesa». Todos la consideran un regalo del cielo.

Al Delfín de Francia, Luis Augusto, la dulce archiduquesa austríaca no le causó la misma impresión que a su abuelo. En el diario de caza en que sólo escribía sobre asuntos de importancia, hizo una breve anotación: «Encuentro con la señora delfina». Al verla la besó recatadamente en la mejilla sin el menor entusiasmo. El futuro heredero de la corona de Francia era un adolescente tímido y algo torpe, además de poco agraciado. Sin duda, en los retratos que María Antonieta había visto de él sus defectos habían sido muy retocados. Tenía quince años y seguía bajo la tutela de su preceptor, un hombre con fama de malévolo en la corte, quien desde su más tierna infancia le previno sobre la maldad de los Habsburgo.

Huérfano de padre a la edad de once años, el Delfín recibió una esmerada educación y era un joven inteligente, aunque por su aspecto no lo aparentara. Su abuelo Luis XV, casado con la princesa polaca María Leszczynska —fallecida dos años atrás y con la que tuvo diez hijos—, no se ocupó de él y dejó su educación en manos de sus preceptores. Si al inicio de su reinado Luis XV fue muy querido por su pueblo —lo apodaban «El Bienamado»—, con el paso de los años su debilidad en la toma de decisiones y la constante e intrigante presencia de sus amantes en la corte habían minado su popularidad.

En el castillo de La Muette, última etapa antes de llegar a Versalles, María Antonieta conocerá al resto de su numerosa familia política y a los miembros más distinguidos de la alta nobleza. Entre ellos, a una hermosa y despampanante mujer que hace acto de presencia en la cena de la familia real organizada por el soberano para presentar a su nuera. María Antonieta se queda deslumbrada ante esta dama cubierta de joyas cuya presencia hace palidecer al embajador austríaco en Francia, Mercy-Argenteau. Se trata de la amante oficial del rey Luis XV, a quien éste ha tenido la desfachatez de invitar a la velada. Cuando la Delfina pregunta a la condesa de Noailles por la identidad de la dama, ésta le responde sonrojada: «Es la condesa Du Barry, la mejor amiga de Su Majestad». Su presencia en esta cena familiar resulta muy incómoda, especialmente para las tres hijas del rey, que no soportan la conducta libertina de su padre. En una carta enviada a su madre apenas dos meses después de su llegada a Versalles, la Delfina describe a madame Du Barry como «la criatura más estúpida e impertinente que te puedas imaginar».

El 16 de mayo María Antonieta llegó con su séquito a Versalles, el soberbio palacio real «de mil ventanas» que ahora sería su hogar y donde iba a pasar el resto de su vida. Era un día radiante y la Delfina se quedó maravillada ante la opulencia que la rodeaba. El complejo de Versalles era una ciudad en sí misma, distante unos veinte kilómetros de París. Aquí residían casi cinco mil personas entre miembros de la nobleza, familia real y representantes del gobierno. Otras cinco mil componían el servicio y personal a cargo del mantenimiento y administración del palacio. Versalles tenía setecientas estancias y podía alojar a veinte mil personas. Sus magníficos jardines, que ocupaban ochocientas hectáreas, estaban salpicados de estatuas de mármol, estanques y fuentes.

A su llegada María Antonieta fue conducida a las dependencias de la planta baja que habían pertenecido a la anterior Delfina, María Josefa. El rey había mandado ampliar y reformar los nuevos aposentos de María Antonieta, pero las obras previstas se habían demorado. La decepción por tener que alojarse temporalmente en unos aposentos deprimentes y que carecían de privacidad se vio recompensada con las joyas que recibió como obsequio. Magníficos diamantes, perlas, rubíes y esmeraldas de un valor incalculable pasaron a sus manos. A falta de una reina de Francia, la Delfina fue agasajada con un fabuloso collar de perlas, de las cuales la más pequeña era «del tamaño de una avellana», legado de Ana de Austria a las sucesivas consortes.

La misma tarde de su llegada, María Antonieta y Luis Augusto asisten a la misa oficiada por el arzobispo de Reims en la capilla de palacio para sellar su compromiso. En la enorme nave la gente se hacina para ver a la Delfina, que aparece deslumbrante con un vestido de brocado blanco y una sonrisa que cautiva a todos. Tras la ceremonia una multitud invade los jardines de Versalles y espera el espectáculo de fuegos artificiales que el rey ofrece a su pueblo. Pero una inesperada tormenta obliga a cancelar el evento y el pueblo, privado del espectáculo, regresa en masa a la capital que se ha quedado casi desierta. El mal tiempo no consigue empañar el gran banquete de bodas previsto para la noche.

El rey Luis XV ha querido superar el fausto de su antecesor el Rey Sol y ha organizado un suntuoso banquete nupcial en una de las salas, iluminada por magníficas arañas de cristal. Será la última gran fiesta del Antiguo Régimen. El menú está compuesto por un centenar de platos y la velada es amenizada por una orquesta de ochenta músicos. Más de seis mil invitados, elegidos entre la nobleza, asisten al banquete, pero no para comer con el rey sino únicamente para poder contemplar desde la galería cómo los veintidós miembros de la Casa Real degustan los exquisitos manjares que desfilan ante sus ojos. Luis XV, hombre campechano y bromista, le aconseja a su nieto el Delfín que no coma demasiado pensando en su noche de bodas. Pero el joven, que se muestra apático y huraño, le responde que siempre duerme mejor cuando ha comido bien.

Tras la opípara cena el rey en persona conduce del brazo a la pareja a su alcoba, donde deben consumar su matrimonio. La ceremonia del «acostamiento» era, como todo en Versalles, un acto público. Un nutrido número de damas y cortesanos, en función de su cuna y posición en la corte, pueden acceder a la cámara real, donde el arzobispo de Reims bendice el lecho nupcial. El propio rey de Francia entrega la camisa de dormir a su nieto y la duquesa de Chartres hace lo propio con la Delfina. Los recién casados se acuestan ruborizados y en este instante los invitados les hacen una profunda reverencia y se retiran en sigilo. Al fin se echan las cortinas y aunque el rey le da a su nieto algunos consejos de última hora, éstos resultan en vano. Por primera vez desde que se han conocido están solos, y tan agotados que al instante se quedan dormidos casi a la vez.

Al día siguiente el Delfín escribe en su diario de caza su célebre «Nada», refiriéndose al primer encuentro íntimo con su esposa. Para María Antonieta, por el momento, el desinterés de su esposo no le preocupaba en absoluto. Para una adolescente como ella Versalles parece un cuento de hadas y los días sucesivos los dedica a descubrir los rincones de este inmenso palacio. La corte francesa era la más ostentosa de toda Europa —también la más corrupta— y su lujo no tenía rival. Pero en Versalles imperaban unas decadentes normas de etiqueta que se remontaban a los tiempos del Rey Sol y que a ella le parecen ridículas y afectadas.

Muy pronto descubriría que la brillante corte de Versalles era un gran escenario donde la realeza representaba a diario su papel frente al pueblo. Allí no existía la intimidad y todo el mundo tenía derecho a visitar a su soberano sin anunciarse. También podían pasearse a sus anchas por los majestuosos salones y contemplar cómo se levantaba, comía o se acostaba la familia real. Sólo los perros, los monjes mendicantes y la gente marcada por la viruela tenían prohibida la entrada en su interior. En una carta a su madre, María Antonieta le decía: «A partir de mediodía, todo el mundo puede entrar en mis aposentos; me pongo el colorete y me lavo las manos ante el mundo entero. Luego, los caballeros salen y las damas de honor se quedan y me visten delante de ellas».

Tras el deslumbramiento que le causó Versalles a su llegada, con el paso de los meses María Antonieta se siente muy sola y se aburre porque todos los días son iguales. En la corte sólo puede jugar, y a escondidas, con los hermanos más jóvenes del rey, el conde de Artois y el conde de Provenza, que casi tienen su misma edad. Las Mesdames de Francia consiguen disimular la antipatía que sienten hacia ella y le ofrecen «una llave de los corredores del palacio, por los cuales, sin séquito y sin ser vista, podría llegar hasta los aposentos de sus tías y verlas en privado». Abandonada por su esposo, que se muestra esquivo con ella, la Delfina correrá a menudo hacia las habitaciones de sus tías para buscar algo de distracción.

En una carta a su madre, fechada en julio de 1770, le describe su monótona vida cotidiana. Se levantaba entre las nueve y las diez, se vestía con ropa informal; rezaba, desayunaba, y a continuación visitaba a sus tías reales. «A las once voy a peinarme. Al mediodía misa; si el rey está en Versalles voy con él y mi esposo y mis tías a misa; si no está voy sola, con mi señor el Delfín pero siempre a la misma hora. Después de la misa almorzamos los dos ante todo el mundo, pero eso termina a la una y media, porque los dos comemos con mucha rapidez. De ahí voy a las habitaciones de mi señor el Delfín y, si tiene cosas que hacer, vuelvo a mis aposentos, leo, escribo o trabajo, pues estoy haciendo un jubón para el rey. [...] A las tres voy de nuevo a ver a mis tías, adonde el rey va a esa hora; a las cuatro viene el abad; a las cinco todos los días, el maestro de clavicordio, o a cantar hasta las seis. A las seis y media voy casi siempre a las habitaciones de mis tías [...]. A las siete se juega hasta las nueve. Después cenamos, vamos a acostarnos a las once. Ése es todo mi día.»

A sus catorce años María Antonieta se ha convertido en la primera dama de Versalles. Ocupar el vacío que ha dejado la última reina consorte de Francia, María Leszczynska, no va a ser fácil. La esposa de Luis XV, aunque en un principio no fue bien recibida en Versalles, con el tiempo se ganó el aprecio de todos. Cuando el rey, del que estaba muy enamorada, la abandonó definitivamente por su amante, la soberana dio una lección de gran discreción y dignidad. María Antonieta, por el momento, se mostraba dócil con las convenciones y trataba de comportarse con la respetabilidad que todos esperaban de ella. Gracias a sus clases de danza, tenía un porte elegante y gran flexibilidad, lo que le permitía moverse con soltura con el pesado vestido de la corte, compuesto por enormes aros y una larga cola. Pero si algo no soportaba era el complejo ceremonial que marcaba su vida diaria como Delfina de Francia. Desde el primer instante que pisó Versalles le resultaba un fastidio tener que depender de los demás en cosas que en Viena hacía ella misma.

La ceremonia de vestirse y desvestirse cada día rodeada de gente desconocida era un auténtico suplicio. María Antonieta no podía coger nada por sí misma, ya que dar a la Delfina (o a la reina) una prenda para que se vistiera era un privilegio muy codiciado. En una ocasión, durante la *toilette* matinal, María Antonieta se había desvestido y cuando se disponía a ponerse la camisa que había cogido de manos de la camarera mayor, tras recibirla ésta a su vez de una de sus damas, apareció la duquesa de Orleans. La etiqueta exigía que si una persona de más alto rango entraba en la habitación tenía el privilegio de cumplir con este rito y poner la prenda a la Delfina. Mientras la duquesa se quitaba el guante para cumplir su cometido, irrumpió otra princesa, la condesa de Provenza, que al tener prioridad sobre todas las demás, recibió la camisa y se la puso a la Delfina. Durante todo este tiempo María Antonieta, desnuda, permaneció de pie y de brazos cruzados temblando. En una de las cartas a su madre dirá al respecto: «Es una locura, es ridículo». A su esposo también le pesa, y mucho, este anticuado protocolo que le afecta especialmente, pero no osará modificarlo.

Muy lejos de la corte, en el palacio de Hofburg, la emperatriz viuda María Teresa, deseosa de tener cuanto antes un nieto, comienza a preocuparse. Pasan los meses y por las cartas que le escribe su hija descubre con hondo pesar que el matrimonio sigue sin consumarse. Cuando la Delfina cumple dieciséis años su esposo le promete que cuando la familia real se traslade en verano a Compiègne allí «la hará su esposa». María Antonieta comete el error de contárselo a sus tías solteronas, quienes poco discretas hacen correr la voz del inminente acontecimiento. Pero durante su retiro estival Luis Augusto sólo se dedica a cazar y por la noche, agotado, no sale de sus aposentos.

Al mes siguiente la corte se traslada a Fontainebleau y la escena se repite. Al final Luis XV en persona interviene y le pregunta a su nieto las razones de su frialdad hacia su atractiva esposa. Éste le replica que todavía tiene que vencer su timidez. La emperatriz María Teresa se mostrará cada vez más intransigente con su hija y no dudará en responsabilizarla de la supuesta impotencia de su esposo. No entiende la costumbre de la corte francesa, según la cual las parejas no han de dormir necesariamente en el mismo lecho. Le pide a su hija que tome cartas en el asunto y convenza al Delfín de los beneficios de compartir una cama de matrimonio. Además, la emperatriz le recuerda que en tan delicado asunto: «Todo depende de la esposa, si pone voluntad, es dulce y divertida con su esposo».

Poco a poco María Antonieta intentó pasar más tiempo con su marido y realizar alguna actividad con él. A finales de 1770, la Delfina empezó a organizar bailes privados en sus dependencias, a los que asistía su esposo. A falta de relaciones íntimas, al menos podían disfrutar de una vida social normal. La idea tuvo mejor efecto que las «caricias insistentes» que María Teresa le recomendaba a su hija para conquistar a Luis Augusto en el lecho. Cuando en una ocasión una cortesana alabó la gracia y el encanto personal de María Antonieta, el Delfín respondió: «Tiene tanta gracia, que lo hace todo a la perfección». Este adolescente que sólo encontraba placer en la caza, la carpintería y la forja, pronto se dejaría seducir por los encantos de su esposa, la única persona que amará de verdad en su vida. Cuando se convierta en rey de Francia, Luis Augusto siempre aprobará lo que haga su mujer y le será fiel hasta el final de sus días.

Mientras María Antonieta era el centro de todas las miradas y comentarios en la corte por no haber consumado aún su matrimonio, el sexagenario Luis XV hacía gala de un insaciable apetito sexual. Además de su amante oficial, el rey contaba con un «Intendant des Menus-Plaisirs» o encargado de los placeres, cuya misión consistía en organizar los encuentros íntimos del monarca con las concubinas —la mayoría de la edad de la Delfina—, lo que incluía tener a su disposición los mejores vinos y manjares. A María Antonieta, que había recibido una educación puritana de su madre, la debilidad de «su abuelo» por una mujer de escandaloso pasado como la Du Barry —treinta años menor que él— le resultaba intolerable. La inexperta Delfina desconocía que en la corte las relaciones extraconyugales no estaban mal vistas y la presencia de amantes en Versalles no constituía ningún escándalo. Por otra parte las tías solteronas, que odiaban a la Du Barry, alentaron en la Delfina su desprecio a la favorita real. Pero la dama que ocupaba el corazón del soberano tenía más poder del que María

Antonieta pudiera imaginar. A finales de aquel año de 1770 la joven vio con tristeza cómo su buen consejero el duque de Choiseul era enviado al exilio. Este ministro de Luis XV había cometido el grave error de criticar a la favorita y había pagado cara su osadía.

La pérdida de su abnegado colaborador Choiseul horrorizó a la emperatriz María Teresa que no había olvidado que había sido el artífice de su tan deseada alianza francoaustríaca. Desde su llegada a Versalles, María Antonieta no dudaría en declarar la guerra a madame Du Barry, a la que consideraba su rival en palacio. En su insensatez, desafiaría abiertamente al propio rey Luis XV negándose a dirigirle la palabra a su favorita. Para estupor de María Antonieta, su beata madre le intentará hacer entrar en razón y le aconsejará «tratar con cortesía a la amante del rey», mientras en Viena las mujeres públicas como la Du Barry eran castigadas.

Finalmente la Delfina aceptará los consejos de la emperatriz y durante las celebraciones del Año Nuevo de 1772 en la Galería de los Espejos de Versalles le dirigirá a su acérrima enemiga una frase que hará historia: «¡Cuánta gente hay hoy en Versalles!». Al enterarse de la noticia el rey Luis XV se mostró de lo más satisfecho, pero María Antonieta, altiva y terca, dirá más tarde: «Le he hablado una vez, pero estoy decidida a dejarlo ahí, así que esa mujer no volverá a oír mi voz». Y mantuvo su palabra.

Han pasado tres años desde el matrimonio de María Antonieta y el Delfín de Francia, y el rey Luis XV se muestra por primera vez seriamente preocupado por su descendencia. Ha ordenado a su médico personal que examinara a su nieto, pero el diagnóstico es claro: el joven es absolutamente normal. Le recomiendan una alimentación sana y que practique mucho ejercicio físico. María Antonieta hace gala de una enorme paciencia y no pierde la esperanza de que su extraño marido cambie de actitud. Mientras ese día llega, ha decidido que el pueblo de París la conozca. Ya que por el momento no puede dar a Francia el ansiado heredero, quiere compensar a los parisinos con su presencia y de paso acallar los rumores que circulan sobre ella.

La entrada en París el 8 de junio de 1773 será todo un éxito. El Delfín y la Delfina asistirán a misa en Notre Dame, almorzaran en las Tullerías y recorrerán los principales bulevares de París en su carroza. Durante todo el trayecto serán aclamados con fervor por el pueblo, que agradece su visita. María Antonieta se siente inmensamente feliz e incluso su esposo, siempre tan reservado, se emociona al sentir el cariño de sus súbditos. De regreso a Versalles, en una carta a su madre por fin puede comunicarle un triunfo: «¡Qué feliz soy de ganar la amistad del pueblo a tan bajo precio! No hay, sin embargo, nada más preciado; así lo he sentido y no lo olvidaré nunca». Aquella primera visita oficial a París transformará al Delfín, que se siente orgulloso del encanto de su esposa, de su alma caritativa y su enorme popularidad. A partir de este momento pasará más tiempo con ella e incluso en público le dirigirá palabras de afecto y admiración.

A pesar de la perfecta armonía que ahora existe entre el Delfín y su esposa, los problemas de alcoba siguen sin solucionarse. Luis Augusto visita cada vez con mayor frecuencia las dependencias de su esposa sin que ocurra absolutamente nada, lo que agrava el drama conyugal de la pareja. Finalmente un médico francés de la corte dictaminará que la impotencia del heredero al trono se debe a que padece fimosis, un problema que puede solucionarse con una intervención quirúrgica. El príncipe, de carácter temeroso y vacilante, no quiere operarse por el momento y pospone la intervención, que en aquel tiempo se realiza sin anestesia. María Antonieta, herida en su amor propio, intentará divertirse para olvidar los rumores y los constantes reproches de su madre. Ama a su esposo y le seguirá siendo fiel, pero necesita alejarse de las intrigas y los chismorreos de la corte. Tiene dieciocho años, es joven, bonita y hasta la fecha ha aguantado con dignidad sus frustraciones conyugales. Ahora sólo piensa en distraerse y cada vez con más frecuencia se escapa de noche a París, una ciudad que le resulta fascinante.

La Delfina acude a menudo a los bailes de la ópera en compañía de su cuñado el conde de Artois, al teatro y a las carreras de caballos, que están muy de moda. Fue durante un baile de máscaras al que asiste a principios de 1774 cuando entabla conversación con el conde sueco Hans Axel de Fersen. Alto, apuesto y de finos modales, es hijo de un mariscal de campo miembro del Consejo Real de Suecia. Tiene veinte años y realiza, como todos los jóvenes nobles de su época, un tour de dos años por Europa. A su llegada a Versalles causa sensación entre las damas, que lo describen «bello como un ángel». María Antonieta pasó un rato agradable con este desconocido caballero que fue invitado a palacio antes de partir a Inglaterra. Con el tiempo el conde de Fersen se convertirá en uno de sus más fieles aliados y el único que no la abandonará cuando caiga en desgracia.

En el año de 1774 la vida de María Antonieta dio un giro inesperado. El 10 de mayo el rey Luis XV muere en su lecho tras una larga agonía víctima de la viruela. Días antes había despedido de su alcoba a la condesa Du Barry, que no se había separado de su lado pese al riesgo de contagio. «Madame, estoy enfermo y sé lo que tengo que hacer... Ten la tranquilidad de que siempre te guardaré infinito cariño», fueron sus últimas palabras a su amante. El reinado de cinco años de la seductora condesa Du Barry ha tocado a su fin. Para satisfacción de María Antonieta la última favorita real, a quien los ministros y cortesanos tanto temían, tiene que abandonar precipitadamente Versalles oculta tras las cortinas de una carroza.

El nuevo rey de Francia, que no siente ningún aprecio hacia ella, ordena su confinamiento en una abadía mientras se decide su destino. Cuando Luis Augusto y María Antonieta recibieron la triste noticia del fallecimiento del rey en los aposentos de la Delfina, se postraron de rodillas y se abrazaron por la emoción. Su primera reacción, que conmovió a todos los presentes, fue rezar juntos: «Querido Dios, guíanos y protégenos. Somos demasiado jóvenes para reinar». Tras la muerte de Luis XV el pueblo de Francia tenía puestas todas sus esperanzas en los nuevos soberanos, que aún no han cumplido los veinte años. Creían que con su juventud y ejemplar comportamiento traerían aires nuevos a una corte decadente y corrupta, cada vez más alejada de las necesidades de la gente. Sin embargo, aunque entonces gozaban de una gran popularidad, ninguno de los dos se sentía preparado para tan alto destino.

El delfín Luis Augusto de Borbón, que reinará como Luis XVI, no tiene experiencia y ha sido apartado sistemáticamente de los asuntos de Estado. Pero a diferencia de su libertino abuelo, es honrado y tiene un elevado sentido del deber y la justicia. A su lado la belleza y el refinamiento de María Antonieta parecen perfectos para la posición de reina de Francia. «Aunque ha sido voluntad de Dios que naciera para el rango que ocupo, no puedo evitar admirarme ante lo dispuesto por la Providencia que me ha designado a mí, la última de vuestros hijos, para el más hermoso reino de Europa», le escribe María Antonieta a su madre en aquellos días de duelo. Alabada por todos aquellos que quieren ganarse su influencia y querida por el pueblo, la reina se siente, por primera vez en su vida, fuerte y poderosa.

INTRIGAS Y PLACERES EN LA CORTE

La ociosa vida de María Antonieta apenas ha cambiado desde su llegada al trono de Francia. En las cartas a su madre lamenta que su vida matrimonial no sea satisfactoria, aunque reconoce que tiene a su lado a un esposo que paga sus facturas y respeta sus gustos. En realidad son muy distintos: a él le gusta la caza, la comida, trabajar en su fragua —tiene un pequeño taller en las buhardillas de Versalles donde se entretiene forjando hierro y fabricando cerraduras— y es un ser solitario. Ella es tremendamente sociable, le gusta la danza, la música y divertirse. Llevan ritmos distintos; cuando él se levanta, ella se acuesta recién llegada de una fiesta, un baile de máscaras o del teatro. A medida que pasan los meses se muestra desdeñosa e insolente, proclive a la frivolidad. Sabe que, por muy brillante que sea su posición en la corte, nunca se la tomará en serio hasta que no dé a luz al deseado heredero.

Para combatir el aburrimiento y la frustración se entretiene con su nueva favorita, la princesa de Lamballe, y decorando la encantadora residencia que su esposo le acaba de regalar, Le Petit Trianon. Este pabellón de estilo neoclásico situado en los jardines de Versalles fue mandado construir por Luis XV para su favorita madame de Pompadour. Durante más de diez años será su refugio más íntimo y nadie podrá acceder a él sin invitación. María Antonieta decorará sus amplias y luminosas estancias con gran refinamiento y diseñará un romántico jardín inglés.

La reina ha heredado de su padre Francisco de Lorena el amor por la botánica y se hace traer árboles de todos los rincones del mundo. Su camarera mayor, madame Campan, escribe en sus memorias: «La reina se encuentra ahora muy ocupada con un jardín a la inglesa que quiere establecer en el Trianon. Esa diversión sería muy inocente si al mismo tiempo dejase lugar para las ideas serias […]. La reina no se dispone todavía a reflexionar en las cosas que le son más esenciales en el momento presente». Aquí la soberana se relaja y es feliz lejos del ambiente asfixiante de la corte que tanto le desagrada. Viste de manera cómoda y se inventa una vida bucólica y sencilla que la traslada a su niñez. A diferencia de Versalles no hay etiqueta, se come tumbado en el césped, con la cabeza descubierta y una ropa ligera, y los criados sólo llevan la librea roja y plata de la reina.

En el Trianon la reina se reúne con su reducida corte de acólitos, en su mayoría damas de Versalles con las que comparte amistad y confidencias. María Teresa Luisa de Saboya, princesa de Lamballe, fue su primera favorita. Pasaban mucho tiempo juntas, lo que provocó todo tipo de comentarios malévolos sobre una supuesta relación lésbica. Cuando se conocieron en un baile de carnaval organizado por la condesa de Noailles, la Delfina tenía quince años y la princesa veintiuno. A María Antonieta le cautivó su timidez y el respeto que mostraba hacia ella como reina de Francia. Era una joven viuda dulce, prudente y de buen corazón. María Antonieta llegó a nombrarla superintendente de su palacio, lo que significaba

que debía planificar sus diversiones. Pero muy pronto la soberana comenzó a aburrirse porque su buena amiga era demasiado formal y piadosa. Con el tiempo la sustituiría por la hermosa condesa de Polignac, más frívola y divertida. A diferencia
de su leal predecesora, la nueva favorita no dudará en aprovecharse de esta amistad para su propio beneficio y el de su familia, lo que dañó seriamente la reputación de la soberana.

En sus primeros meses de reinado María Antonieta dedicará mucho tiempo y dinero a elegir su vestuario para lucir
en los actos sociales. El rey le ha confiado las diversiones de la
corte, ocupación a la que se entregará en cuerpo y alma. La
reina organiza dos cenas por semana, un espléndido baile
quincenal —con distinta temática y coreografía, lo que obliga
a ensayos diarios— y conciertos privados a los que invita a sus
amigos más queridos sin importarle su rango. Como soberana
de Francia su imagen tiene que ser impecable y acorde con su
alto rango. París ya entonces era el centro del mundo de la
moda y el buen gusto. Las casas reales encargaban aquí los
vestidos y ajuares de las princesas. La reina se iba a convertir
muy pronto en la mejor representante de la moda rococó que,
además de prestigio, daba buenos beneficios económicos a la
capital francesa.

Fue la condesa de Chartres quien le presentó a Rose Bertin, modista con casa propia en la rue Saint-Honoré. La reina
deseaba intercambiar puntos de vista con ella con objeto de
elegir el vestido que luciría el día de la coronación de su esposo. Por supuesto tiene que ser muy lujoso y bordado de
piedras preciosas, como lo requiere tan importante ocasión.
María Antonieta, a pesar de su elevado coste, se lo puede permitir. Su presupuesto sólo para vestuario asciende a ciento
cincuenta mil libras anuales, una cifra astronómica teniendo

en cuenta que el pueblo gana una libra al día. Madame Bertin, ambiciosa y ávida comerciante, ha encontrado en la apasionada reina a su clienta ideal. En la distancia María Teresa no comprende cómo su hija se pierde en estos placeres y no muestra ningún interés en conocer su propio reino o en cómo viven sus súbditos.

Para combatir la frustración que siente por no poder ser madre, María Antonieta se dejará llevar por un frenesí de compras y caros caprichos. En los meses siguientes pasa los días probándose cientos de vestidos, sombreros y zapatos elaborados con sedas, brocados, ribetes de diamantes, perlas y piedras preciosas. Una locura de gastos y excesos de joyas y plumajes que exasperarán a la emperatriz María Teresa. Rose se convertirá en su estilista y creará para la reina un estilo propio que sentará las bases de la alta costura. La relación entre la soberana y esta modista de origen plebeyo, imaginativa, talentosa y dominante, dará mucho que hablar en la corte. Es tal su poder que la llaman «la ministra de la moda». Desde que llegó al trono, María Antonieta la recibe dos veces por semana en su gabinete personal. Fue Rose quien creará para ella los más sofisticados y extravagantes modelos que imitarán todas las damas de la corte. Sus voluminosos miriñaques alcanzaban los cinco metros de circunferencia y nunca se habían visto en Versalles peinados tan extravagantes. Son tan altos que las damas no podían sentarse en sus carrozas, tenían que ir de rodillas, y en los palcos de los teatros tuvieron que alzarse los techos.

Y es que el éxito mayor de madame Bertin eran sus famosos *poufs*, auténticos armazones de tela y cabello que podían alcanzar más de un metro de altura y cuyo peso las damas soportaban con resignación sobre sus cabezas. Léonard, el peluquero de la reina, era el encargado de hacer realidad estas fantasías arquitectónicas donde no había límite. María Antonieta podía llevar sobre su cabeza todo un jardín inglés con sus prados, colinas y arroyos, o un navío con sus velas desplegadas y cañones. Pero su preferido era el «peinado Minerva», elaborado con más de diez plumas de avestruz tan altas que no pudo subir a su carroza para asistir a un baile en la ópera.

María Teresa pone el grito en el cielo al leer sobre los peinados de su hija y en una carta le reprocha: «No puedo impedir tocar un tema que, con mucha frecuencia, encuentro repetido en las gacetas: tus peinados. Se dice que, desde la raíz del cabello, tienen treinta y seis pulgadas de alto, y encima hay plumas y lazadas. Una reina joven y guapa a la que le sobran encantos no necesita esas garambainas». La emperatriz ignoraba que una de las obligaciones de la reina de Francia era promocionar la moda francesa ante los ojos del mundo. María Antonieta consiguió que las plumas que tanto molestaban a su madre tuvieran tal éxito que floreció un lucrativo negocio de éstas.

María Antonieta no ignora la grave crisis económica que atraviesa Francia, ni que el reino tiene un enorme déficit, ni que las cosechas de trigo han sido desastrosas y que el pan comienza a escasear. Pero vive de espaldas a la realidad. El nuevo ministro de Finanzas nombrado por Luis XVI era partidario de celebrar una sencilla ceremonia de coronación en París. Creía que esto causaría una buena impresión entre el pueblo, descontento por el aumento del precio de la harina. Finalmente se decidió por seguridad celebrar el acto en Reims, lejos de la capital. Pero la consagración del rey el 11 de junio de 1775 fue una ceremonia de gran lujo y pompa. El espléndido vestido de María Antonieta bordado de piedras preciosas es un gasto menor comparado con el despilfarro de toda la coronación. El traje del rey estaba brocado en oro y cubierto de diamantes, y sobre sus hombros lucía un manto de diez metros de largo de terciopelo forrado de armiño. En su pesada corona, que se encargó nueva a un orfebre porque la de Luis XV le resultó demasiado pequeña, llevaba magníficos rubíes, esmeraldas, zafiros y el «diamante más fino» que se conocía, el Regente. María Antonieta se muestra emocionada cuando al finalizar la entronización se abren de par en par las puertas de la catedral y una multitud invade la nave al grito de «¡Viva el rey!».

Pero en las calles de París se ha desatado la campaña de calumnias que atormentará a María Antonieta hasta el fin de sus días. Circulan panfletos contra ella, se la acusa de tener amantes, de mantener relaciones lésbicas con sus favoritas o de despilfarrar el dinero público en frivolidades. En Londres aparece un libelo en que se asegura que trata de tener un hijo con un hombre que no es el rey. En los salones más distinguidos de París, las Mesdames de Francia, hermanas del Luis XV, al haber perdido su influencia sobre la reina, se dedican a difundir rumores y graves mentiras acerca de la Austríaca, como ya la llaman despectivamente.

María Antonieta olvida pronto los consejos de su madre y el año que comienza de 1776 se ve arrastrada a un torbellino de nuevos placeres. Si antes se escapaba con frecuencia a París para asistir a la ópera o a las carreras de caballos en el Bois de Boulogne, ahora todas las noches acude a los aposentos de la princesa de Guéménée, donde hace estragos el faraón. María Antonieta siente pasión por los juegos de cartas y en poco tiempo convertirá Versalles en un «garito» de apuestas. El conde de Mercy-Argenteau le advierte del mal ejemplo que está dando ante sus súbditos. Mientras el gobierno de Su Majestad intenta frenar el auge de los juegos de azar, la reina de Francia lo fomenta en su propio palacio y sus deudas son cada vez mayores. En realidad Luis XVI autoriza en Versalles lo que prohíbe en el resto de su reino con tal de no desagradar a su esposa. La situación se hace insostenible y en verano de 1776 María Antonieta le confiesa que sus deudas ascienden a quinientas mil libras. El soberano paga, como de costumbre, sin una queja ni una palabra de reproche. Luis se muestra complaciente y acepta que la soberana se divierta como quiera mientras no caiga en mayores tentaciones. No ignora que María Antonieta le es fiel y, aunque está rodeada de jóvenes y atractivos cortesanos, los sabe mantener a raya cuando intentan cortejarla.

Pero la emperatriz María Teresa es menos complaciente con su hija y cuando llega a sus oídos que la reina dilapida el dinero en el juego, decide intervenir. En una carta le anuncia la llegada a Versalles de su hermano, el emperador José, para intentar frenar su irremediable caída en desgracia. El motivo de la visita es doble. Por una parte, el soberano desea hablar, de hombre a hombre, con su cuñado Luis XVI para convencerle de que se opere y pueda así consumar su unión. Por otra, pretende amonestar a su hermana sobre las nefastas consecuencias de su irreflexivo comportamiento para el futuro de la Corona de Francia.

Cuando el 19 de abril de 1777 María Antonieta recibe en su gabinete de Versalles a su hermano, éste se queda gratamente impresionado de su transformación. Hace tiempo que no la ve y la pequeña archiduquesa se ha convertido en una mujer desenvuelta, seductora y refinada que le hace exclamar: «¡Si no fuerais mi hermana, no dudaría en casarme de nuevo!». Pero tras su impecable fachada y aparente seguridad, se esconde una reina vulnerable y muy infeliz. En aquellos días que podrá compartir a solas con el emperador le hablará con sinceridad de su soledad, de sus problemas conyugales, las intrigas de la corte, las peleas de sus favoritas, sus deudas de juego y sobre todo su desesperación por no poder ser madre.

Los informes que el emperador envía a la corte de Viena describen a la reina de Francia como una mujer honesta y bondadosa, algo inconsciente por la edad, pero una persona respetable y virtuosa. Antes de su partida a finales de mayo, José II ha dejado a su hermana unas reflexiones que escribe durante su estancia. En ellas le pide que no olvide sus deberes de esposa y de soberana, y la apremia a que deje a un lado su vida disipada y las malas compañías: «Has nacido para ser feliz, virtuosa y perfecta. Pero te estás haciendo mayor y ya no tienes la excusa de ser joven. ¿En qué te convertirás? En una mujer infeliz y en una princesa todavía más desdichada...». La reina tiene por entonces veintiún años.

Durante los dos meses que seguirán a la triste partida de su hermano, María Antonieta acompañará más menudo al rey en sus cacerías y se apartará de las mesas de juego. El emperador ha conseguido, por el momento, que su hermana recapacite, pero su mayor éxito ha sido con su cuñado. A los veintitrés años por fin Luis XVI, tras perderle el miedo al bisturí, ha descubierto los placeres del sexo y se declara inmensamente feliz. A sus queridas tías les confiesa: «Me gusta mucho el placer, y lamento haberlo desconocido durante tanto tiempo». Por su parte María Antonieta, tras tan larga espera, se muestra también feliz y realizada como mujer, tal como le confiesa a una de sus damas de compañía.

Un año después de la visita de su hermano María Antonieta escribe la carta que su madre lleva esperando largos años, en que le anuncia que está embarazada. Ha renunciado al juego, a las carreras de caballos, a los bailes en la ópera y por primera vez se cuida. Se acuesta más temprano, no monta a caballo ni en trineo y lleva una dieta sana. El 19 de diciembre de 1778 siente los primeros dolores de parto y se prepara para traer al mundo al ansiado heredero. A diferencia de su madre la emperatriz de Austria, que ordenó en la corte de Viena abolir esta degradante costumbre, el parto de una reina de Francia es un acto público. Todos los miembros de la familia real, así como los más altos dignatarios y la servidumbre de los monarcas, tienen derecho a estar presentes en la alcoba. Más de cincuenta personas se hacinan en la habitación con las ventanas cerradas para que no entre el frío del invierno. El ambiente es irrespirable y el rey se muestra muy nervioso ante el sufrimiento de su esposa. Finalmente tras doce horas de parto María Antonieta da a luz a una niña, que será bautizada con el nombre de María Teresa, pero que en la corte llamarán «Madame Royal». Mientras la recién nacida es llevada a una habitación contigua, la reina sufre una hemorragia y se desmaya. La presión de los asistentes, el calor sofocante y el agotamiento han podido con sus fuerzas. El médico, temiendo por su vida, improvisa una sangría y consigue salvarla. Debido a este percance María Antonieta no se enterará del sexo de su hija hasta una hora y media después de dar a luz.

Para María Antonieta, a quien le gustaban mucho los niños, el nacimiento de una hija sana y robusta fue una bendición. En la corte de Viena, sin embargo, se consideró una «desgracia nacional». Desde el primer instante la reina deseó amamantar a su hija siguiendo las teorías de Rousseau sobre una maternidad sana y natural. Pero en aquella época se creía que durante el período de lactancia las mujeres eran estériles y era obligación de la soberana quedarse de nuevo embarazada y dar un heredero a la Corona. La emperatriz María Teresa desaprueba las ideas de su hija, pero finalmente el rey permite a su esposa que durante un tiempo amamante a la pequeña. A los tres meses la princesa María Teresa fue confiada a su institutriz real, la princesa de Guéménée, aunque María Antonieta se ocuparía muy de cerca de su educación y le daría todo el amor que ella no tuvo.

Con la maternidad la reina sufre un gran cambio e inicia una nueva vida lejos de los excesos de la corte que tanto la han perjudicado. Pero los franceses no perdonan sus debilidades y su popularidad está más baja que nunca. Los tiempos en que la encantadora Delfina les parecía un regalo del cielo han tocado a su fin. La máquina infernal de libelos que se había puesto en marcha meses atrás avanza imparable. El rey, ajeno a estas calumnias, lo único que desea es pasar más tiempo con su esposa de la que está cada vez más enamorado.

Tras el nacimiento de su hija se llevan mejor y sus relaciones íntimas se intensifican. Ambos deseaban dar un heredero al pueblo francés. En verano de 1779 la reina sufrió un aborto y tuvo que soportar una vez más los reproches de su madre, que la llenan de amargura. Para consolarse se ocupa con más atención que nunca de su recién nacida, pero sigue jugando al faraón y perdiendo grandes suma de dinero. Ya ha olvidado los consejos de su querido hermano y de nuevo se divierte para matar el aburrimiento. El rey la sigue amando y se lo demuestra con su fidelidad, negándose a tener una amante como sus antecesores. Por primera vez no había una favorita real en la corte de Francia y los cortesanos ya no podían intrigar ni pedir favores a la amante de turno. En aquellos días, el rey dejó muy clara su postura: «A todos les gustaría que tuviera una amante, pero no pienso tenerla. No deseo reproducir las escenas de anteriores reinados».

El 3 de noviembre de 1780 María Teresa de Austria escribe la última carta a su hija, que acaba de cumplir los veinticinco años. Por primera vez no le reprocha nada y se muestra nostálgica hacia la hija que hace diez años que no ve: «Ayer, durante todo el día, mi mente estuvo más en Francia que en Austria». La emperatriz sólo tiene sesenta y tres años, pero está muy enferma y fallece poco tiempo después en los brazos de su hijo el emperador José. La noticia de su muerte tarda una semana entera en llegar a la corte francesa y el rey le encarga al abad de Vermond que informe a María Antonieta durante la visita matinal que le hace a diario en sus aposentos.

Aunque la relación con su autoritaria madre había sido siempre conflictiva, su pérdida le afecta en lo más profundo. Siente remordimientos por no haber sido la hija que la emperatriz anhelaba y se culpa de los disgustos que le ha dado. En adelante echará en falta sus sabios y en ocasiones tiernos consejos. En una emotiva carta del 10 de diciembre a su hermano, le expresa su desesperación: «Estoy desconsolada por esta espantosa desgracia; no he dejado de llorar desde que he empezado a escribirte. ¡Ay, hermano mío! ¡Ay, amigo mío! Sólo me quedas tú en un país, Austria, al que quiero y siempre querré...».

Tras la muerte de su madre María Antonieta confesará sentirse huérfana. Sus contactos con su hermano el emperador se harán más esporádicos y la relación con sus hermanas es casi inexistente. El dolor dará pronto paso a la alegría cuando la reina descubre en marzo de 1781 que está de nuevo embarazada. Esta vez no puede escribir a su madre la carta que tanto hubiera deseado anunciándole el nacimiento de un varón. Tras el parto, más llevadero que el anterior, el propio rey le dio la feliz noticia: «Madame, has satisfecho nuestros deseos y los de Francia; eres madre de un delfín».

En esta ocasión las puertas de la alcoba de la reina se han cerrado para evitar a los curiosos y sólo están presentes los miembros de la familia real y sus más allegados. Por orden del rey, la habitación permanece ventilada para que no falte el aire y la reina no se desmaye como en la anterior ocasión. Tras besar al recién nacido y acariciar su cabeza, la soberana se lo entrega a su institutriz madame de Guéménée con estas palabras: «Tomadle, pertenece al Estado, y yo así recupero a mi hija». El niño fue bautizado con el nombre de Luis José y al rey se le vio llorar de emoción en público durante la ceremonia.

La maternidad ha cambiado a María Antonieta, que se muestra más madura y pasa cada vez más tiempo con sus hijos en el ambiente tranquilo y saludable del Petit Trianon. Allí disfruta de la belleza de sus jardines, de las representaciones teatrales en privado y de una forma de vida alejada del rígido protocolo de la corte. En este ambiente tan bucólico la reina viste prendas cómodas, deja a un lado los corsés y los aparatosos miriñaques. En 1783 la célebre pintora madame Vigée-Lebrun la inmortaliza con un sencillo y amplio vestido de muselina blanco del estilo que usan las criollas y que ella ha puesto de moda. Sujeto a la cintura con un fajín de seda azul celeste y unos pocos volantes, el atuendo se complementa con un original sombrero de paja en la cabeza.

El retrato causa un gran escándalo en la corte porque resulta impropio de la reina de Francia. María Antonieta le ha pedido a su modista Rose Bertin que todo su vestuario sea en color blanco —o tonos pastel para la corte— y en tela de muselina fina, ligera y vaporosa idónea para la vida campestre que desea llevar en su Petit Trianon. Los tejedores de seda de Lyon ponen el grito en el cielo y ven peligrar su lucrativo negocio. Cuando la soberana invita a alguien a visitarla, les advierte: «Como me hallarán sola, no es necesario que se arreglen mucho; las mujeres con vestidos campestres y los hombres con levitas».

La reina de Francia necesitaba un escenario acorde a su nueva filosofía de vida y en 1783 agregó a su Petit Trianon «una aldea sin pretensiones», como ella misma la define. Esta nueva extravagancia, conocida como «Le Hameau de la Rei-ne» (La Aldea de la Reina), es un pueblo de estilo normando en miniatura compuesto por once edificios rústicos, entre los cuales había un palomar, un molino de viento y una lechería de mármol, además de un estanque y un mirador. En la gran-ja hay numerosos animales: un toro, vacas, becerros, ovejas y una cabra suiza, así como una pajarera y un gallinero. En 1785 la reina invitará a doce familias pobres a instalarse en su aldea y se ocupará de su manutención. María Antonieta desea que sus hijos crezcan lejos la corte viciada de Versalles y en con-tacto con la naturaleza. Llevada por la nostalgia trata de re-crear el ambiente relajado y burgués de su infancia en el pala-cio de Schönbrunn, que tanto añora.

Tras el duelo por la muerte de su madre, reanuda en su refugio campestre los espectáculos culturales. La reina ha mandado construir una réplica a menor escala del teatro de Versalles y ella misma se ha ocupado de su diseño y lujosa decoración. Como de costumbre, la obra tendrá un coste muy elevado y provocará la indignación del pueblo francés que pasa hambre. La emperatriz María Teresa le había inculcado de niña el amor por las artes y ahora en su madurez el teatro amateur se convertirá en otra de sus pasiones. Crea una compañía integrada por sus más íntimos, cuyos únicos espectadores serán el rey, los condes de Provenza y las princesas. Los cortesanos, que quedan excluidos de su reducido círculo, se sentirán humillados y harán correr malévolos rumores sobre las veladas líricas de Su Majestad. Luis XVI asiste encantado a estas funciones en las que su esposa interpreta el papel de una pastorcilla o una sencilla doncella del pueblo.

A medida que pasan los meses la reina se aísla más en su paraíso del Trianon rodeada de una camarilla de aduladores al frente de la cual se encuentra su favorita madame de Polignac. Apenas pone el pie en Versalles, lo que irrita a los miembros de la corte que ven cómo el enorme palacio se va quedando desierto. La pobre princesa de Lamballe ha caído en desgracia y se retira a vivir al campo con su suegro, donde se dedicará a las obras de beneficencia. Los favores que la soberana otorga a la ambiciosa duquesa de Polignac —rango con el que ha sido honrada—, y a los miembros de su familia, provocan la indignación del pueblo. El poder que esta intrigante dama y su camarilla ejercen en la reina es cada vez mayor. Pronto no se limitarán a recibir títulos, suculentas pensiones y favores, sino que intervendrán en los asuntos de gobierno eligiendo ministros a su capricho gracias a la estrecha amistad que también mantienen con el rey.

En otoño de 1782 un grave escándalo que salpica a la institutriz real afectará seriamente a la reputación de la reina en una época en que la educación de sus hijos era su prioridad. La princesa de Guéménée se vio obligada a dimitir debido a la estrepitosa quiebra financiera de su esposo, cuyas deudas son millonarias. La soberana decidió sustituir a la desdichada institutriz por su amiga la duquesa de Polignac, una mujer a sus ojos comprensiva y tierna que además acaba de dar a luz a su cuarto hijo. El favoritismo que demostró una vez más hacia esta familia de antiguo linaje pero muy desacreditada por sus cuantiosas deudas, le creará muchos enemigos dentro y fuera de la corte. Cuando los franceses se enteran de que la persona que tiene a su cargo la educación del heredero al trono de Francia es la odiosa Yolande de Polignac, estalla un nuevo escándalo.

En realidad María Antonieta se muestra satisfecha con el nombramiento porque conoce bien la indolencia de su amiga y sabe que no ejercerá su cargo. La reina se ocupará en persona de sus hijos y se tomará muy en serio su papel, algo que irrita al embajador Mercy, quien en una carta al emperador José II le escribe: «Desde que se ocupa de la educación de su augusta hija, y que la tiene continuamente en sus aposentos, ya no hay manera de tratar ningún asunto importante o serio sin ser interrumpidos en cualquier momento por los pequeños incidentes de los juegos del niño real, y ese inconveniente se suma a tal punto a la disposición natural de la reina a distraerse y desviar su atención, que apenas escucha».

A finales de junio de 1783 recibe la visita del conde Axel de Fersen, el hombre que ama en secreto. El aristócrata sueco acaba de regresar de Norteamérica, donde ha pasado tres años combatiendo en la guerra de la Independencia. Tiene veintisiete años aunque aparenta más debido a la dura vida en los campamentos. Sigue soltero y no ha perdido un ápice su varonil atractivo, que hace suspirar a las damas de la corte que lo encuentran irresistible. La reina lo recibe en el Salón Dorado donde celebra las audiencias privadas, tocando el arpa, su instrumento favorito. Fersen la encuentra «más hermosa y radiante» que nunca y es que la reina está embarazada de nuevo. La relación entre el apuesto conde y Su Alteza dará mucho que hablar en la corte, donde nadie duda que son amantes. A los ojos de María Antonieta, este hombre valiente, leal a la Corona, discreto y seductor era el caballero ideal. Teniendo en cuenta que el rey Luis XVI jamás puso el pie en la escuela militar francesa ni pasó revista a las tropas, es fácil imaginar que sintiera una oculta atracción por este condecorado oficial tan distinto a su indolente esposo.

La soberana moverá cielo y tierra para conseguir a su amigo el mando de un regimiento extranjero. En septiembre Luis XVI nombra al conde de Fersen coronel y propietario del regimiento real suecofrancés y éste abandona Versalles rumbo a Alemania. En una de las cartas que el conde le envía a su querida hermana Sophie, le confiesa que no se siente atraído por la vida conyugal y añade en alusión a María Antonieta: «Como no puedo estar con la única persona a la que amo, y la única que realmente me ama, prefiero no estar con nadie». Poco tiempo después de su partida la reina perderá al hijo que esperaba.

En verano de 1784 se confirma que María Antonieta vuelve a estar embarazada. La noticia llena de felicidad a los soberanos que, preocupados por «la languidez y la mala salud» del Delfín, necesitan asegurar la continuidad de la monarquía con otro varón. A diferencia de su hermana María Teresa, poco dócil y altanera, el pequeño Luis José de tres años era un niño bondadoso y encantador. Tenía un aspecto frágil a causa de las fiebres que sufría con frecuencia y que causaban gran angustia y desesperación a sus padres.

El aumento de la familia motivó a María Antonieta a adquirir una nueva residencia. Versalles necesitaba una urgente remodelación, pero el presupuesto de las obras era muy cuantioso y el rey Luis XVI decidió posponer las reparaciones hasta 1790. María Antonieta, que no siente ningún apego por este frío y enorme palacio, ha pensado en adquirir el castillo de Saint-Cloud que pertenece al duque de Orleans, cuya familia se ha visto obligada a vender la joya de su patrimonio por cuestiones económicas. Las aguas termales de la zona y el buen clima de Saint-Cloud serán beneficiosos para la salud del pobre Delfín cuya vida se apaga lentamente a causa de una enfermedad desconocida.

Cuando María Antonieta se convierte en propietaria de este magnífico castillo que pone a su nombre —con la idea de dejarlo en herencia a sus hijos—, provoca la airada reacción de un parlamentario que considera «una imprudencia política y una inmoralidad que una reina de Francia sea dueña de palacios». Si antes el pueblo la apodaba de manera despectiva «la Austríaca», ahora es «Madame Déficit» y muy pronto la harán responsable de la ruina económica que sufre el país. Ajena una vez más a las críticas, la soberana se entregará a la decoración de su magnífica residencia. Los seis últimos meses de embarazo los pasará en una nube eligiendo sedas, tapices, muebles y finas porcelanas para decorar sus salones y aposentos con el exquisito gusto que la caracteriza.

Poco antes de dar a luz, le confiesa al abad de Vermond que teme por su vida. Su embarazo ha sido el más penoso y a punto de cumplir los treinta teme que el parto pueda complicarse. Sus miedos son infundados y en la madrugada del 27 de marzo de 1785, Domingo de Pascua, nace un niño fuerte y sano al que bautizarán como Luis Carlos y será nombrado duque de Normandía. Era el primer hijo que alumbraba la reina desde que la duquesa de Polignac ocupó el cargo de institutriz real. En esta ocasión fue un parto más íntimo y llevadero por decisión de la duquesa, quien para evitar que la soberana pasara por el suplicio anterior de alumbrar en público, restringió la entrada de gente en su alcoba. Con el paso del tiempo el encanto, la dulzura y la fortaleza física de este niño le convertirán en el favorito de su madre.

Cuando dos meses más tarde la reina viaja a París para asistir en Notre Dame a la misa de acción de gracias por la llegada de su tercer hijo, una multitud la recibirá con enorme frialdad y desprecio. Aunque María Antonieta desea recobrar el afecto del pueblo de París, ya es demasiado tarde. Tras diez años de reinado el cariño que antaño la profesaban se ha transformado en odio. A su regreso a Versalles aquella misma noche, consternada por el frío recibimiento en París, la soberana se echará llorando a los brazos de su esposo y dirá: «¿Qué les he hecho para merecer este odio, qué les he hecho?».

En este clima tenso el 12 de julio de 1785 María Antonieta recibe una extraña carta de la mano de Böhmer, el joyero de la corte, que la deja perpleja. Éste le comunica que, en virtud de lo acordado, en breve va a recibir «el collar de diamantes más hermoso del mundo». Irritada por la desfachatez del joyero, la reina prende fuego a la carta y se olvida de aquel asunto que en nada la concierne. En realidad la carta había sido dictada a Böhmer por el cardenal de Rohan, a quien le habían hecho creer que Su Alteza deseaba adquirir esta valiosa pieza pero carecía de los medios necesarios.

El príncipe Luis de Rohan era el prelado católico más rico e influyente de Francia y pertenecía a una de las principales familias de la nobleza francesa. María Antonieta nunca disimuló la antipatía que sentía hacia este personaje con fama

de corrupto y libertino, que en tiempos de la emperatriz María Teresa había sido el embajador francés en Viena. El ambicioso cardenal deseaba ganarse el favor de la soberana para
conseguir el cargo de primer ministro de Francia y no dudó
en anticipar a los joyeros una parte de la cuantiosa suma re-
querida. En realidad, Rohan había caído en la trampa de una
hermosa mujer sin escrúpulos, Jeanne de Valois, condesa de
La Motte, que pese a su noble ascendencia estaba sumida en la
más absoluta pobreza. Esta intrigante dama convenció al prelado de que era íntima amiga de María Antonieta y le ayudaría a mejorar sus relaciones con ella. Jeanne conocía la existencia de un fabuloso collar que antaño el rey Luis XV hizo
tallar como regalo a su favorita la condesa Du Barry. Pero el
destino quiso que Luis XV falleciera antes de que la joya llegara a manos de su amada. Por todas las cortes europeas se
mostró una copia en bisutería del famoso collar, pero era demasiado grande, pesado y caro… y nadie se interesó por él. La
propia María Antonieta lo había rechazado en tres ocasiones.

La gran estafa del siglo, cuya única víctima será María
Antonieta, siguió adelante sin que nadie sospechara que se
trataba de una conspiración. La persuasiva condesa de La
Motte consiguió convencer a Rohan de que la reina deseaba
adquirir esta extraordinaria joya y que había pensado en él
para negociar la compra. El iluso cardenal no dudó de su palabra porque había recibido una carta con la rúbrica de «María Antonieta de Francia» donde ésta le manifestaba su interés
para que actuara como mediador. Enseguida Rohan entabló
negociaciones con los joyeros de la corte y compró el collar
en nombre de la soberana, quien tal como indicaba en la falsa
carta se comprometió a satisfacer el importe de la joya en varios pagos. Y así es como el collar fue entregado en casa de la

condesa de La Motte a un supuesto enviado de la reina. Esa misma noche la estafadora y sus cómplices se encargaron de desguazar la joya, cuyos diamantes pretendían vender por separado en diversos destinos, uno de ellos Londres.

Este confuso asunto se descubre cuando los joyeros, al no recibir pago alguno, se presentan en Versalles para reclamar su dinero. Cuando Böhmer le confiesa a la reina que está arruinado, ella comprende que el cardenal ha utilizado su nombre para hacerse con la joya. Para María Antonieta no hay duda de que Rohan, por el que no siente ninguna simpatía, ha cometido un gravísimo delito. Indignada, corre a contarle lo ocurrido al rey y le pide que haga justicia cuanto antes. Sin pensarlo dos veces Luis XVI ordena que el cardenal sea detenido y se le dé un castigo ejemplar. Cuando el pueblo se entera de que Rohan está preso en la Bastilla acusan a la reina de ordenar su arresto para cubrir, una vez más, sus caros caprichos. Está a punto de estallar un escándalo político y social cuyas dimensiones los reyes aún no pueden imaginar.

Herida en su amor propio, la soberana solicita un proceso público ante el Parlamento de París para que quede limpio su buen nombre y el impostor Rohan se excuse públicamente de semejante afrenta a Su Majestad. El cardenal acepta y María Antonieta se refugia en su palacio de Saint-Cloud, donde el Delfín está gravemente enfermo y se teme por su vida. Aunque la reina está embarazada por cuarta vez y los médicos le recomiendan descanso, no se aparta del lecho de su hijo. Los últimos sucesos han puesto a prueba sus nervios y, como reconoce en una carta a su hermano José, por primera vez piensa que este nacimiento puede acarrearle graves problemas de salud. Por palacio corre el rumor de que la reina está molesta por encontrarse de nuevo encinta, pues ya era madre de dos niños varones y el futuro de la dinastía estaba asegurado. Cuando días más tarde la soberana se entera de que madame La Motte ha sido condenada y el cardenal ha quedado absuelto de todo cargo, se siente traicionada. Con este veredicto el Parlamento ha desoído las órdenes del rey y se ha manifestado en su contra.

Pero María Antonieta ignora que aún deberá sufrir mayores humillaciones. Mientras trata de superar tan duro golpe, su esposo Luis XVI ordena al cardenal Rohan abandonar la corte y exiliarse en una abadía. Por su parte, la instigadora de este complot contra la reina se evadirá de la cárcel donde cumplía cadena perpetua. La condesa Jeanne de La Motte nunca olvidará los latigazos que ha recibido como castigo por su verdugo ni el haber sido brutalmente marcada a fuego con la letra «V» de *voleuse* (ladrona) ante una multitud de espectadores. Más adelante se vengará de estas humillaciones publicando unas memorias llenas de odio y mentiras hacia la reina de Francia y de las que se servirá el Tribunal Revolucionario para condenarla a muerte.

Cuando en la tarde del 9 de julio de 1786 María Antonieta da a luz a una niña que recibe el nombre de Sofía Beatriz, es una mujer triste y amargada. El feliz acontecimiento no le ha hecho olvidar el veredicto del tribunal y aún se muestra impotente de rabia ante la afrenta sufrida. Sabe que ya nada será igual y que por primera vez la monarquía ha quedado en entredicho. El asunto del collar ha contribuido a hundir su imagen pública y se ha ganado definitivamente la enemistad de la vieja nobleza francesa y el pueblo llano. Su salud también se resentirá debido al reciente parto, del que tardará en recuperarse, y el estrés que ha vivido durante estos interminables días. Tiene exceso de peso, sufre frecuentes ja-

quecas y problemas respiratorios producidos por la ansiedad.
Qué lejos quedan las palabras que su madre la emperatriz le
escribió en una carta el 1 de noviembre de 1770, en la víspera de su decimoquinto cumpleaños: «Sois vos quien debe dar
el ejemplo en Versalles, y lo habéis logrado muy bien. Dios os
ha colmado de tantas gracias, de tanta dulzura y docilidad, que
todo el mundo tiene que quereros: es un don de Dios y hay
que conservarlo, no para gloriaros con él, sino para cuidarlo
con esmero, por vuestra propia dicha y por la de todos los que
os pertenecen».

EL REINADO DEL TERROR

En febrero de 1787 la reina es abucheada por primera vez en
la ópera y al regreso a palacio se muestra «angustiada y muy
afectada». Ante la impopularidad que sufre, las autoridades
que velan por su seguridad le recomiendan que durante un
tiempo no viaje a París porque puede sufrir un atentado. El
país está sumido en la bancarrota y la situación se hace insostenible. Monsieur de Calonne, a cargo del control de gastos,
reconoce que todos sus recursos se han agotado y se declara
en quiebra. Al no poder llevar a cabo sus reformas para suprimir los privilegios, muestra en señal de despecho los libros de
contabilidad a los notables de la corte.

En pocos días toda Francia conocerá lo que Versalles
cuesta al país. En tan difícil situación sólo queda encontrar un
responsable de todos los males y pronto todas las miradas se
dirigen a la reina, «Madame Déficit», que ha dilapidado el dinero en sus frivolidades sin tener en cuenta las necesidades del
pueblo francés. Nadie cuestiona lo que cuesta mantener la

obsoleta etiqueta en palacio, los sueldos de los más de dos mil lacayos o las cuatro mil personas que trabajan sólo al servicio de la casa del rey Luis XVI. Influido por su esposa, el rey cesará de su cargo a Calonne por incompetente y éste será desterrado a Lorena. Más tarde se demostrará que su atrevido plan de reformas podía haber salvado la monarquía de haber contado con el apoyo del rey.

Aquél iba a ser un año especialmente duro y triste para la reina. En primavera su hija más pequeña, la princesa Sofía, falleció semanas antes de su primer cumpleaños. Aunque en aquella época la mortalidad infantil era muy elevada incluso en las clases más altas, María Antonieta se mostró «profundamente afectada» por tan súbita pérdida. Debido a los últimos escándalos y la constante preocupación por la frágil salud del Delfín, casi no se había ocupado de la recién nacida. Completamente desolada se refugia en el Trianon con su esposo y sus tres hijos. Cuando la reina invitó a la princesa Isabel a ver el cadáver de «mi angelito» vio que éste yacía en un salón «con una diadema dorada en la cabeza y cubierta con un paño mortuorio de terciopelo». Tras esta desgracia la soberana parece haber envejecido diez años y el brillo de sus ojos se ha apagado para siempre. Las tensiones a las que ha estado sometida últimamente le han pasado factura y le han hecho madurar en unos pocos meses.

Para Luis XVI la muerte de la princesa Sofía agravará aún más su delicada salud. Tras la sentencia del collar se siente tan frustrado por todo lo ocurrido que acabará hundido en la depresión. Sabe que ha cometido un error irreparable y que nunca debía haber sido confiado este confuso asunto al Parlamento, cuyos miembros eran acérrimos enemigos de su esposa. El soberano, cada vez más débil y desconfiado, sólo hace caso a su esposa. En la corte le ven tan perdido y angustiado que se llega a murmurar que se ha dado a la bebida y que la reina alimenta este vicio para poder llevar ella las riendas del gobierno.

Aunque María Antonieta no tenía el genio político de su madre la emperatriz, ante la extremada vulnerabilidad del rey decide intervenir en los asuntos de Estado. Como primera medida propone sustituir al cesado monsieur de Calonne por el arzobispo de Toulouse, Loménie de Brienne, hombre recomendado por su consejero el abad de Vermond. Las reformas financieras del reino se van a hacer a expensas de las clases más privilegiadas. Pero estas medidas adoptadas para paliar el déficit llegan demasiado tarde y no surten efecto. Las arcas del tesoro están vacías y los gastos de la Casa Real no parecen disminuir. Para demostrar su buena voluntad, María Antonieta decide dar ejemplo disminuyendo el costoso tren de vida de su Casa Real y asistiendo a los consejos ordinarios de Luis XVI y los ministros. Se han acabado los fastuosos bailes y las costosas fiestas que duraban hasta el amanecer. La reina suspende las obras del castillo de Saint-Cloud, acepta la supresión de 173 cargos de la casa de Su Majestad y reduce los gastos de vestuario drásticamente ante la conmoción de su modista Rose Bertin, que ve peligrar su lucrativo negocio de alta costura.

Pero es en aquellos duros momentos cuando, lejos de hundirse, saca fuerzas para seguir defendiendo la Corona. Sus más allegados la describen en aquella época como «una mujer melancólica que sólo encuentra la paz en el silencio y la soledad». A los tormentos políticos y las humillaciones —las memorias de la resentida condesa de La Motte ya circulan por París y la acusan de los peores vicios—, se suma su honda preocupación por el deterioro que sufre el heredero. En una estremecedora carta a su hermano José, María Antonieta le confiesa: «Sufro por mi hijo mayor. Si bien siempre ha sido débil y delicado, no esperaba la crisis que atraviesa. Su cintura se ha alterado, con una cadera más alta que la otra, y la espalda, cuyas vértebras se encuentran un tanto desplazadas y salientes. Desde hace un tiempo tiene fiebre todos los días, está muy delgado y debilitado».

Aunque los médicos desconocen el origen de su enfermedad los síntomas que la reina describía en sus desesperadas cartas a su hermano José correspondían a la tuberculosis vertebral, un mal degenerativo para el que no existía cura. Desde los cinco años el pequeño tuvo que llevar un corsé de metal que le provocaba llagas y un gran dolor. A diferencia de la emperatriz María Teresa para quien la política siempre estuvo por encima de la familia, María Antonieta se comporta como una madre ejemplar. En aquellos días instala al Delfín en el castillo de Meudon, convencida de que el aire puro que allí se respira será beneficioso para su convalecencia. Durante un tiempo el pequeño pareció mejorar y se encontraba más alegre. Pero hacia el verano su estado físico era lamentable; estaba casi raquítico y la curvatura de su columna era tan prominente que el pobre no quería que nadie le viera. María Antonieta lo visita con frecuencia y le impresiona la entereza que demuestra a pesar de los terribles dolores que padece.

El invierno de 1789 fue el más crudo que se recordaba en París y las penurias de los pobres se agravaron al subir el precio del pan. Por todos los rincones del país hubo motines y pequeñas revueltas protagonizadas por un pueblo hambriento y harto de tanta injusticia.

Ante la grave crisis que sufre Francia, el rey convoca de

manera excepcional a los Estados Generales. Se trata de una asamblea compuesta por miembros del clero, la nobleza y el llamado Tercer Estado que reúne a los representantes de las ciudades. En respuesta a la agitación popular se acepta que este último duplique su número de diputados respecto al pasado. Los reyes aprueban esta nueva composición convencidos de que dando mayor poder al pueblo —la burguesía ha sido un fiel aliado de la Corona— podrán salvar a la monarquía. En los meses previos a la formación de los Estados Generales los soberanos seguían muy preocupados por la gravedad del Delfín. Mientras los desdichados padres temían lo peor, los libelos y los versos satíricos inundaban las calles de París. En estos panfletos difamatorios el rey aparecía como un borracho impotente y la reina como una adúltera depravada.

En la mañana del 4 de mayo de 1789 tuvo lugar una solemne misa antes de la ceremonia inaugural de los Estados Generales en Versalles. La familia real al completo, seguida de los diputados elegidos el mes anterior, encabezan la majestuosa procesión que parte de Notre Dame a la iglesia de Saint-Louis. Miles de ciudadanos se agolpan en las calles para ver el paso de la comitiva. María Antonieta hace llamar a Léonard para que la peine con la majestuosidad que merece el vestido salpicado de hojas de plata que va a lucir. El peluquero es testigo de la honda tristeza que embarga a la soberana en esa ocasión: «Ven, péiname, Léonard, debo salir a exhibirme cual actriz ante un público que quizá me abuchee».

Tal como temía su presencia es recibida con un silencio gélido y desgarrador. La ausencia de aplausos a su esposa es un insulto para Luis XVI, quien no puede ocultar su enfado. Sólo la presencia del pequeño Delfín levanta por un instante el ánimo de los soberanos. Desde un balcón Luis José, delgado y

muy pálido, ha querido contemplar la procesión recostado
sobre unos cojines. Aquella multitud que tanto odia a la Austríaca ignora el sufrimiento que atraviesa la reina al ver cómo
el heredero muere lentamente sin que se pueda hacer nada
por salvarle.

Al día siguiente de la procesión tiene lugar la apertura de
los Estados Generales, y los más de mil diputados se reúnen en
uno de los suntuosos salones del palacio de Versalles. Aunque
María Antonieta hubiera deseado quedarse junto al lecho de
su hijo enfermo, saca fuerzas para arreglarse y lucir un elegante vestido blanco de satén con un manto de terciopelo violeta
y un sencillo tocado de diamantes en el pelo con una pluma
de garza. Sentada en un trono, a la izquierda de su esposo, aunque intenta mantener su aire regio se la ve incómoda y agitada. No puede disimular su malestar tras las forzadas sonrisas y
falsas reverencias que le prodigan. En aquel instante tiene el
presentimiento de que ya nada volverá a ser como antes. En
una carta a su amigo el conde de Fersen fechada el 31 de octubre de 1791, le dice enfurecida: «No hay ningún partido
aprovechable en esta Asamblea, no es más que un amasijo de
desalmados, de locos, de bestias». María Antonieta no imagina
que ésta será la última vez que aparezca en público como reina
del Antiguo Régimen en una ceremonia oficial.

Tras este acto simbólico de impredecibles consecuencias
para la Corona, los soberanos abandonaron precipitadamente
Versalles en su carroza rumbo al castillo de Meudon. Los días
siguientes serán un calvario para estos padres que en cuanto
pueden corren al lado de su hijo, que lucha con un valor
asombroso contra la muerte. Este niño tan anhelado que tardó
casi diez años en llegar y les llenó de tanta felicidad moría el
4 de junio. La interminable agonía del delfín Luis José de

Francia había tocado a su fin. El estricto protocolo palatino que María Antonieta tanto odiaba le impidió participar en las exequias de su hijo, que no había podido celebrar su octavo cumpleaños. Los soberanos, completamente abatidos, regresaron a Versalles, donde se organizó un sencillo funeral. La tristeza de la reina era aún mayor al ver la indiferencia del pueblo francés ante la muerte del heredero al trono. Su hermano menor, Luis Carlos, duque de Normadía, es el nuevo Delfín de Francia. Para María Antonieta este niño tan hermoso al que apoda «Cariñito» y su hermana mayor, madame Royal, son ahora su única razón de existir.

El 14 de junio María Antonieta y el rey fueron al palacio de Marly para pasar una semana de luto con la corte. En su ausencia los acontecimientos se precipitan. El Tercer Estado se autoproclama Asamblea Nacional y proponen crear una nueva Constitución para Francia. El acto supone un desafío al rey, quien decide disolver de inmediato los Estados Generales al haberse extralimitado en sus funciones. Pero la máquina revolucionaria se ha puesto en marcha y es imparable. Luis XVI, aún afectado por la muerte de su hijo, se ve incapaz de afrontar la situación y sólo le quedará reprocharse el haber sido demasiado condescendiente con el Tercer Estado. La monarquía absoluta, con tantos siglos de antigüedad, tiene los días contados.

El ministro de Finanzas, Jacques Necker, el único interlocutor fiable entre el pueblo y la monarquía, es destituido por el rey y enviado al exilio. Este famoso banquero suizo abogaba por una reducción de gastos y una severa reforma financiera que no pudo llevar a cabo. La elección de su sustituto, el ultraconservador barón de Breteuil, firmada por María Antonieta es la gota de agua que desborda el vaso. Cuando en París se conoce la destitución de Necker sólo se oye un clamor lleno de odio y rabia: «¡A las armas!». El 14 de julio de 1789 más de veinte mil hombres cegados por la rabia y que lucen la escarapela tricolor que se convertirá en la bandera de la República, marchan hacia la Bastilla. La fortaleza es tomada al asalto y la cabeza del alcaide de la prisión se pasea ensartada en lo alto de una pica en medio del regocijo popular. «La Revolución francesa ha estallado y la autoridad real ha sido para siempre aniquilada», escribía el ministro ruso en París testigo de los acontecimientos.

En Versalles Luis XVI duerme plácidamente en su lecho, satisfecho por haberse desprendido de su ministro de Finanzas y decidido a asistir al día siguiente a la Asamblea con el fin de disolver los Estados Generales. Los soberanos no tienen ni idea de lo ocurrido en la capital hasta horas más tarde, cuando el duque de Liancourt anuncia al rey sin preámbulos que la Bastilla ha sido tomada y el gobernador asesinado. El rey pregunta iluso si se trata de una revuelta y la respuesta le deja atónito: «No, sire, de una revolución».

Como tenía previsto, el rey asiste a la Asamblea pero ya no para disolver los Estados Generales sino para anunciar la retirada de las tropas y el regreso de Necker. Los ministros más conservadores son destituidos y los miembros más destacados de la vieja nobleza comienzan a temblar y sólo piensan en huir. Ante la gravedad de los acontecimientos numerosos amigos de la reina, que en el pasado tanto se beneficiaron de sus favores, ahora abandonan a toda prisa Versalles. Cuando María Antonieta se despide de la que fuera su íntima amiga la duquesa Yolande de Polignac, no puede reprimir las lágrimas. Con ella se van sus felices días de juventud cuando aún se sentía amada por el pueblo.

María Antonieta siempre creyó que su vida estaba marcada por la tragedia. La fecha de su nacimiento ya fue un mal augurio: era el día de los Difuntos. Aquella niña que veía la luz tan lúgubre algún día despertaría más odios y temores que ninguna otra soberana de su época.

María Teresa fue una mujer muy poderosa en Europa y dirigió con mano de hierro el gran Imperio austríaco. La emperatriz se mostraba muy estricta en cuanto a la absoluta obediencia que debían prestar sus hijas. Al año de nacer María Antonieta, declaró: «Han nacido para obedecer y deben aprender a hacerlo a su debido tiempo».

María Antonieta con traje de cacería, al año siguiente de contraer matrimonio. Este cuadro le encantaba a su madre porque consideraba que «se le parecía mucho».

El día de la coronación, el rey Luis XVI vestía un traje brocado en oro y cubierto de diamantes, y sobre los hombros lucía un manto de diez metros de largo de terciopelo forrado de armiño. En su pesada corona llevaba rubíes, esmeraldas, zafiros y el famoso diamante conocido como «El Regente».

Como soberana de Francia su imagen tenía que ser impecable y acorde con su alto rango. La reina se convirtió muy pronto en la mejor representante de la moda Rococó que, además de prestigio, dio buenos beneficios económicos a la capital francesa.

El complejo de Versalles era una ciudad en sí misma que distaba unos veinte kilómetros de París. La Galería de los Espejos es uno de los símbolos más universales de la magnificencia de la corte francesa. Cuando María Antonieta llega con su séquito a Versalles, queda maravillada por la opulencia que le rodea.

La maternidad cambió a María Antonieta y la alejó de los excesos que tanto la perjudicarían, ya que decidió ocuparse en persona de la educación de sus hijos, hecho poco habitual en las cortes europeas. En este retrato aparece junto a Madame Royale, su primogénita, y el delfín Luis.

«En la desgracia descubres tu auténtica naturaleza.» Estas palabras de María Antonieta adquieren un especial significado en los últimos días de la reina de Francia. De ser una de las princesas más bellas y afortunadas de Europa, pasaría a ser declarada culpable de traición y a morir en la guillotina antes de cumplir los cuarenta años.

Pero la despedida que más le afectará será la del abad Vermond, su consejero de confianza durante veinticinco años. Ante la furia y las amenazas del pueblo los ministros del rey aconsejan que la soberana parta de inmediato al extranjero, pero ella se niega en rotundo. Está decidida, más que nunca, a ocupar su posición de consorte del rey y madre del Delfín.

En estos días tan sombríos la principal preocupación de María Antonieta no es el caos que reina en París ni la furia del pueblo contra ella, sino encontrar otra institutriz para sus hijos. La nueva candidata es la marquesa de Tourzel, una viuda de cuarenta años y con cinco hijos famosa por su fuerte carácter y rectitud. El pequeño Delfín la apodará «Madame Sévère», aunque llegará a profesarle un gran cariño. En una nota que le redacta la reina para ayudarle mejor en su tarea, María Antonieta le describe con estas palabras a su hijo Luis Carlos de cuatro años, a quien recomienda no mimar en exceso sino educarlo para ser rey: «Como todos los niños fuertes y sanos, es muy alocado, muy ligero y violento en sus cóleras; pero es un buen niño, tierno y hasta cariñoso, cuando no lo domina su atolondramiento [...]. Es de una gran fidelidad cuando ha prometido algo, pero es muy indiscreto, repite con facilidad lo que ha oído decir, y muchas veces, sin querer mentir, agrega lo que le dicta su imaginación. Ése es su mayor defecto, y es preciso corregírselo». Una debilidad que preocupa mucho a su madre y que ahora no puede imaginar las trágicas consecuencias que a ella le acarreará cuando sea juzgada por el Tribunal Revolucionario.

El dolor de la reina es tan grande que ni los peores libelos y panfletos pornográficos que circulan por todo el país pueden hacerle daño. El París revolucionario sigue volcando su odio en María Antonieta, a la que acusan de todos los males

de Francia. Los ataques más crueles provienen de su peor
enemigo, el duque de Orleans, que ambiciona el trono de
Francia y apoya a la Revolución. Su residencia del Palais Royal se convirtió en el centro de la oposición de la corte y
desde ahí se lanzaban las terribles calumnias que tanto dañarían la imagen de la soberana. Tras el escándalo del collar, no
dejan de cebarse en la reina, a la que tachan de promiscua, de
ser lesbiana, de vaciar las arcas del tesoro y de ser una peligrosa agente de una potencia extranjera, entre otras muchas cosas.

María Antonieta nunca había dado importancia a estos
rumores porque en realidad sabía muy poco de su pueblo. Su
vida discurría entre sus magníficos palacios: Versalles, Trianon, Marly, Fontainebleau, Rambouillet y Saint-Cloud. Aparte del viaje nupcial por el noroeste de Francia y de la expedición a Reims para la coronación del rey, no había mostrado el
menor interés por conocer su país de adopción. Pero muy
pronto los crueles y repetitivos libelos traspasarían los muros
de aquellos lujosos palacios y la afectaron más de lo que imaginaba. «La calumnia, eso es lo que me va a matar», le confesaba unos meses más tarde a madame Campan.

El 5 de octubre por la tarde la reina se dirige caminando
al Trianon como era su costumbre. Pasea por sus jardines y
recorre los aledaños del palacete cubierto de hojas otoñales.
Charla animadamente con las gentes de la granja y después
visita uno de sus lugares más íntimos y secretos: una gruta en
medio del verde prado refrescada por un riachuelo que la
atraviesa. Sentada sobre el musgo y mientras disfruta de una
paz que hace tiempo no conoce, la soberana piensa que aún
cuentan con el apoyo de gentes leales que les ayudarán a defender el trono. En este instante sus pensamientos se ven interrumpidos por la llegada de un paje que le entrega en mano

una carta. La noticia la hace estremecer: el pueblo armado marcha hacia Versalles, la Asamblea ha perdido la razón y en la ciudad reina el caos y el terror. La soberana abandona precipitadamente su jardín del Trianon ignorando que no volverá más a este lugar donde ha pasado sus momentos más felices.

En Versalles la corte está consternada por los graves acontecimientos, pero María Antonieta trata de dar ánimos a quienes la rodean. De nuevo se niega a huir porque no quiere abandonar a su esposo. Sabe que las plazas y avenidas de la ciudad se han llenado de mujeres harapientas y hombres armados que piden su cabeza. Siente por primera vez que su vida corre serio peligro, pero no le teme a la muerte. A medianoche han llegado refuerzos de París y veinte mil hombres de la Guardia Nacional han restaurado el orden en palacio.

Entrada la madrugada, se despierta sobresaltada por unos gritos horribles y algunos disparos de fusil. Bajo las ventanas de su alcoba una multitud formada en su mayoría por mujeres que han conseguido saltar la verja intentan entrar en palacio. Ya no gritan como antaño «¡Viva la reina!», sino «¡Muerte a la Austríaca!» o «¡Maldita ramera, puta del demonio!». Los libelos y las difamaciones han hecho mella en estas mujeres enfurecidas e ignorantes a las que se les ha hecho creer que «iba a faltar el pan porque la reina lo estaba acaparando para matar de hambre a París». Enseguida una turba invade el palacio y busca los aposentos de la reina, pero no la encontrarán. María Antonieta ha conseguido huir con ayuda de sus damas a través de unos pasadizos hasta la cámara del rey. Toda la familia está a salvo pero la reina no podrá olvidar los insultos, la violencia y el odio de aquellas gentes. Por primera vez es consciente de que han intentado asesinarla y que puede volver a ocurrir. A la princesa de Lamballe le confesará: «Todavía escucho sus aullidos y los gritos de los guardias. Estas horribles escenas se renovarán, pero he visto la muerte demasiado de cerca como para temerla, me creí a punto de ser desgarrada».

Al día siguiente, a las doce y media del mediodía, los reyes de Francia se ven obligados a abandonar para siempre el palacio de Versalles. El extraordinario cortejo real —más de dos mil carruajes rebosantes de damas, ministros y diputados— marcha camino de París. El penoso viaje en la carroza real hasta la capital durará siete horas interminables entre insultos, amenazas y los empujones de la muchedumbre que hacen tambalear las carrozas. Cuando a las diez de la noche el cortejo se detiene ante el palacio de las Tullerías la pesadilla no ha hecho más que comenzar. Este enorme edificio donde el rey Luis XV pasó su infancia lleva tiempo abandonado y su estado es lamentable. Nada queda de la belleza de sus extensos jardines, considerados antaño los más hermosos de Europa con sus fuentes y estanques. El Delfín, acostumbrado al esplendor de Versalles y al refinamiento del Trianon, se siente atemorizado ante los salones desnudos con las paredes desconchadas, el olor a moho, los cristales rotos y la poca iluminación de sus estancias. El pequeño, de cuatro años, comenta: «Aquí todo es muy feo, mamá». María Antonieta, extenuada por las terribles horas pasadas, abraza a su hijo y para tranquilizarle le dice al oído, «Hijo, aquí dormía Luis XIV y le gustaba, no vamos a ser nosotros más exigentes que él».

En las siguientes semanas la reina trata de organizar su nueva vida en este palacio lóbrego, donde viven los sirvientes reales y sus familias que se han instalado por su cuenta aprovechando su abandono. María Antonieta ha podido ocupar

las estancias del ala sur de la planta baja, que e.
fortables y dan a los jardines. Por decisión pro}
medida de seguridad, ha decidido que sus hijos duer.
parados de ella, al igual que el rey, que se ha acomodado
unos aposentos de la primera planta. Tras lo ocurrido en Versalles no desea poner en peligro la vida de sus hijos en el caso
de que ocurra un nuevo ataque.

Poco a poco la familia real reanuda su vida en las Tullerías
con una extraña normalidad. María Antonieta ordena traer de
Versalles algunos muebles y objetos personales que dejaron en
su precipitada huida. Se encarga de la decoración y manda
tapizar las paredes de tela, reponer los cristales de las ventanas
y arreglar las puertas. Su peluquero Léonard aún la visita convirtiéndose en su confidente y su modista Rose Bertin le sigue prestando sus servicios, aunque ahora ya no le confeccio-
na los maravillosos vestidos de antaño sino que se limita a
remendar sus prendas antiguas. El rey ya no va de caza y María Antonieta no tiene ánimos de salir a la calle o asistir al
teatro. De común acuerdo con su esposo, han decidido que
no habrá más fiestas, ni bailes ni cenas. Tampoco frecuentan a
nadie salvo a sus parientes más próximos y sus fieles seguidores, entre los que se encuentra el conde Axel de Fersen, que
ha seguido a la reina a París donde ha alquilado una casa para
estar cerca de ella. Y sin embargo en este viejo palacio abandonado, donde viven como presos políticos bajo la estrecha
vigilancia de la Guardia Nacional, los reyes se sentirán más
unidos que en el espléndido palacio de Versalles. Por primera
vez María Antonieta tiene tiempo para estar con sus hijos,
juega con ellos y asiste a las lecciones de su hija mayor Madame Royale.

Los que en aquellos días estuvieron junto a María Anto-

...ta coinciden en asegurar que era una mujer totalmente ...ransformada. En la adversidad la reina demuestra un coraje y una serenidad que sorprende a todos. Aunque en Versalles su estado de salud fue motivo de preocupación durante mucho tiempo, madame Campan pudo comprobar que los frecuentes «trastornos de histeria» de la soberana habían desaparecido. Ahora sentía que su familia, la Corona y Francia la necesitaban y no les podía fallar. Con un presupuesto muy limitado, intenta instaurar en las Tullerías algo semejante a una corte. El protocolo se reduce sensiblemente pero algunas tradiciones, como la ceremonia de levantar y acostar al rey, se mantienen. En poco tiempo los soberanos van a llevar en este palacio la vida cómoda y sencilla con la que tanto soñaban desde que fueron entronizados.

Esta calma y serenidad que durante un tiempo rodea a la reina la ayuda a recuperar su salud y a reflexionar. María Antonieta no puede dejarse llevar por sus emociones porque ante la debilidad del rey tiene mucho trabajo por delante. En las semanas siguientes, metida en su nuevo papel de guardiana y defensora de la Corona, trabajará sin descanso para encontrar una solución. Ha creado en sus aposentos de las Tullerías una auténtica cancillería, donde cada día recibe a los políticos más destacados y elabora con ellos diversas propuestas de negociación. Logra establecer una correspondencia secreta para comunicarse con sus familiares en el extranjero, entre ellos con su querida hermana Carolina, reina de Nápoles. Aún tiene esperanzas, pero con la llegada de un nuevo año crecen los partidarios de la Revolución y surgen planes de huida para ella y el Delfín de Francia.

En febrero de 1790 María Antonieta recibe la triste noticia del fallecimiento de su hermano José II. Ha perdido no sólo a su hermano más querido y fiel consejero, sino a un importante aliado político. A su muerte sube al trono Leopoldo II, un hermano al que María Antonieta ha tratado poco y con el que no mantiene una buena relación. Con este nuevo nombramiento la reina también perderá a uno de sus más inteligentes colaboradores. El conde de Mercy-Argenteau, el embajador austríaco en Francia, que conocía a la reina desde los catorce años, ha obtenido el permiso del rey Leopoldo para abandonar París por un cargo de ministro en Bruselas menos peligroso.

María Antonieta, que había dependido siempre de sus consejos, sintió mucho que le abandonara en un momento tan crucial de su vida. A instancias de Mercy participó en delicadas negociaciones secretas con el presidente de la Asamblea Nacional Constituyente, el conde de Mirabeau, al que le ofreció —a cambio de una buena suma de dinero— trabajar para el rey en el seno de la Asamblea. Tras su primera entrevista con la soberana, este destacado político escribió: «El rey sólo cuenta con un hombre: su mujer. Para ella hay sólo una seguridad, el restablecimiento de la autoridad real. Creo que no desearía vivir sin su corona; pero de lo que estoy bien seguro es de que no podrá conservar su vida si pierde su corona».

En 1791 una serie de acontecimientos convencieron a los soberanos de que había que huir para salvar la Corona. En abril la muerte del conde de Mirabeau, su único aliado en su lucha contra la Revolución, dejó a los reyes de Francia solos ante la furia del pueblo. Sus últimas palabras fueron un fatal presagio: «Me llevo en el corazón el duelo por una monarquía cuyos despojos serán presa de los rebeldes». A esta importante pérdida se sumó la condena del Papa, quien manifestó su repulsa a la Revolución francesa y a la Constitución Civil del

Clero aprobada por la Asamblea y ratificada, muy a su pesar, por el rey. Dicha Constitución obligaba a los sacerdotes a prestar juramento al Estado, confiscaba sus bienes y los obispos eran elegidos por el pueblo. En aquellos duros momentos en que María Antonieta veía peligrar más que nunca la monarquía, apremió a su hermano Leopoldo para que la ayudara, pero todos sus esfuerzos serían en vano. Qué desilusión para la reina, ella que tanto había luchado por mejorar las relaciones entre Austria y Francia y que se había ganado el apodo de la Austríaca, sentir que su país le daba la espalda.

Unos días más tarde un hecho afectará profundamente a Luis XVI y le hará decidir su destino. El 18 de abril la familia real se dispone a partir hacia Saint-Cloud para celebrar el día de Pascua. Al mediodía, los monarcas aparecen en el patio de las Tullerías, donde son recibidos por una multitud que les grita y lanza graves insultos. Sin inmutarse se suben a su carroza, pero unos hombres les rodean e impiden el paso. Durante dos angustiosas horas de improperios y amenazas el rey, la reina, sus hijos y su inseparable institutriz, así como la princesa Isabel, no podrán salir de la carroza. Por primera vez Luis XVI es consciente de que no goza de libertad y su autoridad es nula. Con gran enfado se le oye exclamar: «Sería asombroso que, después de haber dado la libertad a la nación, yo no fuera libre». Para María Antonieta aquella nueva humillación supone la demostración pública que estaba esperando.

En las semanas siguientes los planes de evasión ocupan todas las energías de la reina. El peligro y la adversidad parecen servirle de estimulantes y abandona por completo la pereza que tanto criticaba su madre. María Antonieta despacha un correo tras otro, pide ayuda al rey de España, Carlos IV, tropas a su hermano Leopoldo, dinero a los suizos y holandeses… Pero todos sus esfuerzos serán en vano; nadie les ayudará y la única salida es partir cuanto antes y tratar de alcanzar la frontera belga. El plan, que el rey aprueba, consiste en dirigirse a Montmédy, a unos cincuenta y seis kilómetros de Metz y ciudad próxima a la frontera del imperio de los Habsburgo, y allí reunirse con las tropas del general Bouillé que todavía son fieles a Luis XVI. En ningún momento piensan refugiarse en el extranjero, sino quedarse en Francia para restablecer el orden y una Constitución que tenga en cuenta la voluntad del rey.

A mediados de mayo de 1791 Bouillé garantizó a Fersen que el camino que iban a emprender los reyes estaría protegido por tropas leales a la monarquía. El oficial sueco, que entra a escondidas en las Tullerías por una puerta sin vigilancia, mantiene al corriente a la reina de las últimas diligencias. Aunque es un hombre prudente cometerá algunos errores que serán fatales para la buena marcha del proyecto. Ha elegido para la huida una berlina que ha hecho pintar de verde y amarillo, y por dentro está forrada de terciopelo blanco. Es un coche muy espacioso, lujoso y confortable que llama demasiado la atención. Dentro contiene provisiones para varios días, una bodega de vino bien surtida, vajilla de plata y un guardarropa. El general Bouillé recomienda al rey que extreme las precauciones y se lleve con él a un hombre armado que conozca bien el camino. Los monarcas no aprueban la idea pues en el vehículo sólo caben seis personas y no piensan abandonar a madame de Tourzel, preceptora de los príncipes reales, ni a la princesa Isabel. Tras aplazar la fecha en dos ocasiones, al final se fijará para la noche del lunes 20 de junio.

María Antonieta prepara a conciencia su equipaje sin tener en cuenta que se trata de una evasión y que hay que pasar

lo más inadvertido posible. Quiere estar impecable y no duda
en recurrir a su peluquero Léonard para que le haga un peinado duradero para el largo viaje. A madame Campan le preocupa seriamente el voluminoso equipaje de la soberana. En
sus memorias escribe: «Desde el mes de marzo, la reina se
ocupó de los preparativos de su partida. Yo pasé esos meses
junto a ella y cumplí gran parte de las órdenes secretas que me
dio al respecto. La veía, con dolor, ocupada en tareas que me parecían inútiles e incluso peligrosas, y le hice observar que la
reina encontraría camisas y vestidos en todas partes. Mis ob-
servaciones fueron infructuosas: quería tener en Bruselas un
guardarropa completo, tanto para ella como para sus hijos.
Y también quería llevar su neceser completo». Sólo el neceser
de la reina era de grandes dimensiones y contenía desde un
calentador para la cama hasta una escudilla de plata.

María Antonieta organiza su huida cuidando el más mínimo detalle, tal como había hecho en sus fiestas del Trianon.
Aunque iban a huir como unos fugitivos, querían desembarcar
en su destino con toda la majestuosidad propia de los reyes de
Francia. En el equipaje iba la corona del monarca y sus ricas
vestiduras reales. Para el gran día la reina ha elegido un discreto vestido de seda gris, una toquilla y un sombrero negro, con
un amplio velo caído que le cubre el rostro. Tampoco olvida
los asuntos domésticos y le encarga al conde de Fersen, que se
ocupa de las provisiones, de que durante el viaje se comerá
estofado de vaca y ternera fría, y como bebidas, una botella de
vino de Champagne y cinco de agua de Ville-d'Avray, la preferida de la reina. Fersen les ha conseguido pasaportes con
identidades falsas y también ha previsto una gran saca de dinero para pagar a los relevos en las postas y distribuir propinas.

El día tan anhelado llega al fin y la soberana se despide

con lágrimas en los ojos de su amado Fersen. El apuesto caballero que conoció en su juventud en un baile de máscaras se ha convertido con el tiempo en un leal amigo capaz de arriesgar su vida para salvar una monarquía que ni siquiera es la suya. El rey, ante las lágrimas de su esposa, le dice a Axel: «Monsieur Fersen, me ocurra lo que me ocurra, no olvidaré jamás todo lo que habéis hecho por mí». Tras la marcha del oficial sueco, María Antonieta sigue con el plan previsto. La familia real cena como era su costumbre con los condes de Provenza y se retiran al salón para charlar un rato. A las diez en punto la reina abandona el salón y se dirige a sus aposentos. Nadie ha notado en ella el menor gesto sospechoso.

Ya entrada la noche María Antonieta despierta a sus hijos y ordena a madame de Tourzel que vista al Delfín con ropa de niña. Unos minutos más tarde, la reina, sus hijos y la institutriz abandonan el palacio por una puerta sin vigilancia. Después lo hará el rey disfrazado con una peluca y un sombrero de lacayo. A medianoche todos suben a la berlina y Axel de Fersen, ataviado de cochero, se encargará de sacarlos de París en la primera etapa del viaje. Cuando en las Tullerías se descubre su desaparición, la noticia corre de boca en boca por todo París. La temeraria aventura de los soberanos finaliza aquel fatídico 22 de junio de 1791 al llegar a Varennes, donde son descubiertos y detenidos.

El regreso a la capital será una pesadilla que la reina jamás podría olvidar. Bajo un calor sofocante la berlina avanza lentamente en medio de una multitud que ha acudido para no perderse el espectáculo. En su interior, agotados tras dos noches sin dormir, sucios y empapados de sudor, los seis fugitivos se hacinan en un carruaje que al mediodía se convierte en un horno irrespirable. Habían tardado veintidós horas en lle-

gar a Varennes desde la capital y de regreso serán cuatro pe-
nosos días en los que la moral de los reyes se viene abajo.
Durante la mayor parte del trayecto tuvieron que soportar la
violencia y los insultos de la gente que les esperaba al borde
de los polvorientos caminos. «¡Muerte a la Austríaca, la bribo-
na, la puta, muerte a esta perra!», «¡Nos comeremos su corazón y su hígado!», gritan a su alrededor mientras la reina está
como ausente. Miles de hombres y mujeres rodean la berlina
y amenazan de muerte a los soberanos levantando sus puños y
escupiendo contra los cristales de las ventanillas. Los últimos
kilómetros antes de llegar a las Tullerías se hacen cada vez más
largos y angustiosos.

Cuando a las ocho de la noche María Antonieta entra en
sus aposentos del palacio es una mujer exhausta y abatida que
ha envejecido prematuramente. Han pasado sólo cinco noches fuera de París, pero a la reina se le antojan una eternidad.
Al mirarse al espejo de su tocador ve que sus cabellos de color
rubio ceniza se han vuelto blancos. Parece una anciana y aún
no ha cumplido los treinta y seis años. En una breve carta que
dicta a una de sus damas dirigida a madame Campan, le dice:
«Os hago escribir desde mi baño, donde acabo de meterme
para cuidar por lo menos mis fuerzas físicas. Nada puedo decir sobre el estado de mi alma; existimos, eso es todo».

De nuevo están prisioneros y hay centinelas apostados en
todos los rincones, incluso en los tejados de palacio. Cuando
al día siguiente, 26 de junio, una comisión parlamentaria acude a las Tullerías para interrogar a Luis XVI sobre lo sucedido,
éste les responde de manera cortés que han sido víctimas de
un secuestro. Ésta será la versión oficial que finalmente aceptará la Asamblea, que todavía necesita al rey para que dé su
visto bueno a la Constitución que está a punto de aprobarse.

El 14 de septiembre de 1791 Luis XVI acepta la Constitución en una ceremonia que supone el acto más difícil de su reinado. El soberano se ha convertido en un monarca constitucional con poder limitado, pero los hechos de Varennes han menoscabado su autoridad. María Antonieta se empeña en acompañar a su esposo, que no se sienta en un trono sino en una silla sencilla en la que hay pintada la flor de lis. Durante su discurso los diputados permanecen sentados y no se descubren la cabeza. La reina presencia el acto desde un palco privado con el rostro tenso; no puede disimular su desagrado ante lo que escucha. De regreso a las Tullerías, el rey de Francia, que ha perdido el título de «Majestad», rompe en sollozos y se dirige a su esposa diciéndole: «¡Habéis sido testigo de mi humillación! ¡Venir a Francia para ver esto!». Ambos esposos, a los que la desgracia les ha unido aún más, se abrazan llorando.

En los meses siguientes María Antonieta recobra las fuerzas y se muestra infatigable. Ahora su única prioridad es asegurar el futuro de su hijo el Delfín. Ese niño, que tras el asesinato de su padre será aclamado por los monárquicos como Luis XVII, es su única esperanza. Mientras finge creer en público que está de acuerdo con las leyes de la Constitución, intenta ganar tiempo para conseguir el apoyo de las potencias extranjeras. La reina no dejará de escribir cartas no sólo a su querido conde de Fersen, al embajador Mercy y a su hermano Leopoldo, sino también a la emperatriz de Rusia, a la reina de España y a la de Portugal. El trágico error de María Antonieta es que a estas alturas aún no reconoce que está sola, pues las demás monarquías en quien ella tanto confía no la apoyarán en su lucha.

En las Tullerías la familia real vive prisionera y se encuentra aislada. Luis XVI, deprimido y débil, parece vivir en otro mundo; su fragilidad es la comidilla de toda Europa. María Antonieta intenta convencer a su amiga la princesa de Lamballe de que no regrese a Francia como es su deseo. Su fiel amiga, preocupada por la seguridad de la reina, no la escuchará y abandona su cómodo exilio en Londres para estar a su lado sabiendo a lo que se expone. Ya instalada en las Tullerías la antigua favorita se siente tan afectada por las atrocidades que se dicen sobre la soberana en París, que apenas sale de palacio. Ha oído a un hombre gritar cerca de la residencia real y a pleno pulmón: «María Antonieta es una ramera a quien hay que derramar plomo líquido en el pecho, y que merece un azote». No es de extrañar que la sensible dama se sienta enferma y prefiera quedarse en sus aposentos antes que enfrentarse a la furia del populacho.

El comienzo del nuevo año no aportará a María Antonieta más que desdichas y humillaciones. En febrero de 1792 la reina le escribe una carta desesperada a Mercy, en la que le dice: «No sé qué acción llevar a cabo ni qué tono adoptar; todo el mundo me acusa de simulación, de falsedad y nadie puede creer —con razón— que mi hermano se interese tan poco por la espantosa situación de su hermana como para comprometerse sin cesar, sin decir nada. El odio, la desconfianza y la insolencia son lo único que ahora mueve este país». Fersen, el único en quien la reina puede confiar, viaja a París de incógnito y propone a los soberanos un nuevo plan de fuga con la complicidad del rey Gustavo de Suecia. Pero Luis XVI se niega en rotundo pues ha prometido a la Asamblea no abandonar la capital y no quiere ser acusado de traición.

El soberano va a pagar muy cara su honradez. La oferta de Fersen será la última posibilidad de salvar sus propias vidas. El conde no volverá a ver a María Antonieta, a la que no podrá rescatar de su fatal destino. Cuando más adelante se entere de su muerte en la guillotina, escribirá en su diario: «Ah, conozco bien cada día cuánto he perdido al perderla a ella y hasta qué punto era perfecta en todo. Jamás ha habido ni habrá mujer como ella».

En la madrugada del 10 de agosto se extiende el rumor de que una muchedumbre armada se dirige a las Tullerías dispuesta a atacar la residencia real. Ante la gravedad de la situación y para evitar un baño de sangre, Luis XVI acepta someterse al amparo de la Asamblea. La familia real abandona el palacio y se pone en marcha a través de los jardines en aquella soleada mañana de agosto. Al soberano le sigue su esposa con los niños de la mano, la princesa Isabel, la señora de Lamballe y, cerrando la marcha, madame de Tourzel. María Antonieta no mirará para atrás ni una sola vez. Deja para siempre este palacio que sólo le traerá dolorosos recuerdos. El rey ignora que la Asamblea, tras la huida de los diputados más conservadores, está integrada únicamente por los peores enemigos de la monarquía. A su llegada a la sala donde se halla reunida la Asamblea, todas sus esperanzas de protección se derrumban. Les conducen a un palco de la tribuna, donde permanecerán arrestados toda la jornada. Poco después se enterarán de que los insurgentes han tomado las Tullerías y el palacio ha caído. María Antonieta, con la cabeza erguida, verá desfilar en la sala a los vencedores que han traído hasta allí su botín: joyas de la Corona, la vajilla de plata, los baúles abiertos, la correspondencia de la reina… Los prisioneros contemplan el terrible espectáculo del saqueo mientras se debate su suerte.

El reinado del terror está a punto de comenzar: el 13 de agosto la Comuna decide instalar a la familia real en la fortaleza del Temple. La vida del rey y los suyos está ahora en manos del gobierno revolucionario de París. Cuando a Luis XVI se le notifica que van a ser trasladados al Temple imagina que los alojarán en el palacio del Gran Prior, propiedad de su hermano el conde de Artois. Pero su nueva residencia será el siniestro torreón construido por los templarios que se alza al fondo del jardín dentro del mismo recinto. A pesar de las precarias instalaciones se sienten todos aliviados porque están juntos y a salvo. Por el momento residirán en la torre más pequeña y confortable, que sirve de alojamiento al conservador de los archivos del Temple, hasta que estén listos los aposentos de la gran torre que será su tumba. Tras el miedo y la angustia vividos estos últimos días, por primera vez disfrutan de una relativa calma.

El tiempo parece haberse detenido en el Temple y los reyes ignoran que la violencia se ha adueñado de las calles de París, donde los enemigos de la Revolución son asesinados con una brutalidad sin precedentes. María Antonieta, aislada en la torre, no imagina hasta dónde puede llegar esta locura sanguinaria que invade todo París. Cuando en la noche del 2 de septiembre el ayudante de cámara del Delfín informa a la reina de que la princesa de Lamballe ha sido brutalmente asesinada por una muchedumbre que ha tomado al asalto la prisión donde se encontraba, ésta se derrumba y rompe en sollozos. Horas más tarde, en medio de gritos y risas atroces, un grupo de hombres y mujeres ebrios se acercan hasta el Temple para que la soberana pueda ver a través de las ventanas la cabeza de la desdichada clavada en lo alto de una pica. María Antonieta, paralizada de terror, se desmaya y no llega a contemplar con sus propios ojos tan terrible espectáculo. Pasará la noche «rezando y llorando» por su fiel amiga que ha muerto por no traicionarles. Al día siguiente jura no volver a dar señales de debilidad y se esforzará en dar ejemplo a sus hijos.

En una ocasión María Antonieta escribió: «En la desgracia descubres tu auténtica naturaleza». Estas palabras adquieren un especial significado en los últimos días de la reina de Francia, cuando todo comenzó a torcerse. Tras el asesinato de la princesa de Lamballe los acontecimientos se precipitan para los desdichados soberanos. El 21 de septiembre de 1792 los prisioneros escuchan un gran clamor proveniente de la ciudad. La Asamblea ha sido reemplazada por la Convención Nacional, la monarquía, abolida y se proclama la República. Es el fin de una época y María Antonieta se acuesta temprano sintiéndose muy desgraciada. En los próximos meses se debatirá la suerte del soberano, que aceptará su destino con estoica resignación.

El último rey de Francia, Luis XVI, tras un falso y humillante proceso, será ejecutado el 21 de enero de 1793. La serenidad y la valentía que mostró poco antes de ser guillotinado en la plaza pública calaron muy hondo en el corazón de su esposa. Su hija María Teresa más adelante recordaría con estas palabras aquel 21 de enero de 1793: «En la mañana de ese terrible día, nos levantamos a las seis. La víspera, por la noche, mi madre había tenido apenas las fuerzas necesarias para desnudar y acostar a mi hermano; se dejó caer, vestida, en su lecho, donde la escuchamos temblar toda la noche de frío y dolor. A las seis menos cuarto abrieron nuestra puerta y entraron a buscar un libro de oraciones para la misa de mi padre; creímos que íbamos a bajar, hasta que los gritos de júbilo de un populacho desenfrenado nos hicieron saber que el crimen estaba consumado». A las diez y veinte de la mañana María Antonieta comprende que es viuda y ni una lágrima sale de sus ojos. Sólo resuenan en sus oídos los gritos de «¡Viva la República!».

Lo único que mantiene ahora viva a la reina viuda es el orgullo de poder educar a escondidas a su hijo el Delfín, de ocho años, que tras la muerte de su padre acaba de convertirse en el futuro Luis XVII. Pero su sueño, una vez más, se verá truncado. En la noche del 3 de julio unos hombres irrumpen a la fuerza en sus aposentos y la obligan, por orden de la Convención, a entregar de inmediato a Luis Carlos Capeto, como ahora le llaman. El niño se despierta y, asustado, se echa en los brazos de su madre, quien se niega a separarse de él. Durante una hora la soberana lucha desesperadamente por su hijo y trata de negociar una solución. Finalmente, tras la amenaza de matar al pequeño, se ve obligada a dejarlo partir.

Ya nada será igual, y los que la rodean serán testigos de su estado de postración. «Nada podía calmar ya la angustia de mi madre; no era posible hacer entrar esperanza alguna en su corazón: había llegado a serle indiferente vivir o morir. En ocasiones nos miraba con una tristeza que nos hacía estremecer.» María Antonieta no volverá a ver a su hijo menor que, al igual que ella, sufrirá un trato inhumano. El pequeño morirá a los diez años de edad en una celda aislada del Temple, desnutrido y tuberculoso, creyendo, tal como le habían dicho los revolucionarios, que sus padres vivían pero ya no le amaban.

El 1 de agosto de 1793 la reina es trasladada de la Torre del Temple a La Conciergerie, una antigua fortaleza convertida en prisión de la República y sede del Tribunal Revolucionario. Es la antesala de la muerte porque de ahí sólo se sale para subir al cadalso y morir decapitado. «Ahora ya nada puede hacerme daño», se lamenta. Sabe que ha llegado su hora y se despide con asombrosa entereza de su hija María Teresa, de catorce años, y de su cuñada la princesa Isabel a quien confía el cuidado de sus hijos. No le permiten despedirse del Delfín, que ignora la suerte de su madre. Al llegar a su nueva prisión con un fardo en la mano como único equipaje, el guardián anota en un grueso libro de registros la entrada de la prisionera número 280, «acusada de haber conspirado contra Francia». Después se la conduce a su celda sin darle ninguna explicación. Su última morada es un lúgubre y sucio calabozo cuyos muros están cubiertos de moho. La mujer del guardián y la criada de La Conciergerie, conmovidas por recibir bajo su techo a la antigua soberana, intentarán consolarla en sus últimas horas. A sus treinta y siete años aparenta sesenta y su salud es delicada porque sufre continuas hemorragias. Los últimos sufrimientos la han deteriorado gravemente. Pasa las horas tumbada en su cama, con una manta sobre las piernas y con la mirada perdida.

Durante casi dos meses, a la espera de juicio, permanece encarcelada, aislada del exterior y sin tener noticias de sus hijos. Muchos creen que ya ha muerto pero se equivocan. El día de su comparecencia, a pesar de su deterioro físico, demostrará su entereza. El 15 de octubre María Antonieta asiste a la gran sala de audiencias del Palacio de Justicia donde se va a decidir su futuro. Ataviada con un sencillo y desgastado vestido negro lleva el cabello recogido en una cofia de lino blanco; el público que abarrota la sala casi no la reconoce. Tiene un aspecto cadavérico, los rasgos muy hundidos y una extrema palidez. Ha estado encerrada casi un año en un calabozo húmedo y mal ventilado sin ver el sol ni hacer ejercicio.

Al no disponer de ayuda legal, la «viuda de Capeto» —como la llaman los revolucionarios— se defenderá de todas las acusaciones haciendo gala de una serenidad y una precisión en sus respuestas que impresionan al jurado. Sabe que este juicio es una farsa; no tienen pruebas contra ella pero ya ha

sido condenada de antemano. Tras largas horas de interroga-
torios y el desfile de falsos testigos, la reina recibe de manera
inesperada un golpe muy bajo. Jacques Hébert, un periodista
satírico ruin y sin escrúpulos autor de muchos de los libelos
contra ella, ha acudido a la prisión del Temple con el fin de
obtener del pequeño Delfín de Francia unas infames declaraciones en contra de su madre. El niño, aislado en una celda,
embrutecido y enfermo, sin saber lo que firma confiesa haber
mantenido relaciones incestuosas con ella. Cuando el presidente del tribunal le pide explicaciones a la reina, la exclama-
ción indignada de María Antonieta causa una gran conmoción en la sala: «Hago un llamamiento a todas las madres aquí
presentes». Los revolucionarios han conseguido su propósito
de herir en lo más profundo a una madre débil y enferma.

Antes de finalizar la vista cuando le preguntan a la reina si
tiene algo que añadir en su defensa, ésta serena responde:
«Ayer, no conocía a los testigos, y no sabía qué iban a declarar.
Pues bien, nadie ha alegado sobre mí nada positivo. Diré, por
último, que sólo fui la esposa de Luis XVI, y que tuve que
conformarme con actuar según su voluntad». Cuando María
Antonieta finalmente escucha su sentencia y es condenada a
la pena capital apenas se inmuta. Lo único que piensa es qué
va a ser de «sus pobres y adoradas criaturas».

Al regresar al calabozo, horas antes de ser ejecutada, la
reina escribe a la luz de la vela y con mano temblorosa a su
cuñada la princesa Isabel, a la que quiere como una hermana.
Ésta nunca recibirá la carta considerada el testamento de María Antonieta, porque días más tarde morirá como ella en la
guillotina. La reina de Francia, a la que tanto daño han infligi-
do, no guarda rencor en su corazón. En esta carta conmovedora demuestra su amor a sus hijos y su profundo arrepenti-

miento: «Pido perdón a todos aquellos que conozco, y a vos, hermana mía, en particular, por todas las penas que, sin querer, haya podido causar. Perdono a todos mis enemigos el daño que me han hecho. […] Adiós, mi querida y tierna hermana; ojalá está carta pueda llegaros: pensad siempre en mí; os beso con todo mi corazón así como a mis pobres y queridos hijos. Dios mío, ¡qué desgarrador es abandonarlos para siempre! ¡Adiós, adiós!».

El 16 de octubre de 1793 es el día elegido para su ejecución pública. Cuando, hacia las once de la mañana, entra en su celda Sanson, su verdugo, se encuentra a María Antonieta de rodillas al pie de la cama, desgranando las cuentas de un rosario invisible. Sin perder tiempo, le arranca la cofia y le corta bruscamente con unas grandes tijeras sus largos cabellos. La soberana es trasladada al patíbulo en una mugrienta carreta de heno tirada por un caballo, con las manos atadas a la espalda como una criminal.

Luce un cielo otoñal espléndido en París y la reina disfruta unos segundos de la luz del sol que ciega sus enrojecidos ojos acostumbrados a la oscuridad. Aún tendrá que sufrir un último calvario al tener que desfilar en medio de una muchedumbre enfurecida que le grita y la insulta sin piedad. Pero a estas alturas María Antonieta es una sombra de sí misma. No oye ni ve nada, y se enfrenta a la muerte con igual valor que su esposo Luis XVI. Al llegar a la gran plaza de la Revolución, la actual plaza de la Concordia, miles de personas estallan en aplausos y gritos. La reina, sin abandonar su porte y su dignidad, sube sola con paso firme las empinadas escaleras hacia el cadalso. Ya en el estrado y debido a las prisas tropieza sin querer con su verdugo. A él dirigirá sus últimas palabras: «Os pido que me excuséis, señor. No lo he hecho a propósito».

CRISTINA
DE SUECIA

Un espíritu indomable

La reina, mi madre, me ha asegurado que los magos la llevaron a engaño y la persuadieron de que en mi parto daría a luz a un varón; tuvo sueños que creyó misteriosos, y el rey también los tuvo. Los astrólogos, siempre dispuestos a alabar a los príncipes, le aseguraron que estaba embarazada de un heredero; así siguieron los halagos, se mantuvieron las esperanzas, hasta que llegó el desengaño...

Memorias de Cristina de Suecia

El 8 de diciembre de 1626, la reina María Leonor de Brandeburgo se puso de parto en el palacio real de Estocolmo. Era medianoche y a la luz de las antorchas alumbró en sus aposentos a una criatura tan «grande, fea y velluda» que las comadronas creyeron que era un varón. Desde el inicio de su embarazo los astrólogos de la corte estaban convencidos de que la soberana llevaba en su vientre el anhelado heredero al trono de Suecia. La propia reina había tenido sueños que presagiaban el nacimiento de un príncipe que llevaría la grandeza a su país. Su decepción fue enorme al descubrir que el hijo que esperaba era en realidad una niña. Así recordaba la futura reina Cristina de Suecia su llegada al mundo: «Nací con buena estrella; tenía una voz ronca y fuerte y todo el cuerpo cubierto de vello. Al ver eso, las comadronas creyeron que era un niño. Llenaron el palacio con sus errados gritos de alegría, que durante un tiempo engañaron al mismo rey. El deseo y la esperanza se aliaron para embaucarlos a todos y las mujeres se hallaron en un serio aprieto al ver que se habían equivocado. Apuradas, no sabían cómo decirle la verdad al rey». Fue la hermana del monarca, la princesa Catalina, quien cogió a la pequeña en brazos y se la mostró a su padre. Al rey Gustavo Adolfo no le inquietó lo más mínimo el equívoco y comentó en tono eufórico: «Demos gracias a Dios, hermana mía. Confío que esta niña me valdrá como un varón. Ruego a Dios que la guarde, ya que me la ha dado. Será astuta, porque se ha burlado de todos nosotros».

Considerado uno de los soberanos suecos más prominentes de todos los tiempos, Gustavo II Adolfo de Suecia pertenecía a la dinastía de los Vasa, la fundadora del protestantismo en Suecia y que reinaba en el país desde 1523. Desde que fue coronado en Uppsala a los veintitrés años, sintió que tenía la misión divina de proteger y conservar el reino sueco de todas las amenazas. Aunque al principio se mostró tolerante en materia religiosa, bajo la influencia de sus consejeros proclamó que ninguna religión podía coexistir con la religión estatal luterana, y condenó en términos muy duros la fe católica: «Esa religión, si es que se la quiere calificar de tal, no sólo es en sí misma idolatría e invención humana, sino que además nos enseña cosas especialmente condenables». En adelante calificó a los jesuitas de «engendros del diablo» y los católicos fueron perseguidos y amenazados con la pena de muerte. El rey disfrutó de gran popularidad y su éxito en los campos de batalla —donde solía luchar en primera línea de fuego— le valió el apelativo de «León del Norte». Fue un hábil estratega y gobernante que hizo de su país una gran potencia mundial. Cuando Cristina nació en 1626, hacía ocho años que Europa se encontraba inmersa en una lucha armada feroz entre los partidarios de las doctrinas protestantes propagadas por Lutero —que abogaban por la separación de la Iglesia de Roma— y los partidarios del Papa. La participación de Gustavo II Adolfo en la guerra de los Treinta Años le daría un gran renombre y tras ella se ensancharían las fronteras de Suecia y se fortalecería su presencia en el mar Báltico.

Pero la vida privada del valiente monarca fue menos brillante y estuvo marcada por los escándalos. Gustavo Adolfo el Grande, como también le apodaban, era un hombre campechano y vividor que no ocultaba su debilidad por las jóvenes hermosas. El amor de su vida fue Ebba Brahe, una dama de honor de la corte sueca de singular belleza con quien mantuvo un romance en su juventud. Pero su severa madre se opuso a esta relación y desterró sin miramientos a la muchacha de la corte. El ardiente y muy vigoroso soberano —al que los italianos llamaban «re d'oro» por sus rizos rubios— conquistó más tarde el corazón de una plebeya que le dio un hijo, el posterior conde de Vasaborg, del que apenas se ocupó. Al parecer fueron varios los hijos bastardos de este apuesto rey que también sentía inclinación, según insinuaciones de los jesuitas polacos, por los hombres. Hacia 1617 compartía su lecho en el campo de batalla con el joven y rubio Axel Baner, por quien mostraba una viva pasión.

En 1620 el rey Gustavo II Adolfo de Suecia contrajo matrimonio con la princesa alemana María Leonor de la dinastía de Hohenzollern. La elegida era hija del príncipe elector Juan Segismundo de Brandeburgo y Ana de Prusia. El suyo fue un matrimonio de conveniencia en el que pesaron las razones políticas, así como la confesión luterana de la joven. La madre del rey buscaba el matrimonio de su hijo con una princesa protestante a fin de fortalecer a Suecia frente a la amenaza del monarca de Polonia, que pretendía anexionarse su país.

Gustavo Adolfo viajó a Berlín en 1618 para conocer a la candidata, una muchacha exuberante y de gran belleza por la que se sintió muy atraído. Dos años más tarde y tras pedir su mano con gran insistencia, la princesa aceptó casarse. El compromiso contó con serios obstáculos. El hermano de María Leonor, el príncipe Jorge Guillermo, que acababa de sustituir a su padre en el gobierno de Brandeburgo, se resistía a consentir la boda, pues temía que se rompieran las relaciones con la vecina Polonia. La princesa Ana, madre de María Leonor, decidió que aquella unión se llevaría a cabo aunque tuviera que sacar a escondidas a su hija, como así hizo. Madre e hija viajaron en secreto a la ciudad alemana de Wismar, a orillas del mar Báltico, donde la muchacha fue recogida por una comitiva sueca. El enlace se celebró con gran pompa en Estocolmo el 25 de noviembre de 1620 y unos días más tarde María Leonor fue coronada reina.

En un primer momento la flamante soberana cautivó a los miembros de la corte y la nobleza por «su belleza, modestia e inteligencia». Todos felicitaron al rey por su sabia elección, pero pronto cambiarían de opinión. Al inicio la pareja se mostraba feliz en público, parecían muy enamorados y compartían el gusto por el arte y la música. Tras la luna de miel, María Leonor comenzó a comportarse de manera irracional.

Mostraba un amor posesivo por su esposo y cualquier separación, por breve que fuera, se convertía en una catástrofe. Al rey Gustavo Adolfo le atraía sobre todo la belleza de su escultural esposa, a quien hacía llamar junto a él cuando se encontraba en el campo de batalla. Aunque existía entre ellos una gran atracción física, la soberana tardó tres años en quedarse embarazada y tras un primer aborto logró dar a luz a una hija en 1623. La pequeña fue bautizada con el nombre de Cristina Augusta, pero falleció al año siguiente y dejó a sus padres sumidos en el dolor. Un año más tarde María Leonor tuvo otro aborto, esta vez un niño que nació muerto.

La frustración por no poder dar a su adorado esposo un heredero la convirtió en una mujer neurótica e imprevisible. Para desdicha del monarca, ésta no tardó en presentar síntomas de desequilibrio emocional. Cuando Gustavo Adolfo se casó con ella no ignoraba que entre sus antepasados —tanto en la rama de los Vasa como en la familia Hohenzollern— existían antecedentes de «anomalías psíquicas congénitas». La reina llegaría a bordear el abismo de la locura tras la prematura muerte de su esposo. La propia Cristina de Suecia manifestó una compleja personalidad debido en parte a la confusión sobre su identidad sexual, que la perseguiría toda su vida.

Desde su llegada a la corte, María Leonor, para quien Suecia era un país de bárbaros, se mostró altiva y caprichosa frente a sus súbditos. Su amor por el lujo desmedido y su ostentoso estilo de vida resultaron muy costosos para las arcas del reino. Cuando se trasladó desde Brandeburgo hasta la residencia real de Estocolmo se llevó consigo un gran séquito compuesto no sólo por sus doncellas y damas de compañía. Con ella viajaron músicos, maestros de baile, sastres, peluqueros, pintores y escultores. También la acompañaba un grupo de hábiles artesanos ebanistas y tapiceros que confeccionaron el mobiliario de sus aposentos reales. María Leonor nunca disimuló el rechazo y la antipatía que le provocaban tanto Suecia —un país cuyo clima frío detestaba— como sus habitantes. Rodeada de extraños y viviendo en una corte donde muy pronto se la llegó a odiar, su único refugio y razón de vivir era su esposo.

Días antes de dar a luz de nuevo aquel gélido día de diciembre de 1626, la reina estaba muy alterada y tuvo que guardar cama. Los médicos predecían un parto especialmente difícil e incluso alguno llegó a temer por la vida de la madre y del hijo. No es de extrañar pues la alegría del rey sueco al oír que la recién nacida lloraba a pleno pulmón emitiendo «un extraordinario e imperioso rugido», según él lo describió. Cristina fue la única descendiente de la pareja real y un milagro para su padre tras los sucesivos abortos de su esposa. Desde el primer instante María Leonor rechazó a su hija y se mostraba muy afligida ante lo que consideraba una terrible e injusta desgracia. La propia Cristina confesaba en su autobiografía: «Mi madre la reina, que tenía todas las debilidades así como las virtudes propias de su sexo, estaba inconsolable. No podía sufrirme porque decía que era niña y fea; y no le faltaba razón, porque yo era morena como un morito». La soberana no podía entender cómo siendo ella una mujer tan bella había traído al mundo un ser tan poco agraciado. La pequeña fue entregada al cuidado de doncellas y criadas. El rey en persona le adjudicó por nodriza a Anna Svensson, una de sus antiguas queridas casada entonces con un oficial de alto rango y madre de dos robustos niños, famosa por «su leche inagotable y saludable».

El desinterés de la reina llegó hasta tal punto que ni siquiera quiso asistir al bautizo de su hija en la capilla real. La princesa fue bautizada como Cristina en recuerdo de la madre de Gustavo Adolfo muerta el año anterior. En sus *Memorias*, da a entender que su madre no sólo se despreocupó de ella, sino que pudo estar implicada en oscuras maniobras para acabar con su vida. A las pocas semanas de nacer, una mano desconocida empujó desde el techo una enorme viga que fue a parar a los pies de su cuna. En otra ocasión, las damas de la reina la dejaron caer intencionadamente al suelo mientras la estaban cambiando. Como consecuencia de esta caída, uno de los hombros de Cristina quedaría deforme y le causaría molestias de por vida. En la corte se pensaba que tras estos extraños atentados podía estar la mano negra del rey de Polonia, Segismundo Vasa, primo hermano de Gustavo Adolfo, que fue expulsado del país por su fe católica. Heredero de la monarquía sueca, este personaje intrigante y maquiavélico nunca perdió la esperanza de recuperar una de sus coronas, pero el nacimiento de Cristina puso fin a todas sus esperanzas y ambiciones.

Gustavo Adolfo manifestó por su hija un amor y un interés difícil de encontrar en aquella época respecto a un niño de corta edad. Cristina, por su parte, lo adoraba y más cuando su madre seguía sin mostrar hacia ella ni un ápice de ternura. El monarca se sentía orgulloso de su pequeña, a quien crió como un varón, y solía presumir de que había heredado su valor. Con sólo dos años de edad la llevaba a pasar revista con él y celebraba que la princesa no se asustara con el estruendo de las salvas de cañón. Al igual que sus súbditos suecos, la niña admiraba a su padre, al que no encontraba ningún defecto y tenía idealizado. Sólo en una ocasión confesó que «el rey amaba demasiado a las mujeres», en alusión a su fama de mujeriego.

Durante la primavera de 1627, cuando Cristina todavía

no había cumplido seis meses de edad, el rey Gustavo Adolfo
cruzó el Báltico al frente de sus ejércitos para atacar a Polonia.
En una de las escaramuzas de la «guerra alemana» (como entonces se conocía la de los Treinta Años), resultó gravemente
herido y permaneció varios meses inmovilizado. Por primera
vez el valiente monarca temió seriamente por su vida y vio la
necesidad de nombrar a su sucesor. Cuando pudo regresar a
Estocolmo convocó a los Estados Generales y el 24 de diciembre los diputados proclamaron a la princesa heredera del
trono de Suecia en el caso de que el rey muriera. Gustavo
Adolfo, ante las dificultades de su esposa para darle un varón,
decidió no esperar más tiempo y asegurar la sucesión. Un testigo de la ceremonia comentó: «Se vio a Su Majestad Real
reclamar el pecho de su nodriza en medio de las interminables genuflexiones de todos los Grandes del Imperio».

En mayo de 1630 el soberano sueco partió a las costas
alemanas de Pomerania para aguardar el desembarco de sus
tropas. A los ocho meses, cuando reclamó la presencia de su
esposa, confió el cuidado de su hija a su hermana, la princesa
Catalina Vasa, y al marido de ésta, el conde palatino Juan Casimiro, que vivían en Alemania. El rey les había invitado a
instalarse en Suecia y les cedió como residencia el castillo de
Stegeborg, cerca de la ciudad de Norrköping. Consideraba
que su hija, de tres años y medio, estaría más feliz y segura al
cuidado de ellos que entre la gente de la corte y la nobleza.
Cristina pasaría en compañía de sus primos, y viviendo en
plena naturaleza, los mejores años de su infancia. Más allá de
los vínculos familiares, Juan Casimiro ejercía como consejero
del rey y se ocupaba de sus finanzas. Antes de partir Gustavo,
preocupado por su larga ausencia, le escribiría a su cuñado y
buen amigo en los siguientes términos: «Como es aún muy

pequeña, espero que mi hija no os suponga una carga muy pesada, cuidadla bien».

Tras un emotivo discurso en Estocolmo, el soberano se despidió de su pequeña ignorando que no volverían a verse. Cristina, según algunos testigos, quedó inconsolable y no paró de llorar: «Me aseguraron que cuando se fue lloré tanto durante tres días enteros que mis ojos casi quedaron ciegos, porque eran, como los del rey, muy débiles. Hubo quien vio en mis lágrimas un mal presagio, porque por naturaleza lloraba raras veces y muy poco». Antes de su partida, el rey dejó una orden expresa de mantener alejada a su esposa de los asuntos de Estado y de la educación de su única hija. Tras los primeros y felices años de su matrimonio, Gustavo Adolfo se refería a ella como su «*malum domesticum*» y creía que su temperamento «ardiente e histérico» tendría graves consecuencias para su hija. En una carta a su canciller y más fiel colaborador, Axel Oxenstierna, le decía: «Si me ocurriera algo, los míos serán dignos de compasión tanto por mi pérdida como por muchas otras consideraciones. Al fin y al cabo no son más que mujeres. Una madre incapaz de dar consejos y una hija sin educar. Ambas serán desdichadas si han de reinar solas, y ambas estarán en peligro si son gobernadas por otros».

Durante toda su vida, Cristina recordaría los malos augurios que sintió cuando vio desaparecer en el horizonte el navío de guerra de la flota sueca en el que viajaba su padre. Por aquellas fechas un astrólogo de la corte observó el paso de un cometa desconocido, algo que en aquella época se juzgaba un mal presagio. Al año siguiente, el río Motala, de abundante cauce, interrumpió su curso. Todos estos signos convencieron a la niña de que algo horrible estaba a punto de ocurrir. Mientras ese día llegaba, la princesa Cristina se educaba para el papel de reina. Su padre quería que tuviera la formación de un soldado, y así se hizo. A pesar de su corta edad y su sexo, aprendió equitación, esgrima y tiro. Con el tiempo se convertiría en una espléndida amazona que recorría incansable a caballo los bosques suecos y desconocía el miedo o el agotamiento. Su cariñosa tía, a la que Cristina llamaba «mi madre natural», le ofreció lo que su fría y casi siempre ausente madre le negó.

El 6 de noviembre de 1632 el gran Gustavo Adolfo murió en la batalla de Lützen luchando contra el general católico Wallenstein. Tenía treinta y ocho años y dejaba a su país devastado por el dolor. Su cuerpo fue encontrado cubierto de sangre y de lodo, y completamente desnudo. Unos vagabundos le habían robado sus ropas, el reloj, el anillo de boda, la cadena de oro y las espuelas. Su esposa, que le había acompañado a Alemania y había establecido su corte en Maguncia, recibió allí la fatal noticia. En verano el navío que transportaba los restos mortales del monarca, acompañados por María Leonor, llegó a Nyköping, un puerto al sur de Estocolmo dominado por un alcázar propiedad de la Corona. La reina viuda había pasado los últimos ocho meses en Wolgast, una ciudad al nordeste de Alemania, en la costa de Pomerania, velando el cadáver embalsamado de su esposo. Su trágica muerte, que se negaba a aceptar, agudizó aún más su débil salud mental.

La reina fijó por el momento su residencia en el castillo de Nyköping. El ataúd del rey fue expuesto en el gran salón, apenas iluminado con unos cirios y mandado tapizar enteramente de negro. La desconsolada viuda, presa de una fuerte depresión, se negaba tajantemente a autorizar su entierro, mientras ella siguiera con vida. No quería separarse de él y retrasó todo lo que pudo sus exequias. En sus aposentos del castillo, mandó colgar de la cabecera de su cama un relicario de oro que contenía el corazón «muy voluminoso y pesado» de Gustavo Adolfo.

Cristina, al igual que el resto del país, no conoció la noticia de la muerte de su padre hasta un mes más tarde. En sus *Memorias* recordaba que fue su tía paterna Catalina quien se encargó de informarla sobre esta tragedia: «De inmediato [...] impartieron todas las órdenes necesarias relativas a mi seguridad y a la del reino. Me hicieron vestir de luto, con toda la corte y villa, y no se omitió nada de todo lo que debe hacerse en ocasiones similares. Yo era tan niña que no conocía ni mi desgracia ni mi fortuna [...] pero recuerdo no obstante que estaba encantada de ver a toda esa gente a mis pies besándome la mano». Poco tiempo después la princesa Cristina fue proclamada formalmente «reina de los suecos, godos y vándalos, gran princesa de Finlandia, duquesa de Estonia y Carelia». Como sólo tenía seis años, heredaba el trono y reinaría bajo la tutela de Axel Oxenstierna hasta su mayoría de edad. El canciller no pudo estar presente en aquella memorable ceremonia por encontrarse en Alemania reorganizando las tropas suecas tras la muerte del rey.

Ya antes de cumplir los siete años, Cristina había comenzado a conceder audiencias y a recibir embajadores. En agosto de 1633, durante la recepción de una legación rusa, asombró a todos por su entereza y precoz madurez. Ella misma reconocía: «Yo era aún tan pequeña que se temía que no sería capaz de recibir a los embajadores rusos con la debida seriedad. Algunos pensaban que yo pudiera asustarme ante sus bárbaros modales y vestimentas, que eran del todo nuevas para mí. [...] Concedí a los rusos la audiencia que querían, sentada en el trono y manteniendo una actitud mayestática y orgullosa, en vez del miedo que otros niños experimentarían en iguales circunstancias, con lo que los emisarios me miraban con el temor y la veneración que se infunde en toda persona en presencia de la realeza».

Mientras lloraba la pérdida de su esposo, María Leonor no olvidaba sus propios intereses y urdió un plan para recuperar a Cristina. En ausencia del canciller Oxenstierna —que se quedó en Alemania defendiendo los intereses suecos y estaría ausente diez años—, la reina conspiró para que le fuera retirada la custodia de su hija a su tía Catalina. Ésta nada pudo hacer ante las exigencias y amenazas de María Leonor, que se llevó a la fuerza a la pequeña al castillo de Nyköping. Aquéllos fueron días terribles para Cristina, que se vio arrastrada por la histeria de su madre a compartir un duelo interminable y cruel. La viuda había hecho tapizar de negro las paredes de todas sus habitaciones, incluso el suelo se cubrió de telas negras en señal de luto. Cada vez más perturbada, obligaba a su hija a dormir con ella en una cama incómoda y espartana, y a compartir sus ritos macabros. Durante un tiempo la viuda conservó en sus propios aposentos el sarcófago del rey y hacía besar a la niña las frías mejillas de su padre antes de acostarse.

Cuando los regentes se enteraron de esta situación, alertaron al canciller Oxenstierna, quien, desde Sajonia, ordenó de una vez por todas romper con la resistencia de la reina. En julio de 1634, un año después de su regreso a Suecia, María Leonor se vio forzada a entregar a las autoridades el cadáver de su esposo. Un fastuoso cortejo fúnebre lo transportó de Nyköping a Estocolmo, donde se celebró la inhumación. Finalmente sus restos recibieron sepultura en la iglesia de la isla de Riddarholmen, próxima al palacio de las Tres Coronas.

Para inmortalizar su dolor, la reina viuda fundó la Orden Real de la Fidelidad Triunfante, cuyo emblema, colgado de una cinta negra, consistía en un corazón y un ataúd.

Pero la pesadilla de Cristina aún no había acabado y todavía tendría que vivir en Nyköping dos años más. La joven recordaría con horror la tristeza de aquellas habitaciones enlutadas, el olor de los cirios y el maltrato —físico y psicológico— de su posesiva madre. Una anécdota ilustra el calvario que sufrió en su niñez. Un día María Leonor, para divertir a sus bufones, hizo probar vino en una copa a la niña, que se negó en rotundo. Enojada, Cristina decidió saciar su sed bebiendo el agua limpia y clara que su madre guardaba celosamente en un jarrón de su dormitorio para su aseo personal. Al descubrir lo ocurrido, la reina montó en cólera y mandó buscarla. Según testigos le pegó con tal ensañamiento que cayó enferma y tuvo que guardar cama varios días, presa de fuertes ataques de fiebre. Durante su convalecencia le escribiría en secreto a su tía Catalina, a la que le seguía uniendo un gran afecto.

Tras años ignorando a su hija, María Leonor ahora no podía vivir sin su compañía. La obligaba a dormir con ella en la misma cama y no permitía que se alejara de su vista ni un instante. Su comportamiento neurótico resultaba insoportable a la pequeña, que lo recordaba así: «Me ahogaba en sus lágrimas y casi me asfixiaba con su abrazo. Lloraba casi incesantemente, y algunos días su dolor aumentaba de forma tan singular que no era posible contemplarla sin sentir la más mínima compasión. Yo sentía por ella una gran veneración y un amor verdaderamente tierno. Pero esa veneración me intimidaba y me agobiaba, en especial cuando, contra la voluntad de mi tutor, ella quería encerrarse conmigo en sus habitaciones». La temprana muerte de su padre y la inestabilidad emocional de su madre dejarían graves secuelas en la reina Cristina.

A medida que pasaban los meses, la reina viuda se mostraba cada vez más desafiante y amargada. Sus encontronazos con el gobierno eran constantes y no dudó en recurrir a las intrigas para conseguir sus fines. Se sentía humillada al haber sido excluida de la regencia y llevaba una vida de dispendio que provocaba gran indignación en la corte. Si al menos hubiera podido intervenir, como era su deseo, en la educación de su hija, la situación se hubiera suavizado. El rencor y el odio que padecía recaían sobre la pobre Cristina, que sólo encontraba sosiego en sus estudios y el trato con su preceptor. El rey había ordenado «darle a su hija una educación en todo viril y de enseñarle todo lo que un joven príncipe debe saber». Por fortuna, María Leonor no interfirió en sus deseos y la niña recibió una educación amplia y muy esmerada.

Desde su infancia, Cristina se distinguió por un insólito entusiasmo por aprender. Tras la muerte de su padre en 1632, y por deseo de éste, el Consejo de Estado sueco nombró oficialmente a Johannes Matthiäe su preceptor. Persona ilustrada, sensible y de carácter tolerante, asumió sus funciones poco antes de que Cristina cumpliese los siete años. Muy pronto este teólogo se ganó su estima y confianza, tanto que llegó a llamarle en público «papá». Como jefe de estudios y a la vez encargado de su formación religiosa, Matthiäe enseñó a su aplicada pupila filosofía, historia, política, teología, matemáticas, astronomía y geografía. El preceptor dejó constancia en sus escritos del interés y la enorme curiosidad que la niña mostraba por todo. Su memoria era prodigiosa y hacía incesantes preguntas, un hábito que conservó toda la vida. Su rutina de estudios era agotadora y muy estricta pero nunca se la oyó quejarse. Recibía casi doce horas diarias de clase, sólo interrumpidas por un frugal almuerzo. Las tardes las dedicaba a perfeccionar las lenguas extranjeras. Había aprendido el alemán —lengua de la madre— y el sueco desde la cuna, y los escribía con elegancia desde los ocho años de edad. Es en aquella época cuando se inició en el latín que entonces se utilizaba como idioma diplomático en toda Europa. Su facilidad para los idiomas era extraordinaria, pues además del sueco y del alemán, hablaba con fluidez latín, francés, italiano, español, holandés y algo de hebreo.

Por su parte, Cristina evocaba así la figura del hombre que fomentó su curiosidad intelectual: «Mi maestro Johan Matthiäe me hacía estudiar mucho, actividad a la que yo me entregaba con entusiasmo. Yo amaba los buenos libros, y los leía con placer. Tenía una ilimitada sed de saber, estaba versada en todas las disciplinas y lo entendía todo sin esfuerzo. Mi maestro era mi confidente». Los escasos momentos de descanso que tenía los dedicaba a la práctica de ejercicio físico, a aprender bailes de salón y el manejo de las armas. Cuando cumplió veinticuatro años y fue coronada reina de Suecia, le fue retirado su preceptor y quedó liberada de los controles escolares.

De su niñez en el castillo de Nyköping recordaría con especial desagrado la presencia de bufones y enanos —muy frecuente en las cortes europeas en el siglo XVII—, de los que su madre se rodeaba en el castillo para intentar aliviar su soledad. Las reinas, como María Leonor, obligadas a una vida de reclusión y tedio, derrochaban afecto hacia sus enanos favoritos y se divertían con sus extravagancias. Cristina no olvidaba que de pequeña alguien había pretendido lesionarla, incluso matarla. Sobre este asunto ella misma escribió: «Sea lo que sea,

no me queda ningún otro perjuicio que una ligera irregulari-
dad en mi cintura, que hubiera podido corregir si hubiese
querido esforzarme en ello». Aunque trató de quitarle importancia a este suceso, la realidad es que le dejó graves secuelas
físicas. Las personas cercanas a Cristina y los miembros del
gobierno fueron siempre muy cautos y discretos sobre este
delicado asunto. Pero otros, como el prior de Blanchelande
que vio a Su Majestad cuando ésta llegó a París, en una carta
confidencial la describía sin tapujos: «Tiene un pecho medio
pie más bajo que el otro y tan hundido en la espalda que parece que tenga la mitad del seno totalmente plana. La otra
parte se presenta mejor, bien repleta, en verdad, y del todo
amable».

Aunque la mayoría de los retratistas de la época consiguieron «borrar» de un plumazo este notable defecto físico de
Cristina de Suecia, un grabado sobre cobre que data de 1662,
cuando ella contaba treinta y seis años, nos la muestra con
todo el realismo: la reina aparenta el doble de edad, aparece
claramente contrahecha, con un hombro izquierdo mucho
más alto que el derecho y el pecho hundido, como aplastado.
No es de extrañar que se sintiera muy acomplejada y tratara
de disimular su deformidad vistiendo prendas masculinas holgadas. La reina, aunque de complexión fuerte, era muy baja de
estatura. Sensible a estos defectos, la presencia de enanos y bufones le causaba un gran malestar.

En los escasos cuadros que se conservan de Cristina de
Suecia es muy notable el parecido físico con su padre. En
1634 posó para el pintor de la corte, Elbfas, quien la retrató
lujosamente vestida y engalanada con perlas y otras valiosas
joyas. La reina luce en el pelo, de color rubio ceniza, una corona diminuta. Tiene sólo ocho años pero los rasgos de su

rostro —frente amplia y alta, nariz prominente y aguileña, cejas finas y arqueadas, grandes ojos de color azul intenso y un labio inferior prominente— recuerdan mucho a los del gran Gustavo Adolfo. Posa con aire regio, segura de sí misma y mostrando una precoz madurez. El que a la gente le recordara tanto a su padre era para ella motivo de orgullo. Hay una anécdota que evidencia este punto. Cuando se proclamó a Cristina reina de Suecia, un anciano campesino miembro del Riksdag, la asamblea de los cuatro estados del reino, encontró absurda la idea de elevar al trono a una niña que nadie conocía ni habían visto antes. Se decidió por unanimidad presentar a la princesa a todos los miembros de la asamblea. Cuando apareció por la puerta un pomposo dignatario llevando de la mano a una niña bastante fea y vestida de negro, el anciano exclamó: «¡Es verdad! ¡Tiene la misma nariz, los ojos y la frente que su padre! Que esta chiquilla sea, pues, nuestra reina».

Durante la larga ausencia de su madre, Cristina, tras ser investida reina, siguió viviendo con sus tíos y primos —uno de ellos el joven príncipe Carlos Gustavo, que sería su pretendiente oficial— en el castillo de Stegeborg. Aunque ahora era muy consciente de que algo había cambiado entre ellos porque Juan Casimiro fue uno de los primeros en acercarse a ella para rendirle pleitesía. El detalle tenía su importancia pues el futuro de los condes palatinos, tras la muerte del rey Gustavo, era bien incierto. El gobierno sueco no ocultaba los sentimientos hostiles que albergaba hacia ellos y les hacía la vida imposible para que abandonaran el reino. Los consideraban unos extranjeros, sin patria ni fortuna, dispuestos a hacerse con el trono en cualquier momento. La gran influencia que ejercía el príncipe palatino sobre la reina provocaría un enorme malestar al canciller Oxenstierna y a la familia de éste, que ostentaba los cargos más importantes en el país.

LA REINA NIÑA

En 1636 Axel Oxenstierna regresó de Alemania tras una larga ausencia y se hizo cargo de la regencia. En cuanto llegó a Estocolmo la primera orden que dio fue mandar separar a la reina Cristina de su desequilibrada madre, tal como dispuso Gustavo Adolfo. El canciller quería evitar a toda costa la nefasta influencia de María Leonor, que llevaba a su hija «por malos derroteros y acostumbrándola a mirar con desprecio a los suecos». Pero había otras poderosas razones. Apartada por completo de cualquier participación en el gobierno y llevada por sus propias ideas e intrigas, la reina madre estaba cayendo bajo la influencia danesa y considerando las insinuaciones de casar a Cristina con Federico, el hijo del rey Cristián IV de Dinamarca. Este monarca, acérrimo enemigo de Suecia, tras la muerte del rey Gustavo Adolfo acariciaba la idea de unir a los tres reinos escandinavos bajo dominio danés.

Tras apartarla de su madre, se pidió a la princesa Catalina que viniese a residir, junto a sus hijos, al palacio de las Tres Coronas en Estocolmo. Cristina tenía diez años y había pasado los últimos cuatro a merced de los altibajos emocionales de su madre. La reina viuda, aparentemente destrozada por la separación de su pequeña, quedó confinada en el castillo de Gripsholm, una fortaleza situada a unos sesenta kilómetros de Estocolmo. Sólo se le permitiría visitar a su hija durante tres semanas al año o antes, si caía enferma. Nuevamente la princesa palatina Catalina ocupó el lugar de su madre pero por poco tiempo. Su querida tía, la única persona que le dio cariño, falleció de manera inesperada en 1639 dejándola huérfana y sumida en un gran dolor.

Pero María Leonor no iba a aceptar lo que consideraba un destierro obligado y empezó a tramar un plan para fugarse de Suecia. Contaba para ello con la ayuda del rey Cristián IV y la complicidad del ministro danés residente en Estocolmo, quien servía de intermediario. Los daneses hacía tiempo que estaban dispuestos a ponerle un barco a su disposición, pero sus cambios de planes los desconcertaban. La dama había decidido que se escaparía de Gripsholm en trineo, en pleno invierno de 1640. Al encontrarse indispuesta no pudo poner en práctica su rocambolesco plan, algo que alivió enormemente al ministro danés que informó a su rey: «Parece que Dios, con esta enfermedad providencial, ha querido impedir esta aventura contra la que de nada valían nuestros consejos».

En los meses siguientes María Leonor le escribirá a diario doloridas cartas a su hija en las que se lamenta de que no le permitan ver la sepultura de su amado esposo, que se la trate como una prisionera y que no pueda vivir con ella en el palacio de las Tres Coronas. En Estocolmo, la soberana, que ya ha cumplido los trece años y desconfía de su madre, archiva una por una las misivas que ésta le manda.

En el castillo de Gripsholm, a orillas del lago Mälar y en medio de un bucólico paisaje, la reina viuda parece haber hallado por un momento la paz. Los que la visitan dicen que se dedica a la música —una de sus grandes pasiones—, a consultar a sus astrólogos, a caminar por los senderos empinados y las amplias alamedas del parque y a leer novelas francesas, siempre junto a su dama de compañía preferida, la hermosa Anna Sophia de Bülow. Entre la servidumbre se rumorea que la relación entre la señora y su dama es muy íntima y pasan mucho tiempo a solas. Ajena a los rumores que su conducta provoca, María Leonor no se resignará a permanecer el resto de su vida entre estos cuatro muros de piedra. En una carta dirigida a Oxenstierna le amenaza con abandonar Suecia, «un país perdido y lleno de bárbaros», y regresar a su Prusia natal. El canciller refuerza la vigilancia en el entorno de la viuda porque teme que ésta pueda huir al extranjero e intercepta su correo. En una carta que cae en sus manos descubre que le ha pedido asilo al rey de Dinamarca, lo que se considera un delito flagrante de alta traición.

La reina madre es convocada de urgencia a Estocolmo para explicar semejante afrenta. La escena es bien conocida porque la propia Cristina estuvo presente y se encargó de describirla con todo detalle en sus *Memorias*. María Leonor negó todas las acusaciones entre llantos y gritos, quejándose del trato que recibía y de la actitud irrespetuosa del canciller. Finalmente su hija, mostrando «una impresionante autoridad», le pidió que regresara a Gripsholm, prometiendo «retirarse y lamentar todo lo que había acaecido hasta entonces». Muy pronto, la viuda iba a protagonizar un escándalo del que se hablaría en todas las cortes europeas y que dejaría una profunda huella en Cristina.

María Leonor, avergonzada y humillada, abandonó Estocolmo a toda prisa y llegó a sus dominios con una sola idea en la cabeza: huir de aquel país que detestaba. Tres días más tarde, el 17 de julio de 1640, mandó llamar al mariscal encargado de vigilarla y le anunció que se retiraba temprano a sus aposentos en compañía de su dama de honor para poder concentrarse en la lectura de una voluminosa novela que le acababa de llegar de París. Ordenó que nadie la molestara, ni siquiera a la hora de la comida. Durante la noche, María Leonor, vestida de campesina, y su inseparable dama de compañía consiguieron escapar descolgándose por una ventana. Atravesaron el lago y subieron a un carruaje que las transportó rápidamente a Nyköping, en la costa. Una vez allí, una lancha danesa les llevó a la isla de Gotland donde estaban esperándolas dos navíos de guerra de Dinamarca.

A la mañana siguiente, la noticia de su desaparición llegó a la corte de Estocolmo. Nadie conocía su paradero. El canciller fue el encargado de informar a Cristina, que quedó abatida y se puso a llorar de manera incontrolable, según los testigos. La joven reina cayó enferma de tristeza, se negaba a comer y culpaba al gobierno de haber forzado a su madre a huir del país. Hasta mediados de agosto no se conocieron todos los detalles de su fuga. Cristina encajó muy mal la noticia; al dolor por su desaparición se unía ahora el insulto y la humillación de saber que su madre era huésped del rey de Dinamarca. En una carta a su tío Juan Casimiro reconocía que se sentía desamparada: «Este incidente nos ha sumido, a mí y al gobierno, en una profunda perplejidad».

María Leonor, cada vez más inestable y prepotente, pronto se convertiría en un invitado incómodo para el rey Cristián y permaneció sólo una temporada en Copenhague cambiando constantemente de residencia. Con el tratado de paz entre Suecia y Brandeburgo en 1641, su sobrino, el príncipe elector Federico Guillermo, acordó darle alojamiento en Prusia. Pero la dama, a quien siempre le gustó vivir por encima de sus posibilidades, producía grandes gastos y el elector pronto exigió a Estocolmo que contribuyese a su mantenimiento. La indignación del gobierno sueco fue tremenda pero finalmente aceptaron pasarle una pensión. María Leonor no volvería a ver a su hija hasta diez años más tarde, cuando obtuvo su permiso para asistir a su coronación como reina de Suecia. Sin embargo la relación entre ambas no mejoraría.

Cristina tardó un tiempo en superar la depresión por el abandono de su madre. Poco a poco fue saliendo de su encierro, se la vio comer en público y aplicarse en sus estudios. Para una joven de sus inquietudes, la vida en la corte sueca era monótona y tenía escasos alicientes. Nunca mostró interés por las tareas que le correspondían como mujer de alta alcurnia y repartía su tiempo entre la esgrima, la caza y la equitación. Era una magnífica amazona y le apasionaba participar en cacerías, pero la mayor parte del tiempo se sentía «mortalmente aburrida». Ansiaba escapar de la capital siempre que podía y disfrutar de la vida al aire libre. En el campo, en contacto con la naturaleza, era realmente feliz. Practicaba largas y extenuantes marchas, y entrenaba su cuerpo para soportar los rigores del clima sueco, el hambre, la sed y la falta de sueño. Sus damas de compañía se quejaban del ritmo desenfrenado al que las sometía y que eran incapaces de seguir.

A sus catorce años poseía un temperamento fuerte, inquieto y vivaz, así como una gran energía física. Todo el que llegaba a la corte sueca y la conocía se quedaba impresionado por su vasta cultura. Era inteligente, curiosa y capaz de absorber todo tipo de conocimientos. Pero tenía, como su madre, un carácter inestable y también la describían como colérica, impaciente y desconfiada. Pierre-Hector Chanut, el embajador francés destinado en Estocolmo, en sus *Memorias* publicadas en 1674 ensalza constantemente su «inteligencia admirablemente aguda y memoria prodigiosa». Este diplomático y fino observador fue un testigo privilegiado del corto período de reinado de Cristina, así como de la vida privada de ésta. Chanut, que acompañó a menudo a la soberana en sus viajes por Suecia, fue su hombre de confianza y entregado amigo. Cuando después de la abdicación de la reina empezaron a circular panfletos contra ella, él siempre la defendió públicamente. Era tal la admiración que sentía por Cristina que sus amigos de París llegaron a pensar que el veterano diplomático se había enamorado de la reina. A esto Chanut les respondió: «Si hubierais visto un solo día a la reina jamás creeríais que un hombre, por generoso que fuera, osara enamorarse de ella […]. Es cierto que se la ama, pero como se ama a la virtud».

A pesar de su escaso atractivo físico Cristina era una reina poderosa y un magnífico partido. Muchos a su alrededor desean verla casada. Ya desde corta edad, no le faltaron pretendientes. Los daneses estaban muy interesados en desposarla con alguno de sus príncipes, en especial con Ulrich, hijo muy querido del rey Cristián. Cuando éste murió presentaron como alternativa a su hermano menor, el príncipe Federico. Por su parte María Leonor, refugiada en Copenhague, intentó reconciliarse con su hija animándola a contraer matrimonio con este príncipe danés. La reina madre en su exilio afirmaba con vehemencia que jamás consentiría que su hija se casase con alguien que no fuese de sangre real y que estaba convencida de que su «niña» no actuaría contra sus deseos. Cristina respondió a su madre a través de una carta, de forma educada pero firme, «que abordara otros temas y no se inmiscuyera en sus asuntos privados».

Cuando la reina de Suecia cumplió dieciséis años se había convertido en una adolescente anémica y de aspecto desgarbado. Nunca tuvo mucho apetito y aunque comía de todo, detestaba la carne de cerdo —base de la alimentación sueca—, la cerveza y el vino. Como la cerveza le parecía una «bebida infame», y el agua estaba prohibida por razones de higiene, podía pasar días sin beber, lo que le provocaba graves problemas de salud. Vestía como un muchacho y aborrecía la compañía de las damas de la corte, que tenían orden de espiarla y vigilar todos sus pasos. Ya entonces prefería el trato y la conversación con hombres. Solía burlarse en público de las ocupaciones y pasatiempos femeninos y guardaba cierto odio hacia las labores de aguja. Sin embargo, a pesar de sus excentricidades Cristina de Suecia conocía a la perfección las reglas del juego de la política. Siendo tan joven ya asistía al Consejo de Estado, y antes de las sesiones estudiaba a conciencia el orden del día, intervenía y daba su opinión con buen criterio. A la vista de su madurez política e intelectual, los Estados Generales decidieron darle plenos poderes al cumplir los dieciocho años y no esperar a los veinticuatro como estaba previsto.

El 7 de diciembre de 1644, en el gran salón de las Tres Coronas, Cristina se sentaba en el trono que una vez ocupó su admirado padre. Ataviada con un aparatoso manto de terciopelo rojo —el color imperial— y según testigos «bien peinada, lavada y empolvada», algo inusual en ella, aceptó la dimisión de los regentes y asumió la total responsabilidad del gobierno de Suecia. La reina prometió bajo juramento «respetar y defender la Iglesia luterana, los privilegios de los nobles, apoyar al Senado y cumplir la Constitución». Se daba por supuesto que la inexperta soberana dejaría la tarea de gobernar en manos de los que hasta ese momento se habían encargado de ello. La realidad iba a ser muy distinta. Detrás de aquella muchacha seria y cautelosa, cuya personalidad nadie conocía, se ocultaba una mujer ambiciosa por naturaleza y segura de sí misma, deseosa de asumir cuanto antes el poder pues se sentía capacitada para mandar. Aunque tardaría aún seis años en ser coronada, aquel día comenzaba su breve y glorioso reinado. El pueblo lo celebró con enorme alegría y se dispararon innumerables salvas en su honor.

La reina se sumergió en las tareas de gobierno con todas sus energías. Apenas dormía unas horas y se levantaba a las cuatro o las cinco de la mañana para leer y estudiar. Pasaba las noches en vela leyendo tratados de derecho, textos históricos, matemáticos y de astronomía que eran sus preferidos junto a las obras de Catulo, Ovidio o Platón. A los pocos días cayó enferma víctima del agotamiento y la tensión nerviosa, y sufría frecuentes achaques.

Ya por entonces tenía la espalda muy arqueada, la vista débil y cansada y una gran rigidez en las cervicales. En 1634 se le detectó un pequeño tumor en el seno pero al no ser maligno pudo llevar una vida normal. Sin embargo, la salud de Cristina empeoró desde el instante que comenzó a gobernar. Padecía fuertes dolores menstruales, insomnio, y a menudo le aquejaban fiebres y desvanecimientos. Estos desmayos, que podían prolongarse durante horas, era lo que más preocupaba en su entorno.

Viendo que los remedios y curas populares a base de sangrías y la ingestión de aguardientes especiados eran incapaces de sanar su extraña enfermedad, se decidió consultar al famoso médico francés Pierre Bourdelot, que acababa de llegar a Estocolmo. Este polémico personaje —que un biógrafo de la reina sueca describía como «un alegre tunante, rechoncho y con la cara rojiza, buen bailarín y tocador de laúd, propenso a las bromas groseras, parlanchín inagotable, gran tragón, bebedor y aficionado a perseguir criadas»— devolvería pronto la salud a la soberana. Para la mayoría de los historiadores suecos este hombre, que adquirió gran celebridad como médico personal del príncipe de Condé, fue un libertino que «pervirtió a la infortunada reina» y sólo le enseñó inmoralidad. Para Cristina, fue su mejor remedio para recuperar las ganas de vivir. Lo cierto es que cuando llegó al palacio de las Tres Coronas y pudo examinar a la soberana, ésta presentaba un aspecto deplorable. Se le informó además que la paciente no comía prácticamente nada desde hacía semanas, se desmayaba varias veces al día y, con una lucidez que desarmaba a todos, confesaba sentirse perdida.

Para Bourdelot el diagnóstico era claro: la reina había enfermado debido «al exceso de trabajo, el agotamiento físico, la falta de sueño, una mala alimentación y un serio abandono de su persona». Le aconsejó que rebajara su ritmo de vida, que descansara más tiempo y se entretuviera con pasatiempos propios de su edad. Eligió para ella una dieta ligera que incluía carne de ternera, mucha fruta y líquidos, y la animó a que tomara baños calientes y baños de pies. En poco tiempo la salud de Cristina mejoró, y segura de que Bourdelot le había salvado la vida, se puso en sus manos. La vida en palacio se transformó, las representaciones teatrales, las óperas, las fiestas, los bailes, las mascaradas se sucedían sin descanso. El médico contrató a comediantes italianos y a músicos, y organizó animadas veladas donde participaban las damas y caballeros de la corte. Contagiada por la alegría y el buen humor de Bourdelot, que sabía componer canciones, tocar la guitarra, preparar perfumes y cocinar los platos más exquisitos, la reina se divertía como nunca lo había hecho. El médico francés se convirtió en una excelente compañía para Cristina, quien toleraba su falta de vergüenza y sus bromas de mal gusto. En poco tiempo era uno de los hombres más poderosos de Estocolmo. También el más odiado por su hiriente sentido del humor y la forma humillante en que trataba a los eruditos de la corte cuando asistía a los debates literarios en compañía de Su Majestad.

Fue también el vividor Bourdelot quien descubrió a la reina sueca los clásicos de la literatura erótica y la poesía pornográfica —como los *Sonetos lujuriosos* de Pietro Aretino— que leyó con gran avidez. Seguramente el médico francés, además de prescribirle descanso y distracciones, a través de estas poesías ilustradas con grabados de alto contenido erótico, le mostraría la importancia del amor físico tan necesario para el equilibrio nervioso. No sabemos si la reina Cristina puso en práctica los consejos de Bourdelot, de quien se dice que fue el primer hombre en seducirla, pero es cierto que llegó a ejercer una gran influencia sobre ella durante los dos años que pasó en Suecia. En este tiempo la soberana, arrastrada por las locuras de su médico, se había desinteresado casi por completo de los asuntos de gobierno. Pasaban meses enteros sin que convocara el consejo de ministros o recibiera a un consejero de Estado. Aquella situación no podía durar demasiado y finalmente, en 1653, Bourdelot abandonaría el país rumbo a Francia donde proseguiría alegremente su vida libertina hasta su muerte. La reina, para tranquilidad de todos, volvería a consagrarse a los asuntos de Estado y a la lectura que tanto le apasionaba.

Pero Cristina, además de una débil salud, era muy consciente de su personalidad problemática. En 1679 le confiaba a su médico de infancia que su temperamento era «fuego y llama» y lo calificaba de «colérico, altanero e impaciente». En sus *Memorias* da las gracias a Dios por haberla protegido de la desgracia «a la que mi libre actitud y mi sangre ardiente fácilmente podían haberme precipitado. Sin duda me hubiera casado si Tú no me hubieras dado la fuerza para poder renunciar a las alegrías del amor». Los biógrafos de Cristina afirman que la obsesión de ésta por mantenerse virgen y soltera de por vida se debía a los conflictos con su propio cuerpo. Es cierto que el comportamiento excéntrico de la reina y lo que muchos tacharon como «anormalidad sexual» hizo correr ríos de tinta en su época. En 1654 un contemporáneo suyo escribió: «Tenía sólo el sexo de una mujer; su actitud, sus gestos, incluso su voz, eran total y enteramente masculinos». Otros soberanos que la conocieron, como Enrique II, duque de Guisa, comentó: «Tiene la voz y la actitud de un hombre». Incluso la prima del Rey Sol, la duquesa de Montpensier, que frecuentó a la reina de Suecia durante la estancia de ésta en París, la describe en sus *Memorias* como un «guapo y muy varonil muchacho». Los estudiosos de su comportamiento aseguran que sus amores, tanto con hombres como con mujeres, fueron más platónicos que carnales. Ella nunca se sinceró sobre este asunto tan íntimo, pero su conducta y supuesta bisexualidad dio pie a todo tipo de burlas y crueles libelos que la hirieron profundamente.

Aunque se sabía que la reina no tenía ningún interés en contraer matrimonio, en su entorno se empeñaban en casarla cuanto antes, pues debía tener hijos que garantizasen la continuidad de la dinastía. Entre sus pretendientes se encontraban Federico Guillermo de Brandeburgo —el candidato ideal para su madre—, Fernando IV rey de Hungría, el rey Juan de Portugal, el rey de Polonia, el gobernador de los Países Bajos y hasta el rey de España Felipe IV. Este monarca, al quedarse viudo, mandó a la corte sueca a su embajador Saavedra para intentar convencer a los miembros del gobierno de las ventajas de un matrimonio español. Cristina, con suma diplomacia, dejó claro que por el momento no buscaba marido, y desde luego el poco agraciado Felipe IV, «abúlico, mujeriego empedernido y pésimo gobernante», no le atraía lo más mínimo.

Pero la insuperable aversión al matrimonio de la soberana desbarató todos los planes. Entre los candidatos el único por el que mostró algo de interés —al menos en su primera juventud— fue su primo Carlos Gustavo. Hijo de los condes palatinos y compañero de juegos en el castillo de Stegeborg, durante siete años se profesaron un tierno amor infantil, como atestiguan las cartas, redactadas en alemán, que se mandaban. En una de ellas, la pequeña princesa le pide paciencia «hasta que tenga la corona en la cabeza, y vuestro amor, más experiencia en la guerra». Pero ya en su adolescencia, Cristina no sentía ninguna atracción por este joven regordete, de manos húmedas, párpados cargados y bastante torpe.

Para demostrar su fidelidad a la reina y sus aptitudes en el campo de batalla, en 1642 el príncipe Carlos Gustavo obtuvo permiso para irse a Alemania y reunirse allí con el ejército sueco. Pero cuando el joven regresó a casa tres años más tarde, y a pesar de haber demostrado su valor en el frente, la reina le recibió con frialdad. Ante la insistencia de su primo, convertido en héroe nacional, Cristina le consoló declarándole que le nombraría su sucesor en el trono y príncipe heredero del reino. Con este gesto, dejaba muy claro que no pensaba contraer matrimonio ni tener descendientes. Quizá Cristina también se sintió desengañada de su adorado primo al conocer los «excesos» de éste durante su larga ausencia y traerse consigo un hijo bastardo a Suecia. El radiante héroe al que la joven reina le había escrito entusiastas cartas de amor se había transformado en un guerrero corpulento y de aspecto tosco que había dejado de interesarle.

Para acallar los rumores que circulaban en torno a su soltería, en 1649 Cristina reconoció ante el Parlamento que no estaba preparada para el matrimonio: «Quiero que se sepa que es imposible que yo me case. Ésta es mi verdadera decisión. No voy a explicar las razones, pero no estoy en disposición mental de contraer matrimonio. He pedido fervientemente a Dios que me hiciera desearlo, pero mis ruegos no han sido atendidos». Acostumbrada a mandar desde niña, no entraba en sus planes someterse a la autoridad de un esposo ni compartir el trono con él. Finalmente, para solucionar el problema de la sucesión, la soberana nombraría a su primo Carlos Gustavo como único heredero al trono.

La constante negativa de Cristina de Suecia a contraer matrimonio dio pie a todo tipo de conjeturas. Algunos médicos de su época hablan de «defectos físicos» que impedían consumar un matrimonio. Consciente de los rumores maliciosos que circulaban en torno a su sexualidad, la reina solía bromear en público sobre este asunto. En una ocasión salió despedida de una calesa y sus faldas se alzaron, algo que no la enojó, y comentó con ironía: «que se me haya visto como me creó la naturaleza, porque así las gentes sabrán que no soy ni un hombre ni un hermafrodita, como se ha querido difundir acerca de mí». La leyenda sobre su supuesto «carácter híbrido» la acompañó hasta su muerte. Cuando en 1689 se realizó la autopsia a su cadáver, los médicos informaron que no existía «anormalidad alguna en sus genitales externos».

Cristina de Suecia ha cumplido veinticinco años y su aspecto dista mucho de la imagen seductora que la actriz Greta Garbo ofrecía en la película del director Rouben Mamoulian, donde daba vida a la reina sueca. Su aire varonil sigue sorprendiendo a todos los que la conocen. Los testigos de su época la describen como una sabionda de aspecto desaliñado, poco aseada y mal vestida. Sin embargo, aunque carecía de encanto y belleza, su reputación había adquirido tales proporciones que en toda Europa se hablaba de ella con admiración y gran curiosidad.

Este interés por la reina luterana era especialmente intenso en la corte de Francia. A petición de la reina madre Ana de Austria, el embajador francés Chanut le envió un minucioso informe sobre la soberana a la que califica como «un fenómeno». El diplomático destacaba la resistencia física de Cristina, cuyas proezas en el campo causaban grandes envidias. Al parecer podía cabalgar durante diez horas seguidas a caballo sin fatigarse cuando participaba en una cacería, o tumbar de un solo tiro a una liebre a la carrera. Podía dormir en cualquier sitio, incluso bajo las estrellas, y le encantaba la vida campestre. Ni el frío más gélido ni el calor más sofocante parecían molestarla. A la reina le gustaba la comida sencilla, dormía apenas cinco horas al día y no demostraba el más mínimo interés por su aspecto físico. Se vestía, según Chanut, en un cuarto de hora y en las ocasiones más festivas los únicos adornos de su tocado solían ser una peineta y una cinta en el cabello. No se preocupaba de su cutis y siempre llevaba la cara expuesta a la lluvia y al viento, sin una pizca de maquillaje. Si a esto añadimos que se reía de manera estruendosa, que silbaba y blasfemaba como un soldado raso, es comprensible el desconcierto que provocaba. Cuando pasaba a galope, libre e intrépida, con sombrero de hombre y jubón, los cabellos al viento y el rostro bronceado, sus súbditos no sabían muy bien si tenían un rey o una reina.

A pesar de su rechazo constante hacia el matrimonio, a la reina Cristina siempre le gustó rodearse de hombres de la nobleza jóvenes, atractivos y ricos aunque con poco cerebro. Al principio los trataba con gran pompa, los colmaba de regalos y atenciones, pero se cansaba pronto de ellos. Como compensación les arreglaba ventajosos matrimonios de conveniencia o les otorgaba algún título nobiliario. El apuesto conde Magnus Gabriel de la Gardie, amigo íntimo de su primo Carlos Gustavo, fue uno de sus favoritos. Desde el primer instante no ocultó la atracción que sentía hacia él y trató de retenerlo a su lado nombrándole en 1645 coronel de su guardia. En poco tiempo «el bello Magnus» gozaba de una situación privilegiada en la corte, donde Cristina le colmó de atenciones y honores. Este joven cortesano, elegante, instruido y mundano, se ganó la confianza de la reina y su ascenso fue imparable. Tras ser enviado en misión diplomática a Francia, a su regreso fue nombrado consejero del reino, más tarde gobernador de Sajonia y llegó a alcanzar el cargo de tesorero real. De la Gardie pronto se convertiría en un rico e influyente terrateniente. De nuevo el embajador francés en Estocolmo, Chanut, fue testigo de la «ardiente pasión» que la reina mostraba hacia él. Pero Cristina, por razones desconocidas, acabaría organizando el compromiso del ambicioso conde con una hermana de su primo Carlos Gustavo.

Pero si a alguien amó la reina Cristina de Suecia en su juventud fue a la dulce Ebba Sparre. Esta noble sueca y dama de compañía, apodada la «belle comtesse» (la bella condesa), era célebre en la corte por su hermosura. Según se cuenta, Cristina se la presentó al embajador inglés Whitelocke con estas palabras: «Señor, le presento a mi compañera de lecho y dígame si su interior no es tan hermoso como su exterior». Desde que la vio en la corte, se quedó prendada de ella hasta tal punto que encargó al pintor francés Sébastien Bourdon que la retratara. A pesar del rechazo que solía mostrar hacia las mujeres, Cristina cayó rendida ante los encantos de esta dócil joven por la que llegó a sentir, según sus palabras, una «violenta pasión». Incluso después del matrimonio de Ebba con Jakob de la Gardie, hermano de su antiguo favorito, seguiría escribiéndole ardientes cartas de amor. Belle, como la llamaba la reina, fue su amiga íntima, amante y consejera. Tras su abdicación, la reina le pediría que la siguiera primero a Hamburgo y luego a Roma, donde se instaló con su corte. La muerte prematura de Ebba en 1662 trastocó estos planes y la posibilidad de vivir de nuevo juntas. Las cartas que la reina Cristina le escribió a su amada Belle revelan el grado de intimidad y erotismo entre ambas. En una de ellas, escrita desde su nueva residencia en Roma en 1656, Cristina dice: «Qué feliz sería si me fuera dado encontraros, Belle, pero estoy condenada a amaros y adoraros eternamente sin poder reunirme jamás con vos». En marzo de 1657, la reina vuelve a escribirle, esta vez una de sus cartas más apasionadas, a la mujer que hace doce años amó: «[…] tuve la dicha entonces de ser amada por vos, en pocas palabras, de perteneceros de una forma que os hace imposible abandonarme. Sólo con la muerte dejaré de amaros».

Aunque Ebba ocuparía un lugar importante en el corazón de la reina, no sería la única dama a la que Cristina seduciría, sin importarle el escándalo que su conducta pudiera ocasionar. Durante su primer viaje a Francia, la reina sueca mostró una repentina pasión por la señora de Thianges, hermana de madame de Montespan, la favorita de Luis XIV. Según algunos, «se esforzó con ardor en persuadirla de separarse de su marido para seguirla a Italia; hay que decir en honor a la señora de Thianges que no acompañó a la reina a Roma, sino que permaneció fiel a su marido».

En 1654, cuando Cristina acababa de llegar a Hamburgo, conoció en casa de un rico judío portugués a su hermosa sobrina. La joven se llamaba Raquel y la soberana, atraída por sus encantos, la invitó a almorzar y pronto intimaron. Se las veía pasear juntas en carroza descubierta, cogerse de la mano y besarse ante la mirada atónita de los curiosos. Cuando la reina abandonó la ciudad, Raquel se vio obligada a comparecer ante un consejo de familia para dar explicaciones. La muchacha no sólo no negó las acusaciones sino que se defendió con estas palabras: «Los actos practicados con una de las soberanas más gloriosas de Europa dejan más honor que vergüenza». El argumento debió surtir efecto porque el asunto se olvidó, aunque poco tiempo después su padre la casaba con el barbero de la ciudad para poner a salvo su honorabilidad.

El 20 de octubre de 1650, la reina de la que toda Europa hablaba fue coronada con gran pompa y solemnidad. Era un radiante día de otoño y a estas alturas era obvio que Cristina no pensaba casarse y había reconocido a su primo Carlos Gustavo y a sus descendientes como sus sucesores. Por su expreso deseo la ceremonia tuvo lugar en la catedral de Estocolmo y no en Uppsala, como era la tradición por ser la sede del arzobispado. Se creía que el reinado de un soberano que no fuese coronado en esta ciudad histórica sería de corta duración. Pero esta arraigada superstición no impresionó a la reina sueca, dispuesta a celebrar por todo lo alto tan insigne día en la capital rodeada del cariño de sus súbditos.

Cristina era entonces muy querida por el pueblo que valoraba sus esfuerzos en conseguir la paz para su país y convertir a Suecia en una gran potencia europea. Consciente de la importancia que tenía su coronación, ella misma se ocupó con esmero de todos los detalles de la ceremonia. Fueron invitadas todas las personalidades de la nación y llegaron a Estocolmo impresionantes delegaciones de las principales cortes europeas. Seis días antes, Cristina abandonó la ciudad para retirarse al castillo de Jakobsdal mientras el pueblo podía saciar su sed bebiendo vino tinto que manaba gratuitamente de cuatro fuentes doradas. Cuando dos días después una larga comitiva la acompañó de regreso a Estocolmo, miles de suecos la aclamaron a su paso. La soberana hizo su entrada en la capital en una lujosa carroza, tapizada de terciopelo negro con pasamanería de oro y de plata, tirada por cuatro caballos blancos que llevaban herraduras de plata. Iba escoltada por su guardia personal, escuderos de la corte, oficiales del palacio real y portadores de alabardas que lucían sus mejores galas. Los miembros de la nobleza, senadores, las delegaciones y los embajadores de países extranjeros fueron distribuidos en veinticuatro lujosas carrozas de la corte.

Finalmente el 20 de octubre tuvo lugar la coronación en el palacio de las Tres Coronas. El propio Carlos Gustavo, envuelto en una capa de armiño, recibió a su prima al pie de las escalinatas de la catedral y la condujo justo enfrente del altar. Tras leer con gran emoción el juramento de los reyes de Suecia, el arzobispo le colocó encima de la cabeza la pesada corona de oro. La misma con la que años más tarde se hará enterrar. Allí, de pie, erguida y con aire solemne, Cristina lució con orgullo las insignias del poder: el cetro, el globo, la espada y la llave. Tras la ceremonia la reina regresó al palacio en su carroza engalanada precedida por el gran tesorero, que echaba sobre la multitud monedas de oro y de plata. Las campanas de la ciudad doblaban al vuelo mientras desde lo alto de las murallas cientos de cañonazos anunciaban el feliz acontecimiento.

Durante el festín que siguió a la coronación en el palacio de las Tres Coronas, los invitados fueron repartidos en largas mesas bien separadas. Sola, en un extremo del enorme salón, la reina se hizo servir aparte, mientras todas las miradas se fijaban en ella. En realidad, salvo personas tan cercanas como el canciller Oxenstierna o Carlos Gustavo, eran muy pocos los que podían vanagloriarse de conocer lo más mínimo a la flamante soberana. En general se sabía que había recibido una educación varonil, que montaba bien a caballo, que era una hábil tiradora de fusil y que tenía muchos conocimientos.

En la calle, el pueblo lo festejó con bailes y asados regados con buen vino. Hubo espectáculo de fuegos artificiales, combates de leones y de osos, y varias cacerías, según algunos testigos. Aquel dichoso e inolvidable día para la reina sólo se veía empañado por la presencia entre los invitados de su madre. María Leonor no quiso perderse la coronación de su hija y ésta le dio permiso para regresar por fin a Suecia. Públicamente la perdonó pero nunca olvidaría la humillación y el dolor al enterarse de su escandalosa fuga. Por orden de Cristina, se le asignó el castillo de Nyköping como residencia. Madre e hija no volverían a verse hasta cuatro años más tarde, cuando la reina sueca renunció al trono y abandonó el país.

LA MINERVA DEL NORTE

En 1652, el célebre bibliotecario francés Gabriel Naudé escribía acerca de Cristina: «Europa se interesaba por esta soberana que se vestía de hombre…, no se rizaba el cabello jamás, amaba a las mujeres, se hacía adorar por sus favoritos del momento, trabajaba día y noche y terminó por alejarse, de la forma más extraordinaria posible, de la senda trazada en la que la retenían sus deberes de Estado. Europa hablaba con respeto de aquella extraña literata que poseía una docena de diplomas, de ciencias y de literaturas, que atraía hacia ella, desde todo el mundo, las energías espirituales de su tiempo…, que estimulaba en sus trabajos a los sabios de su entorno y que, por añadidura, no se jactaba mucho de su ciencia».

Durante los diez años de su reinado la corte sueca se convirtió en un radiante centro de la vida intelectual y artística que cautivó a toda Europa. Cristina quiso convertir la austera capital de Estocolmo en una nueva Atenas donde florecieran las artes y las ciencias. Se levantaron hermosos edificios de estilo clásico, como el ayuntamiento, la Casa de la Nobleza y el palacio Wrangel, todos ellos obra, entre otros, del francés Jean de La Vallée o del alemán Tessin. Desde su llegada al trono reemplazó los torneos medievales y las bárbaras costumbres del norte por veladas musicales, animadas tertulias literarias, fastuosas fiestas y representaciones teatrales que igualaban a las de Versalles. A ella le gustaba especialmente el llamado teatro campesino, de origen alemán, una de las fiestas de disfraces más populares en su país. Se dice que en 1650 se presentó vestida de criada holandesa, y años más tarde disfrazada de pastora, con un corpiño bordado de diamantes que ordenó repartir entre los asistentes al final de la velada.

El viejo palacio de las Tres Coronas, que entonces recordaba más a una fortaleza, se estaba convirtiendo gracias a su erudita reina «en un ámbito de libertad y de goce estético», en palabras del poético Chanut. El diplomático francés escribiría acerca de esta nueva Suecia: «Dios ha hecho gobernar allí a una muchacha que tiene una gran inclinación hacia la literatura y la filología e inteligencia para introducirlas allí, porque esta nación guerrera no había tolerado jamás que un rey apreciara las ciencias».

Cristina seguía llevando una vida ascética, entregada al estudio y la investigación. Poco a poco se rodeó de intelectuales, sabios, eruditos, filólogos, filósofos y poetas que llegaban de todos los rincones de Europa. Pero a mil kilómetros de la pacífica capital de Estocolmo, en territorio alemán, protestantes y católicos seguían librando encarnizadas batallas. La guerra de los Treinta Años parecía no tener fin y se cobraba nuevas víctimas. Cristina, heredera del liderazgo protestante, sólo deseaba la reconciliación y que la guerra no se prolongase. Su firme deseo de diálogo contribuyó a alcanzar un acuerdo de alto el fuego. Por primera vez impuso su opinión ante el canciller Oxenstierna que ya no gozaba, como antaño, de su favor. La firma de la Paz de Westfalia en 1648 marcaría el apogeo de su reinado y Suecia se convertirá en una gran potencia europea.

La reina había recibido de sus predecesores apenas unas finas tapicerías de Aubusson que el rey de Francia Carlos IX había regalado al soberano sueco Erik XIV. Pero ya en su juventud demostró un interés insaciable por las obras de arte, desde estatuas antiguas hasta tapices o cuadros, que siempre conseguía a cambio de un título o una condecoración. Su primera adquisición de importancia sería la magnífica biblioteca de Grotius que, tras meses de duras negociaciones con la viuda del sabio, fue transportada por tierra desde París hasta Estocolmo en un convoy formado por cuarenta y ocho carretas. Sus fieles militares que conocían la pasión que sentía por los libros, en las victoriosas campañas alemanas saquearon las

bibliotecas de castillos, casas solariegas, palacetes y monaste-
rios para contentar a su soberana. Sólo en el año 1647 un
veterano mariscal mandó a Estocolmo quinientos toneles llenos de incunables y valiosos manuscritos.

Gracias a estos saqueos militares Cristina de Suecia logra-
ría formar el grueso de sus famosas y controvertidas colecciones. Pero el botín de guerra más extraordinario sería el procedente de la corte de Praga. Cuando en julio de 1648 las tropas
suecas, al mando de Königsmark, entraron en el palacio real
de Hradčany se apoderaron de todos sus tesoros artísticos, incluida la biblioteca imperial. Durante casi treinta años, el emperador Rodolfo II había dedicado todos sus esfuerzos, su
tiempo y su dinero para reunir una de las colecciones de arte
más importantes de Europa. Entre ellas se encontraban objetos de valor incalculable que reportarían a Suecia una enorme
riqueza: joyas y piedras preciosas, monedas, porcelanas, grabados, bronces antiguos, esmaltes, relojes de chimenea, objetos
de marfil, sedas, encajes, instrumentos musicales, espejos y ar-
maduras de todas las épocas. Entre los cuadros —más de cuatrocientos— había obras maestras de grandes artistas como
Miguel Ángel, Leonardo da Vinci, Rafael, Tiziano, Tintoretto,
Veronese, Durero o El Bosco, que pasaron a ser propiedad de
las colecciones reales de Suecia. El traslado de estos tesoros
de Praga a Estocolmo duraría más de un año en lo que muchos consideran el mayor saqueo artístico de la historia. Un
visitante de la corte sueca declaraba en 1654 que la reina le
mostró en sus galerías privadas «once Correggios, dos Rafae-
les, doce Rubens y obras maestras de Tiziano, Veronese,
Leonardo da Vinci y Bellini».

Aunque la situación del reino era precaria, debido en parte a los gastos militares que implicaban ser una gran potencia,

la reina no dudó en invertir grandes sumas de dinero en aumentar su colección de arte y su magnífica biblioteca. Su fama de mecenas y protectora de las artes comenzó a expandirse y varios conocidos intelectuales se interesaron en sus proyectos. Cristina vio la posibilidad de atraerlos a su corte mediante el mecenazgo. De esta manera había llegado a Estocolmo en 1649 el intelectual francés René Descartes, con quien la soberana mantenía correspondencia desde hacía dos años. Cristina le advirtió contra el frío extremo del invierno nórdico —que podía llegar a los veinte grados bajo cero— y le sugirió que la visitara en primavera o en verano. Pero el filósofo y matemático, deseoso de conocerla cuanto antes, se presentó en la corte a principios de octubre. La reina le recibió con todos los honores y le admiraba tanto que le pidió que se quedara para siempre a vivir en Suecia donde ella le otorgaría tierras y un título nobiliario. Descartes rechazó cortésmente la oferta y tras un primer encuentro a las cinco de la madrugada en la enorme y gélida biblioteca del palacio de las Tres Coronas, se pasó casi un mes esperando una nueva audiencia.

La reina sueca acariciaba la idea de crear una academia de sabios, bajo la dirección intelectual de Descartes. Le pidió al filósofo que redactara los estatutos, pero el entusiasmo inicial dio paso a la decepción. Se sentía engañado y temía que la reina sólo quisiera incluirlo en su equipo de eruditos como un objeto más de su colección. Además, su «discípula» le había defraudado porque «dominaba diez idiomas, lo había leído todo y sentía curiosidad por lo nuevo, exactamente lo contrario para alcanzar el conocimiento y la capacidad de juicio», según su filosofía cartesiana. Las escasas entrevistas que la reina mantuvo con su ilustre huésped provocaron mucha envidia y celos entre los cortesanos suecos. Se llegó a acusar a Descartes de distraer a la reina de las tareas de gobierno con discusiones filosóficas y religiosas que tendrían un hondo calado en ella. Sin duda, ejerció una gran influencia en el pensamiento de Cristina y en su posterior conversión al catolicismo. El frío invernal no le sentó bien a Descartes, de constitución frágil, que fallecería en Estocolmo a los cinco meses de su llegada. Aunque la versión oficial fue que había muerto víctima de una neumonía, pudo ser envenenado.

Suecia ha dejado de ser un país bárbaro y se ha convertido, gracias a su reina, en el centro del humanismo en Europa. La llaman por su erudición «la Minerva del Norte», en alusión a la diosa de la sabiduría y las artes. Las universidades de Estocolmo y Uppsala, gracias a su impulso, atraen a eminentes especialistas extranjeros que ocupan las principales cátedras. La soberana las visita con frecuencia y asiste a los discursos y a las discusiones académicas, crea becas y manda a los estudiantes especialmente dotados a completar sus estudios fuera del país. Todo el reino se ha beneficiado de su política cultural, pero el pueblo pasa hambre. Cristina dedica enormes sumas de dinero a sus adquisiciones de arte y es espléndida con sus invitados. Su actitud derrochadora debilita aún más las arcas del reino.

Pero las inquietudes de la reina van más allá de lo artístico. En su interior hace tiempo que vive una gran contradicción: se siente católica de corazón, pero luterana en su conducta. Sus desavenencias con las creencias protestantes que cuestionaba sin límites llegaron a oídos del bando católico. En 1650 la reina, curiosa por naturaleza, departió ampliamente sobre teología con el jesuita Antonio Macedo, intérprete y director espiritual del embajador portugués en Estocolmo. En poco tiempo este hombre se convirtió en su favorito y confidente. Macedo detectó enseguida la simpatía que la doctrina católica suscitaba en ella. Fue entonces cuando la soberana le comunicó que anhelaba tener en la corte a dos jesuitas que la instruyesen y le demostrasen la verdad de la fe católica. El 7 de agosto de 1651, pocos días después de su entrevista con Macedo, Cristina de Suecia informó al Senado de su intención de abdicar. Afirmó que la decisión adoptada era la que mejor servía a los intereses del país y a los de su primo Carlos Gustavo, y que ella estaba deseando dedicarse a la vida contemplativa. «Lo que vosotros necesitáis es un hombre, un capitán que en tiempos de guerra pueda cabalgar y luchar a vuestro lado en la defensa del reino, algo que una mujer es incapaz de hacer.»

La decisión de la reina de abandonar el trono no fue un acto precipitado, llevaba ocho años madurando esta idea. Además de su admiración por el catolicismo, pesaban otras razones. Deseaba librarse de las obligaciones de la monarquía, marcharse de un país donde se sentía acosada por las deudas y ser al fin libre. En una ocasión afirmó: «No tener que obedecer es dicha mayor que mandar en toda la Tierra». Mientras ese anhelado día llegaba, Cristina mantuvo en palacio largas conversaciones con los dos jesuitas enviados por Roma.

Por su parte, el entonces rey de España, Felipe IV, le envió a don Antonio Pimentel de Prado en calidad de embajador extraordinario con la misión de conseguir que la reina se mantuviera firme en su decisión de abrazar la fe católica. La elección no pudo ser mejor y más efectiva. Pimentel era un cincuentón atractivo, seductor y muy dado a la galantería, que pertenecía a una de las más ilustres familias del antiguo reino de León. Cuando llegó a Estocolmo desde Flandes, donde se encontraba destinado como militar de alto rango, presentó con gran pompa sus cartas credenciales a la reina Cristina. Al parecer la atracción fue mutua. Pimentel se quedó gratamente impresionado por la arrebatadora personalidad de la soberana y su gran erudición. Ella, por su parte, cayó rendida ante su elegante porte, sus exquisitos modales y su sonrisa perpetua: «[...] traía la pasión meridional, tenía tal ardor que no me disgustaba, así se adueñó de mi corazón y me condujo a mi derrota». La reina siempre se había interesado por la cultura española, adoraba a Velázquez, Quevedo y Calderón de la Barca. En 1647 se creó una cátedra de español en la Universidad de Uppsala y la reina, que hablaba perfectamente este idioma, recomendó a sus ministros que aprendieran la lengua porque «era muy útil no sólo en la corte sino por todas las cosas relevantes que se habían escrito y descrito en español».

A primeros de noviembre de 1653, debido a una epidemia de peste que azotaba la capital sueca, Cristina decidió establecer su corte en Uppsala. Antes de partir invitó a su querido Pimentel a vivir en su propio alcázar del palacio de las Tres Coronas, lo que dio pie a chismes de mal gusto. Muy pronto se extendió el rumor de que la soberana sueca mantenía una relación amorosa con el temperamental español. El pintor de la corte Sébastien Bourdon escribe en sus *Memorias* que Cristina se pasaba el día conversando durante horas con Pimentel, que la colmaba de regalos y que, de noche, se iba a pasear con ella, lo que generaba todo tipo de murmuraciones. Ella, por su parte, le otorgó los más altos favores y honores, además de valiosos obsequios, como un magnífico carruaje y seis de los mejores caballos de sus cuadras reales. El plan urdido por la Corona española iba a dar sus resultados. El apuesto hidalgo

Pimentel ejercería una notable influencia sobre la reina y estaría presente en Bruselas en 1654, cuando se produjo su conversión al catolicismo y más tarde en Innsbruck, en la ceremonia oficial.

La renuncia de Cristina al trono sueco conmocionó a toda Europa y era un desafío que rompía todas las reglas establecidas. Pero su conversión al catolicismo dejaría perplejos a todos. Que la hija del gran paladín del protestantismo abrazara la fe católica era considerado alta traición. Hacía años que la reina se sentía atormentada por las cuestiones religiosas. En su interior estaba convencida de que el catolicismo le daría más libertad de espíritu y de acción que el luteranismo. De nada sirvieron los ruegos de sus consejeros más próximos como el canciller Axel Oxenstierna o el propio Carlos Gustavo, que le suplicó que «siguiera conservando aquel cetro que con tanta firmeza sostenían sus manos, por la gloria, la salvación y la seguridad del reino». Cristina no dudaba de que el príncipe heredero, a pesar de su torpeza, su gusto por la bebida y los excesos, sería un buen gobernante. Había demostrado tener sentido común y un gran talento militar que recordaba al del rey Gustavo Adolfo.

También la reina se atrevió a anunciar su decisión ante todo el Senado, al que convocó en sus aposentos. Fue la reunión más tensa y emotiva, la mayoría se negaban a aceptar su abdicación por entender que significaría el derrumbamiento de su política y de sus ideales. Con voz alta y solemne Oxenstierna recordó el juramento que había prestado a su padre Gustavo Adolfo antes de morir de mantener por todos los medios la descendencia de los Vasa luteranos a la cabeza del reino. Pero si algo emocionó a la reina y la obligó a abandonar la habitación al borde de las lágrimas fue cuando el propio canciller le anunció que todos los allí presentes se declaraban dispuestos a pagar con sus propios patrimonios las deudas de la Corona y a «subvencionar las necesidades de la corte de tal forma que se hiciera todavía más brillante y gloriosa que la de ningún otro soberano». Esta inesperada muestra de afecto la conmovió profundamente.

El ostentoso tren de vida de Cristina había vaciado literalmente las arcas reales. Al igual que su madre María Leonor, la soberana derrochaba el dinero a manos llenas. Justas, cacerías, costosos conciertos, representaciones de ballet y actuaciones teatrales engullían sumas enormes. A esto se añadían los gastos de manutención de sus favoritos, a los que demostraba su afecto y amistad de manera muy generosa. Para cubrir sus gastos, en 1651 se había visto obligada incluso a reducir a la mitad los salarios de los funcionarios y a aplazar el pago de su guardia real. Tras reunirse con el Senado, la reina se retiró dos semanas a la agreste isla de Gotland «en la única compañía de Platón», y regresó más segura de sí misma y dispuesta a dar el paso que cambiaría para siempre su destino. A los pocos días informó oficialmente al rey Felipe IV de su intención de convertirse al catolicismo y le manifestó su interés en fijar su residencia en Roma. En señal de agradecimiento por todo el apoyo que recibió del monarca español —a quien pidió que intercediera por ella ante el Vaticano—, le regaló un espléndido retrato ecuestre suyo de grandes dimensiones. Muchos eran los que culpaban a hombres como el libertino Bourdelot o al ilustre pensador Descartes, sin olvidar a los jesuitas, de haberla alejado de los estudios y de los deberes políticos.

Entre los variados motivos que Cristina esgrimió para abdicar se encontraba el hecho de que por ser mujer no era apta para reinar. En el fondo, y por muchas excusas que diera, se sentía incapaz de asumir un papel de tanta responsabilidad. En aquellos días de dudas, cuando maduraba su abdicación, le confió a su embajador inglés: «La razón que me ha llevado a tomar tal decisión es que soy mujer, y por tanto inadecuada para gobernar». Esta confesión en boca de una de las reinas más cultas, valientes e inteligentes de su época, resulta contradictoria. Ella misma había demostrado que una mujer con sus capacidades y vastos conocimientos podía gobernar igual o mejor que un hombre. Pero públicamente se negaba a aceptar esta idea y reconocía que, a sus ojos, las mujeres eran incapaces de gobernar un Estado: «Es casi imposible para una mujer satisfacer dignamente las obligaciones de un cargo, con independencia de si gobierna en persona o en nombre de un heredero menor de edad. El desconocimiento de las mujeres, su debilidad espiritual, intelectual y física, no sirven para el oficio de príncipe [...]. Yo misma no soy una excepción a esa regla, y en el futuro resaltaré mi insuficiencia si la observo en mí». Llamativas serían a lo largo de su azarosa vida sus contradicciones tanto en el plano político como en el emocional. Tras su abdicación, Cristina no dudaría en aspirar a los tronos de Polonia, Nápoles e incluso al de Suecia, que había despreciado.

El 11 de febrero de 1654, informó a la asamblea por segunda vez de su intención de abdicar. Esta vez fue la definitiva y nada la haría cambiar de opinión. Se discutió largamente si Cristina tenía derecho a sacar del país el botín de guerra de Suecia. En realidad hacía meses que la soberana había iniciado los preparativos para abandonar el país. Algunas obras de arte y manuscritos de su biblioteca real ya habían sido empaquetados. En verano de 1653, con la excusa del brote de peste declarado en Estocolmo, Cristina anunció que debía alejarse de la capital y que establecería su corte durante el invierno en Gotemburgo. Nadie conocía —salvo su fiel Pimentel— sus planes de convertirse al catolicismo y fijar su residencia en Roma. Con el pretexto de amueblar su nueva residencia de invierno, empezó a embalar parte de los tapices de la colección real y muchos de los tesoros artísticos que habían sido traídos del palacio real de Praga. Este valioso cargamento sería transportado siguiendo sus órdenes a Gotemburgo, pero la reina nunca llegaría a instalar allí su residencia. Más tarde la preciosa carga fue embarcada con destino a Amberes.

Poco antes de la fecha fijada para la abdicación, Cristina fue al palacio de Nyköping, que tan terribles recuerdos le traía, para despedirse de su madre. Allí también vio a su primo Carlos Gustavo por última vez antes de su renuncia. El encuentro entre ambas fue tenso y discutieron de manera acalorada sobre religión. María Leonor, visiblemente envejecida, criticó duramente su decisión de abandonar el trono así como los excesos y derroches de la corte. Cristina, al escuchar los reproches de su madre, perdió los nervios y abandonó la habitación encolerizada. A la mañana siguiente, su enfado se había esfumado; volvió a ver a su madre para pedirle perdón y asegurarle que no tenía que inquietarse por su futuro, y que «si bien perdía una hija, iba a ganar en cambio un hijo, le rogó que amase al príncipe Carlos y luego llamó a éste en su presencia y le suplicó que cuidase de su madre». No volverían a verse. Tras su partida, la reina viuda de Suecia llevaría una vida de total reclusión en Nyköping. Un año más tarde fallecía, sola y amargada, en Estocolmo. Sus restos descansan en la iglesia de Riddarholmen junto a los de su amado esposo el rey Gustavo Adolfo.

La ceremonia de abdicación de Cristina de Suecia tuvo lugar en Uppsala el 6 de junio de 1654, en el salón de actos del alcázar. Vestida de blanco bajo el manto real de terciopelo púrpura, la reina entró en el salón y tomó asiento en el trono de plata maciza. Con gran solemnidad se despojó de las insignias reales: devolvió el cetro y el globo, y la corona de plata dorada, cobre y piedras preciosas tan pesada que apenas podía sostenerla unos minutos sobre su cabeza. Por último le retiraron la capa real forrada de armiño y bordada con coronas de oro. Como su ministro de Justicia, el anciano Per Brahe, no se atrevió como era su deber a quitarle la corona, ella misma lo hizo y la depositó en un cojín.

Con este acto la soberana renunciaba definitivamente a la corona —aunque seguiría siendo reina toda su vida— en favor de su primo, ahora rey Carlos X Gustavo. Cristina recibiría como manutención la concesión de algunos territorios a título hereditario y una renta anual de doscientos cincuenta mil táleros, suma que según sus cálculos le permitiría vivir con gran desahogo. Cuatro horas después, su sucesor fue coronado en la catedral pero ella se negó a estar presente y prefirió pasear sola a las afueras de la ciudad. También escribió a su madre una carta de despedida, mostrando al mismo tiempo frialdad y dignidad real: «Daos por satisfecha con esta reparación de mis faltas y ahorradme la incomodidad de vuestro reproche».

Poco después de la ceremonia, a pesar del mal tiempo y de la fiebre que padece, Cristina abandona en secreto la ciudad a galope de su caballo blanco. Le acompañan el rey, la mayoría de los senadores y numerosos cortesanos. El grueso de la comitiva no pasó de la aldea de Flottsund, pero Carlos Gustavo quiso escoltarla a Märsta. En este lugar la antigua soberana y el nuevo rey se despidieron al borde mismo del camino. Antes de partir su primo le propone de nuevo matrimonio, pero Cristina le responde con una sonora carcajada. Él le entrega entonces para sus gastos de viaje una letra de cambio de cincuenta mil escudos, así como una horquilla de diamantes y perlas magníficas.

El rey de Suecia sabía que su prima dejaba a su país sumido en una enorme deuda que algún día debería pagarse. Tampoco ignoraba que unos días atrás, doce grandes naves cargadas hasta la bandera zarparon rumbo a Alemania con los tapices, los muebles, los cientos de cuadros, los miles de manuscritos e impresos, los bronces, las joyas, las monedas de oro y plata, las piezas de orfebrería, su valiosa colección de cuadros y hasta los mármoles. La reina no dejaba nada a su pueblo y se llevaba del palacio de las Tres Coronas todos los objetos de valor. Cuando el soberano se instaló en él no encontró más que «una vieja cama y dos alfombras agujereadas». Al conocer la noticia el canciller Oxenstierna —que moriría a las pocas semanas—, visiblemente afectado, exclamó: «Jamás enemigo alguno costó tanto a Suecia».

Aunque en Kalmar la esperaba una flota de doce buques de guerra que Carlos X Gustavo había ordenado disponer para su viaje a Spa, la intrépida dama prefirió llegar hasta Hamburgo, atravesando a caballo Dinamarca. Lo consiguió en apenas seis días, toda una hazaña para la época. Cristina se hizo cortar el pelo, vestía ropas de hombre, iba armada con un fusil y se hacía pasar por el conde Dohna. Cuando al fin cruzó la frontera sueca, cuentan que se apeó de su caballo y gritó jubilosa «¡Por fin soy libre!». En los meses siguientes a la espera de ser recibida en Roma, disfrutaría al máximo de su libertad sin preocuparse lo más mínimo de la impresión que causaba en la gente. Le apasionaba su disfraz de hombre, y el poder usar un rudo vocabulario digno de un soldado. Estaba dispuesta a romper con el pasado y a vivir grandes y nuevas aventuras impensables para una mujer de su tiempo.

El 23 de julio llega a Hamburgo y por primera vez desde su partida abandona sus ropas masculinas; luce un vestido de terciopelo negro, y con ayuda de una peluca recobra su aspecto de mujer. En la ciudad, donde es recibida con todos los honores, se aloja en la casa de Diego Teixeira, un rico judío portugués y astuto hombre de negocios que se encargará de poner en orden las finanzas de su ilustre huésped. Durante su estancia la reina visita a hombres de letras y eruditos de la villa. Los aristócratas le presentan sus respetos y se dieron suntuosas fiestas en su honor. En casa de Teixeira, la reina disfrutó también de la compañía de su hermosa sobrina Raquel de la que se quedó prendada. Sin importarle el que dirán, se muestra en público de lo más cariñosa con ella. También dará mucho que hablar la irrespetuosa actitud de Cristina durante su asistencia a un solemne oficio religioso luterano. Sentada en primera fila, no dudó en reírse a carcajadas y hablar en voz alta durante el sermón, ante la indignación de todos los presentes. Sin embargo, las autoridades de Hamburgo demostraron gran paciencia con su excéntrica invitada, a la que no dejaron de agasajar. Un residente imperial de la ciudad que frecuentó a Cristina describía así el aspecto físico que en aquellos días ofrecía la reina: «[…] me ha recibido vestida con un chaquetón del tipo de los que visten los hombres y con una falda puesta para esta ocasión sobre los pantalones de varón que llevaba debajo. Su pelo estaba sin peinar y cortado al modo de los hombres».

La reina sueca no podría evitar las críticas que su extravagante conducta y falta de discreción provocaban. Comenzaron a circular mordaces panfletos y sátiras insultantes que se burlaban de su aspecto «vulgar, deforme, jorobada, con una nariz más grande que su pie, y una peluca negra para gustar a su español». Libelos anónimos la dibujaban como un «desenfrenado hermafrodita que, en sus excesos, se divertía tanto con mujeres como hombres». Estos panfletos procedían en su mayor parte de Francia, que no había perdonado la estrecha relación de Cristina con España, ahora su país enemigo. La soberana había llegado a pedir a su entonces buen amigo Felipe IV que intercediera ante el Papa para que éste le permitiera establecerse en Roma.

De nuevo disfrazada de hombre, Cristina abandonó Hamburgo en plena noche a lomos de su caballo. El 5 de agosto llegaba a Amberes donde su presencia causó un gran revuelo. Nobles, eruditos, autoridades religiosas y el pueblo llano... todos querían conocerla. Las cartas que le sigue enviando a su amada condesa Ebba Sparre dan una idea de su nueva sensación de libertad: «Paso el tiempo comiendo bien, durmiendo bien, estudiando muy poco, asistiendo a comedias francesas, italianas o españolas y viendo pasar agradablemente los días. En breve, no oigo ya sermones y desprecio a los oradores. Pues, como dice Salomón, es vanidad todo lo que no sea vivir con alegría, comer, beber y cantar». En la Nochebuena de 1654, la intrépida soberana hizo su entrada triunfal en Bruselas a bordo de una extraña falúa real, dorada y de estilo barroco, puesta a su disposición. Una vez más, es recibida con el tañido de las campanas, una salva de cañones y fuegos artificiales. La ciudad estaba totalmente iluminada y la gente abarrotaba las calles para darle la bienvenida.

Durante nueve meses disfrutaría de la hospitalidad de su

anfitrión el archiduque Leopoldo Guillermo de Habsburgo, gobernador general de los Países Bajos. Este hombre polifacético, hijo del emperador Fernando II, era un reconocido mecenas y consiguió reunir una magnífica colección de obras de arte flamencas e italianas.

En realidad Cristina, aunque compartía con su anfitrión su amor por el arte, no deseaba permanecer mucho tiempo en la ciudad pero antes de partir tenía que poner en orden sus asuntos. Le preocupaba que las tierras que le habían cedido en herencia, y debido a una mala gestión, no le reportaran las sumas previstas. En enero de 1655, la reina le propone a su primo Carlos Gustavo que le pague la cantidad única y definitiva de cuatro millones de escudos a cambio de todas sus posesiones. Le asegura, con total franqueza, que jamás las reclamará porque no regresará nunca a su país, pues tiene la intención de instalarse en Italia. El soberano de Suecia hubiera abonado de buen grado la cantidad que su prima le exigía a cambio de recuperar porciones considerables del reino, pero no podía reunir una suma tan considerable. El asunto, por el momento, quedó aplazado aunque ella pronto volvería a insistir porque seguía necesitando dinero.

El archiduque invitó a Cristina a residir en el palacio del conde de Egmont, noble de los de más alto rango en los Países Bajos. Este aristócrata tuvo que acceder a regañadientes a abandonar su residencia de manera precipitada para hacer sitio a la reina y a su séquito, que cada vez era mayor. Aquí se reencontraría con algunos de sus antiguos favoritos, entre ellos su médico Bourdelot y su querido Antonio Pimentel. Como antaño en la corte sueca se muestra muy generosa, les invita a opíparas cenas y discute con ellos hasta altas horas de la madrugada. Lo mejor de la sociedad de Bélgica se mata por asistir a sus recepciones y al poco tiempo Cristina dispone de una pequeña corte que la sigue a donde va. Los gastos ocasionados por los bailes, las recepciones para más de trescientas personas o la manutención de su servidumbre personal acaban en poco tiempo con el dinero que le concedió el rey el día de su despedida. A principios de diciembre de aquel año de 1654, la dama debía ya una fortuna a su anfitrión y se vio obligada a empeñar su vajilla de plata y parte de sus joyas.

Cuando se conoció la intención de la reina de abjurar del protestantismo, Suecia hizo todo lo posible para evitar lo que consideraban una herejía. El propio rey Carlos Gustavo escribió a su prima una severa carta y le pidió que regresara de inmediato a su reino. Pero Cristina hizo oídos sordos y, en una ceremonia privada —y en total secreto— acompañada del archiduque Leopoldo, su querido Pimentel y unas pocas personas de confianza, abjuró de la fe luterana y abrazó el catolicismo. En mayo, cuando aún se encontraba en Bruselas recibió la noticia de la muerte de su madre que la afectó mucho a pesar de su distanciamiento. Ordenó que el palacio de Egmont fuera revestido de crespones negros y se retiró durante tres semanas al castillo de Tervueren, para guardar allí luto en la más completa soledad.

La reina deseaba viajar a Roma inmediatamente, pero Alejandro VII le exigió que para poder entrar en la Ciudad Santa tenía que hacer pública su conversión. Cristina se mostraba reticente dado que pensaba que este acto pondría en riesgo la pensión que le otorgaba su país. Finalmente, la conversión pública se celebraría en la ciudad austríaca de Innsbruck adonde llegó en compañía de un numeroso séquito y su inseparable Pimentel. Para la importante ceremonia se lavó, se empolvó y mandó que le rizaran el cabello, algo muy inusual en ella. Apareció en público con un sencillo vestido de seda negro y como único adorno una gran cruz de plata, diamantes y zafiros. El Papa, que aún no conocía la compleja personalidad de su invitada, creía que la reina sueca había abrazado la fe católica debido a una crisis interior. Por esas fechas, Cristina escribió una carta oficial a su primo Carlos Gustavo para informarle de su decisión. La noticia, tan inesperada, produjo una gran indignación en Suecia. La antaño amada soberana, hija del gran Gustavo Adolfo, era ahora considerada por todos una traidora y «persona non grata».

Cuando Cristina abandonó su reino a lomos de su caballo iba ligera de equipaje y apenas la acompañaban tres o cuatro hidalgos suecos. Pero a medida que pasaron los meses la fueron abandonando uno tras otro al verla «engolfarse con extranjeros indignos». Ahora que iniciaba el viaje a Roma, su séquito era digno de una soberana poderosa. Su escolta estaba compuesta por nobles españoles, flamencos, portugueses, belgas, franceses y alemanes. Cerca de ella permanece Antonio Pimentel al que valora como «su amigo de siempre» y hombre de confianza que sigue representando al rey de España. Su séquito contaba además con músicos italianos, cocineros franceses, guardias, lacayos, cocheros y mozos de caballerizas alemanes. En total viajan con la reina más de doscientas personas, repartidas en una caravana formada por medio centenar de carruajes y carrozas, que en los caminos alemanes, llenos de baches, causan la admiración de las poblaciones locales.

UNA INVITADA INCÓMODA

La llegada de Cristina de Suecia al Vaticano iba a ser, en un principio, de incógnito pero al atravesar los jardines de Belvedere se encontró que todo el personal del palacio y la guardia papal le estaban esperando. Era la noche del 20 de diciembre de 1655 y la ciudad estaba iluminada con antorchas. El papa Alejandro VII había decidido agasajar a su invitada con los más altos honores y sin reparar en gastos. A Cristina se le otorgó el honor, jamás concedido a otra persona, de ser alojada junto a su séquito en las dependencias del Vaticano. Se le asignaron unos apartamentos recién acondicionados para ella en la Torre de los Vientos, un edificio que se alzaba junto a los jardines y la biblioteca vaticana. Tras cambiarse de ropa, la reina fue escoltada hasta una sala —abarrotada de gente— donde el Papa la recibió brevemente en audiencia privada. A la mañana siguiente se levantó temprano para pasear por los jardines del Beldevere y se encontró con que el pontífice había ordenado que los regalos elegidos para ella estuvieran allí expuestos. Entre los magníficos obsequios había un carruaje, seis caballos de tiro y otro espléndido ejemplar que la soberana no dudó en montar al galope para asombro de todos los presentes que pudieron comprobar su legendaria maestría ecuestre.

Tres días más tarde, Cristina hizo su entrada triunfal en Roma. El espléndido séquito de la reina sueca atravesó por la Porta Pertusa, tapiada desde la visita de Carlos V en el año 1527 y vuelta a abrir en su honor. Allí mismo fue recibida por el gobernador y los cargos más prominentes de la ciudad. Embajadores, miembros de la nobleza romana y altos representantes de la iglesia vestidos con sus mejores ropas de gala le dieron una cálida bienvenida. Los palacios romanos fueron ricamente engalanados para la ocasión con tapices y colgaduras de plata, y las casas decoradas con flores y banderas en sus fachadas. Como homenaje a ella el día se declaró festivo en los Estados Pontificios y los cañones del castillo de Sant Angelo dispararon salvas en su honor. Las tiendas se cerraron para que el pueblo pudiera participar en los festejos. Montada sobre su caballo blanco, y escoltada por la guardia suiza, la soberana y su cortejo recorrieron las principales calles y plazas de la ciudad, abarrotadas de gente, hasta llegar a la plaza de San Pedro.

Para Alejandro VII aquél era un momento histórico; que justamente la reina de Suecia, soberana del país más prominente y amenazador de las potencias protestantes, se hubiera convertido al catolicismo, le parecía una oportunidad de oro y estaba dispuesto a convertir a Cristina en un ejemplo para toda la cristiandad. Muy pronto descubriría con gran pesar que aquella extraña mujer que había llegado a Roma no iba a ser una dócil y piadosa conversa.

Dos días después, durante la misa de Navidad que el Papa celebró en la Basílica de San Pedro, Cristina recibió la confirmación. En las estancias del Vaticano decoradas por Rafael tuvo lugar un banquete en el que la reina y el Santo Padre comieron en mesas distintas, pero bajo un baldaquino común, tal como exigía el estricto protocolo. Cristina se sentía muy halagada al ser el centro de todas las miradas y atenciones. «Roma y el mundo entero no hablaban más que de ella. Había obtenido lo que deseaba: eliminar de su realeza todo lo que equivalía al deber o las penas y poder vivir a partir de entonces en la ebriedad de su independencia romana», escribió alguien cercano a ella.

Cristina de Suecia heredó el trono a los seis años, tras la muerte de su padre el gran Gustavo II Adolfo. Fue una niña precoz que, antes de cumplir los siete años, ya concedía entrevistas y recibía en audiencia a los embajadores. En toda Europa era admirada por su brillante erudición: apoyó a intelectuales, reunió una magnífica biblioteca y se entusiasmó por la pintura y la literatura españolas.

A pesar de su falta de atractivo físico, Cristina era una reina poderosa y un magnífico partido. Ya desde corta edad, no le faltaron pretendientes, entre ellos el rey de España, Felipe IV. Años después, sería este monarca, ya buen amigo, quien intercedería ante el Vaticano para que Cristina de Suecia, después de abdicar y convertirse al catolicismo, pudiera alojarse en Roma. [Retrato del rey pintado por Velázquez.]

CHRISTINA REGINA
SUEC.

La reina Cristina de Suecia fue una mujer rebelde, extravagante y adelantada a su tiempo. Su determinación de no casarse, unida a la decisión de abdicar y convertirse al catolicismo, conmocionó a su reino y a toda Europa. La suya fue una vida azarosa y fascinante.

Durante su reinado, Estocolmo se convirtió en un radiante centro de la vida intelectual y artística que cautivó a toda Europa. Además, atrajo a numerosos intelectuales a través del mecenazgo, entre ellos a René Descartes, célebre filósofo francés que moriría en la corte sueca.

Su padre quiso que tuviera la formación de un soldado. Aprendió equitación, esgrima y tiro. Con el tiempo se convertiría en una gran amazona que recorría incansable a caballo los bosques suecos y desconocía el miedo o el agotamiento.

La residencia de la reina en Roma fue el palacio Farnesio, uno de los más hermosos de la ciudad. Allí instaló las obras de arte procedentes de su colección privada y todos los miércoles abría las puertas del palacio para que se pudiera admirar su magnífica pinacoteca. En poco tiempo se convertiría en el verdadero centro de la vida mundana, literaria y artística de la ciudad.

La actriz Greta Garbo dio vida en la gran pantalla a Cristina de Suecia en la famosa película del director Rouben Mamoulian, aunque su seductora imagen distaba
mucho de la realidad. La reina sueca tenía un aspecto desaliñado, vestía como un
hombre y era poco aseada.

Aunque Cristina dejó escrito que deseaba ser enterrada en el Panteón de Roma, se le dio un solemne funeral de Estado y sus restos descansan en la Basílica de San Pedro en el Vaticano, un honor sólo reservado a papas y a unos pocos monarcas. Su lema, «he nacido libre, he vivido libre y moriré libre», hubiera sido su mejor epitafio.

La reina vive en un sueño permanente. Es la conversa más famosa de Europa y el Papa la colma de atenciones, de consejos y regalos valiosos. Las grandes familias italianas le ofrecen libros preciosos, obras de arte, caballos, carrozas o los productos que llegan de sus vastos dominios: frutas, leche fresca y sobre todo toneles de vino, aunque ella no bebe. También la soberana cuenta con un puñado de admiradores, entre ellos el viejo cardenal Francesco Colonna que se sintió muy atraído por ella. Durante meses, con el pelo empolvado para parecer más joven y disfrazado de trovador, le cantaba apasionadas serenatas bajo las ventanas de su residencia. Cristina se burlaba del pobre desdichado, que fue reprendido por sus superiores y desterrado de Roma.

Desde el 26 de diciembre Cristina se alojaba en el palacio Farnesio, uno de los más hermosos de Roma, puesto a su disposición por el duque de Parma. La reina está a sus anchas en este fastuoso edificio renacentista que acababa de ser remodelado y donde en su fachada luce el escudo de armas del reino de Suecia, mandado esculpir en su honor. Su propietario había vaciado el palacio de muebles pero dejó en él sus famosas colecciones de esculturas antiguas, camafeos y gemas. Cristina se acomodó en una esquina del enorme palacio, en unas habitaciones con vistas al río Tíber. En las suntuosas galerías de la planta noble instaló las obras de arte procedentes de sus colecciones privadas. Cada miércoles se abrían las puertas del palacio al público para que los habitantes de la ciudad pudieran admirar su magnífica pinacoteca. En poco tiempo el palacio Farnesio se convertiría en el verdadero centro de la vida mundana, literaria y artística de Roma. La reina organizaba en sus lujosos salones decorados con frescos representaciones de teatro y ópera para sus invitados.

La presencia de Cristina en Roma causó un gran revuelo y todas las grandes familias se la disputaban. Su erudición y ansias de saber impresionaron profundamente a los romanos. Las primeras semanas, las antecámaras del palacio Farnesio desbordaban de visitantes. Cardenales, diplomáticos, príncipes y matronas romanas, todos querían presentar sus respetos a la célebre conversa. La reina comenzó una frenética actividad, visitó templos e iglesias así como los monumentos civiles más importantes de la villa. En todas partes era aclamada y honrada con presentes por la gente. Pero a pesar de las generosas asignaciones del Papa, y los obsequios ofrecidos por la nobleza romana, tenía que hacer frente a los gastos de su propio séquito, en una época en que no le llegaba su pensión desde Suecia debido a los costes de la guerra. Roma era una ciudad cara y ella debía corresponder con igual fasto a sus ricos anfitriones, que se habían gastado auténticas fortunas en espectáculos de entretenimiento en su honor.

Al principio el Vaticano sufragó su costoso tren de vida por razones de prestigio. Pero el Papa pronto descubrió que la conversión no había servido para frenar las excentricidades de su insigne invitada. Es cierto que la soberana visitaba las iglesias de Roma pero más como museos de arte que como lugares de oración. Evitaba siempre pasar por el confesonario y lo que más le gustaba de la misa católica era su teatralidad y puesta en escena tan diferente de la sobria liturgia luterana. El pontífice le exigía un comportamiento ejemplar pero la reina se indignaba porque no toleraba ninguna norma y al fin y al cabo ella «no era una monja». Roma ya no era la alegre y liberal metrópoli del Renacimiento, sino que se había transformado en un «bastión espiritual de la Contrarreforma». Los fanáticos religiosos del entorno papal apenas se diferenciaban de los estrictos luteranos de Suecia, de los que Cristina había intentado escapar. Ella no se dejaría amilanar y seguiría comportándose de forma despectiva y provocadora.

A pesar de que en público se mostraba serena y disfrutaba de todos los honores que se le rendían, en su interior se sentía terriblemente sola y triste. No tenía a su lado a nadie en quien confiar y sus pensamientos la llevaban a Estocolmo junto a su amada Belle, cuyo retrato siempre portaba con ella. El 6 de enero le escribe en una carta: «Qué feliz sería si me fuera posible verte, Belle, pero estoy condenada a quererte y estimarte sin poder verte nunca y la envidia que los astros tienen a la felicidad humana me impide ser enteramente feliz, porque no lo puedo ser estando lejos de ti». Al sentimiento de soledad se unía ahora su precaria situación económica. Durante los primeros meses en Roma le faltaría dinero incluso para cubrir sus necesidades más básicas. La situación mejoró a mediados de año cuando el rey Carlos Gustavo pudo al fin enviarle unas rentas anuales que le garantizaban poder vivir sin aprietos y conservar su rango real. Pero Cristina, que nada sabía de ahorro y contabilidad, seguía gastando para rivalizar con los fastos de las adineradas fortunas romanas.

Mientras Cristina de Suecia vivía a lo grande y derrochaba el dinero, los miembros de su corte llevaban meses sin cobrar su paga. El palacio Farnesio era una «auténtica cueva de ladrones». En la planta baja se celebraban timbas en improvisados garitos de juego, los peores elementos de la ciudad se paseaban a sus anchas extorsionando al servicio y robando a su antojo. Pero lo más grave eran los destrozos en el mobiliario y la desaparición de valiosas obras de arte. Testigos de aquel vandalismo contaban que «las camareras cortaban los galones de oro de las colgaduras para venderlos, los ujieres se calentaban echando al fuego artesonados dorados, marcos de cuadros y hasta sillones de gran valor, los lacayos cambiaban candelabros de plata por otros de peor metal». Un día que Pimentel, de visita, dejó estacionado su carruaje en el porche principal, los palafreneros lo desmontaron por completo para recuperar las linternas, las portezuelas, las cortinas y hasta los cojines de los asientos. Cuando el duque de Parma se enteró de que su palacio estaba siendo saqueado hizo llegar sus quejas al pontífice pidiéndole que tomase medidas con la «nueva católica».

A medida que pasaban los meses, las groseras bromas y extravagancias de Cristina corrían en boca de todos. Su comportamiento resultaba inadmisible para los romanos y un quebradero de cabeza para el Papa. Eran muchos los que opinaban en voz baja que la reina estaba loca y no era dueña de sus actos. Cristina no dudaba en interrumpir a los actores en las representaciones teatrales públicas, les silbaba y les lanzaba improperios. Cuando acudía a misa en San Pedro charlaba alegremente con los cardenales, reía y bromeaba. La reina desaprobaba el excesivo culto a las reliquias que le parecía «pagano y ridículo». A veces se arremangaba las faldas para sentarse con las piernas abiertas como un hombre, ante la mirada atónita de los predicadores que perdían de inmediato el hilo de su discurso. Se negaba a arrodillarse en público y a rezar «juntando las manos con humildad». Cuando el Papa le pidió que al menos recitase una sola avemaría al día en público y con devoción, ella le respondió de modo desafiante que «antes su libertad que cualquier imposición».

En el palacio Farnesio —donde dormía cada noche en una habitación distinta— su conducta también era de lo más extravagante. Apenas se instaló en él, dio orden de que se quitasen las hojas de parra que cubrían a manera de taparrabos el sexo de las estatuas afirmando que ella no era ninguna mojigata. También ordenó hacer colgar en sus habitaciones cuadros de Venus y otros grandes desnudos de su colección italiana. En sus audiencias, donde siempre estaba presente un buen puñado de cardenales, empezó de pronto a llevar vestidos con grandes escotes. Informada de que el Papa no aprobaba aquella manera de vestir, su reacción fue adornarse con gran profusión de collares de perlas. Estas noticias colmaron la paciencia de Alejandro VII que lamentaba su «falta de adaptación y de decoro». En 1658 el Papa manifestó a un enviado de Venecia que la reina «era una mujer nacida bárbara, educada como bárbara y con la cabeza llena de bárbaras ideas».

Sin embargo Cristina también ocupaba su tiempo en asuntos culturales y abrió su propia academia en el palacio donde una vez por semana invitaba a intelectuales, sabios y filósofos a discutir temas universales. El 24 de enero de 1656 tuvo lugar en la llamada sala imperial del palacio Farnesio la primera sesión de la Academia Real, cuyos principios se regían por el modelo de la Academia Francesa que ella tanto admiraba. Las materias de estudio incluían la astrología, la alquimia y también acalorados debates filosóficos. Tampoco se descuidó la música y la propia Cristina tomaba clases de canto con Loreto Vittori, un famoso castrato, compositor de ópera y miembro de la orquesta de la Capilla Sixtina.

Durante sus primeras semanas en Roma, Cristina había conocido a un joven y ambicioso cardenal que tendría un papel decisivo en su vida. Se llamaba Decio Azzolino, tenía treinta y dos años y pertenecía a una noble familia que llevaba generaciones al servicio de la Iglesia. La reina, que siempre se había negado a «convertirse en campo para el arado del hombre», encontró en él un alma gemela. Hábil diplomático y dotado de un gran talento para la política, en la corte papal se le denominaba con el apodo de «el águila». Sus biógrafos le describen como un hombre de mundo, poeta y músico, que hablaba varios idiomas y tenía mucho ingenio. Sin ser apuesto, era alto y corpulento, y lucía un porte majestuoso bajo su sotana de seda roja. A las mujeres les resultaba muy atractivo y él mismo tenía fama de conquistador. En 1653, el Vaticano le nombró secretario para la correspondencia con los príncipes. Cuando se convirtió en amigo íntimo de Cristina, ésta escribió: «Tiene la inteligencia de un demonio, la virtud de un ángel y un corazón tan grande y noble como el de Alejandro».

Desde el principio, los dos se sintieron muy atraídos y comenzaron una romántica amistad. Pero la intensa relación que ambos mantenían fue muy criticada por la sociedad romana. El Papa llegó a pedir a Azzolino que suspendiera «sus prolongadas visitas» a la reina y se limitara al intercambio epistolar. Tal orden no fue obedecida, y el cardenal y la reina siguieron viéndose. Cuando Cristina le conoció éste vivía un tormentoso idilio con la princesa Olimpia Aldobrandini, viuda de un Borghese y casada en segundas nupcias con un antiguo cardenal. Quizá la reina ignoraba la fama de mujeriego que pesaba sobre su amigo, pero esta nueva relación le hizo olvidar a sus antiguos amantes De la Gardie y Pimentel. En Roma, donde los rumores circulan con rapidez, nadie duda que la reina y el cardenal son amantes.

La estancia en Roma de Cristina se convirtió en una auténtica pesadilla. El pontífice deseaba alejarla para siempre de su vista pero no podía enviarla de regreso a Suecia. Si la retenía en la ciudad se vería obligado a mantener su costoso tren de vida y exponerse a sus intrigas políticas. La relación entre ambos se volvía cada vez más tensa. Cuando se estaba buscando la mejor solución posible, Cristina cayó enferma debido a la tensión nerviosa. Durante su convalecencia una epidemia que causaba estragos en Nápoles amenazaba con extenderse a toda Roma. El cardenal Azzolino informó a la reina del peligro que corría si se quedaba en la villa y le aconsejó que se marchara cuanto antes.

Se le propuso entonces que viajara a Francia, un país que ella admiraba y donde sería muy bien recibida por el rey Luis XIV. Al principio Cristina se negó a abandonar el palacio Farnesio pero cuando se enteró de que Alejandro VII pondría cuatro galeras a su disposición, aceptó de buen grado. El 19 de julio de 1656 partió de su amada Roma llorando desconsoladamente. Había vendido su carroza y los caballos que le regaló el Papa así como varios diamantes de su propiedad para reunir algo de dinero. Cristina no se iría de Roma con las manos vacías, el pontífice le obsequió con diez mil escudos y una bolsa llena de monedas de oro y plata de las que habían sido acuñadas para conmemorar su llegada a la Ciudad Santa. Por fortuna la soberana no pudo leer un panfleto holandés que circulaba en aquellos días y que proclamaba: «Llegó a Roma española, católica, virgen y rica y se va francesa, atea, puta y mendiga».

En el puerto de Civitavecchia recuperó el buen humor al comprobar que tenía para ella cuatro magníficas galeras pontificias con más de cuatrocientos hombres como personal de servicio y una tripulación de ciento setenta presidiarios. En la nave en que ella embarcó, la más suntuosa, el Papa había mandado instalar tapices y muebles de gran valor, así como «el agua potable y las provisiones suficientes para hacer

por lo menos cuatro veces el viaje proyectado». A pesar del
mal tiempo y los peligros de caer en manos del Gran Turco,
que dominaba el Mediterráneo, las naves pusieron rumbo
al puerto de Marsella adonde llegaron tras diez días de dura
travesía.

En Francia, la curiosidad por Cristina no conocía límites.
Cerca de Lyon, fue recibida por una impresionante comitiva
encargada de acompañarla hasta Compiègne, donde la corte
pasaba el caluroso verano. El séquito lo encabezaba el joven
duque de Guisa, uno de los cortesanos más elegantes del reino, junto al arzobispo de Lyon, el conde de Comminges —representante de la reina Ana de Austria—, su querido Pierre
Chanut y su viejo amigo Bourdelot, que a pesar de haber sido
nombrado abad seguía tan irrespetuoso y libertino como
siempre. De este encuentro nos queda el relato del duque de
Guisa, representante personal de Luis XIV, quien envió una
detallada descripción de ella a la corte francesa. La carta fue
leída ante el rey y su madre Ana de Austria:

> Tiene un hombro un poco más alto que el otro, pero
> sabe ocultar fácilmente ese pequeño defecto con su ropa, su
> forma de andar y sus movimientos. Su rostro es grande, pero
> sin tacha; la nariz aguileña y la boca grande pero agraciada. Su
> tocado es extravagante, y consiste en una gran peluca que se
> apoya sobre una ancha frente; a veces también se toca con un
> sombrero. La camisa le sobresale del vestido, que viste con
> bastante desorden. Siempre lleva el pelo muy empolvado y
> engominado. Casi siempre prescinde de los guantes, y sus za-
> patos son masculinos, al igual que su voz y su carácter. Es una
> magnífica amazona, y tiene el valor y el orgullo de su padre,
> el gran Gustavo. Es muy cortés y encantadora, habla ocho
> lenguas distintas, y especialmente la francesa, que domina

como si hubiera nacido en París. Sabe más que nuestra Academia y la Sorbona juntas. Entiende de pinturas, como de todo lo demás. Conoce las intrigas que se urden en nuestra corte mejor que los propios cortesanos. En una palabra, es una persona extraordinaria.

Cristina permaneció nueve días en Lyon, los suficientes para reponerse del agotador viaje y protagonizar otro de sus sonados escándalos. Paseando a orillas del río Saona, la reina y un reducido séquito sorprendieron a la bella marquesa de Ganges que se bañaba casi desnuda. Ante tal gracia y hermosura, Cristina no pudo reprimirse y salió tras la joven: «[...] la besó en todas partes, en el cuello, en los ojos, la frente, muy amorosamente, y quiso incluso besarle la boca y acostarse con ella, a lo que la dama se opuso». De aquel flechazo nos queda una apasionada carta de Cristina a la marquesa, donde, entre otras cosas, le dice: «¡Ah! Si fuera hombre caería rendido a vuestros pies, languideciendo de amor, pasaría así el resto de mis días [...] mis noches, contemplando vuestros divinos encantos, ofreciéndoos mi corazón apasionado y fiel. Dado que es imposible, conformémonos, marquesa inigualable, con la amistad más pura y más firme. [...] Confiando en que una agradable metamorfosis cambie mi sexo, quiero veros, adoraros y decíroslo a cada instante. He buscado hasta ahora el placer sin encontrarlo, no he podido nunca sentirlo. Si vuestro corazón generoso quiere apiadarse del mío, a mi llegada al otro mundo lo acariciaré con renovada voluptuosidad, lo saborearé en vuestros brazos vencedores».

A principios de septiembre hizo su entrada en París montada en el espléndido caballo del duque de Guisa y escoltada por mil quinientos hombres. Lucía un sombrero alto, negro y emplumado, llevaba en la mano una larga y delgada fusta y en el arzón de su silla un par de pistolas. La procesión tardó cinco horas en recorrer las calles de la ciudad y finalizó ya entrada la noche. Luego la llevaron a comulgar a Notre Dame, donde Cristina escandalizó a los asistentes por su falta de modales: no dejó de hablar en voz alta, de reír y de moverse durante todo el oficio. Al acabar fue acompañada al Louvre, donde se alojó en los apartamentos del rey decorados para ella con los tapices más bellos del palacio. La cama, en satén blanco y bordada en oro, era un regalo que le había hecho Richelieu al anterior monarca. No se había escatimado ningún detalle para honrar a la reina sueca. Durante una semana, Cristina disfrutó de una intensa actividad cultural. Visitó los monumentos históricos y las bibliotecas más renombradas. En el París de Molière y Racine, conoció a los escritores y poetas franceses del momento, y recibió en palacio a ilustres, sabios y eruditos.

A mediados de septiembre la reina dejó París en dirección a Compiègne, donde residía la corte y le esperaba el joven Luis XIV. A mitad de camino, en Chantilly, tuvo su primer encuentro con el todopoderoso cardenal Mazarino. Cuando el Delfín contaba cuatro años perdió a su padre Luis XIII y la reina madre Ana de Austria ejerció la regencia confiando el gobierno del Estado y la educación del futuro Rey Sol al cardenal. En una carta a su querido Azzolino, Cristina le describía «como el hombre que en verdad gobierna Francia con una autoridad absoluta». La soberana reparó enseguida que, además de inteligente y refinado, era un hombre ambicioso y con una desmedida sed de poder.

Aunque la soberana había abandonado el trono de Suecia, no había dejado de lado sus aspiraciones políticas. En más de ocasión había confesado a alguno de sus favoritos el deseo que tenía de librar una batalla y demostrar al mundo que era la digna hija del gran Gustavo Adolfo. El astuto Mazarino intentó ganársela en su lucha contra los españoles, pero lo que no esperaba es que la reina sueca estuviera dispuesta a apoderarse del reino de Nápoles. Cristina, que se creía una heroína y sentía pasión por la aventura, llevaba tiempo planeando este temerario y descabellado plan. Deseaba liderar su propio ejército de hombres y arrebatar Nápoles al rey Felipe IV. Uno de los motivos por los que viajaba a Francia era para buscar el apoyo del Rey Sol en esta empresa. El cardenal se comprometió a darle cuanto antes una respuesta.

Luis XIV, que tenía entonces dieciocho años, y su hermano estaban muertos de curiosidad por conocer a la famosa reina de Suecia. Sin pensárselo dos veces galoparon a Chantilly con la idea de mezclarse entre la gente después de la cena y poder verla de cerca. Mazarino los descubrió y los presentó a la reina como «dos de los mejores dotados caballeros de Francia». Ella no cayó en el engaño y los reconoció en el acto, declarando que parecía que habían nacido «para llevar una corona». El joven rey era aún muy tímido pero congenió enseguida con Cristina. Tras una conversación de lo más animada, los hermanos regresaron a galope tendido a Compiègne.

Al día siguiente, el rey, la reina madre y toda la corte se desplazaron a la mansión de Le Fayet, para dar la bienvenida oficial a la soberana sueca. En sus memorias, madame de Motteville, la dama de honor de Ana de Austria, nos ha dejado una detallada relación de lo que entonces ocurrió. Al parecer Cristina llegó en un carruaje acompañada por el cardenal y el duque de Guisa. Aunque todo el mundo esperaba encontrarse con una mujer excepcional, ella se las arregló para desconcertar a sus refinados anfitriones. Se presentó mal vestida, con las manos sucias y la peluca lacia y en desorden. A madame de Motteville, en este primer encuentro, le pareció una «gitana de piel clara». Ana de Austria, aunque al principio Cristina le daba auténtico miedo, al ir tratándola concluyó que tenía un gran encanto. Como era muy vanidosa, se quedó encantada de los halagos que le prodigaba la dama sueca, quien opinaba que sus manos eran de una belleza sin igual. A pesar de sus modales toscos y su descuidada forma en el vestir, todos en la corte francesa acabaron conquistados por su arrebatadora personalidad.

Mientras Cristina acudía a fiestas y representaciones teatrales en su honor, seguía inmersa en sus intrigas políticas con Mazarino sobre Nápoles. A finales de septiembre de 1656 el cardenal, para calmar su impaciencia, redactó un tratado secreto por el que se la nombraba futura reina de Napóles con la condición de que a su muerte el trono pasase al duque de Anjou, hermano menor de Luis XIV. El desembarco debía tener lugar antes del mes de febrero de 1657. El rey de Francia le prometió una flota con cuatro mil soldados de infantería y doscientos de caballería, así como dinero para armas y caballos. Tras firmar el documento Cristina se sentía eufórica ante la idea de conducir un ejército a la guerra y conquistar para ella el reino de Nápoles. Como su presencia por el momento ya no era necesaria en tierras francesas, decidió regresar a Roma.

Durante este tiempo no había dejado de cartearse con el cardenal Azzolino, quien la mantuvo informada de todo lo que sucedía en la Ciudad Santa. Como ya no tiene dinero, Mazarino le prestará de su bolsillo cincuenta mil escudos que no volverá a ver. Ana de Austria acompañó a la soberana sueca hasta las afueras de Compiègne y no disimuló su felicidad por deshacerse de tan incómoda y extravagante invitada. El entusiasmo inicial de Ana de Austria se había enfriado cuando se enteró de que Cristina se había dedicado a animar al joven Luis XIV a casarse con María Mancini. El rey estaba muy enamorado de esta hermosa plebeya que era sobrina de Mazarino. Cristina se atrevió a aconsejarles que se casasen cuanto antes y que ella sería su «confidente». Esta intromisión en la vida privada de Luis XIV disgustó mucho tanto a la reina madre como al propio cardenal que sólo deseaban verla partir cuanto antes.

Cristina prosigue su viaje pero tiene que cambiar sus planes porque la peste causa estragos en Roma. Opta por pasar el invierno a orillas del Adriático, en el palacio apostólico de Pesaro puesto a su disposición por el papa Alejandro VII. Aquí llevaría por primera vez en mucho tiempo una vida tranquila y ordenada. Se hizo traer algunos de sus cuadros de Roma para decorar sus apartamentos y participó en las festividades religiosas de aquella pequeña ciudad de provincias. Pasaba los días leyendo, se dedicó a la astrología e hizo venir de Bolonia a un alquimista bajo cuya dirección empezó a hacer experimentos. Pero como la epidemia de peste en Roma parecía no tener fin, los asuntos de Nápoles se demoraban y su situación económica era muy precaria, permanecería sólo ocho meses en Pesaro. Llevada por sus sueños de grandeza, había invertido grandes sumas de dinero en su futura residencia napolitana y en ricos uniformes para su séquito. Pero inquieta al no recibir noticias de Mazarino, a quien escribía cartas a diario pidiéndole información sobre la fecha del desembarco, decide regresar a París.

El cardenal y el propio Luis XIV no tienen ningún interés en volver a verla entre otras cosas porque «el proyecto napolitano» ha quedado abandonado, algo que Cristina ignora. La reina sueca se vio obligada a detenerse con su corte, de más de setenta personas, en Fontainebleau y esperar allí la invitación oficial del rey. Para Mazarino, el trono de Nápoles no estaba ya en primer plano. En su mente tenía otros asuntos prioritarios —entre ellos una alianza con Inglaterra para derrotar a España—, aunque no dejaría de dar falsas esperanzas a Cristina. A través de un emisario le informó de que la expedición a Nápoles tendría que ser retrasada hasta septiembre, asegurándole que se llevaría a cabo según lo estipulado.

En esos días de tensa espera la reina siguió adelante ilusionada con sus preparativos para la campaña de Nápoles. Quería que su corte real en la ciudad italiana fuera espléndida. Había encargado una gran cantidad de uniformes y libreas a su sastre de París. No reparó en gastos para la confección de «cuarenta uniformes de gala para la Guardia Suiza de paño color violeta con vivos carmesí y trencilla blanca, completos con sus medias, zapatos, camisas, collarines, espadas y alabardas. Casacas para ciento dos guardias y para dos heraldos y libreas para docenas de pajes y lacayos, tres cocheros y dos docenas de postillones y mozos de cuadra». En París se comentaba que el marqués de Monaldesco, caballerizo mayor de la reina, «andaba muy ocupado comprando caballos, sillas bordadas y magníficas gualdrapas para la real casa de la reina sueca».

Pero durante su estancia en Fontainebleau la soberana recibiría un duro golpe. Sería su antiguo embajador Pierre Chanut quien a principios de octubre de 1657 le notificara que en Nápoles los españoles se habían enterado de los planes de Francia de tomar al asalto su reino. Como muy pocas personas conocían el tratado secreto de Compiègne, la reina sospechó que tenía un traidor entre sus hombres de confianza. Pronto se descubriría que el marqués de Monaldesco, uno de sus favoritos, había informado a Madrid de los proyectos napolitanos. Cristina decidió castigarlo y lo mandó ejecutar con suma crueldad en el patio del palacio de Fontainebleau. Todos quedaron impactados por la falta de humanidad y la prepotencia de la reina sueca. Residiendo en Francia la ejecución de un traidor sólo le competía al propio rey. Con este acto demostraba una vez más que no se dejaba someter a ninguna norma y que era ella quien marcaba sus propias reglas. Arrogante, respondió por escrito a Mazarino que se hacía enteramente responsable de su acción: «Nosotros, las gentes del norte, somos un poco salvajes y poco temerosas por naturaleza. Os ruego que me creáis si os digo que estoy dispuesta a hacer cualquier cosa por complaceros, salvo atemorizarme. En lo que se refiere a mi acción contra Monaldesco, os digo que si no lo hubiera hecho no me iría esta noche a la cama sin hacerlo, y que no tengo motivo ninguno de arrepentimiento, y en cambio cien mil motivos para estar satisfecha».

Luis XIV no le perdonaría tanta osadía y el haberse tomado la justicia por su mano. Su presencia en Francia empezaba a ser muy molesta y el monarca sólo pensaba cómo librarse de ella. Después del grave incidente comenzó a circular una leyenda negra sobre Cristina de Suecia. Se decía que tras el asesinato de su favorito mostraba con sadismo a los visitantes el suelo manchado de sangre sobre el que había tenido lugar el espantoso crimen. «Reina sin reino, princesa sin súbditos, generosa sin dinero, política sin causa, cristiana sin fe, artífice de su propia ruina», la describía entonces un dicho popular.

Reina sin corona

El 18 de mayo de 1658, tras dos años de ausencia, Cristina llegó a Roma con un séquito exhausto de apenas veinte personas. Aunque el Papa, horrorizado ante la ejecución de Monaldesco, le había implorado que no volviera a la ciudad, ella hizo caso omiso. El único que se alegró de verla y la recibió con amabilidad fue su solícito Azzolino. Al distinguido y siempre majestuoso cardenal le sorprendió el deterioro físico de su amiga: «descuida mucho su aspecto, sus rasgos se han endurecido, su espalda está más arqueada y su juventud perdida». Tenía treinta y un años y aunque parecía mucho mayor seguía igual de indómita y desafiante.

El pueblo romano le había retirado su afecto y la que antaño consideraban el «milagro de erudición» se había convertido a sus ojos en un verdugo sanguinario. Pero gracias a las hábiles maniobras del cardenal Azzolino, las relaciones entre la reina sueca y el Vaticano fueron mejorando. En unos meses consiguió alojamiento en el palacio Riario en el Trastévere y el Papa le asignó una renta anual con la que la ayudó a salir de sus penurias. Azzolino se hizo cargo de la administración de sus asuntos financieros y logró, tras una brillante labor de auditoría, reducir la montaña de deudas que la dama acumulaba. También apartó de su lado a las malas compañías: a los bribones y aventureros de su séquito que se aprovechaban sin piedad de ella y hacían negocios a sus espaldas.

Truncado su sueño napolitano, Cristina estaba dispuesta a seguir adelante en su sueño de desempeñar un papel importante en la política de Europa, pero antes debía solucionar sus problemas financieros. En París le había vendido a Mazarino unos magníficos diamantes muy por debajo de su valor para poder regresar a Roma. Carlos X Gustavo se hallaba inmerso en una costosa guerra contra su declarada enemiga Polonia y los fondos prometidos a la reina no llegaban.

En aquellos días albergó la esperanza de hacerse con la corona de Pomerania (región alemana entonces en manos suecas), ignorando los términos de su abdicación, que le prohibían actuar contra los intereses de su país natal. Pero la muerte inesperada de su primo Carlos Gustavo, minado por el alcohol, le hizo abandonar su propósito. El soberano dejaba como sucesor a un hijo enfermizo y menor de edad, lo que no garantizaba la continuidad dinástica. Para Cristina, que tenía muchos enemigos en el Consejo de Estado, este suceso podía significar que peligraba el acuerdo alcanzado en el momento de la abdicación. Decidió viajar de inmediato a su país para hablar con sus banqueros acerca de las nuevas posibilidades de crédito y hacer valer sus aspiraciones al trono de Suecia en caso de que el pequeño falleciera. El Papa le prestó el dinero necesario, quizá con la esperanza de que la soberana volviera a reinar en Suecia y convirtiera al país al catolicismo.

El pueblo sueco recibió con respeto a su antigua reina pero los miembros del consejo se mostraron muy hostiles. Tras la muerte de Axel Oxenstierna —de la que muchos culpaban a la propia Cristina—, Carlos X Gustavo había nombrado canciller al conde Magnus de la Gardie. Su antiguo favorito, hombre fuerte del país, se había transformado en su más encarnizado enemigo. Nunca le perdonaría las humillaciones a las que le sometió y ahora sólo veía en la que fue su amada a una excéntrica vagabunda que ponía en ridículo a su nación y de la que era mejor protegerse. Al día siguiente de su llegada Cristina comenzó a provocar a las autoridades al insistir en que deseaba asistir a misa, aunque la ley prohibía a los suecos de nacimiento practicar la religión católica. Decidió transformar en capilla uno de los salones más amplios del palacio de las Tres Coronas y mandó celebrar una misa por un sacerdote italiano. El escándalo fue tremendo y los representantes del clero luterano fueron a visitarla y le dirigieron una dura reprimenda.

Tras ser despedidos los clérigos italianos que la acompañaban y prohibidas las misas en palacio, Cristina sorprendió a todos proclamando públicamente sus aspiraciones al trono. La respuesta no se hizo esperar y el Consejo de Estado se encargó de echar por tierra sus pretensiones y la obligó a firmar el compromiso solemne de renunciar «definitivamente y para siempre» al trono a riesgo de perder sus rentas y privilegios. Su reacción fue tan colérica que el canciller ordenó reforzar la guardia ante los aposentos del heredero al trono de apenas cinco años.

Sintiéndose una extraña en su tierra, y abandonada por todos, la soberana emprendió el camino de regreso a Roma aunque antes se detuvo cuatro meses en el castillo de Norrköping, que aún era de su propiedad. Al principio simuló interesarse por la gestión de sus dominios pero en realidad esperaba impaciente que el débil heredero —futuro Carlos XI— muriera y ella pudiera tomar de nuevo las riendas del país. Por desgracia para Cristina el niño recobraría la salud y con gran amargura tendría que resignarse a embarcar hacia Hamburgo en la primavera de 1661. En este importante puerto alemán pasaría todavía un año más antes de instalarse de nuevo en Roma. Durante los meses siguientes no sólo se ocuparía de cuestiones financieras que discutía con su fiel banquero Diego Teixeira, también se dirigió incansable a los go-

biernos europeos para fomentar la tolerancia religiosa. El catolicismo debía ser tolerado en los países protestantes, tal
como escribió al rey de Dinamarca y al Senado de Hamburgo. Pero la mayoría de las potencias se mostraron poco dis-
puestas a abrirse a otras confesiones. El plan de Cristina volvía
a fracasar; sin embargo, en años posteriores se recordaría a la
reina sueca como protectora de los judíos en Roma, conde-
nados a vivir en guetos.

Aquella época fue una de las peores de su vida, se hallaba
separada de Azzolino y lejos de su amada Roma, y expuesta a
la hostilidad del Consejo de Estado sueco. En aquellos largos
y tediosos meses escribió cerca de ochenta cartas a su querido
cardenal que describen cómo era su vida cotidiana en Hamburgo, así como sus apasionados sentimientos hacia él. Aunque el tono de las mismas desvela una íntima amistad entre
ambos, la reina se confiesa en esta reveladora correspondencia
como una amante desdichada. Las respuestas del cardenal eran
casi siempre frías y en ocasiones le reprochaba su forma de
despilfarrar el dinero. Ella, por su parte, no dudó en abrirle su
corazón: «Vuestra frialdad jamás me impedirá amaros hasta la
muerte», le dice en una de ellas, y en otra le comunicaba que
jamás abandonaría Roma: «Mejor vivir en Roma a pan y
agua... que poseer en otro lugar todos los reinos y tesoros del
mundo». La certeza de que su amor por él sólo sería corres-
pondido con amistad la afectaba en lo más hondo de su ser y
la sumió en una gran melancolía. Con este estado de ánimo,
llegaba a Roma el 20 de junio de 1662 y allí permanecería
cuatro años.

En 1666 la inquieta soberana —a la que apodaban «la reina errante» por su constante ir y venir— abandonaba la Ciudad Eterna para viajar nuevamente a Hamburgo. A pesar del

frío recibimiento de su última visita a Suecia, seguía convencida de que el pueblo sueco la echaba de menos. Entre los
grandes cargos del reino algunos seguían guardando cierta fidelidad a la hija del valeroso Gustavo Adolfo, y ella lo sabía.
En Hamburgo esperará el momento adecuado para viajar a su
país donde el rey Carlos XI está de nuevo gravemente enfermo. Al conocer la noticia Cristina se siente eufórica y se ve a
sí misma entrando triunfal en Estocolmo a lomos de su caballo blanco como en los viejos tiempos. Llevada por sus deli-
rios de grandeza, consigue de algunos ingenuos aristócratas
importantes sumas de dinero que le permiten encargar una
magnífica carroza adornada con pan de oro, mandar bordar
un nuevo manto real, cortar libreas negras con pasamanería de
plata para sus futuros criados y trajes amarillos y azules, los
colores de Suecia, para sus eventuales pajes.

Pero el joven Carlos XI parecía empeñado en no morir y
con la llegada del otoño quien cae enferma es Cristina. El clima insalubre, húmedo y frío de Hamburgo, le pasa factura.
Durante semanas no abandonará su gélido y enmohecido dormitorio en una de las torres, donde se niega a hacer funcionar
las estufas. Las fuertes migrañas y varias gripes sucesivas la
obligan a guardar cama. De nuevo, como en sus primeros años
de reinado, descuida su salud y su higiene. Duerme poco y
mal, lee hasta altas horas de la noche y apenas prueba bocado.
A finales de enero parece milagrosamente curada y reempren-
de su intercambio de cartas con Azzolino. Al enterarse de que
en el mes de mayo ha sido convocada una nueva sesión de los
Estados Generales en Estocolmo, decide asistir a ella para defender sus intereses financieros. Consigue una autorización
para poder pisar su país aunque con ciertas restricciones: no
podrá entrar acompañada de sacerdotes católicos y no deberá

inmiscuirse en los asuntos de Estado. Sin embargo su sueño de volver al trono de Suecia se desvanecería muy pronto. Al descubrir las autoridades locales que viajaba en compañía de su confesor italiano, recibe la orden expresa de Carlos XI —más bien del canciller De la Gardie— de detener su marcha a riesgo de expulsar al sacerdote. La respuesta al rey está a la altura de su reputación: «Para recordaros lo que sois y lo que soy, os recuerdo que no habéis nacido para impartir órdenes a personas de mi rango... Quedo, no obstante, hermano y sobrino mío, vuestra afectísima hermana y tía. Cristina Alejandra».

Alojada en su castillo de Norrköping, la reina Cristina recibirá un duro golpe. El consejo de regencia decide mostrarse inflexible y no permitirle la entrada en la capital. A principios de junio de 1667, sin el apoyo de nadie, abandonaba para siempre su país y cinco días más tarde llegaba a Hamburgo. Allí se entera por las cartas que le envía Azzolino de que tras una breve enfermedad Alejandro VII había muerto en su ausencia. Su sucesor, Clemente IX, era un viejo conocido suyo y un hombre cultivado, de gran humanidad. A finales de octubre de 1668 la reina parte definitivamente de la ciudad de Hamburgo para regresar a su querida Italia. En el camino recibe la noticia de la muerte de Mazarino, el astuto cardenal que la hizo soñar con el trono de Nápoles.

A pesar de sus fracasos anteriores, Cristina aún intentaría ocupar otro trono, el de Polonia, que quedó vacante tras la abdicación del rey Juan II Casimiro, de la dinastía Vasa. Tanto ansiaba verse coronada de nuevo reina que, por primera vez, planteó la posibilidad de contraer matrimonio, pero los polacos escogieron otro pretendiente. Antes de partir a Roma escribió a Azzolino: «Espero que sepáis que los golpes del destino no han hecho cambiar mi corazón... No temáis, veréis que soy el ser más desdichado del mundo sin quejarme, y no desearé más que la muerte en el lugar en que todos los objetos me recuerdan la pasada dicha. Mi dolor pronto me la traerá…».

Sola, abatida y decepcionada por la fría acogida recibida en su país natal, Cristina llegaba a la Ciudad Santa a finales de noviembre. En esta ocasión su retorno fue celebrado con una entrada triunfal por la Porta del Popolo seguida de un espléndido banquete en el Quirinal. Se instaló de nuevo en el palacio Riario, en el Trastévere, con su séquito cada vez más reducido. Aunque era mucho menos suntuoso que el palacio Farnesio, estaba situado en un lugar privilegiado, en lo alto de una de las colinas que rodeaban la ciudad, con unas espléndidas vistas. El papa Clemente IX la recibió con los brazos abiertos e incluso se desplazó unas semanas más tarde a su residencia para visitarla. Además, le asignó una pensión anual de doce mil escudos, que a Cristina le permitió ejercer como antaño una gran influencia en la vida cultural de Roma. Al lado de este Papa amante del arte y de su fiel Azzolino, nombrado secretario de Estado del Vaticano, se convirtió en la reina sin corona de Roma o la Padrona de Roma, como todos la conocían.

Cuando el cardenal Azzolino vio a Cristina tras dos años y medio de ausencia, le costó reconocerla. La reina contaba cuarenta y dos años pero aparentaba sesenta. Sus rasgos se habían endurecido, le colgaban los carrillos de las mandíbulas y tenía su nariz aguileña llena de protuberancias; sobre el labio superior destacaba una especie de bigotillo y había engordado mucho. Ella era muy consciente de su fealdad y sobrepeso, y solía reírse de ella misma. Por aquel entonces le escribió con ironía a su libertino amigo Bourdelot: «En lo que a mi gordura respecta, a mí no me importa. Tengo lo necesario para cubrir los huesos. Tal como vivo, no temo engordar más. Como poco y duermo todavía menos». A partir de ese instante el cardenal no volvería a manifestarle sus sentimientos y se mostraría muy casto con ella. Para Cristina fue un duro golpe descubrir —gracias a sus espías a sueldo en Roma— que el prelado sólo era célibe con ella y no dudaba en cortejar a otras hermosas damas de la ciudad a pesar de su rango. Aunque Azzolino no respondiera a las insinuaciones de la soberana mantendrían una relación de mutuo respeto hasta el final de sus días.

Pero la tranquila y prometedora estancia de Cristina en Roma junto a un Papa amigo y su fiel cardenal, tenía las horas contadas. El pontificado de Clemente IX sería de breve duración y tras su muerte le sustituiría el anciano Clemente X. La relación entre ambos sería distante pero el Santo Padre decidió dar una tregua a la extravagante dama y no se inmiscuyó en sus asuntos. Para la reina comenzaba un período de intensa vida cultural y por primera vez en mucho tiempo no le faltaría dinero para vivir como una gran dama. Si bien el consejo de regencia sueco, y especialmente Magnus de la Gardie, habían hecho lo imposible por bloquear el pago de las antiguas rentas que le debían, en 1672, cuando Carlos XI accede a la mayoría de edad, muchas cosas cambiarían. El joven monarca ignorando que durante años Cristina había deseado su muerte para arrebatarle el trono, intentará solucionar los problemas pendientes con su «tía». Así le permite arrendar sin restricciones sus tierras y más adelante le aumentará gradualmente su asignación a costa del erario público. Azzolino impone a su amiga un mínimo de orden en su contabilidad y consigue que por primera vez llegue a ahorrar algo. Durante los últimos años de su vida Cristina no se vería acuciada por problemas económicos y a pesar de llevar un costoso tren de vida, podría residir en Roma con gran desahogo.

A partir de 1670 Cristina de Suecia parece resurgir de sus cenizas y su mala reputación queda en el olvido. Vuelve como antaño a ocupar un lugar destacado en la buena sociedad romana y se convierte en musa de artistas y literatos. El palacio Riario, gracias a su influencia y mecenazgo, es el centro cultural por excelencia de la ciudad. El edificio de estilo renacentista alberga tesoros artísticos de todo el mundo y la gran biblioteca de la reina —con tres mil setecientos libros y dos mil manuscritos—, que fue trasladada íntegramente a Roma desde su país natal. A los visitantes les impresiona el espléndido vestíbulo de la planta baja donde se pueden contemplar dos hileras de bustos y estatuas de la Antigüedad. En el fondo de la Sala de las Columnas, bajo un baldaquino de terciopelo verde, se encontraba el trono dorado de la antigua soberana. En otras salas adyacentes estaban expuestas las colecciones de tapices flamencos, y cientos de cuadros traídos del palacio de las Tres Coronas. El segundo piso lo ocupaba una gran sala de teatro y de conciertos, cuyo foso de orquesta tenía capacidad para más de cien músicos. En su refugio romano seguiría acumulando una extraordinaria colección de obras de arte.

En su madurez la reina sueca se rodea como antaño de un selecto círculo de eruditos, escritores, músicos y artistas. Vuelve a ser aclamada como la Minerva del Norte y funda una nueva Academia Real compuesta por cuarenta miembros, con el objeto esencial de defender la lengua italiana «del mal gusto, la ampulosidad y la exageración». Este proyecto se transformaría tras su muerte en la llamada Academia de la Arcadia, que se ha mantenido hasta nuestros días y de la que los soberanos suecos, en honor de su fundadora, siguen siendo miembros de derecho. Y como no podía ser menos que el rey Luis XIV, quien había fundado en 1666 en París la Academia de las Ciencias, ella le imitaría creando la Academia de Artes y Ciencias cuyos miembros se reunían en el salón del trono de su residencia. Cristina mandó instalar tres laboratorios en los desvanes del palacio para experimentos científicos. También ordenó construir un observatorio en su palacio, donde pasaba las horas mirando al cielo en compañía de dos astrónomos que contrató a su servicio.

Pero sus iniciativas no acabaron aquí. Aunque carecía de reino, pocos monarcas europeos podían igualar su labor artística, acaso sólo superada por Luis XIV y Felipe IV. Ya en Suecia la reina se había interesado por el teatro y en 1652 había invitado a Estocolmo a una importante compañía italiana de ópera, aunque ella prefería el drama francés. En Roma, fundaría el primer teatro público de la ciudad. En un antiguo convento rehabilitado, se acomodó una compañía permanente de actores y cantantes a los que financió mediante suscripciones. Pero lo más innovador fue que la reina obtuvo del papa Clemente X el levantamiento de la prohibición a la presencia de mujeres en los espectáculos artísticos. Hasta la fecha en los melodramas y demás óperas los papeles femeninos eran representados por *castrati*. De este modo la reina Cristina se fue ganando de nuevo el afecto del pueblo llano de Roma, que entusiasmado llenaba el gallinero de su teatro para asistir gratis a todas las funciones. A pesar de su fealdad, su lenguaje obsceno y de ir siempre como un adefesio, la gente la aplaudía a su paso cuando salía del palacio Riario en su carruaje dorado. Le gustaba lanzar desde la portezuela dulces y calderilla a los niños y los mendigos del barrio.

Cristina había cumplido los cincuenta y seis años cuando

llegó a Roma la noticia de que el rey de Suecia se había fracturado la pierna en una caída de caballo. El soberano, aquel
niño enclenque y débil durante su infancia, tenía ahora veintisiete años y había demostrado ser un valiente guerrero. Tras
el accidente se temía por su vida, y al no tener aún descendencia masculina, la continuidad dinástica no estaba asegura-
da. Una vez más Cristina sintió renacer sus ambiciones y
«todo el orgullo de su rango y de su cuna». De inmediato escribió una carta al administrador de sus tierras en los siguientes términos: «Quiero esperar que no se olvidará que la corona que se posee es el don de una mera gracia que no fue
concedida al rey Carlos Gustavo y a sus descendientes más
que por mí y Suecia y, en caso de que el actual Carlos faltara,
Suecia no puede, sin cometer un crimen ante Dios y ante mí,
escoger a otro rey ni a otra reina sin que mis derechos hayan
sido asegurados». Como de costumbre, se había precipitado al
escribir esta carta porque el accidente del rey no tuvo un desenlace fatal. Al contrario, el monarca se repuso rápidamente
y, unos meses más tarde, su mujer, la reina Ulrica Leonor de
Dinamarca, dio a luz a su segundo hijo, esta vez un varón. Más
tarde nacerían otros hijos —siete en total— quedando el linaje asegurado por largo tiempo.

Quizá porque ya no le quedaban muchos años de vida, a
pesar de haber sido sumamente egoísta en el pasado, ahora
se mostraba más comprensiva y generosa. Así, encajó de
buena manera los sucesivos nacimientos de sus sobrinos que
acababan de un plumazo con sus esperanzas de regresar un
día al trono que abandonó. Aceptó incluso ser la madrina
del primogénito, el futuro rey Carlos XII, a quien escribió
algunas cariñosas cartas. Mientras esto ocurría, trató de
amoldarse a otros cambios importantes en su vida. Tras la

muerte de Clemente X le sucedió el papa Inocencio XI, con quien mantenía una vieja hostilidad personal. El nuevo Papa, hombre bastante ignorante y autoritario, emprendió una auténtica cruzada en Roma contra la inmoralidad. Prohibió todas las representaciones públicas de ópera y teatro, aunque antes de su elección había sido uno de los más asiduos visitantes del palco de Cristina. El teatro fue transformado en almacén de cereales y la reina tuvo que limitarse a las representaciones privadas en el palacio Riario. La relación de Cristina con el inflexible pontífice sería difícil y afectaría a su ya débil salud.

Al envejecer Cristina se autodefinía como una «tranquila espectadora» del teatro del mundo. Eso no significaba que se mostrara pasiva porque hasta el final siguió participando en los acontecimientos políticos de la época y dando su opinión sin que se la pidieran. Tampoco dejaba de provocar y aunque se mostraba en público más silenciosa y reflexiva mantenía intacto su indómito carácter. Los nobles de su corte continuaban oyéndola maldecir con desenvoltura, escupir en el suelo y la veían levantarse las faldas en público cuando se calentaba en la chimenea, dejando ver su arrugada y muy sucia piel. En su siglo, la higiene era más bien una rareza y la reina nunca le dio demasiada importancia a su cuidado personal.

A punto de cumplir los sesenta y dos años, y muy deteriorada físicamente, le escribía lacónica y llena de ironía a su amiga mademoiselle de Scudéry, el 30 de septiembre de 1687: «Os diré que no me he embellecido en modo alguno desde la época en que me visteis. He conservado por entero todas mis buenas y malas cualidades, y a pesar de los halagos sigo tan descontenta con mi persona como siempre he estado. No envidio a nadie ni su suerte, ni sus tierras, ni sus tesoros, pero me gustaría elevarme por encima de todos los mortales en mérito y virtud; de ahí mi insatisfacción. Me repugna profundamente la vejez y no sé cómo acostumbrarme a ella. Si me dieran a elegir entre la vejez y la muerte, elegiría a la última sin titubeos, pero como no se nos pregunta, me he acostumbrado a vivir sin olvidar el placer. La muerte, que nunca deja pasar su hora, no me inquieta. La espero sin desearla ni temerla». Hace un tiempo que la reina alberga sombríos presentimientos y así se lo confiesa a Sibila, una maga a su servicio. Un día mientras se prueba frente al espejo un vestido de satén blanco que guardaba en su armario, le preguntó a la vidente en qué ceremonia iba ella a lucir semejante prenda. La respuesta la dejó helada: «En vuestro funeral, majestad, que se acerca».

El 13 de febrero de 1689, Cristina de Suecia sufrió un repentino desmayo. El médico le diagnosticó una erisipela en la pierna derecha, un mal que hacía años la atormentaba. Tras unos días guardando cama con fiebres altas y repetidos desvanecimientos, pareció mejorar. La inesperada curación fue celebrada como un milagro con grandes fiestas en la ciudad en las que participaron los artistas favorecidos por la reina. En las iglesias romanas se cantó el Tedeum y en los palacios de la nobleza hubo espléndidas celebraciones y banquetes en su honor. La villa entera, pero muy especialmente los habitantes del barrio del Trastévere, manifestaron su alegría y gratitud. En una carta a su fiel banquero Teixeira le comunica: «Sigo con vida gracias a un milagro y a la vigorosa constitución que Dios me ha dado».

La enferma había recibido la extremaunción, comulgado dos veces y dictado testamento en el que nombraba al cardenal Azzolino heredero universal. Para la posteridad justificaba su decisión con estas palabras: «Por sus incomparables capacidades, por sus méritos y los servicios que me ha prestado durante largos años, le debo esta prueba de afecto, aprecio y gratitud». En el mismo escrito afirmaba su fe única en la Iglesia, en cuyo seno estaba decidida a morir. En su testamento no dejaba nada al rey de Suecia ni devolvía los valiosos objetos de arte y cuadros que se había llevado del país.

A pesar de su pronta recuperación a los pocos días volvió a recaer. Al ver que su fin estaba próximo, Cristina pidió al Papa —también gravemente enfermo— que le perdonara sus excesos y se hiciera cargo de su servidumbre. El pontífice sin demora le mandó su absolución y le anunció que iría a verla personalmente cuando se encontrara mejor. Pero en la madrugada del 19 de abril la reina falleció serena en su lecho, en la única compañía de su confesor y de su inseparable Azzolino. Tenía sesenta y dos años y mantuvo hasta el final su genio y figura. El cardenal, al que Cristina siempre amó, la veló día y noche junto a su cama. Envejecido también y delicado de salud, sobreviviría unas pocas semanas a su amiga y protectora. Cristina de Suecia dejó escrito que deseaba ser amortajada de blanco y sepultada en el Panteón de Roma, sin que su cuerpo fuera exhibido y en una ceremonia sencilla. Sus últimas voluntades no fueron cumplidas. El cardenal Azzolino y el papa Inocencio XI decidieron darle un solemne funeral de Estado y que sus restos mortales descansaran en la basílica de San Pedro en el Vaticano. Su cuerpo embalsamado, envuelto en un vestido blanco brocado en oro y cubierto con un manto de armiño, fue enterrado con su pesada corona y cetro en la sagrada cripta de San Pedro. Un honor sólo reservado a los pontífices y a unos pocos emperadores. El mejor epitafio de esta mujer enigmática, ambigua y rebelde lo escribió ella misma: «He nacido libre, he vivido libre y moriré libre».

EUGENIA
DE MONTIJO

Un trágico destino

Hago todo lo que puedo pero no me quieren. Soy una extranjera. Los franceses no se lo perdonan a sus soberanas… ¡Si supieran lo que daría para que me amaran de verdad! ¡Sólo el cariño de los pueblos puede pagar a los soberanos porque su vida es muy árida! ¡Si pudiesen dejar de llamarme la española! ¡La austríaca! ¡La española! Esas palabras son las que matan a una dinastía.

EUGENIA DE MONTIJO,
Palacio de las Tullerías, París, 1867

A Manuela Kirkpatrick, esposa del conde de Teba, le gustaba contar que un fuerte terremoto precipitó el nacimiento de la futura emperatriz de los franceses. Era el 5 de mayo de 1826 en Granada y, según su testimonio, ante la violencia de las sacudidas salió al jardín de su casa en busca de refugio. Allí mismo, y sorprendida por los dolores de parto, dio a luz bajo un árbol a su segunda hija. Así vino al mundo Eugenia de Montijo, aunque la realidad fue menos romántica y el seísmo que asoló la ciudad tuvo lugar diez días después del alumbramiento. La condesa de Teba, mujer de lo más fantasiosa, inventó esta ver-

sión del nacimiento de su pequeña para alimentar la leyenda
en torno a su figura. La propia Eugenia llegaría a creerse esta
idea tan novelesca de su llegada al mundo y en el ocaso de su
vida confesaría que aquel terremoto había sido «el presagio de
mi destino». Nada hacía imaginar entonces el papel que la
historia le tenía reservado a aquella niña prematura, de tez
pálida y cabellos cobrizos, tan parecida a su padre.

Don Cipriano, conde de Teba, era el hermano menor del rico
y poderoso conde de Montijo, descendiente de los Guzmán y
Palafox, tres veces Grande de España. Pertenecía a uno de los
linajes más rancios de la nobleza española y entre sus ilustres
antepasados se encontraba el valeroso Guzmán el Bueno, gobernador de Tarifa. Admiraba la audacia y el genio de Napoleón y no dudó en aliarse con las tropas francesas y servir a
José Bonaparte, hermano del emperador, como coronel de su
ejército. Idealista de la causa napoleónica, pagó un alto precio
por su valor en el frente. Perdió prácticamente el brazo izquierdo, tenía una pierna destrozada y se quedó tuerto mani-
pulando un fusil defectuoso en el arsenal de Sevilla. Tras la
humillante derrota del ejército francés en Vitoria, el conde de
Teba malvivió en el exilio, defendió París contra los aliados y
sólo a la caída del imperio decidió regresar a su país amparán-
dose en una amnistía decretada por Fernando VII. El rey, que
desconfiaba de los bonapartistas, consintió que fijara su residencia en Málaga pero bajo un régimen de estrecha vigilancia
policial.

En 1817 don Cipriano de Guzmán era un caballero maduro al que le faltaba un ojo que cubría con un parche y mostraba una notoria cojera. Era un proscrito, sin porvenir ni for-

tuna a pesar de sus muy ilustres e interminables apellidos. En Málaga, donde poseía algunas propiedades, vivía por entonces una joven que había conocido en París cuatro años antes. Era una atractiva morena llamada Manuela Kirkpatrick y Grivegnée, hija de un acaudalado comerciante de vinos escocés, cónsul de Estados Unidos en Málaga, y una aristócrata dama de origen belga. Manuela era malagueña de nacimiento —aunque por sus venas corría sangre escocesa, belga e irlandesa— pero se educó en Francia. Cuando se la presentaron tenía diecinueve años y revolucionaba el salón parisino de la condesa Mathieu de Lesseps, de quien era sobrina y en cuya casa se hospedaba. Inteligente, enérgica y cultivada, hablaba cinco idiomas y tenía una brillante conversación. Ambos compartían las mismas inquietudes y respaldaban la política de Napoleón. El reencuentro de la pareja en Málaga no pudo ir mejor y aunque tuvieron que salvar muchos obstáculos se casaron el 15 de diciembre de 1817. Manuela se convirtió en la nueva condesa de Teba, título que satisfacía sus aspiraciones sociales.

Los primeros años de matrimonio no fueron fáciles para los condes de Teba, que tenían prohibida la entrada en Madrid por sus simpatías bonapartistas. Se instalaron en Granada, en la calle Gracia, donde Manuela sufrió en silencio las largas ausencias de su esposo. Don Cipriano, que se mantenía firme en sus ideales, recorría el campo andaluz para pronunciar discursos contestatarios, conspirar en las tabernas e intentar sublevar a los partidarios de una monarquía adormecida. Pero cada rebelión era duramente reprimida y el «afrancesado» conde de Teba pasó un tiempo en la cárcel y más tarde fue enviado a Santiago de Compostela como medida de castigo. Durante su cautiverio Manuela mostró una gran serenidad y nunca perdió el optimismo a pesar de los contratiempos a los

que tuvo que hacer frente. Vivía ajena a los rumores malévolos que le atribuían todo tipo de aventuras y amantes.

Finalmente su esposo pudo regresar a Granada y formar
una familia como era su deseo. En enero de 1825, siete años
después de la boda, nacía su primera hija, Francisca de Sales
—conocida como Paca—, una niña de belleza clásica, morena
y de profundos ojos negros. Fue siempre la preferida de su
madre que no dejaba de ensalzar su hermosura, y su carácter
dulce y espiritual, el polo opuesto de su hermana un año menor que ella. Eugenia, de cabello rubio castaño, piel muy clara
y ojos azul violeta, era impetuosa, terca y rebelde. Desde niña
mostró una gran complicidad con su padre del que heredaría
no sólo sus rasgos físicos, sino un hondo idealismo y su admiración por Napoleón. Apreciaba su valor y heroísmo, y que
siendo un mutilado de guerra se mantuviera firme en sus
convicciones. Le gustaba pasear a caballo con él, dormir al
raso en las noches de verano y frecuentar el ambiente gitano
del Albaicín. A Eugenia siempre le fascinó el cante y baile
flamenco. También era una apasionada de las corridas de toros que tanto añoraría cuando se trasladó a vivir a París.

En 1830 el rey Fernando VII levantó la prohibición a los
condes de Teba y pudieron irse a Madrid, donde vivían en
una casa de la calle del Sordo. Fueron años de dificultades
económicas, lo que les obligó a llevar una existencia muy modesta. Manuela, mujer mundana a la que le gustaba aparentar,
se negaba a vivir de manera austera como le pedía su esposo y
pronto comenzaron las peleas. Decidida a brillar en su pequeño círculo social, no dudaba en gastar dinero y contrajo muchas deudas. De aquella época data el inicio de una larga e
intensa amistad entre Prosper Mérimée, autor de la novela
Carmen, y la familia del conde de Teba. Don Cipriano lo co-

noció durante un largo viaje en diligencia por España y le invitó a visitarles en su casa madrileña. Manuela desde el primer instante sintió un gran afecto y admiración por este escritor culto, de brillante conversación y con aspecto de dandi, que se disponía a emprender un largo periplo por España. El destino volvería a unirles en París en circunstancias muy diferentes.

Cuatro años más tarde la muerte sin sucesión del conde de Montijo hizo heredero a su hermano Cipriano. De manera inesperada el padre de Eugenia se convertía en Grande de España y disponía de un importante patrimonio. Las aspiraciones de Manuela, condesa de Teba y ahora también duquesa de Peñaranda, se vieron al fin satisfechas. Con estos títulos conseguiría el anhelado prestigio social y brillar como siempre lo había deseado en los salones más selectos de la capital. La herencia incluía el espléndido palacio de Ariza —conocido como palacio de Montijo— y una finca en Carabanchel, a las afueras de Madrid.

El palacio de Montijo, con su fachada del siglo xv, era una opulenta mansión rodeada de jardines que guardaba en su interior valiosas obras de arte. En poco tiempo, gracias a su anfitriona, se convirtió en uno de los lugares predilectos de la alta sociedad madrileña del siglo xix. La condesa de Teba, gran amante de la vida social, se encontraba a sus anchas organizando fiestas, recepciones, meriendas y bailes de máscaras. En su nueva residencia se daban cita aristócratas, diplomáticos y artistas de renombre. Pero esta plácida existencia se vio truncada con la muerte en 1833 del rey Fernando VII, quien al no tener un heredero varón deja la corona a su hija Isabel II que sólo contaba tres años de edad. Su viuda María Cristina ejercería la regencia durante su minoría de edad. Fue entonces cuando don Carlos, hermano del difunto rey, reivindicó sus derechos y decidió destituir a su sobrina. El enfrentamiento no se hizo esperar y estallaron las sangrientas guerras carlistas que sumirán a España en una continua lucha civil. Eugenia, a los ocho años, presenciaría desde uno de los balcones del palacio el brutal asesinato de un sacerdote cuyo cuerpo fue descuartizado por una turba enfurecida. Aquella atroz escena la marcó de por vida y fue el comienzo de un estallido de violencia sin límites en la capital.

Ante el curso que tomaban los acontecimientos y la aparición de un brote de cólera, don Cipriano decidió mandar a su esposa y a sus dos hijas a Francia donde tenía algunos amigos. No fue una decisión fácil, era un viaje peligroso y echaría mucho de menos a su pequeña Eugenia, a la que estaba muy unido. Como las carreteras del norte no eran seguras Manuela y las niñas viajarían por la costa, una ruta más larga pero menos temeraria. Para Eugenia separarse de su padre también fue una pena inmensa y aquel viaje al exilio, una aventura que jamás olvidaría.

En Madrid y para no levantar sospechas, la condesa de Teba y sus hijas subieron al modesto convoy de un torero sevillano que se dirigía a Barcelona con su familia y parte de su cuadrilla. Cuando al fin consiguen llegar a Toulouse, están a salvo. Desde esta ciudad, invadida por refugiados que como ellas quieren cruzar la frontera, toman una diligencia hacia París. Aún les queda un largo y agotador camino hasta alcanzar la capital francesa. Eugenia siempre recordaría que lograron escapar de los ataques de los bandidos, los salteadores de caminos y los carlistas que devastaban los campos a su paso. Tras muchas vicisitudes llegaron a su destino y Eugenia aprovechó para escribirle una breve nota a su padre que decía: «Querido papá, ninguna de nosotras ha muerto, hecho afortunado. Pero somos bastante infelices lejos de ti. Durante el viaje pensaba en ti y no tenía miedo».

Cuando en 1835 Eugenia llegó a París la ciudad era apenas una sombra del esplendor que alcanzaría durante el Segundo Imperio. Reinaba entonces Luis Felipe de Orleans y era una urbe de un millón de habitantes sin alcantarillado ni agua potable donde la mayoría de la población vivía en condiciones miserables. El calor en verano era insufrible, las calles estaban mal pavimentadas y un fuerte hedor se adueñaba de todos los rincones. Las epidemias de tifus y de cólera eran frecuentes y causaban estragos. Pronto la capital francesa sufriría un gran cambio urbanístico y se embellecería con parterres, jardines y amplias avenidas. Manuela se instaló en un sencillo apartamento en el barrio nuevo de los Campos Elíseos. Había llegado a París con pocos recursos, apenas unos miles de francos, a la espera de que su esposo le mandara más dinero. Pero la delicada situación que atravesaba España hacía que el transporte del dinero en metálico fuera muy arriesgado. La condesa de Teba se las tendría que ingeniar para sacar adelante a sus hijas y pagar sus estudios. Al cabo de unos meses inscribió a Paca y a Eugenia en el colegio del Sagrado Corazón, cuyas religiosas profesaban las reglas de san Ignacio de Loyola. Era una de las escuelas de mayor reputación de la capital y también la más cara. Frecuentada por jóvenes de la alta sociedad y sangre azul, Manuela deseaba que sus hijas se codearan con compañeras de su mismo rango.

Eugenia nunca se adaptaría a la rígida disciplina de este centro ni a su ambiente elitista. Mientras su madre se felicitaba por haber logado inscribir a sus hijas en una escuela tan selecta, ellas se sentían prisioneras tras sus muros. Las primeras semanas fueron espantosas. Sus compañeras se burlaban de ellas, las trataban como extranjeras y corregían en todo momento su acento español. Pero si bien Eugenia detestaba y se rebelaba contra las rigurosas normas impuestas en el centro, en cambio se dejó ganar por su clima de devoción. Poco tiempo después le invadió una crisis de misticismo que llegó a preocupar a su madre. Estaba convencida de que su hija acabaría haciéndose monja si seguía por ese camino. Para Eugenia, joven emotiva y de gran imaginación, la religión sería a lo largo de su azarosa vida un consuelo que le ayudaría a soportar las tragedias familiares.

Pero Eugenia echa mucho de menos a su adorado padre, que seguía en Madrid. Añora su compañía, sus paseos a caballo y la libertad de la que disfrutaba cuando vivía en Granada. En aquellos días la joven se enteraría por los periódicos de que Luis Napoleón, sobrino de su admirado Napoleón Bonaparte, había intentado restaurar el imperio napoleónico con un golpe de Estado en Estrasburgo que todos calificaron de ridículo. Carlos Luis Napoleón Bonaparte, como era su nombre completo, era hijo de Luis Bonaparte, rey de Holanda, y de Hortensia de Beauharnais, hija de la emperatriz Josefina. Su madre le inculcó desde niño el culto a su tío el gran Napoleón I y la fidelidad al apellido Bonaparte.

Con la caída del Gran Corso y la restauración de la monarquía de los Borbones en Francia, en 1816 se desterró a todos los Bonaparte del territorio francés. La reina Hortensia se exilió a Suiza donde transcurrió la infancia del príncipe. En 1832 la prematura muerte del duque de Reichstadt, único descendiente legítimo de Napoleón I, dejó la puerta abierta a la sucesión. Su primo, el joven Luis Napoléon, se convirtió en el heredero oficial del bonapartismo y comenzó a conspirar para derrocar a la monarquía. Tras el pretencioso intento de sublevar a la guarnición de Estrasburgo, el rey Luis Felipe de Orleans se mostró paciente e indulgente con él. Como castigo lo condenó al destierro en América. El monarca pensó que la distancia calmaría las aspiraciones del ambicioso sobrino de Napoleón, pero se equivocaba. Eugenia seguiría muy atenta las andanzas del heredero de una dinastía gloriosa que devolvía las esperanzas a los bonapartistas.

La condesa de Teba, ajena a las inquietudes y los sentimientos que invaden a su hija menor, se muestra cada vez más distante. Paca, muy apegada a ella, seguía siendo su preferida. Eugenia sufre terriblemente la ausencia de su padre. En una carta del 6 de agosto de 1836, le dice: «No necesito regalos para quererte más porque sería imposible... No creas que te escribo por obligación, porque tengo tanto gusto en hacerlo que no es necesario forzarme...».

En aquellos días se mudan a una nueva casa más amplia y céntrica en la rue de la Ville-l'Évêque, próxima al palacio del Elíseo. En ella la condesa abre su propio salón y reencuentra a sus antiguos amigos, entre ellos Prosper Mérimée, que ahora compagina su trabajo como escritor con el cargo de inspector general de Monumentos Históricos.

Fue Mérimée quien les presentó al gran escritor Stendhal que se convertiría en un buen amigo de la familia Montijo. Eugenia se refería a él como «monsieur Beyle» y siempre recordaría que la sentaba en sus rodillas y cautivaba a todos los presentes con los heroicos relatos de las campañas de Napoleón en Italia, donde él sirvió al emperador. Acudía todos los jueves a cenar a su casa y ese día tan especial su madre les permitía acostarse más tarde para escuchar sus historias: «No almorzábamos, de lo impacientes que estábamos por oírle. Cada vez que sonaba el timbre, corríamos a la puerta de entrada. Finalmente, lo llevábamos al salón, triunfantes, cada una cogida de una mano, y lo acomodábamos en un sillón, cerca de la chimenea. No le dábamos tiempo de respirar, le recordábamos en qué victoria había dejado a nuestro emperador, en el que habíamos pensado toda la semana, esperando impacientes al mago que lo resucitaría para nosotras. Nos había contagiado su fanatismo. Llorábamos, nos estremecíamos, estábamos locas…». Cuando mucho más adelante alguien preguntó a la emperatriz, entonces una venerable anciana, qué recordaba del célebre escritor, ella con una sonrisa soñadora respondió: «Fue el primer hombre que hizo latir mi corazón, y con qué violencia…». Stendhal no se olvidaría del entusiasmo de aquellas chiquillas curiosas y encantadoras. En su novela *La Cartuja de Parma* incluiría a pie de página una dedicatoria en español a las dos hermanas: «Para vosotras Paca y Eugenia, 15 de diciembre de 1838». Eugenia mantuvo una relación muy especial con Stendhal, quien le escribió más de doscientas cartas —que ella guardaría como un tesoro— hasta su inesperada muerte en 1842 a causa de un ataque de apoplejía. Tenía cincuenta y nueve años y para Eugenia fue una pérdida muy dolorosa de la que tardaría en recuperarse.

Cuando al fin el padre de Eugenia pudo viajar a París no quiso alojarse en la casa de su esposa y alquiló un piso cerca de allí. Hacía tiempo que la relación de la pareja era fría y distante, cargada de reproches mutuos. Para empeorar las cosas, don Cipriano se entera con enorme tristeza de que entre los visitantes al salón de Manuela se encuentran numerosos carlistas, sus más acérrimos enemigos. El conde de Teba estaba ansioso por ver a sus hijas y además traía dinero para ayudarlas en su manutención. Pero las peleas conyugales se repiten. Mientras Manuela es una mujer mundana y frívola, su esposo sigue siendo un hombre comprometido con sus ideales. Don Cipriano descubre muy a su pesar que su esposa sigue malgastando el dinero y viviendo muy por encima de sus posibilidades. Le echa en cara que sus hijas asistan a un colegio tan elitista y caro pudiendo estudiar en otras escuelas. Preocupado además por la puritana educación que está recibiendo su hija menor y conociendo su amor por la vida al aire libre y el deporte, la inscribe en un gimnasio fundado por un antiguo compañero en el ejército de José Bonaparte. El centro es de lo más progresista en materia educativa ya que las clases son mixtas y el objetivo es fortalecer el cuerpo al mismo tiempo que formar el carácter.

Durante la breve estancia de su padre, Eugenia se perfecciona en montar a caballo, aprende esgrima y, algo inusual para una señorita, toma clases de natación. Don Cipriano, visiblemente más envejecido y agotado, disfrutó durante unos días de la compañía y el cariño de sus hijas a las que veía muy poco. Las llevó al teatro, al circo, a navegar en barca por el lago del bosque de Boulogne y callejearon por las orillas del Sena. Cuando a principios de abril tiene que marcharse, Eugenia se queda desconsolada. Le echa tanto de menos que le escribe a menudo cartas llenas de sentimiento como ésta de abril de 1837, época en que su padre participaba en el conflicto carlista. En ella le confiesa nostálgica: «No puedo estar más tiempo sin verte. ¿Para qué he nacido si no es para estar con mi padre y mi madre? ¿Cuál es por lo tanto ese lazo que nos separa? Es la guerra. ¡Oh guerra! ¿Cuándo acabarás tu carrera? El tiempo avanza y nos quedamos atrás, y tenemos menos tiempo para abrazarnos».

Con el paso de los meses la condesa de Teba tiene una nueva preocupación, pues los resultados escolares de sus hijas no son buenos. A pesar de los esfuerzos de monsieur Beyle por corregir los deberes de francés de Paca y Eugenia y ense-

ñarles un sinfín de materias que no aprenderán con las damas
del Sagrado Corazón, las niñas no avanzan en sus estudios. Su
madre, siempre dispuesta a viajar y a hacer nuevas amistades,
decide en abril de 1837 poner rumbo a Inglaterra. Allí inscribe a Paca y Eugenia en un prestigioso internado cerca de
Bristol. El colegio de Clifton, situado en medio de un parque,
agrada a la condesa de Teba porque las niñas pueden hacer
más ejercicio físico y se relacionarán con jóvenes de la mejor
sociedad. De nuevo internas, añorarán a los amigos que han
dejado en París mientras Manuela disfruta de su libertad.

Con un padre lejos y una madre ausente, Eugenia se derrumba y se encierra en sí misma. Durante su estancia en el
internado entabla amistad con una princesa hindú tan infeliz
como ella. Las dos jóvenes, unidas por la soledad y el desa-
rraigo, planean juntas una evasión. Tienen once años y sueñan
con vivir una gran aventura. Desde el puerto de Bristol zar-
pan a diario numerosos barcos rumbo a las Indias Occidenta-
les. Paca se niega a seguir el temerario plan de su hermana,
que consiste en subirse como polizones a uno de esos barcos
con destino a Bombay. Eugenia y su amiga consiguen escapar
del internado sin ser vistas pero su odisea apenas duró unas
horas. En el muelle la policía las descubre y son devueltas al
colegio. Cuando Manuela se entera del intento de fuga de su
hija se siente tan avergonzada que apenas cuatro meses más
tarde regresó con las niñas a París.

De nuevo en la capital francesa, las hermanas se reincor-
poran al colegio del Sagrado Corazón. La condesa de Teba,
temerosa de que su hija menor intente otra fuga, contrata a
una institutriz inglesa, miss Flowers, mujer enérgica que intentará inculcar disciplina y enseñar su idioma a sus pupilas.
También contratará a profesores particulares que enseñarán

dibujo y música a las dos chicas. Por su parte don Prosper Mérimée, que se ha convertido en una especie de tutor de las hermanas, se compromete a corregir sus composiciones francesas y a darles clases de ortografía. Pronto miss Flowers se verá desbordada de trabajo pero a pesar de sus quejas permanecerá junto a la condesa hasta la muerte de ésta.

Eugenia ha cumplido doce años y es una niña revoltosa, independiente y fantasiosa que desea conocer los placeres que ofrece París. A sugerencia de Mérimée, su madre las autoriza a ir con él al teatro, escogiendo las representaciones más convenientes para unas muchachas de su edad. El acontecimiento del inicio de temporada de aquel año de 1838 es el debut de una gran actriz trágica, mademoiselle Rachel, que con apenas dieciséis años ingresa en la Comédie Française. Eugenia se queda cautivada por el arte dramático de esta joven artista judía apenas cuatro años mayor que ella. Cuando unos días más tarde Mérimée llega a casa de las Montijo acompañado por esta célebre actriz, causa una gran impresión a todos. Eugenia, tras aquella inesperada visita, confiesa haber encontrado su auténtica vocación y quiere dedicarse al teatro. El destino le tendrá preparado otro papel, como ella misma reconocería en una ocasión: «Cuando tenía doce años quería ser actriz. No he tenido suerte: he sido emperatriz».

Pasan los meses y Eugenia no deja de escribir a su padre que ha prometido visitarlas en Navidad, pero para su decepción no aparece. La realidad es que don Cipriano no puede viajar a París porque está muy enfermo. A finales de febrero de 1839 el médico que le atiende informa a su esposa de que el pronóstico es grave y que le queda poco tiempo de vida. Al conocer la fatal noticia Manuela hace a toda prisa el equipaje y toma la primera diligencia rumbo a Madrid. Sus hijas, a las que oculta el motivo de su partida, se quedan al cuidado de miss Flowers. Cuando diez días más tarde llega a la capital, su esposo se encuentra moribundo. Don Cipriano, Grande de España, muere el 15 de marzo rodeado del cariño de una esposa que al final, y a pesar de sus desavenencias, ha permanecido a su lado cuidándole día y noche. Tenía cincuenta y cuatro años y su gran pena ha sido no poder volver a ver a sus hijas. Manuela avisa a miss Flowers para que se ponga en camino con Eugenia y Paca sin informarles aún de lo ocurrido. Cuando llegan a Madrid y se enteran de que su padre ha fallecido hace varios días, se hunden en un gran dolor. Eugenia nunca le perdonará a su madre el no haber podido despedirse de la persona más influyente en su vida.

La señorita Montijo

La muerte inesperada de su padre dejó un gran vacío en Eugenia. Aunque estaba muy unida a su hermana Paca, se sentía sola y huérfana de afecto. Tras este triste suceso y el fin de la Primera Guerra Carlista, la viuda, ahora convertida en condesa de Montijo, se instaló de nuevo con sus hijas en el palacio de Ariza. Eugenia echa mucho de menos París y sobre todo la compañía de sus entrañables amigos Merimée y Stendhal. Acostumbrada a relacionarse con personas interesantes, las amistades de su madre le parecen un aburrimiento. Además, en Madrid goza de menos libertad, pues si bien su hermana Paca por su edad tiene el derecho a acompañar a su madre, ella, que aún no ha cumplido los trece años, permanece bajo la custodia de miss Flowers, algo que la irrita. Donde Eugenia se siente a sus anchas es en la Quinta Miranda, la finca de Carabanchel que heredaron a la muerte del conde de Montijo y donde puede galopar a caballo por sus bosques y la orilla del río. Eugenia ha heredado el valor de su padre, en el campo suele llevar un puñal atado a la cintura y sabe manejar bien un arma. No le daban miedo los jabalíes ni los lobos ni los bandoleros. Le gustaba frecuentar a los gitanos que acampaban cerca de la finca madrileña y encendían de noche sus fogatas. Nunca olvidaría cuando una gitana en Granada le leyó la palma de la mano y vaticinó ante su sorpresa que un día ella sería «más que una reina». Aquella profecía le hizo mucha gracia porque le resultaba absurda. Desde la muerte de su padre, Eugenia ostenta el título de condesa de Teba —aunque en Francia todos la llamarán señorita Montijo— y sus posibilidades de alcanzar un trono son muy poco probables.

Eugenia no era como las chicas de su edad, que le parecían insípidas y estúpidas. En una carta a su amigo y confidente Stendhal, le escribe: «No tengo amigas, pues las muchachas madrileñas son tan tontas, que sólo saben hablar de modas y, para variar, se critican las unas a las otras…». En la primavera de 1842 la condesa de Montijo puso fin al luto por su esposo y reemprendió su agitada vida social. Las puertas del palacio se abrieron a lo más selecto de la sociedad madrileña. En sus magníficos salones príncipes, ministros y diplomáticos se codeaban con escritores, poetas y artistas. Tertulias, cenas, fiestas, bailes que duraban hasta el amanecer… Madrid era para la flamante viuda una auténtica fiesta. Ahora su prioridad es encontrar un buen partido para sus «niñas» entre una legión de codiciados aristócratas solteros que asisten a las recepciones del palacio de Ariza. A Eugenia le molesta esta actitud de casamentera de su madre con la que sigue sin entenderse:

«Mamá quería hacer feliz a todo el mundo, pero a su manera, no a la de los demás. Lo que le pertenecía, personas y bienes, estaba por encima de todo, y en primer lugar sus hijas, a las que elogiaba de tal modo en presencia de ellas que el elogio resultaba molesto». Paca sigue siendo su favorita y a Eugenia la rechaza porque es indomable, terca y desprecia el mundo en que ella se mueve.

Eugenia estaba convirtiéndose en una atractiva adolescente aunque le perdía su apasionamiento y su difícil carácter. Un día en una de las reuniones sociales que organizaba su madre, tuvo una acalorada discusión con ella al defender con firmeza las ideas liberales y atacar a los carlistas. La condesa en un momento dado se precipitó sobre su hija y alzó la mano para darle un bofetón. Eugenia lo esquivó y se dirigió al balcón, donde desafiante subió a horcajadas a la barandilla y sujeta sólo por una mano le gritó a su madre: «Si das un solo paso, me suelto». Manuela que conocía bien a su hija supo enseguida que ésta no hablaba en broma y retrocedió de inmediato.

En aquel difícil período de su vida, una noticia despertó de nuevo en ella su interés y resucitó la memoria de su héroe de juventud: Napoleón Bonaparte. El príncipe exiliado Luis Napoleón había sido condenado a cadena perpetua tras un nuevo y fallido golpe de Estado en Boulogne en agosto de 1840 que acabó con la paciencia del monarca francés. Tras ser apresado fue conducido a la antigua fortaleza de Ham, un lugar remoto y desolado al norte de Francia, donde pasaría su largo cautiverio. En esta lúgubre prisión dedicaría sus días a escribir ensayos y a leer montañas de libros que le ayudarían a instruirse en diversas materias. Cuando tiempo más tarde alguien le preguntó dónde había adquirido tan vastos conocimientos, él respondió con ironía: «En la Universidad de Ham».

Aunque en un principio el régimen penitenciario fue muy duro, con el paso de los meses se fue suavizando. A mediados de 1841 el preso gozaba de una inusitada libertad, podía pasear a su antojo o montar a caballo por el patio de la fortaleza. También cultivaba un pequeño huerto, y jugaba a las cartas y al ajedrez con los vigilantes. Ahora disponía de una celda más amplia y luminosa, con dos habitaciones y un ayuda de cámara que le atendía en lo que necesitaba. Se le autorizó a recibir visitas femeninas, entre otras, a su amante y protectora inglesa, miss Howard. Eugenia, romántica y aventurera, no hubiera dudado ni un instante en visitar al célebre prisionero de Ham para manifestarle todo su apoyo y admiración.

El 5 de mayo de 1843 la bella aristócrata cumplía diecisiete años y su madre decidió celebrarlo por todo lo alto. La condesa organizó un gran baile de disfraces en la Quinta Miranda en Carabanchel del que todos hablarían. La finca luce espléndida con sus largas alamedas de acacias y lilas que dan la bienvenida a los invitados. En su extenso parque la condesa ha mandado plantar miles de flores y rosales. Tras una minuciosa reforma, la residencia cuenta con setenta habitaciones y amplios salones donde se pueden admirar obras de Tintoretto, Goya y Murillo, entre otros artistas. Fue la condesa de Teba quien puso de moda en Madrid los bailes de máscaras que causaban furor en la capital parisina. Paca y Eugenia recurrieron a un fiel aliado para elegir sus disfraces. Su amigo y mentor monsieur Prosper les mandó desde París catálogos de los mejores modistos y, tras conocer las medidas de las señoritas Montijo, supervisó personalmente la confección de los modelos elegidos por ellas. Eugenia escoge un traje escocés —en honor a sus orígenes— de color verde y rojo, y luce un llamativo sombrero sobre su cabello.

A la hija menor de la condesa no le faltaban pretendientes, era atractiva, instruida y distinta a las demás. Su biógrafo, Claude Dufresne, la describe así: «Alta, de ojos azules, ojos de ópalo, cabello caoba. Su perfil tenía la perfección de una medalla antigua con un encanto muy personal que hacía que no pudiese comparársela con ninguna otra. La frente alta y recta, que se estrechaba hacia las sienes. Había en ella una perfecta armonía entre la persona física y la persona moral…». Pero del selecto grupo de solteros que frecuentan a las hermanas, hay un joven del que Eugenia se ha enamorado como una colegiala. Se trata de Jacobo Fitz-James Stuart, duque de Alba y de Berwick, un aristócrata de veintidós años, culto, tímido y educado al que conoce desde que era una niña. Eugenia visita con frecuencia el suntuoso palacio de Liria, residencia de los Alba, donde vive con su familia. Rodeado de un pequeño parque de árboles centenarios, estaba situado —aún en la actualidad— en pleno centro de Madrid, y albergaba una magnífica colección de obras de arte y tapices flamencos. Para la joven su enamorado reúne todas las cualidades y además comparten gustos comunes como el baile, los caballos y los toros. Eugenia creía que el duque se sentía atraído por ella pero pasaban los días y no se pronunciaba. Como era reservado y le veía indeciso, decidió declararle abiertamente su amor y le escribe: «No hay ni una sola cosa que no haría por ti. Ponme a prueba, te lo ruego… Pídeme cualquier locura, la haré. Con tu solo deseo, estaría dispuesta a mendigar por ti o a cubrirme de vergüenza. Sí, iría hasta deshonrarme si cupiese, para demostrarte la fuerza de mi amor». El duque de Alba responde a tan efusiva declaración de amor que su carta le ha conmovido pero no desvela cuáles son en realidad sus sentimientos hacia ella.

El sueño romántico de Eugenia será breve porque su madre la devolverá a la realidad. La condesa de Montijo hace tiempo que ha decidido emparentar a su hija predilecta Paca —tan hermosa, serena y razonable— con la casa de Alba y nadie la detendrá. Al parecer el señorito Jacobo dudaba entre las dos hermanas y la condesa supo dirigir sus preferencias hacia la mayor. Aquel primer desengaño amoroso se convirtió en un terrible drama para Eugenia que una vez más constató las preferencias de su madre por Paca. Una carta que escribió como despedida a Jacobo, apenas unos días después del baile de disfraces organizado con motivo de su cumpleaños, desvela la crisis profunda que atravesaba: «Dirás que soy una romántica y estúpida, pero eres bueno y perdonarás a una pobre chica a la que todos miran con indiferencia, incluso su madre, su hermana, y, osaría decirlo, el hombre al que más ama, por el que habría pedido limosna e incluso consentido su propia deshonra. Conoces a este hombre. No digas que estoy loca, te lo suplico, ten piedad de mí. No sabes lo que es amar a alguien y ser despreciado por él. Dios me dará el valor para acabar mi vida en un convento y nunca se sabrá de mi existencia…». Eugenia, decepcionada y con el corazón roto, intentaría envenenarse ingiriendo una caja de fósforos como una heroína romántica. En realidad no deseaba acabar con su vida, pero este suceso demuestra lo deprimida e infeliz que se sentía.

Eugenia tampoco llevará a cabo su amenaza de hacerse monja aunque intentará a escondidas de su madre convencer a la superiora de un convento vecino para que la deje tomar los hábitos. Tras varios aplazamientos, el 14 de febrero de 1844 se celebra la boda de su hermana doña Francisca Guzmán y Palafox, que se convierte en duquesa de Alba y una de

las damas de mayor prestigio de la sociedad madrileña. Eugenia no le guarda rencor y felicita a los recién casados con gran
cariño. La condesa de Montijo, tras haber encontrado un magnífico partido para su hija mayor, ahora sólo piensa en casar a
la segunda. La tarea no será fácil porque Eugenia, a diferencia
de su hermana, tiene ideas propias y piensa casarse con el
hombre del que se enamore y no con el que le elija su madre.

Manuela decide hacer un viaje con ella para levantarle el
ánimo y de paso curar una molesta rinitis que la joven padece
desde hace un tiempo. En las semanas siguientes recorren los
Pirineos y toman las aguas en el balneario de Eaux-Bonnes,
donde la gente bien acude a curar sus problemas respiratorios.
De regreso a Madrid, viajando en tren con una montaña de
baúles a cuestas, la condesa y su hija se detienen en el castillo
de Cognac. Eugenia nunca olvidaría que durante la cena, su
compañero de mesa, un excéntrico abad amante de la quiro-
mancia, le pidió permiso a su madre para estudiar las líneas de
su mano. Se hizo un gran silencio cuando el adivino pronun-
ció su profecía y dijo que veía «una corona imperial». Aunque
sus palabras motivaron las carcajadas de los comensales, era la
segunda vez, en un espacio de cinco años, que a Eugenia le
anunciaban tan alto designio.

Cuando Eugenia cumple veinte años, su madre se muestra inquieta, al igual que Mérimée, porque no ha encontrado
a su hombre ideal. Sin embargo ambos ignoran que la muchacha vuelve a suspirar por un nuevo amor. El elegido es un
chico que conoce desde siempre y es un asiduo a la finca de
Carabanchel y frecuenta el palacio de Liria donde Eugenia
pasa temporadas con su hermana y su cuñado. Se llama Pepe
Alcañices y pertenece a una rica familia de alto rango. Es duque de Sesto, marqués de Alcañices, tiene catorce títulos no-

biliarios y es siete veces Grande de España. Aunque no es guapo, resulta ingenioso y su desparpajo atrae a la señorita Montijo. Tiene un año más que ella y fama de aventurero y conquistador. Al principio le escribía románticas cartas de amor donde le declaraba su pasión pero nunca llegaría a pedirle la mano. Fue su hermana Paca, a la que seguía muy unida, quien le abrió los ojos. En realidad Pepe Alcañices estaba enamorado de la flamante duquesa de Alba y no dudó en utilizar a su hermana para llegar hasta ella y seducirla. Este nuevo desengaño endureció el corazón de la pobre Eugenia que a partir de este instante desconfiaría de todos los pretendientes que intentaban cortejarla.

En el mes de mayo de 1846, una noticia iba a devolver la alegría a la señorita Montijo. Su héroe, el príncipe Luis Napoleón, había conseguido evadirse de la fortaleza de Ham en una fuga de lo más novelesca. El prisionero había salido por su propio pie, disfrazado de albañil y con una viga de madera al hombro, usurpando la identidad de uno de los obreros que trabajaban en la reparación de un edificio del recinto interior. La prensa francesa no dio demasiada importancia a la huida del príncipe, que se refugió en Inglaterra dispuesto a seguir conspirando. La muerte de su padre Luis Bonaparte, ex rey de Holanda, le dejó una importante herencia que le permitiría instalarse en un elegante barrio residencial londinense y gozar, tras su largo cautiverio, de los placeres mundanos.

A principios de abril de 1847 la reina Isabel II nombró a Manuela, condesa de Montijo, camarera mayor, el cargo más alto de la corte. El primer ministro, el general Narváez, su amigo y protector, decidió premiarla de esta manera por su apoyo a la soberana. Para Manuela aquella elección fue el colmo de todas sus aspiraciones. Al conocer la noticia dio una gran fiesta en el palacio de Ariza para anunciar a bombo y platillo su nombramiento. Pero la madre de Eugenia duraría poco tiempo en su cargo. Eran muchos los que la consideraban una advenediza y la acusaban de meterse en todo, incluso en los asuntos de Estado. A los tres meses se vio obligada a presentar su dimisión al enterarse de que el marqués de Miraflores —un acérrimo enemigo— había sido nombrado gobernador del palacio real. Para mantener las apariencias la excusa que da a sus amistades es que ha decidido «dedicarse exclusivamente al cuidado y a la educación de su hija más joven en la época más crítica de su juventud».

En aquellos días en que la condesa de Montijo trataba de superar la humillación de haber sido apartada de su cargo, la llegada de Ferdinand de Lesseps a Madrid le devolvió la alegría. Este caballero, que un día alcanzaría el rango de héroe nacional, era su primo hermano y acababa de ser nombrado embajador de Francia en España. Tenía cuarenta y dos años y a pesar de su juventud había desempeñado funciones diplomáticas en distintos países, entre ellos Argelia y Egipto. Hombre emprendedor y visionario, más adelante sería el artífice de una de las obras de ingeniería más ambiciosas de su tiempo, el canal de Suez. Qué poco imaginaba entonces Eugenia que siendo emperatriz asistiría como invitada especial de su tío a la inauguración del canal de Suez, un proyecto que ella apoyaría con entusiasmo.

Lesseps a su llegada a Madrid traía noticias frescas de Francia que llenaron de esperanza a Eugenia, siempre tan soñadora. Así se enteró de que el príncipe Luis Napoleón había vivido exiliado en Inglaterra hasta la revolución de febrero de 1848 que depuso la monarquía y estableció la Segunda República Francesa. Libre de regresar a Francia, se presentó en París dispuesto a alcanzar su sueño. Los acontecimientos se sucedieron con rapidez. Apenas dos años y medio después de su evasión de Ham el heredero de la dinastía Bonaparte era proclamado presidente de la República. Era el 10 de diciembre de 1848 y el candidato que había ganado por una abrumadora mayoría era un auténtico desconocido para los franceses.

Para la condesa de Teba, había llegado el momento de volver a París y conocer en persona al nuevo presidente del que todos hablaban. A mediados de marzo de 1849 madre e hija se instalan en un apartamento alquilado en el número 12 de la elegante place Vendôme. Como de costumbre la condesa reanudó su agitada actividad social, abrió sus salones y pronto todos sus amigos acudieron a agasajarla. A Eugenia, que pronto cumplirá veintitrés años, le aburrían estas reuniones en las que se sentaba en un rincón y nadie le dirigía la palabra. Añoraba mucho a su hermana Paca que desde su boda intentaba sin éxito quedarse embarazada. Sólo los rumores que circulan sobre el flamante dignatario Luis Napoleón despiertan su interés.

El presidente ha puesto su residencia en el palacio del Elíseo, edificio abandonado desde 1815 que resulta pequeño, poco confortable y cuenta con un servicio mediocre. Además se come fatal, según pudo comprobar el propio escritor Victor Hugo tras probar uno de los platos del menú, el «conejo a la Capeto», una receta en honor al decapitado rey Luis XVI donde el animal guisado era servido sin la cabeza. El príncipe vive solo en su residencia del Elíseo pero ha acomodado a su amante, miss Howard, en una casa cercana de manera que la visita a diario. Sin embargo sólo una mujer está presente en la vida pública del presidente francés, su prima Matilde Bonaparte que ejerce el puesto aún vacante de primera dama.

La princesa Matilde era hija de Jerónimo Bonaparte, otro hermano de Napoleón I, y antiguo rey de Westfalia. Educada en Roma y en Florencia, estuvo a punto de casarse con su primo Luis Napoleón en Suiza, pero tras el fallido golpe de Estrasburgo su padre consideró que aquel joven había deshonrado el buen nombre de la familia. Jerónimo, acuciado por las deudas, obligó a su hija a casarse con un riquísimo príncipe ruso, Anatoli Demidov, a quien la joven ni conocía.

Este aristócrata resultó ser un hombre vulgar y cruel que la maltrataba sin piedad. Matilde resistió un tiempo pero cuando no pudo más denunció la conducta de su esposo al zar Nicolás I —primo de Matilde por la línea Württemberg— y éste disolvió el matrimonio e impuso a Demidov el pago de una renta considerable a su mujer. Cuando Luis Napoleón llegó a la presidencia Matilde se convirtió en su mejor aliada. Mujer elegante, inteligente y emparentada con las principales casas reinantes, se encargaría de organizar las lujosas recepciones en los salones del Elíseo.

A las pocas semanas de haberse instalado en París, la condesa y su hija Eugenia —a la que todos llaman la señorita Montijo a pesar de que su apellido es Guzmán y su título condesa de Teba— son invitadas a su residencia. En marzo de 1849 le escribe en una carta a su hermana Paca: «Hoy estoy muy triste, y tengo que ir con mamá a casa de la princesa Matilde [Bonaparte], donde no conozco a nadie. Mucho me temo que me voy a poner a llorar, ya que siento muchas más ganas de ello que de otra cosa. Me pondré el vestido azul, el último que me puse en Madrid. Menos mal que me pasaré el tiempo pensando en ti y en Madrid, ya que nadie hablará conmigo… presumo. Vuelvo de la velada, se cumplió mi presentimiento, nadie, nadie en absoluto, me ha dirigido la palabra: y esto, por un doble motivo: soy una señorita y además, soy extranjera. Creo que siempre que pueda dejaré de ir a fiestas y reuniones». Sin embargo la señorita Montijo ha causado una buena impresión en la princesa Matilde que ha sabido apreciar su encanto y belleza fuera de lo común.

El gran día que tanto anhelaba la condesa de Montijo llegó en forma de invitación para una cena de gala en el palacio del Elíseo. El conde Bacciochi, secretario del príncipe y encargado de organizar aquellas veladas, era un viejo conocido suyo y de su hija. No es de extrañar que las incluyera entre la lista de invitados a las cenas de gala y los bailes que se celebraban en la residencia presidencial. Al fin Eugenia iba a conocer al hombre que consideraba un héroe.

El primer encuentro entre la señorita Montijo y Luis Napoleón en 1849 no tuvo nada de especial. A Eugenia no le resultó muy atractivo —era bastante torpe, mal orador y sin el carisma de su tío el emperador—, pero le llamó la atención su acento alemán y la forma en que la miró. Como todo París, conocía su turbio pasado como conspirador, su fama de mujeriego y cómo dilapidó la herencia de sus padres, pero para Eugenia pesaba sobre todo el brillo de su apellido. La belleza de la noble española no pasaría inadvertida para un amante de las mujeres como él. Sin embargo Eugenia siempre recordaría que en un momento de la conversación hizo un comentario desacertado. Se le ocurrió mencionar al príncipe que en Madrid había conocido a la famosa cantante Leonor Gordon —antigua amante de Luis Napoleón— y que ésta le había hablado con devoción de él. «El príncipe me miró con aire singular. Sabía que yo no estaba enterada del oficio de la señora Gordon antes de ser admitida como artista en las sociedades más estiradas.» Eugenia se quedó pasmada cuando el presidente, tras despedirse educadamente de ella, la dejó plantada en medio de la sala. Pensó que le habría resultado muy desagradable a su anfitrión y que no volvería a verle.

Unos días más tarde, Eugenia fue invitada junto a su madre a cenar a Saint-Cloud. Tras algunas recepciones donde habían vuelto a coincidir, Luis Napoleón intentó conquistarla sin muchos miramientos. Así lo recordaba la propia Eugenia al final de su vida: «Llegamos al palacio y encontramos coches dispuestos para llevarnos a Combleval, esa pequeña casa situada en el parque, a mitad de camino entre Saint-Cloud y Villeneuve. Íbamos vestidas de gran gala, en la creencia de que los invitados serían numerosos; de ahí nuestra profunda sorpresa al encontrarnos con el príncipe y su secretario Bacciochi. Transcurrió la cena. Nos hallábamos en uno de los días más largos del verano. Al levantarnos de la mesa, el príncipe me ofreció su brazo "para ir a dar una vuelta por el parque". Entonces yo le atajé, diciéndole: "Alteza, ahí está mi madre"; y me aparté para indicar que era ella a quien correspondía el honor de aceptar su brazo. No creo que el príncipe se divirtiera mucho durante el largo paseo…». Con este gesto la señorita Montijo le acaba de dejar muy claro al príncipe que ella no iba a ser una conquista fácil. Para Eugenia aquella cena íntima fue una gran decepción pues descubrió que a su admirado presidente sólo le interesaba tener una aventura con ella. A la mañana siguiente un gran ramo de flores llega a su apartamento de la place Vendôme de parte de Luis Napoleón. Era su forma de pedir excusas a Eugenia quien, al rechazarle, había despertado en él un mayor interés.

Durante el caluroso verano madre e hija abandonaron París huyendo de una epidemia de cólera. Pusieron rumbo, como ya era su costumbre, a los elegantes balnearios de Spa y Schwalbach donde la condesa de Montijo se encontraba a sus anchas. Pero a Eugenia estas escapadas marcadas por los baños, los paseos, el almuerzo, los juegos de sociedad y las cenas ligeras, le aburrían y la hundían en una profunda melancolía. A comienzos de otoño regresaron a París y la noticia de que su hermana Paca pronto daría a luz la llenó de felicidad. Mientras ese día llegaba, las damas españolas fueron invitadas por la princesa Matilde para celebrar el fin de año en su residencia parisina. Luis Napoleón quiso sentarse junto a Eugenia y cuando sonaron las doce campanadas intentó besarla como era tradición en Francia. La señorita Montijo apartó la cara mientras en tono de disculpa le dijo: «No es costumbre en España, en mi país, señor, las mujeres sólo besan a sus padres o a sus esposos». Entonces se inclinó en una pomposa reverencia y le deseó un próspero año nuevo.

A los pocos días la condesa y su hija abandonaban de nuevo París y durante meses no dejaron de viajar, primero a Bélgica y después pasaron la primavera de 1850 en Sevilla donde Eugenia recuperó la alegría de vivir, asistiendo a corridas de toros, montando a caballo y frecuentando a sus viejos amigos. En verano se instalaron en Spa y en Wiesbaden, las estaciones termales frecuentadas por la alta sociedad. Aquellos viajes por Europa, siempre alojándose en los mejores hoteles y vestidas a la última moda, resultaban muy costosos. Como antaño, la condesa —acostumbrada a vivir por encima de sus posibilidades— estaba cargada de deudas y las modistas se negaron a concederle más crédito. Necesitaba con urgencia encontrar un buen partido para su hija, que no se decidía por ninguno de los pretendientes que revoloteaban a su alrededor.

En París, la señorita Montijo solía coincidir con Luis Napoleón en fiestas y reuniones sociales, pero había aprendido bien la lección y aunque se mostraba encantadora no sucumbía al cortejo de su rendido admirador. Aquel juego de tira y afloja conseguiría despertar aún más el interés en el príncipe, acostumbrado a las conquistas fáciles. La princesa Matilde estaba detrás de estos encuentros entre su primo y la aristócrata española. La atracción que éste sentía por la atractiva española contaba con su aprobación. La princesa no apreciaba mucho a miss Howard, una inglesa aventurera cuya fortuna personal procedía de las apuestas, y aunque por el momento se mantenía en un discreto segundo plano —su relación era totalmente clandestina— quizá la ambiciosa dama quería ocupar un lugar en el Elíseo.

Por un tiempo el presidente tendría que olvidar sus amores y coqueteos dado que los asuntos de gobierno reclamaban toda su atención. En los meses siguientes dedicará todos sus esfuerzos a reforzar su poder todavía temporal y a maquinar su reelección. Su mandato es de cuatro años y según la Constitución, no prorrogable. Pero el ambicioso príncipe no está dispuesto a abandonar lo que tanto desvelo le ha costado.

A principios de primavera de 1851 Eugenia y su madre de nuevo hacen el equipaje, esta vez con destino a Londres. Con el pretexto de visitar la primera Exposición Universal ideada por el príncipe Alberto, esposo de la reina Victoria, la condesa frecuentará la alta sociedad inglesa y los mejores salones en busca de un buen partido para su hija. El punto culminante del viaje es la asistencia a un elegante baile en el palacio de Buckingham. La madre de Eugenia espera que su hija pueda ser presentada a la reina, lo que supondría un espaldarazo en su escalafón social. Es una fiesta de disfraces y la señorita Montijo asiste vestida de infanta pero la reina Victoria apenas se fijará en ella. Cuatro años más tarde las dos mujeres volverán a encontrarse en circunstancias muy distintas siendo Eugenia emperatriz de los franceses.

Tras algunas visitas más a viejas amistades y una corta estancia en la campiña inglesa, regresan a París. En la capital el ambiente es muy tenso. El mandato de Luis Napoleón expira la primavera siguiente y la Constitución no le permite volver a presentarse. El príncipe ha pedido la revisión de los textos y la Asamblea se lo ha denegado. París es un hervidero de rumores, se habla de un nuevo golpe de Estado y la situación es tan crítica que a principios de noviembre la condesa decide sin previo aviso regresar a España. Antes de coger la diligencia, Eugenia le hace llegar al conde Bacciochi una carta dirigida al presidente en que le dice: «Sólo vos, monseigneur, podéis llevar a cabo la misión sagrada y salvar a esta Francia que tanto amamos y a la que mi padre sirvió con tanto fervor».

Un mes más tarde, ya viviendo en Madrid, se enterarían por los periódicos de que Luis Bonaparte se había atrevido a dar el golpe de Estado más audaz de la historia. Por fin el conspirador había logrado su propósito de concentrar todos los poderes y ser reelegido presidente de la República. La Asamblea ha sido disuelta, treinta departamentos se encuentran en estado de sitio y sólo en la capital se cuentan más de un millar de muertos. En las horas posteriores al golpe se producen detenciones, juicios sumarísimos y deportaciones. A sus adversarios políticos sólo les espera el exilio, entre ellos está Victor Hugo que no dudará en denunciar la conspiración bonapartista. Sin embargo, el pueblo francés apoya a su presidente y en los comicios celebrados el 21 de diciembre de 1851 más de siete millones de votos refrendan el golpe de Estado. Eugenia se entera de la noticia en Madrid donde el hijo de su hermana Paca da sus primeros pasos en el palacio de Liria. En la distancia sigue muy atenta todos los acontecimientos, y se alegra al saber que Luis Napoleón inicia un nuevo mandato de diez años que culminará con el advenimiento del Segundo Imperio en Francia. Aquel mismo día el príncipe abandonaba el Elíseo para instalarse en las Tullerías, el histórico palacio donde residió su tío Napoleón I. Justo un año después del golpe de Estado, el 2 de diciembre de 1852 en el castillo de Saint-Cloud, Luis Napoleón era proclamado oficialmente emperador de los franceses con el nombre de Napoleón III. Aquel a quien muchos consideraban un advenedizo había conseguido su sueño.

UNA INTRUSA EN LA CORTE

A mediados de septiembre de 1852, Eugenia y su madre regresan al apartamento de la place Vendôme. Unos días más tarde la noble granadina se reencuentra con Luis Napoleón en una de las fiestas que organiza su prima la princesa Matilde. El presidente se muestra muy amable con ella y le confiesa que en París «se las ha echado de menos». También le agradece la carta de apoyo que le escribió antes del golpe de Estado. Desde este instante la condesa de Teba y su madre forman parte del círculo más próximo del futuro emperador. El 13 de noviembre son invitadas a una gran partida de caza en el bosque de Fontainebleau. Aunque al principio Eugenia manifestó reticencias para asistir, pues no quería caer en la misma trampa de Saint-Cloud, en el último momento aceptó.

El espectáculo le resultó fascinante: en medio de un inmenso bosque de árboles de color ocre, los cazadores vestían trajes Luis XIV y montaban caballos purasangre de los establos del príncipe. Luis Napoleón se quedó sorprendido al comprobar que su invitada era una excelente amazona. Al descubrir que la señorita Montijo siente auténtica pasión por la equitación, el príncipe le tiene reservada una sorpresa. Al día siguiente de su llegada, y en la vigilia de Santa Eugenia, le regala un ramo de violetas —sus flores preferidas— y el caballo que había montado al galope durante la partida de caza. El obsequio no pasa inadvertido entre los numerosos invitados y comienzan a circular comentarios maledicentes que llegan a sus oídos. En una carta a su hermana le reconocerá furiosa: «No puedes imaginarte lo que dicen de mí desde que he aceptado ese caballo del diablo».

Las atenciones que el príncipe tiene con su enamorada, a la que él llama a la manera alemana «Ugenie», despiertan celos y envidias en su entorno. Sus enemigos la acusan de ser una extranjera —la apodan despectivamente «la española»—, ambiciosa, entrometida y libertina. Este último punto es quizá el dardo más envenenado contra Eugenia, cuya rectitud moral es intachable y hasta el momento ha resistido con suma elegancia los envites galantes del príncipe. En una ocasión el emperador regresaba eufórico al palacio de las Tullerías tras pasar revista a sus tropas en la place du Carrousel. Al descubrir que la señorita Montijo le estaba observando desde uno de los balcones, se acercó a ella y le preguntó sin miramientos: «¿Cómo llegar hasta vos?», a lo que ella con una amable sonrisa respondió: «Por la capilla, señor…». Eugenia no estaba dispuesta a convertirse en su favorita pero es consciente de que ocupa un lugar importante en el corazón del príncipe. La frialdad que muestra hacia él y su firme resistencia no hacen más que excitar a un hombre ya maduro que da muestras de una inusual paciencia. El anciano rey Jerónimo Bonaparte, padre de Matilde y último hermano vivo de Napoleón I, observará con acierto: «Mi sobrino se casará con la primera que se le meta en la cabeza y le niegue sus favores».

Ajena a los rumores que circulan sobre ella, Eugenia no olvidará la entrada triunfal de Luis Napoleón en la capital, aclamado como el emperador Napoleón III. Era el 2 de diciembre y a la una del mediodía con uniforme de gala de general, montado en su caballo, pasaba solemne por debajo del Arco de Triunfo. Luego la gran comitiva siguió por los Campos Elíseos mientras los cañones retumbaban y la multitud se agolpaba a lo largo del recorrido. Más tarde, en la Sala del Trono del palacio de las Tullerías, el emperador recibía el apoyo y las felicitaciones de sus partidarios. A su lado, emocionada, se encontraba su prima Matilde Bonaparte. Hace unos días le han informado de que tiene derecho al título de princesa imperial, a una casa y a un presupuesto oficial muy generoso. Ahora su única preocupación es que Napoleón III, que ya cuenta cuarenta y cuatro años, encuentre una buena esposa para asegurar la continuidad dinástica. La tarea no va a ser fácil. Por el momento Eugenia, a la que su primo dedica tantas atenciones, no está ni mucho menos entre sus candidatas preferidas. Es atractiva, elegante y culta pero le pierde su orgullo y sus ansias de independencia. Sin embargo el mayor defecto es que la joven es extranjera, de dudosa nobleza, sin fortuna y de familia aventurera. Matilde la considera una cortesana que goza de una excelente mala reputación. En una ocasión dirá una frase, en voz alta y fuerte para que todos la oigan, que será la comidilla de los salones: «Uno se acuesta con una señorita Montijo, no se casa con ella».

Pero la realidad es que todas las candidatas en las que piensa Napoleón III le han rechazado. Las antiguas monarquías le ven como un advenedizo y un proscrito político. Ni en Inglaterra, ni en Rusia, ni en Austria, este Bonaparte consigue ser aceptado porque no es más que «un burgués sentado en un trono». Cuando la princesa Adelaida de Hohenlohe-Langenburg, la joven y hermosa sobrina de la reina Victoria, finalmente rehúsa su propuesta de matrimonio, Napoleón III siente un gran alivio. Lleva tres años enamorado de la señorita Montijo y ahora tiene el camino libre para declararle su amor.

La condesa de Montijo no es ajena a los rumores y maledicencias que también circulan sobre ella. En aquellos días lord Cowley, el embajador inglés, manda desde París un correo urgente a su gobierno: «Todo me hace pensar que miss Howard por fin ha sido despedida. Pero el entorno del emperador se muestra muy preocupado por la admiración que profesa a una joven española. La madre usa a la hija sin pudor con la esperanza de ganar la corona. La noble española —quien no deja de repetir que es tres veces Grande de España y mucho más noble que la mayoría de los aristócratas de medio pelo de la corte— sigue siendo el objeto de los cuidados más atentos del emperador».

Es cierto que durante los últimos meses el emperador intenta satisfacer todos los deseos de su amada. En una ocasión paseando por el bosque, ella quedó cautivada de la belleza de un trébol bañado con las gotas del rocío. Al día siguiente, en el transcurso de una cena, el emperador organizó un sorteo y ella ganaba el premio que no era otro que un trébol de oro engarzado con tres diamantes que había encargado a un joyero de la capital. Durante otra velada el recién proclamado emperador colocó sobre la cabeza de Eugenia una corona de violetas al tiempo que le susurraba: «Esta corona mientras llega la otra…». Para la condesa, mujer pragmática, estos gestos no significaban nada ni bastaban para asegurar que las intenciones del príncipe fueran serias.

Y un buen día a Eugenia se le acabó la paciencia y decidió viajar a Italia para alejarse de los rumores y las críticas de las que era objeto. Antes de partir, el 31 de diciembre por la mañana se presentó con su madre en las Tullerías para despedirse del emperador. Éste, al conocer la noticia de su inesperada partida a Roma, se muestra contrariado. En realidad se trata de un ultimátum y la señorita Montijo aguarda ansiosa la reacción de su enamorado. Ésta no se hace esperar, y cuando están a punto de subir a su carruaje, el conde Bacciochi las invita al próximo baile y cena que organiza Su Majestad.

La esperanza renace en Eugenia, quien para la gran velada en las Tullerías luce un magnífico vestido blanco de satén adornado con nudos de plata que acapara todas las miradas. Pero un inesperado y desagradable suceso iba a precipitar los acontecimientos. Cuando se dirigía a ocupar su lugar reservado en la mesa del emperador, coincidió con la esposa del ministro del Interior. Al pasar delante de ella, la dama en voz alta exclamó con desprecio: «¡La insolencia de las aventureras!». Cuando Napoleón le pregunta a Eugenia qué le pasa, pues la encuentra muy alterada, ésta le responde: «Ocurre que acabo de ser insultada en su casa como nunca lo he sido, al no haber nadie para defenderme. Mañana mismo, mi madre y yo saldremos de París y nunca más oirá hablar de nosotras». La respuesta del emperador de los franceses no se hace esperar: «Mañana, ya nadie tendrá la audacia de insultarla». Eugenia, por culpa de la mala educación de la esposa de un ministro, ha ganado la batalla antes de lo previsto. El emperador se muestra consternado y no está dispuesto a que nadie insulte a la mujer que ya ha escogido como esposa.

Aquella misma noche cuando ella le reiteró su deseo de alejarse de la corte «para no obstaculizar el destino de vuestra majestad», Luis Napoleón le preguntó: «¿Puede usted amarme? ¿Está libre su corazón?». Ante aquella inesperada pregunta Eugenia le respondió con toda franqueza: «Señor, no ignoro que se me ha calumniado. Mi corazón ha podido latir alguna vez, pero he comprobado después que se me engañaba. En todo casi sigo siendo íntegramente la señorita Montijo». La honestidad y franqueza de la joven hicieron desvanecer todas sus dudas.

Al día siguiente el conde Bacciochi llega a la residencia de la princesa Matilde con una carta del emperador en que le informa que ha decidido de manera irrevocable casarse con la señorita Montijo y que espera de ella todo su apoyo y «defenderla de la maledicencia del mundo». Matilde es la primera en conocer la noticia y aunque en un primer momento se enfurece por esta decisión que considera precipitada, la franqueza de su primo la conmueve. Con lágrimas en los ojos responde que puede contar siempre con su apoyo y cariño, y que se alegra de todo lo que contribuya a su felicidad. La familia Bonaparte no veía con buenos ojos esta unión ya que deseaban para el emperador una princesa europea y la señorita Montijo, aunque condesa de Teba y tres veces Grande de España, les parecía poco para el heredero de una gloriosa dinastía. Tan sólo la viuda de José Bonaparte, Julia Clary, alabó la belleza y el encanto de la futura emperatriz: «La primera vez que vi a la señorita Montijo fue durante una fiesta que Matilde daba en honor de la duquesa de Hamilton. Me quedé admirada de su belleza, de la gracia de aquella extranjera, y pregunté quién era. Era alta y sus brazos, lo mismo que sus hombros, llamaban la atención por su belleza, así como sus dientes y su tez, de una frescura deslumbrante entonces; sus cabellos eran de un hermoso color rubio brillante; se vestía de maravilla y siempre digo que tenía el arte de vestirse».

A mediados de enero de 1853, la condesa de Montijo iba a recibir en su casa de la place Vendôme la carta que llevaba tanto tiempo esperando. Se la traía en mano el secretario particular de Napoleón III y lucía el membrete imperial. La misiva decía así: «Señora condesa, hace mucho tiempo que amo a vuestra hija y que deseo hacerla mi esposa. Hoy acudo a vos para pediros su mano. Nadie es más capaz que ella de hacer mi felicidad, ni más digna de llevar una corona. Si aceptáis, os ruego no divulgar este proyecto antes de que hayamos tomado nuestras disposiciones. Recibid, señora condesa, la seguridad de mi amistad sincera. Napoleón». Después de tantos desvelos la madre de Eugenia había conseguido su sueño. Su hija, tan indómita y difícil, se iba a convertir en emperatriz de los franceses. A partir de este momento Eugenia tendría que ser muy fuerte para aguantar los insultos y las feroces críticas de sus adversarios. Lord Cowley, el embajador británico que había apoyado la candidatura de la princesa Adelaida, llegaría a decir: «Ella ha jugado muy bien a su juego [refiriéndose al emperador] que no ha podido conseguirla de otra forma y es para aliviar su pasión que se casa con ella. Ya se piensa en el divorcio…».

El 22 de enero al mediodía, Napoleón III anunciaba en un solemne discurso su decisión ante los miembros del Senado, del Consejo de Estado y los diputados de la Cámara, que se había convocado en la Sala del Trono. Y concluía con estas palabras: «Así, señores, estoy aquí para decirle a Francia: he preferido una mujer a la que amo y respeto a una mujer desconocida cuya alianza habría supuesto ventajas unidas a sacrificios.

Sin demostrar desprecio por nadie, cedo ante mi inclinación, no sin haber sopesado antes mi razón y mis convicciones. Al poner la independencia, las cualidades del corazón y la felicidad familiar por encima de los prejuicios dinásticos, no seré menos fuerte, ya que seré más libre. Muy pronto iré a Notre Dame, presentaré a la emperatriz al pueblo y al ejército. En cuanto la conozcáis, estaréis convencidos, señores, de que una vez más la Providencia me ha inspirado».

A partir del anuncio oficial del compromiso Eugenia y su madre se instalan en el Elíseo hasta el día de la boda. Oficialmente ya es la prometida del emperador y recibe todos los honores. En su nueva residencia disponen de un ejército de chambelanes, guardias, lacayos y camareras a su servicio que se dirigen a ella como «Su Excelencia la condesa de Teba». Dentro de ocho días será la soberana de los franceses y no hay tiempo que perder. Debe escribir a la reina Isabel II para pedirle su consentimiento y ocuparse de su ajuar. A madame Palmyre —la misma que se ha negado a seguir dando crédito a la condesa de Montijo debido al impago de sus facturas— le encargó cincuenta y dos vestidos para su ajuar, y el vestido de novia a madame Vignon, otra gran dama de la alta costura parisina. Durante los días previos al enlace un ejército de proveedores desfila cada mañana por el Elíseo: zapateros, joyeros, sombrereras, peluqueros y costureras atienden solícitos a la futura soberana.

Luis Napoleón acude puntual cada noche al palacio para cenar con su prometida y su inseparable madre, que sigue ejerciendo de carabina. Siempre se presenta con un ramo de flores y una joya escogida por él. Desde el primer día Eugenia demostrará que aunque le gustan las joyas no olvida las obras sociales. Su primer gesto la víspera de la boda, y el primero de su vida oficial, así lo demuestra. El consejo municipal de París ha decidido regalarle un collar de diamantes, obsequio de la capital a su soberana. Ella lo rechaza y solicita que los seiscientos mil francos de su valor se destinen a la construcción de un centro de educación profesional para chicas pobres. Tampoco acepta la generosa dote que le asigna el emperador y le pide que se entregue a una maternidad.

Tras el anuncio oficial del compromiso Eugenia ya no tendría que soportar la incómoda presencia de miss Howard, hasta el momento la amante oficial del príncipe. El emperador devolvió a su generosa protectora todo el dinero que le había prestado —más de cinco millones— y le concedió el título de «condesa de Beauregard». La dama inglesa abandonó discretamente la capital. Antes Napoleón había pedido a unos policías que sustrajeran —haciendo parecer un robo— todos los papeles comprometedores que pudieran encontrar en su vivienda para evitar un posible chantaje.

En medio de aquella vorágine, el 22 de enero de 1853, Eugenia sacó tiempo para escribir a Paca y anunciarle su matrimonio con el emperador: «Hermana mía, llego al Elíseo, y quiero decirte la emoción que siento. Este momento es muy triste. Digo adiós a mi familia y a mi país, para consagrarme exclusivamente al hombre que me ha amado hasta el punto de elevarme a su trono. Le amo, es una garantía para nuestra felicidad. Hay que conocerlo en la vida íntima para saber hasta qué punto hay que apreciarlo. Hoy aún miro con temor la responsabilidad que va a recaer sobre mí y, sin embargo, cumplo mi destino, tiemblo, no por miedo de los asesinos, sino por parecer inferior en la historia a esas dos reinas españolas, Blanca de Castilla y Ana de Austria. Adiós, hoy es la primera vez que han gritado "Viva la emperatriz". Dios quiera que eso no cambie nunca».

Aunque hasta el momento ha sabido mantener el tipo, Eugenia sabe que lo peor está por llegar y que tendrá muchos enemigos. El día anterior a su boda, le escribe a Paca su carta más sincera en que le confiesa sus temores: «En vísperas de ascender a uno de los mayores tronos de Europa, no puedo remediar cierto pavor: la responsabilidad es inmensa, me atribuirán a menudo tanto el bien como el mal. Nunca he tenido ambición, sin embargo mi destino me ha llevado a lo alto de una cuesta de la que uno puede caer al menor soplo de aire, pero no he subido desde tan bajo como para sentir vértigo. Dos cosas me protegerán, así lo espero, la fe que tengo en Dios y el inmenso deseo que tengo de ayudar a las clases más desfavorecidas».

Eugenia siente que ha sido elegida por el destino para cumplir un papel en la historia pero el precio que tiene que pagar es muy alto: «[...] Pronto estaré sola aquí, sin amigos; todos los destinos tienen su cara triste: por ejemplo, yo, que enloquecía ante la mera idea de libertad, encadeno mi vida: nunca sola, nunca libre, toda una etiqueta de corte de la que seré la principal víctima, pero mi creencia en el fatalismo es cada vez más arraigada». Al igual que Luis Napoleón, la futura emperatriz es una mujer supersticiosa. Hay una anécdota que a Eugenia le gustaba contar y que, según testigos, aceleró los planes de boda. A principios de siglo, un botánico había traído a Francia un árbol de América, por aquel entonces desconocido, llamado Pageria. Lo plantaron en el Jardin des Plantes y sólo floreció una vez, el año en que el general Bonaparte se casó con Josefina de Beauharnais, en 1796. Luego, se marchitó y cuando todos pensaban que había muerto, la planta en aquellos días se volvió a cubrir de flores. Cuando informaron a Napoleón III de este misterioso acontecimiento, el emperador lo consideró como una señal de que comenzaba una nueva era para los Bonaparte y que debía casarse, como hizo su tío, con la mujer que amaba.

Los que conocían bien a Napoleón III aseguran que el emperador estaba muy enamorado de su prometida, se le veía radiante y no ocultaba su felicidad. Sin embargo, los sentimientos de Eugenia eran más confusos. Por los comentarios que le hizo a su hermana y confidente Paca en aquellos días, parece que al principio de la relación ella sentía sobre todo una gran admiración por el emperador y le deslumbraba su ilustre apellido. Según su biógrafo Octave Aubry, poco antes de la boda, estando a solas con su amiga de la infancia la marquesa de Bedmar, y dando vueltas al anillo de oro que conservaba en recuerdo de su noviazgo con Alcañices, le confesó: «Si ahora mismo viniese Pepe y me propusiera irme con él, lo haría». En realidad Eugenia tardaría en olvidar al que había sido su verdadero amor de juventud, y en cuanto a su matrimonio con Napoleón lo aceptaba «como una misión divina», según sus propias palabras.

Es cierto que ya en su madurez Eugenia de Montijo reconocía que a pesar de los problemas y las diferencias entre los dos no se arrepentía de la decisión que tomó. «Jamás habría podido amar a un hombre que no pensara tan noblemente como él», afirmó en una ocasión. La realidad es que ambos eran muy distintos; el emperador casi le doblaba la edad, tenía el aire fatigado y parecía mayor debido a su frágil salud. De carácter reservado y afectados modales, tenía fama de vividor, derrochador y mujeriego. Eugenia, en cambio, a sus veintiséis años se encontraba en la flor de la vida, era romántica, franca, voluble y ferviente católica. Algunos consideraban que era apasionada en todo menos en el amor. «Esta carne, tan hermosa, es de mármol», diría de ella un viejo libertino cuando la conoció en una recepción.

El sábado 29 de enero se celebró la boda civil en el gran Salón de los Mariscales del palacio de las Tullerías. A las ocho de la noche dos calesas escoltadas por un pelotón de carabineros a caballo llegaron al patio del Elíseo. El duque de Cambacérès, gran maestro de ceremonias, acudía a buscar a la emperatriz acompañado del embajador de España que sería su testigo. Para la ocasión Eugenia luce un vestido de satén rosa adornado con encajes ingleses y en el cuello un collar de perlas de tres vueltas, regalo del emperador. A punto estuvieron de fallarle las fuerzas cuando tuvo que subir sola la gran escalinata donde estaba esperándola Napoleón. Creyó que iba a desmayarse pero consiguió serenarse y dominar la situación. La sola idea de enfrentarse a los miembros de la corte allí reunidos y a los Bonaparte que tanto la despreciaban, le causa gran angustia. El acto es breve y pese a su escaso protocolo es un auténtico suplicio para ella. A su hermana le confesará: «La ceremonia fue soberbia, pero… no puedo explicarte lo que sufrí durante tres cuartos de hora, sentada en un trono tan elevado, con todo el mundo frente a mí. Estaba más pálida que los jazmines que adornaban mi cabeza… Además, me dan el título de majestad y me hace el efecto que hacemos comedia… Mi último recuerdo de soltera es para ti…». Paca, su única confidente y la persona a la que se sentía más unida, no podría asistir al enlace por problemas de salud al haber sufrido un aborto.

El 30 de enero de 1853, día señalado para la boda imperial, amaneció con el cielo despejado y un sol radiante, algo poco frecuente en el riguroso invierno parisino. Desde temprano costureras y peluqueros daban los últimos retoques a la novia. Madame Vignon había diseñado para ella un vestido de satén blanco adornado con pequeños brillantes y cubierto por un manto de encaje inglés que terminaba en una cola de terciopelo blanco de cuatro metros. En la cabeza lucía una diadema de zafiros y diamantes que Josefina había llevado el día de su coronación. El duque de Cambacérès se la había traído el día antes de parte de Su Majestad junto a un cinturón de zafiros que Napoleón I le había regalado a su segunda esposa, la emperatriz María Luisa, el día de su boda.

Sin embargo, de todos los obsequios que le hizo su futuro esposo el que más le emocionó fue el talismán de Carlomagno, un fragmento de la Vera Cruz engastado en un colgante de zafiros y perlas que había pertenecido a Josefina Bonaparte y heredó la reina Hortensia, madre del emperador. Félix, el famoso peluquero parisino, se ha encargado de su original peinado que consta de «dos bandos por delante, uno realzado en forma María Estuardo, el otro enrollado desde lo alto de la cabeza y que desciende en pequeños bucles acompañando la nuca». Este peinado «a la emperatriz» tendrá tanto éxito que se pondrá de moda durante dos décadas.

Eugenia llegó en su carruaje a las Tullerías acompañada de sus damas de honor, su primer chambelán y algunos oficiales de la casa del emperador. Al ver a su prometida, Napoleón rompiendo el protocolo se acercó a ella y tomándola de la mano la llevó a una ventana de la Sala del Trono que abrió de par en par. Quería presentar a su futura esposa a las tropas que esperaban en el patio. El monarca luce sus mejores galas: traje de teniente general, con el gran cordón de la Legión de Honor y el collar del Toisón de Oro.

Después de saludar a las autoridades presentes, pusieron rumbo a Notre Dame en una carroza dorada, rematada con la corona imperial y tirada por ocho caballos ricamente engalanados. En el camino tuvo lugar una curiosa anécdota. Cuando la carroza pasaba por debajo del arco de las Tullerías, la gran corona imperial instalada en lo alto golpeó con la pared y se desprendió cayendo al suelo. El mismo incidente se había producido el día de la coronación de Napoleón I. Aunque los dos eran muy supersticiosos, la felicidad del momento les hizo olvidar lo ocurrido. Cuando el largo y espléndido cortejo llegó frente a la catedral, Eugenia descendió de la carroza y de manera espontánea se volvió hacia la multitud que les aguardaba desde hacía horas. La emperatriz les saludó con una solemne reverencia «tan flexible, elegante, tan graciosa» que provocó la admiración de todos. Los aplausos y los gritos de «¡Viva la emperatriz!» no se hicieron esperar. Con aquel gesto Eugenia comenzaba a ganarse el cariño de su pueblo.

Para el enlace, al que asisten dos mil invitados, la catedral había sido suntuosamente decorada. La continuidad dinástica de los Bonaparte es simbolizada por cuatro águilas que destacan en el pórtico y dos enormes banderas francesas ondean en las torres. En el interior los pilares han sido envueltos con terciopelo rojo bordado con palmas de oro. De lo alto descienden colgaduras forradas con armiño, escudos y guirnaldas de flores. Quince mil velas iluminan su interior y un coro de quinientos músicos interpreta durante la ceremonia las piezas escogidas personalmente por el emperador. Tras el oficio la pareja y su comitiva se dirigen de nuevo a las Tullerías bordeando el Sena. Para Eugenia la jornada resulta especialmente agotadora porque no está acostumbrada al estricto protocolo, sin embargo se muestra amable y encantadora con todo el mundo.

La princesa Matilde recordaría en una carta algo nostálgica la llegada de los recién casados al palacio: «Todo el mundo se abrazó, se felicitó y luego la emperatriz se cambió de traje para ir a Saint-Cloud, donde debía permanecer a solas con su marido. Volvió, muy animada, vestida de terciopelo color rubí con una estola de pieles. La vimos subirse en un coche con enganche de posta, que la llevó a su nueva residencia. Las damas y el servicio la siguieron. Cada uno de nosotros se fue para su casa, con el cuerpo cansado y el corazón triste; sentíamos que el emperador se nos escapaba». En Villeneuve-L'Étang, en un pabellón anexo al castillo de Saint-Cloud y oculto en medio de un gran parque, Napoleón III y su esposa pasarían su luna de miel. Al fin podían estar solos lejos de todas las miradas y de la condesa de Montijo, a la que literalmente olvidaron en las Tullerías. Una testigo, la marquesa de Ferronays, invitada a la boda, así lo recordaba: «La noche de la boda, un desengaño esperaba a la pobre señora de Montijo, como ocurre a las madres. Al haberse ido su hija a Saint-Cloud, ya no había servicio en el Elíseo y se consideró muy afortunada al encontrar allí a una buena mujer, la señora Gould, un poco judía, un poco portuguesa, amiga suya, que le dio de cenar».

Al día siguiente, este incidente sería la comidilla de los salones, pero tampoco se libraría de los insultos y rumores la nueva emperatriz. En realidad nadie la conoce pero ya la juzgan sin piedad al igual que hicieron con Josefina y la desdichada María Antonieta. La española es demasiado hermosa, ambiciosa, orgullosa... en verdad no está enamorada del emperador, sólo desea su fortuna y las joyas de la Corona... ha tenido una lista interminable de amantes en España y seguramente la boda se ha adelantado porque ya está embarazada... Algunas de estas perlas se escuchan en las reuniones sociales que tienen lugar en el palacio de la princesa Matilde. Lejos de acallarlas, la prima despechada no duda en calumniar al nuevo miembro de la familia y en destacar lo mucho que le gustan las joyas: «He notado en las Tullerías cómo miraba con avidez los tesoros de la Corona, acariciaba las perlas y se las pasaba por las mejillas».

Como en tiempos pasados, la maquinaria de insultos y calumnias se ha puesto en marcha. Una dama de la alta sociedad que frecuenta los mejores salones reconoce con tristeza: «Es una pena ver a nuestro país caer tan bajo; los panfletos y las calumnias llueven en todos los salones. Han arrastrado tanto a esta pobre emperatriz que, aunque sea por caridad cristiana, uno se vería obligado a defenderla». La propia Eugenia, ya en su madurez, a la hora de hacer balance de aquella época de su vida, diría con enorme pesar: «Mi leyenda está hecha; al principio de mi reinado, era ya la mujer frívola, que sólo se preocupaba de ir a la moda. ¿Cómo corregir una leyenda?».

DÍAS DE VINO Y ROSAS

En Saint-Cloud la emperatriz Eugenia disfrutará de unos días felices libre de responsabilidades. Durante su luna de miel los recién casados visitan Versalles, le Petit Trianon donde María Antonieta se refugiaba de las intrigas de la corte, y montan a caballo por los frondosos bosques que rodean su residencia. En aquéllos días quizá Eugenia hablara con el emperador sobre el papel que ella debía desempeñar. Tenía muy claro que como emperatriz de los franceses no iba a conformarse con lucir espléndidos vestidos y organizar fiestas en palacio. Todos sus esfuerzos se dirigirían a ayudar a los más desfavorecidos, y así se lo hizo saber. Pero también como esposa del emperador tenía el deber prioritario de perpetuar la dinastía de los Bonaparte y darle un hijo varón. Mientras ese día llegaba tendría que acostumbrarse a la etiqueta imperial y a un aparatoso protocolo que Napoleón III había restablecido «para seducir a los franceses e impresionar al extranjero».

La pareja imperial fija su residencia permanente en las Tullerías, el histórico palacio donde han vivido Luis XVI, Napoleón I, Luis XVIII y Carlos X. La emperatriz le dotará de un estilo original que será las señas de identidad del Segundo Imperio. En aquel invierno de 1853, el genial Louis Visconti, nombrado «arquitecto de Su Majestad el emperador», se dedica a rehabilitar los apartamentos que ocuparán los nuevos dignatarios, con prioridad los de Eugenia. La soberana cuenta con diez estancias habilitadas en la primera planta del palacio que ella acondicionará con su personal estilo. Una de sus pasiones es la decoración de interiores y supo adaptar el estilo Luis XVI —su preferido— a las tendencias del Segundo Imperio, dando lugar a un estilo conocido como «Luis XVI Emperatriz».

Sin embargo el rincón favorito de la soberana es su gabinete de trabajo, oculto tras un biombo acristalado, donde pasa la mayor parte del tiempo y se rodea de sus objetos más personales, recuerdos de sus seres queridos, imágenes religiosas y libros. Aquí sólo recibe a los más íntimos y a sus amigas de infancia olvidando por completo la etiqueta. Una escalera secreta une los apartamentos de Eugenia a los de su esposo situados en la planta baja, junto al jardín.

En esta corte deslumbrante del Segundo Imperio, Eugenia representará muy dignamente su papel de emperatriz aunque no corra sangre azul por sus venas. Debido a su rango, cuenta con un nutrido y muy jerarquizado grupo de personas a su servicio. La casa de la emperatriz tiene una autoritaria gobernanta, la princesa de Essling, secundada por la duquesa de Bassano. Estas dos mujeres son las encargadas de hacerle compañía y de controlar que sus audiencias se desarrollen con normalidad. También se le han asignado doce damas de honor, dos chambelanes, dos escuderos, dos secretarios, un bibliotecario y una lectora. Todo un enjambre de personas a su entera disposición que también se ocupan de espiarla y de comentar hasta el menor gesto. Luis Napoleón le ha advertido que tenga cuidado y sea muy prudente delante de ellos.

A finales de marzo, tras las cacerías de Fontainebleau, la madre de Eugenia tuvo que dejar París. El propio emperador se lo había pedido el mismo día de la boda y la dama, ocultando su enojo, se dispuso a despedirse de sus amistades. La relación entre madre e hija nunca había sido buena, pero además la condesa de Montijo tenía fama de intrigante y sobre todo de derrochadora. Luis Napoleón había pagado discretamente sus deudas pero no estaba dispuesto a que su suegra siguiera malgastando el dinero y conspirando a sus espaldas.

En una carta a su hermana Paca, tres semanas después de la boda, Eugenia le anuncia la noticia: «Daré a mamá varias cositas para ti. Piensa irse en marzo. Creo que a pesar de la triste situación en que vivíamos, por culpa de la incompatibilidad de nuestros talantes, se encontrará ahora muy sola y triste». Prosper Mérimée se ha ofrecido a acompañarla hasta Poitiers y le promete visitarla muy pronto en España. Cuando Eugenia se despide siente que rompe el último vínculo familiar. Por fortuna, le han permitido conservar a su lado a Pepa, la camarera andaluza que ha estado siempre a su servicio, y a la que nombra su primera doncella. Tras la partida de su madre su prioridad es formar su propia familia, y el destino quiso que a principios de abril el médico le anunciara que estaba embarazada.

La felicidad de la emperatriz duraría poco. Tras sufrir una aparatosa caída montando a caballo tuvo un aborto y perdió el hijo que esperaba. Obligada a guardar cama durante tres semanas, le confiesa a su hermana, embarazada también por tercera vez, el sufrimiento que ha padecido: «Me alegraba mucho la idea de tener un hermoso bebé como el tuyo, y me he desesperado, pero doy gracias a Dios de que este accidente no me sucediera más tarde, eso me habría apenado mucho más». Eugenia cae en una profunda melancolía como lo demuestran las cartas que le sigue enviando a su hermana. A la depresión y la debilidad física se unen la preocupación del destino que le deparará a ese hijo que tanto anhela: «Pienso con pavor en el pobre delfín Luis XVII, en Carlos I, en María Estuardo y en María Antonieta. ¡Quién sabe qué triste destino habría tenido mi hijo! Preferiría mil veces para mis hijos una corona menos resplandeciente pero más segura».

Tras su período de convalecencia, y con un «humor de perros», Eugenia retoma sus obligaciones y trata de acostumbrarse a su nueva vida oficial. Las fiestas, los bailes y las recepciones se suceden en el palacio de las Tullerías. El emperador, al igual que su tío Napoleón I, considera que una corte fastuosa y deslumbrante al estilo de las antiguas dinastías es indispensable para el prestigio de Francia. Pero los tiempos han cambiado y la nobleza, así como los viejos monárquicos siguen mirando con cierto desprecio a este emperador que no tiene sangre real y trata de emular los usos del Antiguo Régimen.

La vida de Eugenia transcurre entre el castillo de Saint-Cloud, próximo a París, donde reciben a sus más insignes

EUGENIA
DE MONTIJO

Eugenia, de cabello rubio castaño, piel muy clara y ojos azul violeta, era impetuosa, terca y rebelde. Desde niña mostró una gran complicidad con su padre, del que heredaría un profundo idealismo y su admiración por Napoleón. Le gustaba pasear a caballo con él, dormir al raso en las noches de verano y frecuentar el ambiente gitano del Albaicín.

Napoleón III, presidente de la Segunda República y más tarde emperador de los franceses. Se casó con Eugenia de Montijo el 30 de enero de 1853 en la basílica de Notre Dame. El suyo fue un matrimonio desdichado marcado por las infidelidades de él.

Eugenia siente que ha sido elegida por el destino para cumplir un papel en la historia, pero el precio que tiene que pagar es muy alto: «Pronto estaré sola aquí, sin amigos; todos los destinos tienen su cara triste; por ejemplo, yo, que enloquecía ante la mera idea de libertad, encadeno mi vida: nunca sola, nunca libre».

Llevado por sus sueños de grandeza, Napoleón III impuso la pompa y el boato en la corte de Francia, marcada por una rigurosa etiqueta. Eugenia representó con gran dignidad el papel de emperatriz en el marco suntuoso del palacio de las Tullerías, situado en el centro de París, que trataba de imitar la grandeza del antiguo Imperio napoleónico.

Su única felicidad en aquellos días sombríos era el príncipe imperial. Napoleón sentía debilidad por su único vástago y se mostraba con él muy indulgente. Eugenia deseaba hacer de su hijo un hombre fuerte y valiente, y un digno heredero de la dinastía Bonaparte.

Habían muerto todas las personas que más amaba en este mundo: su marido, su hijo y su hermana Paca, y a partir de ese momento ya sólo viviría como guardiana de sus tumbas. «Diríase que Dios quiso darme todas las cosas que se pueden desear en este mundo, para luego quitármelas una a una, hasta dejarme solamente los recuerdos.»

A principios de mayo de 1920, Eugenia viajó a Madrid y se instaló en el palacio de Liria en los aposentos de su hermana Paca. Allí la recibieron los duques de Alba y su ahijada, la reina Victoria Eugenia. Tres días antes de su vuelta a Inglaterra falleció y su cuerpo fue trasladado a París, donde más de tres mil personas le dieron el último tributo.

Después de su larga y azarosa vida, la noble dama granadina falleció a los noventa y cuatro años de edad. Según su deseo, fue enterrada en la cripta de Saint-Michel, en Farnborough, donde al fin pudo descansar junto a su amado hijo y su esposo.

huéspedes, el marco incomparable de Fontainebleau con su enorme estanque donde las damas y caballeros practican el remo y Compiègne, residencia favorita del emperador, donde en la temporada de caza se da cita la alta sociedad francesa. El lugar predilecto de Eugenia es Biarritz donde se aloja en Villa Eugénie, una mansión de piedra y ladrillo construida para ella sobre un promontorio batido por el mar. Cuando su intensa actividad social se lo permite la emperatriz viaja a Villeneuve-L'Étang, escenario de su luna de miel, que ahora es de su propiedad gracias a la generosidad del emperador. Al igual que su admirada María Antonieta, la emperatriz instala una granja modelo que le abastece de productos frescos. Es su particular Trianon, donde juega a ser granjera y olvida la estricta observancia de la etiqueta que impera en los otros palacios.

Lejos del boato y los fastos de la corte, la emperatriz de los franceses se emplea a fondo en ayudar de manera anónima a los más desafortunados. Incluso sus detractores no pueden negar su alma generosa. Organiza colectas, hace donativos, colabora en asilos, hospicios y destina la mayor parte de sus regalos de boda a obras de caridad. Una o dos veces por semana se viste de manera austera —con abrigo de señora mayor y tocada con un sombrero recubierto por un largo velo— para pasar inadvertida y sale por una discreta puerta de palacio acompañada por una única dama de honor. La emperatriz conoce de primera mano la miseria en la que viven miles de personas hacinadas en sórdidos tugurios en pleno centro de París. Su necesidad de ayudar es muy anterior a su rango de soberana. Su padre don Cipriano le había transmitido unos ideales de justicia social que nunca olvidaría, y que compartía con Napoleón III: «El príncipe estando en prisión escribió un libro sobre la extinción del pauperismo que me apasionó;

buscábamos la forma de poner en práctica su teoría y soñábamos con trabajar por la felicidad de los pueblos y mejorar la suerte de los obreros».

Si alguien estaba dispuesto a cambiar el aspecto de esa ciudad superpoblada, insalubre y peligrosa era su emperador. Napoleón III convertiría París en una de las ciudades más modernas y bellas del mundo. Para poner en marcha este faraónico proyecto de remodelación contaría con el arquitecto Haussmann que transformaría el viejo París en una ciudad monumental, de elegantes edificios públicos, anchas avenidas, parques y zonas ajardinadas.

A finales de marzo de 1854, Francia e Inglaterra declaraban la guerra a Rusia en un conflicto que se libraba a miles de kilómetros en la península de Crimea, en el Mar Negro. Napoleón III, que siempre había deseado emular las proezas militares de su tío, se lanzará a esta aventura contra las tropas del zar Nicolás I con un coste de más de cien mil víctimas. Aunque la rendición de Sebastopol y el fin de la guerra se celebró en París con gran entusiasmo, la guerra de Crimea puso en evidencia las carencias del ejército francés y la falta de organización de sus altos mandos. Napoleón III no era un genio militar y este enfrentamiento le granjearía el rencor y la hostilidad de Rusia.

El emperador aprovechó la ocasión para iniciar a Eugenia en los secretos de la alta política. Durante semanas le dará a leer los informes y despachos de sus embajadores y ministros, y la invitará a presenciar los consejos dedicados a estas cuestiones. Napoleón III, autoritario y desconfiado por naturaleza, gobierna solo pero insiste en que su esposa esté bien instruida en política exterior, una decisión que será objeto de duras críticas.

En 1855, dos años después de la boda imperial, comienzan a circular rumores sobre la esterilidad de la emperatriz. Algunos miembros del clan Bonaparte se encargan de difundir crueles libelos y anuncian incluso el inminente divorcio de la pareja imperial. Eugenia, que «a diario reza para que Dios le conceda un hijo», teme, al igual que Josefina Bonaparte, ser repudiada por su esposo. Pero en aquel mes de mayo el emperador Napoleón III anda preocupado por otros asuntos de distinta índole. Está a punto de celebrarse la Exposición Universal que mostrará al mundo las aspiraciones del Segundo Imperio. París se vestirá de gala para recibir a los principales monarcas y jefes de Estado de todo el mundo.

La reina Victoria y su esposo el príncipe Alberto —en compañía de dos de sus hijos— han anunciado su visita oficial a París en el mes de agosto. Este gesto pone en evidencia la buena relación existente entre ambos países desde el último viaje realizado, meses antes, por Napoleón III y su esposa a Londres. En aquella ocasión disfrutaron de la hospitalidad de la soberana y fueron agasajados con cenas de gala, conciertos y bailes en el palacio de Buckingham. Durante su estancia la reina Victoria le dio a Eugenia una serie de sabios consejos —«sus recetas infalibles», como ella las llamaba— para quedarse embarazada. «Nada de baños calientes, provocan abortos; no montéis a caballo y poneos una almohada debajo de los riñones. Haced un poco de ejercicio, sin cansaros, al aire libre, y sed feliz, llegará», le recomendó en privado. A sus treinta y seis años Victoria había llevado a buen término ocho embarazos y dado a luz hijos vigorosos. Eugenia no olvidaría las cariñosas palabras de su anfitriona que con el tiempo se convertiría en una de sus mejores amigas y confidentes. A su regreso, tras participar en una cacería en Compiègne, la emperatriz tuvo otro aborto. En esta ocasión no sufrió apenas dolor y tal como le anunció a su hermana: «Los médicos me han intervenido a tiempo, pues si me hubiera abandonado jamás hubiera podido tener hijos».

Apenas unas semanas después de ser inaugurada la Exposición Universal, la emperatriz Eugenia descubre que está de nuevo embarazada. A la alegría inicial se une la angustia porque son muchas las obligaciones que tiene que atender. También está especialmente nerviosa porque Napoleón III acaba de sufrir un atentado del que ha salido milagrosamente ileso. Los médicos le han recomendado una cura de tranquilidad y aire fresco en el balneario de Eaux-Bonnes, donde permanecerá un mes guardando descanso absoluto. Debe coger fuerzas dado que la reina Victoria llegará a París a mediados de agosto y desea agasajarla en persona durante su estancia. La emperatriz decide esperar dicha fecha para anunciar de manera oficial su embarazo.

Tras ejercer de anfitriona de la familia real inglesa y resistir una lista interminable de actos protocolarios, Eugenia se refugió en Biarritz para descansar. La brisa del mar y la tranquilidad que se respiran en ese pueblo pesquero de la costa vascofrancesa que ella pondrá de moda, le sientan bien a su embarazo. Le gusta organizar paseos en barca, meriendas campestres, largas excursiones que dejan exhaustas a sus damas y bañarse a diario en el mar aunque el agua esté muy fría. Ya de regreso a París, todo está preparado en su amplia habitación tapizada de azul de las Tullerías para el alumbramiento, que se adelanta de fecha. En la noche del 14 de marzo comienzan las contracciones y como el parto de la emperatriz es público —siguiendo la etiqueta de los reyes de Francia— son convocados ministros, senadores y diputados que deben estar presentes para testificar. Hay mucha gente a su alrededor, su madre y su hermana Paca en la cabecera de la cama, la princesa Matilde, su gobernanta la princesa de Essling, sus camareras y lady Ely, dama de honor de la reina Victoria. Más de cien velas iluminan la estancia y la emperatriz, mujer devota, ha colocado estampas, iconos y talismanes encima de los muebles.

Eugenia sufre una verdadera tortura, el parto se complica y hay que recurrir al uso de fórceps para salvar su vida y la de su hijo. Finalmente en la madrugada del 16 de marzo, y prácticamente inconsciente, trae al mundo al príncipe imperial, un bebé rubio de cabellos dorados como los de ella. El recién nacido tiene una herida en la frente debido al uso del instrumental quirúrgico. Un mal presagio para su madre, que más tarde dirá: «Su sangre se derramó llegando al mundo». Tras confirmar que su hijo es un varón y está sano, la emperatriz cae agotada. El parto ha durado veintinueve horas y su ginecólogo confiesa que nunca había visto sufrir tanto a una mujer al dar a luz. El domingo de Ramos, los parisinos se despiertan con el estruendo del cañón de Los Inválidos que anuncia mediante ciento una salvas que Francia ya tiene un heredero al trono.

Eugenia quiere disfrutar unos días en la intimidad de su familia y despacha a sus damas de honor. La emperatriz pensaba que se repondría en poco tiempo, pero cuando a las dos semanas quiso levantarse, sufrió un dolor atroz. Tras un reconocimiento descubrieron que el fórceps le había fracturado la pelvis y tendría que guardar cama durante un mes totalmente inmovilizada. La reina Victoria fue de las primeras en felicitarla pero al conocer los detalles del penoso parto, escribió en su diario: «Excelentes noticias de la querida emperatriz, pero noticias lamentables de su parto, que ha tenido que ser horrible; la compadezco tanto... Ojala hubiera podido tener a su lado al doctor Lacock y cloroformo administrado como es debido; todo hubiera podido ser diferente». Victoria conocía muy bien los beneficios del cloroformo porque ella misma había sido una de las primeras en experimentar este tipo de anestesia cuando dio a luz a su octavo hijo, el príncipe Leopoldo.

El 14 de julio, aún sin reponerse del todo, la soberana pudo asistir al bautizo de su hijo en la catedral de Notre Dame. Tras dos meses convaleciente, Eugenia aparece en público por primera vez deslumbrante y todo el mundo aprecia su belleza. «Un gran velo de tul blanco la envolvía como una nube vaporosa», la describe uno de los invitados. El príncipe imperial recibe los nombres de Napoleón, Eugenio, Luis, Juan y José, aunque sus padres siempre le llamaran Luis. Para Eugenia, este hijo único al que adorará, será su principal razón de vivir. Ella siempre le llamará cariñosamente «Loulou».

Al final del bautizo, la emperatriz comentará: «Cuando el emperador ha levantado a nuestro hijo en sus brazos para mostrarlo al pueblo, mi emoción fue tan intensa que mis piernas flaquearon y tuve que sentarme precipitadamente». Acudieron seis mil invitados a la iglesia y tras un impresionante banquete para cuatrocientas personalidades, un espectáculo de fuegos artificiales puso el broche final a una jornada que Eugenia guardaría en su recuerdo como la más feliz de su vida. Sólo una persona no estaría presente en el bautizo, el príncipe Napoléon —apodado Plon-Plon—, quien se consideraba el auténtico representante de la casa imperial. Era hijo del anciano rey Jerónimo Bonaparte y hermano de la princesa Matilde. El joven se jactaba de tener un gran parecido físico con el Gran Corso y miraba por encima del hombro a su primo Napoleón III al que juzgaba como un advenedizo al trono por su supuesto origen bastardo. Desde un principio despreció a Eugenia y se encargó de propagar todo tipo de rumores y libelos contra ella que dañarían mucho su imagen.

Tras el bautizo del príncipe imperial celebrado con gran pompa y el júbilo de sus súbditos, Eugenia se enfrenta a la cruda realidad. El parto ha sido tan laborioso que su vida y la de su hijo han estado en peligro. Los médicos le recomiendan que evite otro embarazo, lo que significa que las relaciones con su esposo serán aún más complicadas. A diferencia de la reina Victoria, que reconocía a sus más íntimos que disfrutaba de la compañía de su esposo y sentía una gran atracción sexual por él, Eugenia vivió una gran decepción en su noche de bodas. Quizá las prisas del emperador —o su poco tacto— a la hora de consumar su matrimonio le restaron romanticismo. La emperatriz, de temperamento más frío que su esposo, le confiesa tras su luna de miel a una amiga de infancia: «El amor físico, ¿qué asco!… Pero bueno, ¿por qué sólo piensan en eso los hombres?».

Para su esposo el sexo es importante y se muestra insaciable en sus conquistas femeninas. Está enamorado de Eugenia pero no le basta. A su prima Matilde le revela un día: «¿La emperatriz? Le he sido fiel durante los seis primeros meses, pero yo necesito pequeñas distracciones». Si Eugenia creía que tras dar a luz al heredero de la dinastía Bonaparte su esposo le sería más fiel, se equivocaba. Sus aventuras extraconyugales aumentaron y en su lista de amantes se encontraban desde damas de la corte hasta jóvenes modistillas. Cuando su médico personal advertía al emperador de los riesgos para su salud debido a los excesos, éste le respondía: «Dejadme, necesito estas escapadas, que a nada serio me comprometen. La emperatriz hace mal sintiendo celos; lo que ella cree favoritas no son sino pasatiempos». Pero estos pasatiempos, como él los llamaba, le iban a pasar factura al emperador que tenía una salud delicada pero se negaba a abandonar su frenética actividad sexual.

Eugenia, decepcionada por el comportamiento inapropiado de su esposo, tendrá que hacer frente a un nuevo problema. Se trata de Virginia Oldoini, condesa de Castiglione, una exuberante aristócrata italiana de diecinueve años que muy pronto será la favorita del emperador. En 1856 la joven había llegado a París junto a su esposo con el firme propósito de influir en el emperador para lograr la unificación italiana. Su primo el conde de Cavour, primer ministro del Piamonte, le había propuesto que actuara como agente secreto y a través de sus encantos consiguiera que Napoleón III declarara la guerra a Austria para que ésta cediese los territorios ocupados en Italia. La Castiglione no tardó en conquistar al emperador que la obsequió con magníficos regalos y se convirtió en una asidua invitada a las fiestas de la pareja imperial, donde coincidía con Eugenia. La insolencia de la italiana llegaba a tal punto que cuando la emperatriz hacía su entrada y todas las damas se ponían de pie, ella seguía sentada, desafiándola con la mirada.

Eugenia se sentía celosa e indignada por el comportamiento de su esposo y la imagen que estaba dando en el exterior. El idilio traspasó las fronteras, y así el embajador lord Cowley en una carta dirigida a su ministro lord Clarendon, le decía: «Las libertades que Su Majestad se ha tomado últimamente con la Castiglione son un escándalo en todo París. Incluso en la corte se habla de una fiesta campestre celebrada, la otra noche, en Villeneuve-L'Étang, a la que sólo fueron invitados unos pocos privilegiados. En una pequeña barca de remos, el emperador embarcó solo con dicha dama, hacia regiones donde juntos pasaron toda la noche. La pobre emperatriz, a quien daba pena ver, se puso a bailar para aliviar sus nervios sobreexcitados. Como todavía está muy débil, se cayó y se desmayó… Todo esto es muy triste. En cuanto a política se refiere, semejantes cosas perjudican mucho al emperador». Era la primera vez que su esposo la humillaba en público con una de sus amantes y la emperatriz, herida en su orgullo, dijo basta. Amenazó al emperador con regresar a España no sin antes explicar al consejo las razones de su partida.

Durante dos años la seductora Castiglione fue objeto de deseo de Napoleón III hasta que éste se cansó de sus extravagancias e intrigas. El emperador, hombre hermético y desconfiado, no cayó en su trampa a pesar de sus muchos encantos. Pronto otra hermosa dama ocuparía el rango de favorita, la condesa Walewska, esposa del ministro de Asuntos Exteriores. En una de las cartas que le escribió a su hermana Paca en aquellos días infelices, Eugenia le confiesa su hastío: «Tengo tal asco de la vida, es tan vacía en el pasado, tan llena de escollos en el presente y quizá tan corta en el futuro (por lo menos eso espero) que me pregunto a veces si vale la pena luchar, y el valor me falta porque esos pequeños disgustos van minando toda mi existencia».

En julio de 1856, unos meses después del nacimiento del príncipe imperial, el Senado acordó nombrar regente a la emperatriz. A pesar de su frívolo comportamiento, el emperador pensaba seriamente en el porvenir. A partir de este momento Eugenia podría intervenir en los asuntos de Estado y sus opiniones serían escuchadas. Esta medida demuestra la confianza que Napoleón III tenía en las capacidades de su esposa. Permi-

tiendo satisfacer sus aspiraciones políticas intentaba quizá
compensar el dolor que le causaban sus constantes infidelidades. En el ocaso de su vida Eugenia confesó con cierta tristeza: «Cuando fui emperatriz hice todo lo posible por comprender las grandes cuestiones que preocupaban al emperador.
Hacía que me las explicase, tomaba notas, leía cuanto podía
esclarecerlas. La diplomacia me interesaba en el más alto nivel;
mi mayor gusto era hablar con todos los hombres de Estado
extranjeros que afluían a las Tullerías. [...] El público, juzgan-
do por las apariencias, me creía ocupada en elegancias y mun-
danerías, trapos y arambeles; me acusaba de frívola, derrochadora, coqueta, superficial y no sé cuántas cosas más. Pero los
que contra mí dirigían esa malévola campaña, hubiesen quedado sorprendidos de ver los cuadernos en que diariamente
resumía todas mis lecturas...».

Antes de ser emperatriz, Eugenia llamaba la atención por
su elegancia y buen gusto en el vestir. La escritora francesa
George Sand, que no era nada aduladora, la describió de esta
manera cuando la conoció en París en 1853: «De estatura me-
diana, admirablemente proporcionada, Eugenia tiene las manos y los pies tan pequeños como los de un niño de diez años.
Su cabeza, que se yergue con arrogancia sobre un cuello lu-
minosamente blanco y unos hombros bien torneados, está coronada por una masa de cabellos ondulados cuyo color, ni
rojo, ni dorado, ni castaño, resulta de la suma de estos tres tonos, y que algunos atribuyen al artificio. Sus rasgos tienen la
cincelada perfección de una estatua griega. Pero su mayor belleza reside en sus ojos de azul oscuro, protegidos por unas
cejas negras».

Las revistas de moda de la época dedicaban páginas enteras a describir sus vestidos, peinados y originales tocados.

Eugenia crearía un estilo propio que sería la imagen del Segundo Imperio y a la vez en el campo político contribuiría a afirmar el poder y la magnificencia de la dinastía Bonaparte. En 1860, a los treinta y cuatro años, era considerada una de las mujeres más bellas de Europa. George Sand decía que todos los hombres estaban enamorados de la emperatriz. Eugenia sabía que levantaba pasiones, pero su admirada belleza no era suficiente para un esposo que le seguía siendo infiel. Aunque fingía ignorar sus amoríos, en una ocasión, pasando ante un grupo de bellas damas que se inclinaban respetuosamente ante su presencia, diría entre dientes: «Me pregunto cuál de ellas no se ha acostado aún con el emperador…».

Con sus hermosos ojos azul violeta, sus cabellos tirando a rubio castaño, su perfecta complexión, pies pequeños y talle de avispa, era inevitable que se convirtiera en un icono de la moda en aquella segunda mitad del siglo XIX. Le gustaba ir siempre a la última y cuando aparecía alguna novedad no dudaba en adaptarla si le sentaba bien, ya fuera un sombrero de plumas de garza o de aves del paraíso, pañoletas, chales de Cachemira y albornoces. Las damas de la corte copiaban sus peinados, sus recogidos de bucles y cabello adornado con flores naturales, incluso se teñían el pelo de su color caoba rojizo. Eugenia popularizó el uso del miriñaque de crinolina, que acentuaba su fino talle a pesar de ser sumamente incómodo, las amplias pamelas, el collar de chatones, el color malva, y puso de moda el escote que realzaba sus hombros caídos. También marcó estilo en su forma de maquillarse, se delineaba los ojos con kohl, cuidaba sus pestañas con abéñula y se pintaba los labios con rojo carmín.

En una ocasión le llamó la atención el vestido que la princesa Paulina de Metternich, esposa del embajador de Austria en París y árbitro de la elegancia, lucía durante un baile celebrado en las Tullerías. El modelo le gustó tanto que al enterarse de que era del modisto inglés Worth, éste se convirtió en su diseñador personal. Por su parte Pierre Guerlain fue nombrado perfumista de Su Majestad la emperatriz Eugenia en 1853. Para ella creó una fragancia exclusiva a base de limón, bergamota, lavanda, naranja, verbena, entre otras esencias. En el frasco de Eau de Cologne Impériale —que aún se comercializa— se reproducen las abejas doradas imperiales del manto de Napoleón III, así como las fuentes de París símbolo del frescor.

Para Eugenia, como para su admirada María Antonieta, el lujo formaba parte de su oficio y también era un modo de apoyar la industria textil francesa. En 1894 confesaba al escritor Lucien Daudet: «Me acusan de ser frívola y de amar demasiado la ropa, pero es absurdo; eso equivale a no darse cuenta del papel que debe desempeñar una soberana, que es como el de una actriz. Mi vestuario forma parte de este papel». Sin quererlo Eugenia, y gracias a su estilo y personalidad, se había convertido en el brillante símbolo del Segundo Imperio. Y en aquel gran teatro que era la corte imperial, iba a representar a la perfección su papel de abnegada esposa, madre del príncipe heredero y emperatriz de los franceses. Nunca dejaría traslucir en público sus sentimientos y aguantaría el tipo frente a las más duras adversidades. Así lo expresaba a su hermana en una de sus cartas: «Vivo en un mundo que he tenido que dividir en dos partes: la de la vida pública y la de la vida privada. Todo lo que guarda relación con esta última me parecería profanado si pasara al dominio de la primera, y creería representar una comedia si fuera a mostrar mis penas a la gente, ni que lo hiciese con toda sinceridad».

Aunque sus inquietudes iban más allá de los lujosos vestidos y joyas que lucía en bailes y recepciones, la fastuosa pompa impuesta por Napoleón III contribuyó a la imagen frívola de la emperatriz. Sin embargo Eugenia seguía realizando de manera anónima una ingente obra social. Además de crear orfanatos y asilos, impulsó la educación gratuita para las niñas huérfanas y para los padres sin recursos. Convirtió las cárceles de niños en penitenciarías agrícolas y consiguió durante su regencia más de tres mil indultos para presos políticos, entre otras iniciativas. Durante las epidemias de cólera visitaba los hospitales y hablaba con los enfermos sin temor al riesgo del contagio.

De su valor y sentido del deber dio muestras en un brutal atentado que iba a sufrir el 14 de enero de 1858. Aquella noche la pareja imperial asistía a la ópera y cuando el cortejo llegó frente a la entrada principal del teatro se produjo una fuerte detonación que hizo volcar el coche en el que viajaban. Cuando se acercaron varias personas a auxiliarla, la emperatriz que había resultado ilesa, al igual que su esposo, dijo: «No se preocupen de nosotros. Es nuestro oficio. Atiendan a los heridos». Las tres bombas de fabricación casera habían causado la muerte de doce personas y herido a otras ciento cincuenta. Aquella noche, por primera vez, todo París admiró el valor y la sangre fría de su emperatriz. A pesar de su entereza nunca podría olvidar aquellos terribles segundos en los que por primera vez sintió tan de cerca la muerte. Ahora sabía que en cualquier momento podía ser, al igual que el emperador, blanco de los terroristas y durante quince años este temor le produjo una gran angustia. El autor de la masacre era un aristócrata italiano, hijo del conde Orsini, que junto a sus cómplices acusaba a Napoleón III de no haber cumplido su promesa de liberar a Italia.

Tras el atentado los acontecimientos se precipitaron. En contra de lo que muchos imaginaban, el emperador era un firme partidario de la unidad de Italia y decidió apoyar al Piamonte contra Austria, que ocupaba buena parte del norte de Italia. En contrapartida el primer ministro piamontés, el conde de Cavour, le prometió cederle Niza y Saboya. También le ofreció para su primo Plon-Plon la mano de la princesa Clotilde, la hija menor del rey Víctor Manuel. El 3 de mayo Napoleón III anunció a su pueblo que él en persona se pondría al frente de sus tropas y que la regencia quedaba en manos de la emperatriz.

Cuando lo vio partir, Eugenia sintió un gran temor. Su esposo era un hombre maduro y enfermizo que nunca había luchado en un campo de batalla, y temía por su vida. En una carta a Paca le hacía la siguiente reflexión: «¡Qué extraño es el destino! ¿No te parece? ¿Quién nos habría dicho, cuando éramos niñas, lo que nos esperaba? Y cuando M. Beyle [Stendhal] nos relataba las campañas del Imperio, que escuchábamos tan atentamente, el desprecio que se tenía por la emperatriz María Luisa. ¿Quién me habría dicho: tú serás parte activa de la segunda escena de este poema, y te juzgarán con tanta severidad como a María Luisa, si procedes como ella? Te aseguro que esto da que pensar».

El primer consejo al que acudió la emperatriz le intimidó. Los ministros se mostraron corteses pero eran reacios a tratar con una presidenta «con enaguas» los asuntos de Estado. Poco a poco se fue ganando la confianza de los miembros del consejo, sorprendidos al ver la seriedad con que se tomaba sus responsabilidades como regente. Cada día estudiaba los informes enviados por los prefectos de varios departamentos de Francia, los despachos de los embajadores en las capitales europeas y los comunicados del ejército informando sobre el avance de las tropas francesas. Un día su amigo Mérimée la encontró aprendiéndose de memoria el texto de la Constitución. El 24 de junio, tras la sangrienta batalla de Solferino, las tropas franco-italianas derrotaban al ejército austríaco. Fue una auténtica carnicería que hizo derramar lágrimas al propio emperador cuando recorrió el escenario del combate. Eugenia sintió un gran alivio al saber que su esposo estaba bien pero cuando conoció el elevado número de víctimas en ambos bandos se quedó horrorizada. Henri Dunant, un joven suizo presente en el infierno de Solferino, se estremeció hasta tal punto del sufrimiento vivido, que dos años más tarde —y con el apoyo de Napoleón III— fundaría la Cruz Roja.

El año de 1860 comenzó con el anuncio de una gira oficial de los emperadores por las nuevas provincias anexionadas de Saboya y Niza. El viaje les llevaría desde el valle del Ródano hasta los Alpes, y de las orillas del mar al desierto de Argel donde Napoleón III visitaría a su aliado Abd-el-Kader. Para Eugenia la ilusión inicial quedó truncada al saber que su hermana Paca tenía tuberculosis y su pronóstico era grave. Consiguió convencerla para que viajara con su madre a París, donde podría consultar a los mejores especialistas. La emperatriz puso a su disposición el yate imperial que las trasladó desde el puerto de Alicante a Marsella, para luego continuar por tren hasta la capital.

Antes de emprender la gira oficial, las dos hermanas compartieron unos días y dieron un último paseo en coche descubierto por el bosque de Boulogne, uno de los lugares preferidos de Paca. Un testigo excepcional, el novelista Pedro Antonio de Alarcón, describió así los últimos días de la duquesa de Alba: «Los españoles buscábamos todas las tardes, con el afán más tierno y el interés más respetuoso, un carruaje ocupado por dos señoras que cuatro veces cruzaba como una exhalación entre las filas de coches y desaparecía por el Arco de la Estrella, poco antes de la puesta de sol, para no volver hasta el día siguiente... Hasta los que no trataban a aquellas dos señoras quitábanse el sombrero generosamente al verlas pasar, revelando en su actitud la más honda melancolía... y era que una de aquellas dos damas, elegante sobre toda ponderación y bella como una fantasía de artista, iba reclinada en la carretela, inmóvil, pálida, moribunda cual si le sobrase la luz y le faltase aire para vivir. Era que todos sabíamos que aquella mujer huiría del mundo en breve plazo; que sus horas estaban contadas. [...] Indudablemente ya la habéis conocido... Hablo de la duquesa de Alba, de la hermana de la emperatriz Eugenia. La otra señora era su madre; su pobre madre, la ilustre condesa de Montijo». Cuando el 22 de agosto la pareja imperial abandonó Saint-Cloud acompañados por un numeroso séquito Eugenia tuvo un terrible presentimiento. Durante todo el viaje no dejaría de escribirle a su hermana largas y cariñosas cartas para animarla: «Trata de comportarte bien y cúrate lo antes posible para hacer feliz a tu hermana que te ama con todas las fuerzas de su alma».

La duquesa de Alba fallecía el 16 de septiembre de 1860, en la víspera de la llegada de la emperatriz a Argel. Cuando el emperador conoció la fatal noticia estaban a punto de asistir a una espléndida recepción de bienvenida. Decidió ocultar a su esposa la gravedad de los hechos hasta el día siguiente para no tener que suspender el acto organizado por sus anfitriones árabes. Cuando Eugenia supo la verdad hacía cinco días que Paca había fallecido. En un telegrama al duque de Alba, el emperador le había pedido que esperase el regreso de Eugenia antes de trasladar el féretro a España. Aquella desgracia rompió el corazón de la emperatriz y la sumió en una profunda tristeza. A su dolor por el luto se añadía el resentimiento hacia el emperador por no haber confiado en ella. En una carta a la condesa Tascher de La Pagerie le confesaría: «Todo se desmoronaba en mi interior, y poco a poco me sumí en un abismo del que sólo se sale tras haber pisoteado el corazón. Medía el precio del sufrimiento de los altos destinos y me decía que los bienes de la tierra no valen los esfuerzos que hacemos para conservarlos».

Con la desaparición de Paca perdía a su amiga, su confidente y su vínculo con España. Tenía sólo treinta y cinco años y era la única persona a la que podía abrir su corazón; con ella compartía sueños, tristezas e ilusiones. Le queda el consuelo de sus tres sobrinos a los que cuidará como una madre en la distancia. A Carlos, el único varón, lo retuvo a su lado en las Tullerías mientras intentaba encontrarle un buen preceptor. Tras la desaparición de su hermana, la emperatriz mantendrá una correspondencia regular con el duque de Alba, aunque el contenido de las cartas sea frío y distante debido a las discrepancias que existen entre ambos. Su cuñado no está de acuerdo con la decisión que ha tomado Eugenia de derribar el palacete de Alba, una hermosa residencia que la emperatriz mandó construir para Paca y su familia en los Campos Elíseos, y que ella misma decoró. Son tan tristes los recuerdos que le trae esta mansión que decide vender el terreno y derribar el hermoso edificio. Se niega a que nadie pueda vivir en la casa donde murió su hermana y hace trasladar a sus aposentos en las Tullerías la cama donde falleció y su tumbona preferida. Es su manera de estar cerca de ella, y como amante del espiritismo está convencida de que podrá contactar con su espíritu que vaga por el palacio. Cuando Eugenia llegó a París frecuentaba el salón de un famoso médium escocés, Hume, que se atribuía poderes adivinatorios y hasta curas religiosas. Le gustaba contactar con el más allá a través de las «mesas giratorias» —que la emperatriz pondría de moda—, cuyos golpes y movimientos correspondían a las letras del abecedario.

Cuando Eugenia regresó al palacio de Saint-Cloud apenas se detuvo para besar a su hijo y se dirigió a la iglesia de Rueil, donde había sido depositado provisionalmente el cadáver de la duquesa de Alba. Abatida y de riguroso luto acudirá cada día a esta iglesia contigua al castillo de Malmaison, y cubrirá el féretro de su hermana con sus flores blancas preferidas. Se siente culpable por haberla abandonado en el último momento y cree firmemente que habría podido hacer más por ella. Tras dos meses de retiro en su residencia de Saint-Cloud, la emperatriz decidió abandonar París inesperadamente y viajar de incógnito a Escocia. Aquel otoño se presentaba demasiado triste y melancólico para ella; la larga enfermedad y muerte de Paca, las constantes infidelidades del emperador en aquellos días tan delicados, pudieron con ella. «Encuentro París tan triste desde que mi hermana no está… creo que el sentimiento de no haber estado con ella al morir me dobla la pena…»

Eugenia atravesaba una gran depresión, estaba muy angustiada, apenas dormía, comía muy poco y sufría un fuerte dolor de espalda. A su amigo lord Clarendon le comentó su preocupación de padecer una degeneración de la columna vertebral que podía ser hereditaria. Los médicos franceses que consultó no supieron cómo curarla pero le hablaron de un especialista en la materia, el doctor Simpson, que vivía en Edimburgo. Aquel viaje era una huida en toda regla, necesitaba cambiar de aires y de paso consultar a este renombrado médico. Cuatro días más tarde, el 14 de noviembre, la emperatriz con un séquito muy reducido de dos damas y dos chambelanes, embarcó hacia Londres viajando bajo el falso nombre de condesa de Pierrefonds. Su precipitada partida de la capital dio pie a todo tipo de conjeturas, se llegó incluso a decir que la emperatriz pensaba divorciarse de su esposo. En aquellos días Eugenia había descubierto que la condesa Walewska, a la que consideraba una amiga, era la nueva amante del emperador. En una carta a su cuñado el duque de Alba le explicaba las razones de su precipitada marcha: «Mi salud, cada día más frágil, me obliga a partir. A mamá le he dicho que estaba enferma pero a ti te confieso que me siento muy débil y a veces bastante mal».

Tras visitar en Edimburgo al doctor Simpson, quien declaró que su condición física era excelente, la emperatriz se dispuso a recorrer Escocia vestida de negro, y ligera de equipaje. Aunque el invierno no era la mejor época para visitar este país, su naturaleza salvaje, sus agrestes paisajes cubiertos por brumas y misteriosos lagos cautivaron a la emperatriz que recuperó pronto las fuerzas. Al regreso se detuvo en Windsor para saludar a su amiga la reina Victoria. La soberana la recibió con grandes muestras de cariño y en su diario anotó: «Estaba muy bella pero muy triste y hablando de su salud y del viaje a Argel se echó a llorar. Su viaje, sin embargo, parece haberle hecho muy bien; antes no podía comer ni dormir... Ella no me ha dicho ni una palabra sobre el emperador. Es muy curioso». En Londres, donde no la reconocen, disfruta de su independencia yendo de compras, paseando por sus calles y visitando el Museo Británico.

El 12 de diciembre el emperador fue a recibir a su esposa a la ciudad de Boulogne a bordo del tren imperial. Un detalle que la emociona pero el dolor por la pérdida de su querida hermana le resulta aún insoportable. Finalmente el 19 de diciembre, Eugenia acude por última vez a la capilla de la iglesia de Rueil para despedirse de Paca. A su madre le escribe en una carta que un tren especial llevará los restos de la duquesa de Alba a España, después de tres meses de espera: «He ido a buscar a mi hermana y la he acompañado hasta el último momento; yo he sido quien ha arreglado las flores en el coche, y en verdad he hecho por ese cuerpo todo lo que hubiera hecho cuando ella estaba enferma y sólo me he apartado de él en el momento en que partió el tren». La emperatriz siente que ha cumplido con su deber. A partir de ese instante se volcará en la educación de su hijo de cinco años y en cumplir con sus obligaciones en la corte. Muy pronto una nueva y lejana aventura militar le devolverá las ganas de vivir al poder participar en el juego de la alta política junto a su esposo.

TAMBORES DE GUERRA

Eugenia explicó mucho tiempo después que su esposo, cuando se encontraba prisionero en Ham, ya soñaba con levantar en América Central un sólido imperio católico que pusiera freno a las ambiciones de Estados Unidos. En realidad fue la emperatriz la que recordó el tema a su marido durante unas vacaciones en Biarritz en verano de 1861, tras una conversación que mantuvo con José Hidalgo. Este diplomático mexicano residente en París, hijo de españoles y poseedor de una gran fortuna, conocía a Eugenia desde que era una niña y supo interesarla por lo que ocurría en su lejana patria. Hidalgo le contó que una terrible guerra civil entre conservadores y liberales devastaba el país. El año anterior Benito Juárez —un abogado de origen indígena y contrario a la religión— había tomado el poder e instaurado una república. Al encontrar las arcas vacías, Juárez tomó la decisión de suspender el pago de la deuda externa a Francia, España y Reino Unido. Los conservadores, católicos y aliados con los grandes terratenientes, solicitaron una intervención exterior y Napoleón acudió en su ayuda.

El emperador y su esposa Eugenia persuadieron al archiduque Maximiliano de Habsburgo, hermano del emperador austríaco Francisco José, para ocupar el trono de México. Casado con la princesa Carlota, hija del rey belga, parecía el más idóneo para llevar a cabo esta gran empresa. Pero la aventura imperial en México apenas duró tres años y se saldaría con una humillante derrota militar. El 12 de marzo de 1867 los franceses abandonaron Veracruz y pocos meses después Maximiliano I, solo y abandonado por todos, fue fusilado tras la caída de Querétaro.

Aquel trágico episodio así como la nefasta actuación de Napoleón III al frente de este contencioso dañaron seriamente el prestigio imperial. Los cimientos del glorioso Segundo Imperio comenzaban a tambalearse. «Aún hoy no me avergüenzo de México. Deploro lo ocurrido. Pero no me sonrojo por ello», declararía años más tarde la emperatriz. Sin embargo su apoyo a la dramática expedición mexicana, en la que se volcaría en cuerpo y alma, desencadenaría duras críticas y ataques en su contra. Detrás de esta campaña de desprestigio se encontraban sus propios parientes, la princesa Matilde y su hermano el príncipe Plon-Plon, que sentían celos y un gran odio hacia «la española».

Eran muchos los que acusaban a Eugenia de inmiscuirse demasiado en los asuntos de Estado y en particular en la política exterior. «No era mi intención ni mi oficio dirigir Francia, pero la salud del emperador declinaba y yo debía ayudarle, en ocasiones más de lo que hubiera deseado», confesaría. Tras el desastre de México, Napoleón III era un soberano envejecido, enfermo y parecía agotado. El peso del poder, los fracasos militares, el descontento popular y su debilidad por las mujeres habían minado seriamente su salud. Desde hacía cuatro años sufría fuertes dolores que le dejaban exhausto y se limitaba a tomar tranquilizantes a base de opio que lo sumían en un estado de somnolencia y de entumecimiento. Se negaba a que un especialista le examinase y la verdadera causa de su enfermedad seguía sin conocerse.

Sin embargo, a sus cincuenta y seis años, su apetito sexual era insaciable. Aunque Eugenia había tenido una paciencia infinita, una nueva y escandalosa aventura de su esposo a punto estuvo de romper su matrimonio. Hacia 1864 Napoleón III se había encaprichado de una alegre y temperamental costurera de veinticinco años que se hacía llamar Marguerite Bellanger. El soberano la instaló en una casita cercana al castillo de Saint-Cloud, adonde acudía a verla con frecuencia. Aunque al principio Eugenia no se preocupó mucho por esta nueva «diversión», todo cambió cuando llegó a sus oídos que la Bellanger se había quedado embarazada. No era seguro que fuera del emperador —treinta años mayor que ella y con frecuentes achaques—, pero a Eugenia le inquietaba el porvenir de su hijo y el escándalo público si se conocía la noticia. Una noche, le informaron de que habían llevado a su esposo a Saint-Cloud en un estado lamentable. Al parecer había sufrido un síncope mientras se encontraba en los brazos de su amante en su nido de amor. Para la emperatriz más que un escándalo, fue una humillación que jamás olvidaría.

A la mañana siguiente, Eugenia se presentó en la residencia de la Bellanger para transmitirle un mensaje muy claro: «Señorita, usted está matando al emperador. Deberá abandonar esta casa antes de mañana y dejar de verle. Para él es la vida o la muerte», le dijo en tono firme. La joven, con lágrimas en los ojos, le pedirá perdón de rodillas y le prometerá seguir su consejo. Pero Napoleón no estaba dispuesto a renunciar a su jovial amante y acusó a su esposa de entrometerse en sus asuntos privados. Eugenia, enfurecida y herida en su amor propio, se marchó de París para hacer una cura de aguas en el balneario de Schwalbach donde en su juventud acudía con su madre. De nuevo bajo la falsa identidad de condesa de Pierrefonds, la emperatriz despechada pasaría unos días meditando en soledad y encontrando el valor para no cumplir con su amenaza de dejar a su esposo y huir a España con su hijo.

El descanso, las largas caminatas por unos paisajes idílicos y el aire fresco le devolvieron la salud. Eugenia regresó junto al emperador dispuesta a luchar para mantener el prestigio de un imperio cuyos cimientos comenzaban a tambalearse. Al volver a las Tullerías había tomado una decisión que su amigo Mérimée definió con estas palabras: «Eugenia ha dejado de existir, sólo queda la emperatriz». Y como tal cumplirá a la perfección con las obligaciones inherentes a su cargo. Su conducta sería siempre irreprochable aunque muchos la tacharan de frívola y ociosa. Su única felicidad en aquellos días sombríos era el príncipe imperial, a quien adoraba y trataba de educar en la rectitud. Napoleón sentía debilidad por su único vástago y se mostraba con él muy indulgente. Eugenia deseaba hacer de él un hombre fuerte y valiente, y un digno heredero de la dinastía Bonaparte. A los trece años Luis era un niño encantador de hermosos ojos azules, tez pálida como su madre y cabello moreno ligeramente rizado. Cuando viajaban juntos era recibido en todas partes con grandes expresiones de cariño y entusiasmo, sobre todo por los bonapartistas que veían en él la continuidad del imperio.

En aquel año de 1865 Napoleón III realizó una larga gira de tres meses por el corazón de Argelia, y Eugenia de nuevo se encargaría de la regencia. A pesar de ser el blanco de todas las críticas la emperatriz no perdería el tiempo. Había adquirido más seguridad y dominio, y también más experiencia. Esto le dio fuerzas para emprender en ausencia de su marido algunas reformas sociales como la mejora del régimen carcelario, sobre todo de los presos más jóvenes. El derecho a la educación se convirtió en su caballo de batalla. Dos años antes el emperador había nombrado a Victor Duruy ministro de Instrucción Pública. Este hombre librepensador y humanista colaboró estrechamente con la emperatriz para poner en marcha una enseñanza pública superior femenina.

Para los sectores más conservadores y el clero se trataba de un escándalo. Para mostrar su apoyo a los proyectos de Duruy, Eugenia inscribió a sus sobrinas, a las que tenía a su cargo, en un curso de la Sorbona. Durante su regencia, ministros y diputados aprobaron dos proyectos de ley para construir más escuelas e institutos y conceder becas a los estudiantes y artesanos sin recursos. Victor Duruy alabó el compromiso de la emperatriz y antes de finalizar su mandato en 1869, escribió: «Los futuros historiadores de Napoleón III podrán decir: "Cuando tomó las riendas del gobierno de Francia, la mitad de la población vivía en la ignorancia, pero cuando se marchó, todos podían leer, escribir y contar". Será una gloria extraordinaria porque no conozco a ningún príncipe que la haya conseguido».

La emperatriz también luchó, a su manera, por los derechos de las mujeres y abogó por el sufragio femenino. Fue promotora de las letras y las artes, y destacó el talento de importantes figuras como la singular escritora George Sand, de quien dijo que le gustaría verla en la Academia Francesa. Antes de finalizar su regencia otorgó la Legión de Honor a la pintora Rosa Bonheur. Esta artista original y audaz era la primera mujer condecorada con esta prestigiosa distinción. Cuando Napoleón III regresó a París se sintió orgulloso por el trabajo de su esposa y las iniciativas que había llevado a cabo. El emperador siempre admiró su talento político, aunque en las cuestiones más relevantes tomara las decisiones en solitario, y casi siempre a sus espaldas. Si las desavenencias conyugales eran insalvables, en los asuntos de gobierno se entendían. Ambos compartían la necesidad de ayudar a los más desfavorecidos y las cuestiones sociales fueron prioritarias durante su mandato.

En aquellos años de tantos sinsabores sólo el éxito de la Gran Exposición Universal de 1867 celebrada en París consiguió levantar los ánimos de la emperatriz. Durante siete meses la capital deslumbró al mundo y recibió la visita de las principales coronas europeas. Francia había perdido la hegemonía europea pero su capital proyectó una imagen de riqueza, entusiasmo y prosperidad como nunca antes se había visto. Eugenia destacó por su elegancia y volvió a ejercer de perfecta anfitriona organizando banquetes, galas en la ópera, almuerzos en La Malmaison, visitas culturales, bailes en la Galería de los Espejos de Versalles y grandes veladas en las Tullerías con espectáculos de luces y fuegos artificiales. Más de diez millones de personas visitaron una ciudad que había sufrido una enorme transformación de la mano del arquitecto Haussmann. En apenas quince años París se había convertido en una urbe moderna, abierta y luminosa. Contaba con grandes avenidas y bulevares, elegantes barrios de nueva creación, puentes que unían las dos orillas del Sena y magníficos edificios como la ópera, la Gare Saint-Lazare y la bolsa. Nada hacía imaginar que muy pronto este deslumbrante decorado del Segundo Imperio se vendría abajo.

Dos años después de la gran «fiesta imperial» que fue la Exposición Universal, la mayor preocupación de Eugenia es la salud de su esposo. Ha cumplido sesenta y un años, aunque parece muy envejecido. Su deterioro físico y sus patéticas conquistas femeninas provocan las burlas de la oposición. Su última favorita es una elegante joven rubia, la condesa de Mercy-Argenteau, de quien se sabe que siente debilidad por las joyas. El emperador ha ganado peso, tiene un andar torpe, se tiñe la perilla y los bigotes, y se colorea ligeramente las mejillas con carmín para disimular su rostro cetrino. Sigue rechazando a los médicos y soporta a diario un terrible dolor. En París circulan rumores sobre la gravedad de su estado pero oficialmente se comunica a la población que «Su Majestad sigue sufriendo dolores de índole reumática». Napoleón III cree que aún continúa siendo muy popular entre su súbditos aunque su régimen autoritario y personalista le ha granjeado muchos enemigos.

A pesar del desgaste y las críticas hacia el gobierno de Napoleón, la inauguración del canal de Suez, tras diez años de trabajos faraónicos, será un motivo de orgullo para Francia. Sin el apoyo incondicional de la pareja imperial —y en especial de Eugenia que sentía un gran aprecio por su primo Ferdinand de Lesseps—, este extraordinario proyecto que unía el Mediterráneo y el Mar Rojo nunca hubiera llegado a término. El virrey de Egipto invitó a los emperadores a su solemne inauguración prevista para el 17 de noviembre de aquel año de 1869. Napoleón III no podría viajar a Egipto debido a sus problemas de salud y las tensiones políticas del momento.

Eugenia se preparó con gran entusiasmo para esta inesperada aventura a Oriente. Su modisto predilecto Worth —que había causado una auténtica revolución aboliendo el miriñaque— diseñó para ella un deslumbrante vestuario. El 30 de septiembre la emperatriz, acompañada de su séquito habitual y sus sobrinas Luisa y María de Alba, embarcó en el lujoso yate imperial *Aigle*. Aunque la perspectiva del viaje la llenaba de ilusión, en el fondo la emperatriz se sentía preocupada por abandonar a su esposo y a su hijo en unos días tan difíciles. Las elecciones estaban próximas y aunque Napoleón III había comprendido que debía ceder y hacer concesiones a la cámara, la agitación social aumentaba.

Tras una tranquila travesía y diversas escalas protocolarias, a mediados de noviembre la emperatriz de los franceses llegaba a la rada de Port Said. El visir Ismail Pachá acudió en persona a recibirla y juntos viajaron en un tren especial hasta El Cairo. La soberana y su séquito se instalaron en un magnífico palacio construido en la isla de Gezira para acoger a los huéspedes de algo rango. Las salas principales estaban ornamentadas con estuco en estilo morisco, y los suelos eran de mármol de Carrara. Los aposentos reservados para la emperatriz fueron decorados con muebles y objetos traídos especialmente de París para que no se sintiese desplazada. El visir puso a su disposición un carruaje tirado por ponis, copia exacta del que la soberana tenía en Saint-Cloud.

Durante unos días en El Cairo se dieron cita todas las coronas europeas y los más altos dignatarios del mundo. Sin embargo, Eugenia es la invitada de honor —y la madrina del canal— y asiste orgullosa junto a su primo Lesseps a los innumerables actos programados: cenas, banquetes, bailes de honor en palacios de ensueño… A pesar del calor sofocante que tanto incomoda a sus damas de compañía, ella disfrutará navegando aguas arriba del Nilo en un tradicional *dahabieh*, cabalgando por las dunas a lomos de camello, cenando en el harén del sultán, comprando antigüedades en los bazares y visitando las imponentes pirámides iluminadas de noche con luces de magnesio. El desierto y la sensación de libertad le devolverán la salud y el buen humor. En aquellos días, como ella mismo reconocerá, se ha sentido «sultana, faraona y exploradora intrépida».

En Suez se celebra el último banquete servido en un marco de incomparable belleza oriental. La emperatriz luce para la ocasión sus mejores diamantes, y un elegante vestido de satén que cubre a la altura de los hombros con un fino tul tejido de plata y alhelíes. Sentada entre el emperador austríaco Francisco José y el príncipe imperial de Prusia, atrae todas las miradas. Aquella noche, en nombre del emperador, Eugenia otorga a su primo Lesseps la gran cruz de la Legión de Honor. Todos alzan sus copas para brindar por el canal y el triunfo de Francia y Egipto. En este decorado de *Las mil y una noches*, la emperatriz ha vivido el «canto del cisne» del Segundo Imperio. «Quién me iba a decir entonces que un año después seríamos destronados», se lamentaría. Aquel viaje sería uno de los mejores recuerdos de su azarosa y trágica existencia.

El frío invierno de París devuelve a la emperatriz a la realidad tras su viaje triunfal a Egipto. Napoleón prosigue con sus obras de reforma y desde enero de 1870 restablece el régimen parlamentario. El nuevo gobierno aparta a la emperatriz de los asuntos de Estado y le cierra las puertas del consejo. Eugenia despechada se enfurece contra esta medida que le parece injusta y más tras haber superado de manera satisfactoria dos regencias en ausencia de su esposo. Sabe que ha perdido su influencia y se consagrará a las obras sociales y de caridad. También a la educación de su hijo y de sus dos sobrinas que siguen permaneciendo a su lado.

La política liberal de Napoleón parece tener éxito aunque Eugenia lamenta en silencio «verle abandonar poco a poco sus prerrogativas y convertirse en una máquina de firmar». Tras un plebiscito el pueblo, en su mayoría, acepta este cambio de rumbo. Por el momento el imperio está asegurado aunque la salud de su emperador es preocupante. A finales de junio, y a petición de Eugenia, acepta ver a un especialista y se confirma la existencia de un cálculo en la vejiga. El riesgo de una operación quirúrgica es tan grande que se descarta. Napoleón pide a su médico personal que se oculte la verdad a su esposa y a su pueblo. A Eugenia se le dice que padece reuma y cistitis, aunque ella intuye que hay algo más.

A principios de mes Napoleón III ha redactado un texto de abdicación por motivos de salud. En el mismo se indica que el emperador renunciará al trono en cuanto el príncipe imperial alcance la mayoría de edad, es decir, dieciocho años. Entonces, y según el mayor deseo de Eugenia, la pareja se retirará a su hermosa villa de Biarritz junto al mar para pasar juntos la vejez. En caso de necesidad ella seguirá asumiendo la regencia. Está todo previsto; sólo hay que esperar cuatro años para que el príncipe Luis se siente en el trono de Francia.

Apenas un mes después los acontecimientos se precipitaron de una manera vertiginosa. El 19 de julio Francia declaraba la guerra a Prusia en el peor momento. El ejército francés no estaba a la altura de su poderoso enemigo y los médicos aconsejaban al emperador reposo justo ahora que se ve obligado a desplegar una intensa actividad. A pesar de su delicado estado de salud, Napoleón anunció su voluntad de ir al frente y llevar con él al príncipe imperial. De nuevo se confía la regencia a Eugenia, que la acepta sabiendo que en esta ocasión sus poderes están muy limitados y los ministros actúan según su criterio y sólo la informarán a posteriori de las resoluciones que hayan tomado.

El 28 de julio, sumida en una gran tristeza y preocupación, la emperatriz se despide de su esposo enfermo y de su hijo en la pequeña estación de Saint-Cloud. El príncipe Luis lleva uniforme de alférez de infantería, el cabello cortado, un sable en el cinto y sobre el pecho la placa de la gran cruz de la Legión de Honor. Sólo tiene catorce años y parece un adulto. Antes de despedirse su madre le hará la señal de la cruz sobre la frente, diciéndole: «Cumple con tu deber». Aunque ha mantenido el tipo hasta el final, se siente muy sola. Napoleón no quería esa guerra pero era prisionero de su propio apellido. Como él mismo dijo: «Un Bonaparte jamás podía retroceder ante una guerra reclamada por su pueblo».

Aquella misma noche Eugenia abandonó Saint-Cloud y se estableció en las Tullerías, convocando a todos los miembros del consejo. Su presidente telegrafió al emperador y le comentó: «La emperatriz está bien de salud. Nos da a todos ejemplo de firmeza, valor y altura de alma». Era cierto que la emperatriz, a diferencia de sus ministros y cortesanos, no se dejó llevar por el pánico. Los que antes la criticaban por su incitación obsesiva a esa guerra absurda que acabaría con el Segundo Imperio ahora alababan su entereza. El propio Mérimée escribe: «He visto dos veces a la emperatriz desde nuestra desgracia. Es firme como una roca. Me ha dicho que no sentía el cansancio. Si todo el mundo tuviera su valor, el país estaría a salvo…». Incluso el primer ministro de Prusia, Bis-

marck, reconocería su entereza y valor diciendo que la emperatriz era «el único hombre» del gobierno francés.

Eugenia apenas duerme y tampoco come, vive recluida
en su gabinete, siempre atenta a los despachos que llegan del
frente. Aunque tiene los nervios a flor de piel, mantiene intacta su dignidad, orgullo y sentido del deber. El 30 de julio la
emperatriz recibía la primera carta de su esposo que la hundió
en el desánimo. En ella le confesaba que se encontraba en una
situación lamentable donde sólo reinaba el desorden y una
gran confusión. Le hablaba de la falta de efectivos, de las disputas entre sus generales y de cómo todos sus planes estratégi-
cos se habían venido abajo. Aunque en sus cartas Luis Napoleón le ocultaba el cansancio del viaje y sus terribles dolores
físicos —montar a caballo le suponía una auténtica tortura—,
Eugenia sabía que el emperador desfallecía por momentos.

Ante las malas noticias que llegan del frente, Eugenia parece recobrar las energías y toma medidas urgentes. A principios de agosto el consejo se reúne dos veces al día mientras
París se militariza en previsión de un asedio. Manda poner a
salvo los tesoros artísticos del Louvre y guarda las joyas de la
Corona en un lugar seguro. En los jardines de Luxemburgo y
en el bosque de Boulogne permite que los rebaños de ovejas
campen a sus anchas para alimentar a la población. Todo ello
sin olvidar su ronda diaria a los hospitales, que dotará de camas suplementarias en previsión de lo que pueda ocurrir. Los
que criticaban duramente a la «española» ven ahora a una soberana que olvidándose de los suyos y de sí misma sólo piensa
en defender el honor de Francia. Al jefe de escolta de su hijo
le escribe en aquellos tensos días: «Tiene usted otro cuidado
más urgente que el de la seguridad del príncipe: el del honor
y me parece que esta retirada a Amiens es indigna de él y de

vosotros… Tengo el corazón destrozado, mis angustias son terribles, pero ante todo quiero que cada uno cumpla con su deber. Piense usted una cosa: yo puedo llorar a mi hijo muerto o herido. Pero ¡en fuga! no lo perdonaría a usted jamás».

Eugenia mantendrá hasta el final una serenidad que sorprende a todos y su única obsesión es preparase para hacer frente al sitio de París, que cree inminente. Sabe que el imperio tiene los días contados pero está dispuesta a defenderlo hasta el final, tal como les dijo a sus ministros: «Señores, la dinastía está condenada. Tan sólo debemos pensar en Francia. Para defenderla estaré entre vosotros, fiel a mi misión y a mi deber. Me veréis la primera en el peligro para defender el pabellón francés». A miles de kilómetros de París, a finales de aquel trágico mes de agosto, el emperador y sus tropas, agotadas y desmoralizadas, sucumben ante el poderío prusiano.

En su último telegrama Napoleón le decía a su esposa que se dirigía a Sedán. Abatida y muy preocupada, Eugenia para tranquilizarse escribe a su madre: «Haremos lo que debamos, cada uno debe prepararse para ello. Créeme, no es el trono lo que defiendo, sino el honor. Y si, tras la guerra, cuando ya no quede ni un solo prusiano en territorio francés, el pueblo ya no quiera saber nada de nosotros, estaré contenta. Entonces, lejos del ruido y del mundo quizá podré olvidar que he sufrido tanto». Cuando escribe estas palabras ignoraba que el emperador había capitulado y entregado su espada al rey de Prusia. La misma noche de la rendición escribió a su esposa su carta más sincera y conmovedora: «Mi querida Eugenia, me es imposible decirte lo que he sufrido y lo que sufro. Hemos hecho una marcha contraria a todos los principios y el sentido común, eso nos llevaba a una catástrofe. Ha sido absoluta. Habría preferido la muerte a ser testigo de una capitulación tan desastrosa y, sin embargo, en las circunstancias presentes, era el único medio de evitar una carnicería de sesenta mil personas. Y aún, ¡si todos mis tormentos sólo se concentraran en eso! Pienso en ti, en nuestro país, en nuestro hijo. ¡Que Dios les proteja! ¿Qué ocurrirá con París? Estoy desesperado. Adiós, te mando un dulce beso».

En la batalla de Sedán el emperador, en una humillante derrota, fue hecho prisionero por las tropas prusianas. Al conocer la noticia Eugenia sufrió una crisis de nervios. No podía creer que su esposo, un Napoleón, se hubiera rendido. Su primera reacción fue pensar que la engañaban y que el emperador había muerto en combate, algo que habría encajado mejor. Su hijo, sin embargo, está a salvo y ha cruzado la frontera rumbo a Inglaterra.

Eugenia se negaba a irse de París, pero el peligro de invasión y saqueo de la residencia imperial eran inminentes. Los embajadores de Italia y Austria la persuadieron para que abandonara cuanto antes la ciudad por su bien. El pueblo se había lanzado a la calle y ocupaba los alrededores de la place du Carrousel y el palacio de las Tullerías. Los amotinados comenzaron a derribar los símbolos imperiales y llegaron hasta la verja del palacio. Al grito de «muerte a la española» —como antaño «muerte a la austríaca» en referencia a la reina María Antonieta—, la situación se volvió muy crítica.

Apenas cuatro meses antes el imperio parecía a salvo tras el plebiscito que había apoyado al emperador con siete millones y medio de votos, y ahora pedían la cabeza de la emperatriz. Ya en el exilio, Eugenia reflexionaría sobre la ingratitud de los pueblos: «En Francia, uno es ensalzado hoy y desterrado al día siguiente. A veces he pensado que los franceses colocan a sus héroes en un pedestal de sal, de modo que con la prime-

ra tormenta se caen para quedarse tumbados en el lodo. No
hay ningún país en el mundo donde la distancia entre lo sublime y lo ridículo sea tan corta como en Francia». En pocas
horas Eugenia puso a salvo sus joyas, que entregó a la princesa
de Metternich —y que recuperaría más tarde en un banco de
Londres—, y seleccionó con ayuda de su secretario todos sus
papeles. Dieciocho años de cartas e informes que había clasi-
ficado con sumo cuidado. Gran parte de estos documentos
fueron a parar a un lugar seguro y el resto se quemaron.

Mientras en el ayuntamiento de París se proclamaba la
III República, la emperatriz huía de las Tullerías en la única
compañía de la señora Lebreton, su lectora. Ligera de equipaje y con poco dinero, la emperatriz oculta su rostro tras un
velo de crespón negro y un sombrero. No hay un plan, así que
todo se improvisa y ya en la calle las dos damas suben a un
coche abandonadas a su suerte. Sin saber adónde dirigirse ni a
quién recurrir finalmente llegan a la residencia del doctor
Evans, un norteamericano dentista de la corte y buen amigo
de la pareja imperial. Será él quien conseguirá sacarlas de
Francia en un viaje largo y accidentado que tendrá como destino final la ciudad de Hastings en el sur de Inglaterra. El 8 de
septiembre Eugenia pudo al fin estrechar entre sus brazos a su
hijo, conmocionado por los últimos sucesos y especialmente
por el cautiverio de su padre.

La última emperatriz de los franceses había tenido más
suerte, por el momento, que su admirada María Antonieta; al
menos su marido está vivo y tiene con ella a su hijo. El doctor
Evans, que se ha jugado la vida por salvar a Eugenia, conmovido ante la soledad y el drama de la soberana, dirá: «Es imposible, pensaba dentro de mí, que la mujer que ha recibido
tantos honores en un país extranjero, en la que tantos millo-

nes de personas han posado miradas de admiración, sea la misma persona que hoy es fugitiva, sin protección contra las inclemencias del tiempo, olvidada de sus propios súbditos, hasta el punto de que pasan a su lado sin fijarse en ella, y perdida en esa misma Francia donde antes era tan reverenciada…». Para Eugenia aún no habían acabado las penalidades y tenía por delante un largo y doloroso exilio.

Durante su estancia en Hastings, la emperatriz se alojó de manera provisional en un hotel adonde acudieron a verla amigos y familiares. En los días siguientes, y ya más relajada, reanudó la correspondencia con su esposo que se encontraba prisionero en el palacio de Wilhelmshöhe, a las afueras de la ciudad alemana de Kassel. Al ilustre cautivo lo tratan con deferencia, ha conservado quince de sus cuarenta sirvientes y los guardias prusianos le rinden homenaje cuando pasa delante de ellos. El emperador, al saber que su familia estaba a salvo y protegida en Inglaterra, sintió un gran alivio.

La correspondencia fluida que la pareja mantuvo durante su cautiverio demuestra que renació en ellos la confianza y la ternura tras años de distanciamiento. Lejos de las obligaciones de la corte y unidos ante la desgracia, la pareja imperial recuperará su relación. Desde la prisión Luis le escribe: «Tus cartas son un consuelo magnífico y te doy las gracias por ello. ¿A qué puedo apegarme si no es a tu afecto y el de nuestro hijo? No dices nada de tus propias pruebas y de los peligros a los que te has visto expuesta. He tenido que enterarme de ello por los periódicos. Todo el mundo alaba tu valor y tu firmeza en los momentos difíciles. Eso no me ha sorprendido».

A la espera de que su esposo fuera liberado, Eugenia encarga al doctor Evans encontrar una residencia para ella cerca de Londres. La vida en el hotel donde se aloja se ha hecho insoportable debido a los periodistas y curiosos que la acosan día y noche. El domingo 11 de septiembre, tras asistir a misa con el príncipe imperial, escribe a su madre la condesa de Montijo su primera carta desde el exilio: «Quiero que sepas que sólo me fui después de que la República fuera proclamada y que invadieran las Tullerías. Por consiguiente, no he desertado de mi puesto. Actualmente no puedo decirte nada acerca de mis proyectos. Me propongo, si "ellos" me dejan, ir a reunirme con el emperador, pero no sabré nada definitivo hasta más adelante. No tengo suficiente valor para hablarte de nosotros, somos muy infelices, la providencia nos aplasta, pero así sea. Tengo muchas ganas de abrazarte, pero de momento no hay que moverse, dado que ni siquiera yo sé adónde iré. Tu muy devota y desdichada hija».

Eugenia insiste en que no ha fallado en su deber y que ella, la regente, no ha abdicado. Incapaz de darse por vencida, la emperatriz pensaba que aún podía ser útil a la defensa nacional y envió dos cartas dirigidas al zar Alejandro II y la otra al emperador Francisco José suplicándoles que hiciesen servir su influencia para firmar una paz honorable entre Francia y Alemania. Sus respuestas serían corteses pero reservadas.

Unos días más tarde Eugenia alquiló una residencia, Camden Place en Chislehurst, en el condado de Kent. Bajo la falsa identidad de la condesa de Pierrefonds firmó un contrato de seis meses, lo que demuestra que no pensaba quedarse mucho tiempo en Inglaterra. La casa se encontraba a media hora escasa de Londres y estaba muy bien comunicada por tren. Esta confortable mansión de piedra y ladrillo rojo recordaba por su diseño un pequeño castillo francés. Aunque sus detractores critican que la emperatriz se ha instalado en un palacio, uno de sus visitantes, Octave Feuillet, la describe así: «[...] no es un castillo. Es la casa de un rico gentleman inglés, pero en absoluto de un gran señor. Su comedor es de una sencillez provinciana y los periodistas que hacen de esa casa un ostentoso palacio son mentirosos o personas que no han visto nunca un palacio».

La residencia se hallaba situada en el centro de un parque de sesenta y cinco hectáreas con magníficos árboles centenarios. Eugenia se siente satisfecha porque cree haber encontrado el lugar ideal para proporcionar a su marido la tranquilidad que necesita. Está convencida de que pronto Luis Napoleón se reunirá aquí con ella. Camden Place, sin ser un palacio, cuenta con veinte acogedoras habitaciones amuebladas con gusto, mucho más de lo que el emperador anhelaba para su retiro: «Cuando sea libre, es en Inglaterra donde me gustaría instalarme contigo y con Luis, en una casita con miradores y plantas trepadoras». El hombre que había perdido el trono de Francia ahora en su vejez se conformaba con vivir en un típico *cottage* como un burgués.

A finales de noviembre, la reina Victoria visita a Eugenia en Camden Place tal como le había prometido. La soberana inglesa, vestida de riguroso luto, aún no ha podido superar el dolor por la muerte de su esposo Alberto. Las dos mujeres comparten su preocupación por los últimos acontecimientos y demuestran una gran entereza ante las adversidades. En su diario Victoria escribió: «La emperatriz está muy pálida y delgada, pero sigue siendo muy bella. Su rostro denota una gran tristeza y a menudo las lágrimas humedecen sus ojos. Iba vestida de manera muy sencilla, sin joyas ni adornos y peinada muy severamente, el cabello recogido detrás con una redecilla. Hemos estado juntas media hora. Era una visita triste y me pareció una pesadilla». Entre las dos mujeres se establecerá una sólida amistad que las ayudará a superar las tragedias personales que les tocará vivir.

Las noticias que llegaban de París eran desalentadoras. El ejército prusiano había iniciado el asedio de París y durante cuatro terribles meses la capital se vio envuelta en una espiral de hambre, muerte y violencia. El triunfo militar sobre Francia permitió la mayor humillación posible para el país: el rey de Prusia, Guillermo I, fue proclamado emperador de Alemania en la Galería de los Espejos del palacio de Versalles. Unos días más tarde París se rendía al enemigo y se firmaba un armisticio. El 1 de marzo la Asamblea Nacional reunida en Burdeos votó a favor del destronamiento de Napoleón III. Liberados los prisioneros de guerra, Eugenia espera el regreso inminente del emperador.

El canciller Bismarck había conseguido su sueño de unificar los estados alemanes propiciando el nacimiento del Segundo Reich. En aquellos días Eugenia escribe una de sus cartas más emotivas a su esposo: «Pasará tristemente, lejos uno del otro, pero por lo menos puedo decirte que estoy fuertemente apegada a ti. Durante la felicidad, esos lazos pudieron aflojarse. Creí que estaban rotos, pero ha sido necesario un día de tormenta para demostrar su solidez y más que nunca me acuerdo de estas palabras del Evangelio: la mujer seguirá a su marido a todas partes, en la salud, en la enfermedad, en la felicidad y en la adversidad… Tú y Luis lo sois todo para mí y constituís a mis ojos toda mi familia y mi patria. Las desdichas de Francia me duelen profundamente, pero no siento ni por un instante pena por el lado brillante de nuestra pasada existencia. Estar por fin reunidos, esto será el cumplimiento de mis deseos». Los agravios y reproches de la soberana a su esposo han quedado atrás.

Un alma en pena

Tras más de seis meses de cautiverio, el emperador caído en desgracia desembarcaba en Dover, donde una multitud le esperaba para darle la bienvenida. Aunque parecía envejecido y caminaba con torpeza, su forzoso descanso y los paseos diarios que pudo dar al aire libre mejoraron su delicada salud. A Napoleón le gustó Camden Place y se mostraba muy cariñoso con su esposa y su hijo. El joven príncipe, a punto de cumplir los dieciséis años, nunca destacó como un alumno aplicado pero había heredado de su padre su gusto por la vida castrense. En aquel tiempo había ingresado en la prestigiosa academia militar de Woolwich, a las afueras de Londres. Como esta localidad estaba cerca de Camden Place, Luis visitaba a sus padres los fines de semana. Poco a poco la vida de la pareja imperial volvió a la normalidad y una pequeña corte se instaló a su alrededor. El emperador tenía sus ayudantes de campo, médicos, chambelanes y secretarios. El príncipe Luis seguía con Augustin Filon, su preceptor de la infancia. Las sobrinas de Eugenia y su ama de llaves completaban el círculo familiar. La señora Lebreton, su fiel lectora y dama de compañía, continuaba con ella.

Tras los dramáticos acontecimientos vividos, la emperatriz intentó organizar en el exilio una nueva vida marcada por el orden y la armonía. Sin embargo algunas noticias que llegaban de París la llenan de amargura. El 24 de mayo el palacio de las Tullerías —al igual que su querido Saint-Cloud, bombardeado en 1870— fue pasto de las llamas debido a un incendio provocado. Los símbolos del esplendor del Segundo Imperio habían quedado en ruinas y no serían reconstruidos.

En el verano de 1872 la salud de Napoleón III se agravó

y dos reputados médicos ingleses tras examinarle recomendaron operarle de inmediato. A principios de enero de 1873 se llevó a cabo la primera intervención para conseguir deshacer el cálculo que tanto dolor le causaba. El primer intento no dio buen resultado y hubo que operarle de nuevo. Pero cuando el paciente parecía mejorar sufrió una grave crisis y entró en coma. Las últimas palabras fueron para un íntimo amigo, el doctor Conneau: «Henri, ¿estabas en Sedán? ¿Verdad que no hemos sido unos cobardes en Sedán?».

De todas las acusaciones y calumnias que recibió Napoleón tras su derrota militar, la que más le dolía era que le tacharan de cobarde y de ser el único responsable de todo lo sucedido. Como él mismo diría, nunca quiso participar en esa guerra absurda contra Prusia pero su mayor fallo fue escuchar al pueblo que la reclamaba. El emperador fallecía con el sueño de regresar al trono de Francia y obsesionado por no haber estado a la altura de las circunstancias. Sir Thomson, uno de los médicos que le operó, le declaró a Eugenia: «¡Señora! Qué extraordinario heroísmo habrá tenido que mostrar en la batalla de Sedán su esposo para aguantar cinco horas en su silla de montar. Debió sufrir de un modo atroz».

Cuando los médicos comunicaron a Eugenia el fatal desenlace, se derrumbó y abrazó a su hijo gritando: «Ahora sólo te tengo a ti». La emperatriz se quedaba viuda a los cuarenta y ocho años; sólo la mantenía viva su hijo, el príncipe imperial, que pese a su juventud mostró una gran madurez en tan duros momentos. Las exequias se celebraron en Camden Place unos días después del fallecimiento del emperador para permitir la llegada de todas las personalidades y amigos que deseaban rendirle un último homenaje. A la salida de la ceremonia —a la que Eugenia no asistió por encontrarse totalmente abatida—, celebrada en la capilla de Chislehurst, el príncipe imperial fue aclamado por más de diez mil franceses que se habían desplazado hasta allí, al grito de: «¡Viva Napoleón IV!». El ataúd del emperador fue depositado en un panteón provisional en la iglesia de Saint Mary. Eugenia no perdía la esperanza de que un día su hijo reinase en una Francia apaciguada y poder repatriar los restos mortales de su esposo a los Inválidos para que descansaran al lado de tu tío, el Gran Corso.

A la muerte de su padre, el joven Luis deseaba servir a su país adoptivo y se alistó en el ejército británico. Era ambicioso, responsable y valiente pero su madre le seguía protegiendo como a un niño. El peso de su apellido cada vez le abrumaba más. Estaba cansado de ser el «eterno pretendiente» al trono de Francia y la vida social le aburría. A principios de 1879 todos sus compañeros de promoción de Woolwich partieron al África austral para luchar contra la revuelta de los zulúes. Luis anunció a su madre que deseaba unirse a ellos y demostrar su valor en el frente. Nadie pudo hacerle cambiar de opinión, ni siquiera los simpatizantes bonapartistas que no entendían cómo el heredero de la dinastía se iba a luchar por Inglaterra. El 27 de febrero su madre, triste pero orgullosa de su hijo, se despidió de él en Southampton con estas palabras: «Prométeme que no te expondrás». De nuevo vivirá pendiente del telégrafo y rezando para que no le arrebaten lo único que le queda en la vida.

En su residencia de Camden Place, la emperatriz quiere estar sola y restringe al mínimo el servicio. Da vacaciones a sus damas de compañía y sólo se quedan con ella la señora Lebreton, el duque de Bassano y su médico personal. Durante los días siguientes apenas duerme ni come esperando noticias del frente con el corazón en vilo. En una carta a la duquesa de

Mouchy le confiesa: «Lamento la decisión que he tomado, pero prefería temblar por mi hijo que verle cabizbajo y malhumorado. El exilio representaba una carga muy pesada para él. No podía echarle en cara haber querido obedecer a la ley de la sangre y buscar lejos entre los peligros el eco que debía llevar su nombre a la patria».

Sin embargo los peores pronósticos se iban a cumplir y el 1 de junio de 1879 caía en una emboscada. Los zulúes atacaron a su columna y el joven oficial fue alcanzado por las lanzas de sus adversarios. El príncipe demostró un gran coraje enfrentándose solo a los guerreros con su pistola y su sable. Luis Bonaparte había muerto en combate vistiendo el uniforme del ejército británico y defendiendo el imperio de Su Majestad Victoria. Eugenia, debido a la lentitud de las comunicaciones, no conocería su trágica muerte hasta tres semanas más tarde.

La reina Victoria recibirá la fatal noticia en su residencia de Balmoral mediante un lacónico telegrama. Tremendamente afectada, sólo piensa en su buena amiga la emperatriz que aún no ha sido avisada. La soberana encarga a su gran chambelán que acuda en persona a Camden Place y será el duque de Bassano, jefe de la casa imperial, quien le transmita el espantoso mensaje. Filon, preceptor del príncipe, contaría que «la emperatriz permaneció así, aniquilada, abatida, un síncope sucediendo a otro, a lo largo de ese fatal día. Se temió por su vida y tuvieron que pasar varios días antes de que recobrara la fuerza necesaria para enfrentarse a su dolor».

El 10 de julio llegaba a Plymouth el buque que transportaba el cadáver del príncipe imperial, que fue llevado a la iglesia de Chislehurst. Eugenia lo veló toda la noche en el mismo lugar donde seis años antes había rezado desconsolada por su esposo el emperador. La reina Victoria asiste al día siguiente al

funeral pero insiste en quedarse al lado de Eugenia. La soberana siente un gran remordimiento por haber dejado marchar
al frente al príncipe imperial y está avergonzada porque ha
conocido los detalles de la tragedia.

Luis Bonaparte, de veintitrés años, había fallecido como
un valiente abandonado por su escolta y el jefe de su destaca-
mento, el teniente Carey, que se dieron a la fuga. Victoria
deseaba un castigo ejemplar para estos hombres que mancha-
ban el buen nombre de su ejército, pero Eugenia le pidió
clemencia. En una carta al duque de Cambridge, jefe supremo del ejército británico, le decía: «La única fuente de conso-
lación terrenal la saco de la idea de que mi adorado hijo cayó
como soldado, cumpliendo órdenes en un servicio mandado.
Basta ya de recriminaciones. Que el recuerdo de su muerte
reúna en una pena común a todos aquellos que le amaban y
que no sufra nadie ni en su reputación ni en sus intereses. Yo,
que ya nada puedo desear en la tierra, lo pido como una última plegaria». Tras esta petición el teniente Carey conservaría
su cargo pero sería destinado a las Indias Británicas, donde
moriría despreciado por sus hombres.

Como en los funerales de Napoleón III, la emperatriz no
puede soportar las miradas de compasión de la gente. Su hijo
será enterrado en la misma iglesia que su padre a la espera de
un nuevo emplazamiento. En una carta fechada el 25 de junio
a su madre, le confiesa: «Hoy tengo el valor de decirte que
sigo viva porque la desgracia no mata. [...] Cuanto más pienso en la existencia que me depara, más mi corazón se hunde
en la tristeza; ésta no es ni violenta, ni ruidosa, es un dolor
que se apodera de mí completamente y siento que de aquí en
adelante me hará compañía».

Aunque la actividad política había sido una de sus grandes

pasiones, ahora Eugenia se sentía decepcionada y deseaba librarse de la leyenda negra que sigue acompañándola. En aquellos tristes días comentó en referencia a los que la culpaban de todos los errores del pasado: «En cuanto a la política, estoy completamente al margen. En Camden sólo hay una mujer viuda y sin su hijo que espera el momento de reunirse con ellos. ¡Si supierais cuánto me disgusta y me hiere lo que llaman política! Ahora la conozco en su faceta de pequeñas pasiones, de ambiciones y de intereses mezquinos. En la soledad que me he creado no tengo nada más que pueda sacrificarle y no deseo más que la paz del alma a cambio de los desgarros del corazón».

El 8 agosto Eugenia describe en una emotiva carta a su madre su resignación ante las tragedias que han golpeado su vida y la necesidad de estar sola: «Mis queridas tumbas, he aquí lo que me queda y todo lo que está fuera de ellas me parece ser de otro mundo […]. Cualquier emoción me causa un dolor tremendo. […] Necesito calma, mucha calma y soledad… Tu devotísima hija». Unos meses más tarde, en noviembre, recibe un telegrama donde le informan de que su madre, la condesa de Montijo, con ochenta y cinco años y casi ciega, está agonizando. La muerte de su nieto le había afectado mucho y empeorado su ya delicada salud.

La emperatriz pidió una autorización al gobierno de la República para atravesar Francia y poder ganar tiempo. Pero cuando llegó descubrió pesarosa que su madre había muerto el día anterior en su residencia de Carabanchel en compañía de miss Flowers. Su fiel institutriz no se había separado de la condesa desde que ésta la contrató para enseñar inglés a sus hijas. Eugenia regresó pronto a Inglaterra y por primera vez dejó Madrid sin tristeza. La ciudad se preparaba para celebrar la boda de Alfonso XII y María Cristina de Habsburgo —a la que estaba invitada—, pero deseaba estar sola en el silencio de Camden Place.

Habían muerto todas las personas que más amaba en este mundo y ahora sólo vivirá como guardiana de sus tumbas. En una ocasión escribió: «Diríase que Dios quiso darme todas las cosas que se pueden desear en este mundo, para luego quitármelas una a una, hasta dejarme solamente los recuerdos». Como la capilla de Saint Mary era muy pequeña para acoger las dos sepulturas imperiales, buscará otro emplazamiento para «alojar a sus seres queridos» y construirles un mausoleo donde honrar su memoria. Mientras ese día llega Eugenia planea viajar hasta el lugar donde su hijo perdió la vida coincidiendo con el primer aniversario de su muerte. Quiere conocer el lugar exacto donde fue abatido, interrogar a los testigos y enterarse de nuevos detalles de lo sucedido. Más que un viaje es una peregrinación que le reportará un gran consuelo.

En una carta a Pietri, un antiguo amigo de su hijo, escribiría: «Viajé a África con la idea de ver y recorrer las últimas etapas de la vida de mi adorado hijo, de encontrarme con los paisajes donde había puesto su última mirada, en la misma estación, pasar la noche del 1 de junio velando y rezando sobre este recuerdo... era una necesidad de mi alma y el objetivo de mi vida». El 28 de marzo de 1880 embarcaba a bordo del *German* rumbo a Sudáfrica en compañía de un pequeño séquito elegido a conciencia por la propia soberana y compuesto por sir Evelyn Wood, encargado de su seguridad, y su esposa lady Wood, el marqués Napoleón de Bassano, su médico personal y dos amigos y camaradas del príncipe del campo de Aldershot. Aunque hasta el último momento intentaron disuadirla de emprender esta expedición «imprudente y peligrosa», estaba decidida y nada le haría cambiar de opinión.

Tenía por delante veinte días de agitada travesía hasta llegar a El Cabo y de ahí duras jornadas hasta alcanzar las escarpadas mesetas de Natal haciendo las mismas etapas que su hijo. Mientras viajaba en un carruaje escoltada por veinte hombres y ochenta jinetes para prevenir cualquier incidente, cumplió cincuenta y cuatro años. El viaje fue muy duro y agotador. El país había sido pacificado recientemente y carecía de toda clase de comodidades para la soberana y sus acompañantes. Durante casi dos meses Eugenia durmió en tiendas de campaña sin quejarse. A veces le costaba conciliar el sueño, tenía fiebres intermitentes y apenas probaba bocado. Tras una extenuante marcha acamparon justo en el lugar donde el último de los Bonaparte sufrió la terrible emboscada. Aquella noche, como no podía dormir, Eugenia salió de su tienda y se dirigió, llevada por su instinto, al lugar exacto donde un año antes había caído el príncipe. A la mañana siguiente le confirmaron que ése era el escenario donde se había librado la sangrienta batalla y se dedicó a plantar semillas de sauce y geranios junto al túmulo de piedras erigido por sus compañeros.

La noche del 1 de junio cubrió el emplazamiento con velas y se quedó rezando sola toda la noche ante las miradas «curiosas pero nada hostiles de unos rostros africanos que observaban tras las altas hierbas, los mismos que seguramente mataron a mi hijo en aquel lugar». Los zúlues interrogados dijeron que el príncipe había luchado «como un león» y reconocieron que nunca le hubieran matado si hubieran sabido que era hijo de un Gran Jefe blanco. También supo que su cuerpo había aparecido totalmente desnudo pero que no fue profanado por el ritual zulú de extraer las vísceras al enemigo gracias a las dos medallas —una religiosa y la otra con la efigie de su famoso abuelo Napoleón I— que llevaba en una cadena alrededor del cuello. Quizá a los nativos les parecieron peligrosos amuletos y no se atrevieron a arrancárselas. Había llegado el momento de regresar a casa y recuperar el reposo y la soledad como era su deseo. «El viaje moral ha finalizado y todas las incomodidades habían valido la pena», le confesó a lady Wood que la acompañó en esta aventura que duró casi cuatro meses.

A su regreso de África, la emperatriz dedicó todas sus energías a encontrar una propiedad donde establecer su residencia y construir un mausoleo imperial. Era su manera de mantener vivo el recuerdo del último emperador de los franceses y de su valiente hijo. En otoño ya había comprado Farnborough, en el condado de Hampshire, no muy lejos de Londres ni de Windsor donde residía la reina Victoria. Era una gran vivienda campestre de ladrillo rojo —en realidad un pabellón de caza de estilo gótico—, rodeada por un bosque y situada en lo alto de una colina.

Junto a este palacete mandó construir un pequeño monasterio de estilo gótico, conocido como la abadía de Saint Michael, en cuya cripta fueron trasladados los restos de Napoleón III y el príncipe imperial. Los dos sarcófagos de granito de Aberdeen, regalo de Victoria, son una copia exacta de la tumba de Napoleón I en los Inválidos de París, al igual que el suelo de mármol en cuyo centro figura una gran estrella. En 1895 Eugenia invitó a unos monjes benedictinos franceses expulsados de su país a instalarse en la abadía para rezar y vigilar el descanso eterno de la familia imperial. Aún hoy los monjes de Saint Michael que allí residen continúan respetando la voluntad de la emperatriz y celebran misas por los tres fallecidos, y también por Napoleón I, en las fechas de aniversario de sus respectivas muertes.

En una carta a la reina Victoria —que entendía muy bien

su desgarro al haber perdido también a su esposo y a su hija la princesa Alicia—, Eugenia le decía: «Siento que toda mi vida está entre estas dos tumbas, a la espera de que Dios se apiade lo suficiente de mí como para abrirme la tercera». Pero el destino le deparaba a Eugenia una larga vida y aún tardaría más de cuarenta años en reunirse, como era su deseo, con los suyos. A partir de ese instante, recobró la tranquilidad, dormía bien y se alimentaba con normalidad. Durante las largas obras de construcción de Saint Michael sintió una gran angustia pues le aterrorizaba morir antes de su finalización. Como diría su secretario privado Filon que la conocía muy bien: «Su misión en la tierra ya no era vivir, sino organizar el mundo de los difuntos». El poder ver desde las ventanas de su habitación la cúpula de la iglesia que alberga la cripta imperial le daba «una gran serenidad y paz espiritual».

A punto de cumplir los setenta años la emperatriz se convierte en una incansable viajera. Aunque tiene el aspecto de una venerable anciana se mantiene en forma gracias a las largas caminatas que se impone a diario. Eugenia odia el invierno inglés y echa muy en falta el sol y el mar. Cuando su esposo reinaba en Francia, su amigo Mérimée la había animado a comprar terrenos cerca de Cannes. Pero en aquel entonces ella prefería la costa vascofrancesa y se sentía muy a gusto en su villa de Biarritz. Cuando en el transcurso de uno de sus viajes por la Costa Azul se detuvo en Cannes y descubrió la belleza de Cap Martin, casi de inmediato compró un extenso terreno frente al Mediterráneo para levantar una residencia de veraneo.

Eugenia, que había sido muy previsora, no tenía problemas financieros. Además del dinero y las joyas depositados en diferentes bancos europeos, conservaba inmuebles en París y propiedades en España. Cuando Francia levantó el embargo de sus bienes recuperó muebles y objetos personales, así como colecciones privadas de arte que había dejado en su huida en distintos palacios. También había vendido la villa de Biarritz que, al igual que las Tullerías y Saint-Cloud, fue destruida por un incendio en 1903. En Cap Martin construirá una espléndida villa blanca de dos plantas, con amplias terrazas y rodeada de un cuidado jardín, que bautizará con el nombre griego de Cyrnos (Córcega). Aquí se rodeará de los amigos de antaño en una atmósfera que la trasladaba a los tiempos felices del Segundo Imperio. En los días despejados se divisaba en el horizonte la silueta de la isla natal del emperador Napoleón I, donde comenzó una epopeya de la que ella se siente guardiana.

Mientras esperaba que las obras de su nueva mansión de Cap Martin concluyesen, Eugenia, que echaba de menos los viajes que hacía a bordo del *Aigle*, compró un yate de seis camarotes, el *Thistle*. A pesar de su avanzada edad, durante los siguientes veinte años iba a surcar el mar recorriendo aquellos países que más le atraían. Con energías renovadas visitaría todos los puertos del Mediterráneo, desde Italia hasta las orillas de la Cirenaica (en la actual Libia), pasando por la isla de Elba, Argelia, Marruecos, hasta España. Regresaría a Sicilia, Grecia, Turquía, Creta e incluso Egipto. En este país donde tiempo atrás había sido recibida con todos los honores imperiales, ahora se sentía una simple turista recorriendo unos escenarios que seguían cautivándola. En verano se instalaba de nuevo en su querido Farnborough Hill para rezar a sus desaparecidos y disfrutar de la compañía de su amiga la reina Victoria y de su familia en Osborne, Balmoral o Windsor.

Durante el invierno de 1896 Eugenia coincidió en Cap Martin con otra emperatriz marcada por la tragedia y que al

igual que ella vagaba por el mundo para olvidar. Era la emperatriz Isabel de Baviera —la célebre Sissi—, a la que había
conocido en Salzburgo cuando acudió junto a Napoleón III
para dar el pésame al emperador Francisco José por la muerte
de su hermano en Querétaro. Sissi es once años menor que
ella, pero ha envejecido prematuramente tras el suicidio de su
hijo el príncipe Rodolfo —de treinta y un años y heredero
del Imperio austrohúngaro— en Mayerling. Tras esta tragedia
su madre recorrería el mundo huyendo del dolor y durante su
estancia en la Riviera francesa visitó a la emperatriz.

Al principio Eugenia se muestra reticente a compartir sus
penas con esta soberana de comportamiento excéntrico, que
oculta su rostro tras un velo o un abanico y parece vivir en
otro mundo. A sus familiares les confesaría: «Me asusta cuando
la veo aparecer como un fantasma por una pequeña puerta de
hierro que le he indicado y que sólo utilizan los jardineros».
Pero con el tiempo se establecerá entre ellas una gran complicidad y pasearán juntas por los bosques de Cap Martin. Las
dos damas que en el pasado habían deslumbrado por su belleza
y estilo en sus respectivas cortes, estaban irreconocibles. Ambas vestían de luto riguroso, se protegían del sol con una sombrilla y cubrían sus manos con guantes. Las dos comparten la
pasión por los viajes y no pueden estarse quietas. Sissi, al igual
que Eugenia, tiene un yate con el que recorre el Mediterráneo y en Corfú ha hecho construir una villa de ensueño, el
Achilleion, frente al mar Adriático. Dos años después de aquel
emotivo encuentro la emperatriz Isabel de Baviera moría asesinada en Ginebra a manos de un anarquista.

Otras muertes llenarían de aflicción a Eugenia que veía
cómo el pasado se desvanecía ante sus cansados ojos. El 22 de
enero de 1901 fallecía su gran amiga la reina Victoria siendo

la gran emperatriz de la India y tres años después la princesa
Matilde Bonaparte, que al final le había extendido su mano y
compartido su dolor por la pérdida de su esposo y de su hijo.
Pero este vacío se llenaba con la presencia de sus sobrinos y
sobrinas, y de sus primos españoles que la visitaban con frecuencia en Farnborough donde siempre pasaba los inviernos.
También de los amigos y personalidades que acudían a salu-
darla. Eugenia se había convertido en una venerable y respetada dama cuyos consejos y puntos de vista eran muy aprecia-
dos por diplomáticos y hombres de Estado. Gozaba de una
memoria privilegiada y aunque se había apartado de la política seguía con enorme interés las noticias del mundo.

En el mes de mayo de 1906, la infatigable Eugenia se hizo
de nuevo a la mar a bordo del *Thistle* rumbo a Nápoles, Paler-
mo, Corfú y Venecia. Cumplía ochenta años y el emperador
austríaco Francisco José la invitó al balneario de Bad Ischl al
finalizar su crucero. Eugenia pasó unos días inolvidables con
este anciano monarca con el que siempre mantuvo una buena
amistad. Después de tantos años, lo consideraba el más respetable y majestuoso de todos los soberanos de su época: «Al
igual que yo, el emperador había perdido a su esposa y a su
hijo de manera trágica. Pero él seguía en el trono, en cambio
yo era una pobre emperatriz sin corona. Nunca olvidaré con
qué nobleza, tacto y bondad nos había recibido en Salzburgo
tras el drama de Querétaro». Qué poco imaginaba entonces
Eugenia al despedirse de su anfitrión que unos años más tarde
el asesinato en Sarajevo del sobrino del emperador, el archiduque Francisco Fernando —heredero del Imperio austrohúngaro—, sería el detonante de la Primera Guerra Mundial.

Se enteró de la noticia a principios del verano de 1914,
cuando navegaba en su yate por la costa dálmata. Al conocer

el ultimátum de Austria a Serbia, la emperatriz exclamó: «Ahora sí que es la guerra. Volvamos». Los fantasmas de una contienda larga y sangrienta regresaron, y la emperatriz se dispuso como antaño a ayudar a su país. Francia estuvo siempre en su corazón y aunque nunca se defendía de las calumnias que sobre ella seguían vertiendo, en una ocasión, harta de que la llamaran «la extranjera», exclamó: «¿Que no soy francesa? ¡Siempre he puesto a Francia por encima de todo, por encima del emperador, por encima de mi hijo...! Por ella hubiera dado mi vida y hubiera abandonado de buena gana lo que me queda de ella. Acaso no saben, los que me llaman "la española", que una extranjera que pone en su frente la corona de Francia tiene un alma muy cobarde si sólo se convierte a medias en francesa. Amo a España y siempre la querré, pero sólo tengo una patria, Francia, y moriré con su nombre escrito en mi corazón». Eugenia propuso al gobierno francés instalar un hospital en Cap Martin corriendo ella con todos los gastos, pero el gobierno rechazó la propuesta. Sin embargo en Farnborough pudo convertir un ala nueva de su residencia en hospital para atender a los heridos, jóvenes que luchaban por su patria y que tanto le recordaban a su hijo.

Cuando el 11 de noviembre de 1918 se firmó el armisticio que puso fin a la Gran Guerra, no era más que una anciana encorvada de mirada opaca pero la victoria de Francia contra el ejército alemán la hizo muy feliz. «Es mi primera alegría desde 1870», confesaría. Aquella noche, la emperatriz olvidó por un instante los horrores de la guerra y celebró una fiesta en Farnborough para celebrar la victoria en compañía de un reducido grupo de amigos. A una amiga le comentó que ahora entendía por qué Dios le había permitido vivir durante tanto tiempo y le había concedido la gracia de ver el honor de Francia restablecido.

La otra alegría en aquellos días fue la de recibir de manos de Jorge V, rey de Inglaterra, la gran cruz del Imperio británico por su eficaz actuación con los heridos y por su ayuda durante la contienda. Tras la muerte de Victoria, la familia real británica le había demostrado el mismo afecto de siempre y ahora se lo compensaban con una condecoración que la llenaba de orgullo: «La recibí como un regalo de amistad que me conmovió profundamente y sentí de nuevo el afecto de Victoria que tanto me apoyó en la felicidad y aún más en la desgracia».

A finales de marzo de 1920 Eugenia regresaba a España acompañada por su fiel Aline, su sirvienta desde hacía cuarenta y nueve años, su sobrina y dama de compañía Antonia y su nuevo secretario. La vieja dama y su pequeño séquito embarcaron en el puerto de Marsella y a finales de abril llegaban a Sevilla. Durante unas semanas se alojó en el palacio de las Dueñas, propiedad de los duques de Alba, donde había vivido durante su adolescencia. El olor de los naranjos y el perfume de las flores la hicieron olvidar por un momento las tragedias pasadas y la trasladaron a los felices años de su infancia. En su honor se celebraron fiestas y actuaciones de baile y cante flamenco acompañados con guitarras que tanto le gustaban.

A principios de mayo viajó a Madrid y se instaló en el palacio de Liria en los aposentos de su hermana Paca, cuyo retrato se encontraba sobre la cama de baldaquino. Allí la recibieron sus sobrinos, los duques de Alba, y su ahijada la reina Victoria Eugenia. Todo el mundo quería verla y durante días fueron muchos los amigos, conocidos, artistas y personalidades que acudieron al palacio para rendirle homenaje. A todos les sorprendía la memoria, inteligencia y vivacidad de esta mujer casi centenaria. Pero aunque su estado de ánimo era bueno, Eugenia estaba casi ciega y uno de los motivos de aquel viaje era consultar al prestigioso oftalmólogo catalán, el doctor Barraquer, la posibilidad de operarla de cataratas. Tras examinarla se consideró que la operación no suponía ningún peligro ya que no se utilizaba cloroformo. La intervención duró apenas unos minutos y el resultado fue un éxito. La emperatriz recuperó la vista y lo primero que hizo fue leer unas líneas de su querido *Don Quijote*. Luego trazó en un papel las palabras: «¡Viva España!».

En los días siguientes se encontraba tan animada que planificó su regreso a Inglaterra para el 14 de julio y se puso a organizar nuevos proyectos y viajes por toda España. Pero tres días antes de su partida, sufrió una inesperada crisis de uremia que acabaría con su vida en pocas horas. Falleció serena en la misma cama que había pertenecido a su querida hermana Paca. Tenía noventa y cuatro años, y cumpliendo su última voluntad, sus restos mortales fueron llevados de vuelta a Inglaterra. Alfonso XIII y su esposa Victoria Eugenia, así como toda la familia de Alba, la acompañaron en un tren especial hasta su último destino.

El 20 de julio, en la iglesia de Farnborough, se celebraron las honras fúnebres presididas por el rey Jorge V y la reina María. La última emperatriz de los franceses fue despedida por una multitud que se agolpaba en la estación y en el recorrido hasta la iglesia. En el último momento el gobierno de Francia, a través de su embajador, se negó a que le rindieran honores militares. Una desafortunada decisión, para muchos, que no hubiera sorprendido a la emperatriz convencida de que algunas heridas nunca llegan a cicatrizar. En vida decidió que jamás respondería a sus censores rehusando la polémica por «el bien de Francia». Cumplió su promesa y nunca hizo declaraciones ni se defendió en público —al igual que su esposo— de las calumnias e insultos que la persiguieron hasta su muerte. A cambio Eugenia recibiría hasta el final el cariño y el respeto del país que la acogió en su largo y doloroso exilio.

Había esperado más de cuarenta años para reunirse con sus seres más queridos y ahora había llegado el momento que tanto ansiaba. Sin embargo, el destino o la fatalidad —como ella diría siendo tan supersticiosa— quiso que los monjes de la abadía de Saint Michael no encontraran el sarcófago de granito que desde hacía tiempo estaba preparado para la emperatriz. Su féretro cubierto por un manto de flores quedó en el suelo de la cripta a la espera de su definitiva ubicación.

En poco tiempo se labró otro sarcófago que fue instalado en el lugar que ella había elegido, en un nicho detrás del altar, con una única inscripción, su nombre de pila en francés: Eugénie. Este inesperado contratiempo permitió al padre prior abrir el ataúd y comprobar con extrañeza que bajo el cristal colocado en su interior la emperatriz estaba vestida con un hábito de monja blanco. La hija de un Grande de España que se convirtió en la esposa de Napoleón III y en la última emperatriz de los franceses, al final de su vida moría con el hábito de una orden terciaria de Santiago. Un misterio, como tantos, que la noble dama granadina se llevaba a la tumba, al igual que su honda preocupación por cómo la juzgaría la historia: «Tendré un sitio entre los monstruos de la humanidad. Me quieren altiva, imperiosa, vengativa y fanática… Se podría añadir orgullosa hasta el punto de no poder decidirme a defenderme cuando sería tan fácil, porque prefiero la calumnia a rebajarme hasta mis calumniadores».

VICTORIA
DE INGLATERRA

La viuda de un imperio

> Es algo sorprendente que esta jovencita
> [Victoria] se desprenda el día de su ascenso
> al trono de todas sus ideas, de sus costum-
> bres, de sus gustos infantiles; que sea capaz de
> reducir a la nada la influencia de su madre,
> del favorito de su madre, que haya dejado
> atrás la timidez propia de su juventud; que se
> haya convertido en hombre en espacio de
> una hora.
>
> Princesa Lieven, esposa del embajador
> de Rusia, Londres, 1837

Victoria tenía doce años cuando el obispo de Inglaterra consideró que había llegado el momento de informarla sobre el papel que el destino le tenía reservado. La escena es bien conocida porque forma parte de la leyenda de la mujer más poderosa del siglo XIX. Durante la clase de Historia, cuando estudiaba el árbol genealógico de los reyes de Inglaterra, la niña descubrió sorprendida que si su tío Guillermo IV fallecía, ella le sucedería en el trono. Tras quedarse un rato en silencio y pensativa, le dijo a su institutriz: «Seré buena». Estas palabras en boca de una niña ponían de manifiesto la madurez de la futura sobe-

rana así como su seguridad y humildad, cualidades que dominarían su largo y próspero reinado. Aunque guardó la compostura, más tarde confesaría lo mucho que lloró al conocer la
noticia y el miedo que sentía de no estar a la altura de las circunstancias.

La reina que ceñiría la corona de Inglaterra durante más de
seis décadas vino al mundo el 24 de mayo de 1819 en el palacio de Kensington. Tras siete horas de parto, su madre la duquesa de Kent dio a luz a una niña sana «rolliza como una
perdiz», de cabellos rubios y enorme parecido con su abuelo
el rey. Su nacimiento pasó casi inadvertido porque ocupaba el
quinto lugar en la sucesión. En aquel momento desempeñaba
la regencia el príncipe de Gales (futuro Jorge IV), primogénito del rey Jorge III, incapacitado a causa de su locura. La recién nacida era la única hija del príncipe Eduardo, duque de
Kent —cuarto descendiente varón de Jorge III—, y la princesa alemana Victoria de Sajonia-Coburgo. Fue bautizada con
el nombre de Alejandrina Victoria de Hannover, en honor a
su padrino el zar Alejandro I de Rusia, aunque se le terminó
por llamar Victoria y «Drina» durante su infancia. Pese a que
las probabilidades de que la recién nacida llegara un día a
ocupar el trono de Inglaterra eran entonces muy remotas, su
padre no olvidaba la profecía que le había revelado una gitana:
iba a sufrir muchas penas y calamidades, pero moriría feliz y
su única hija se convertiría en una gran reina. Convencido de
que un día su pequeña luciría en su cabeza la corona de Inglaterra, la llevaba con él a todas partes. Con dos meses de
vida, Victoria asistió en sus brazos a una revista de tropas ante
la indignación del príncipe regente, molesto por la presencia

en el palco de la pequeña princesa que acaparaba todas las miradas.

El padre de Victoria era un hombre de carácter rígido y un militar con fama de tirano. Cuando fue apartado del ejército por sofocar con extrema severidad un motín de sus tropas en un cuartel de Gibraltar, se le obligó a regresar a Inglaterra. Este escándalo acabó con su brillante carrera y se retiró a sus posesiones de Ealing, donde disfrutó de la compañía de su antigua amante francesa, madame de Saint-Laurent. Años más tarde, acuciado por las deudas, no tuvo otro remedio que exiliarse en Bruselas. A partir de ese momento se dedicó a la vida social, a diseñar relojes —su pasatiempo favorito— y a ocuparse de sus finanzas. Aunque recibía una buena renta del Parlamento británico siempre andaba justo de dinero.

El duque de Kent no había tenido ninguna intención de abandonar su cómoda soltería pero en 1818 se vio forzado a contraer matrimonio para asegurar la descendencia real. La elegida fue una princesa del ducado alemán de Sajonia-Coburgo, hermana del príncipe Leopoldo, futuro rey de Bélgica. La nueva duquesa de Kent, María Luisa Victoria, era una ambiciosa viuda de treinta y un años —veinte menos que él— y madre de dos niños, Carlos y Feodora. A los dieciséis años había contraído matrimonio con el príncipe de Leiningen que al fallecer la dejó casi en la ruina debido a sus extravagancias. Cuando Eduardo le propuso matrimonio era la regente del pequeño principado de Amorbach y no tenía ningún interés en volver a casarse. Tras quedarse viuda disfrutaba de su independencia, y recibía una renta anual de su principado. La vida en la fastuosa corte de Inglaterra, en comparación con la que llevaba en la minúscula y tranquila corte alemana, no le atraía lo más mínimo. Además, el duque de Kent no era un buen partido pues tenía fama de mujeriego, le doblaba la edad y nunca disponía de dinero.

Finalmente la dama se dejó convencer por su astuto hermano Leopoldo, quien la apremió a casarse con el duque por motivos que iban más allá del amor: tanto el príncipe regente como su sucesor, el duque de Clarence, eran hombres mayores y de salud débil. Existía una remota posibilidad de que el duque de Kent, que gozaba de una magnífica constitución física, llegara un día a ser rey de Inglaterra. La pareja se casó por poderes en la primavera de 1818 en el castillo de Coburgo.

Cuando la duquesa de Kent estaba embarazada de siete meses, su esposo decidió que su hijo nacería en Inglaterra y aunque tuvo que pedir dinero prestado para alquilar un carruaje, y coger él mismo las riendas, atravesaron Alemania y Francia, cruzaron el Canal y llegaron sanos y salvos a Londres. Allí fueron alojados por las autoridades en el palacio de Kensington donde nacería Victoria. La duquesa viajaba con su hija Feodora, de diez años, sus criadas, enfermeras, perritos falderos y varias jaulas de canarios. Su hijo Carlos de Leiningen, de catorce años, se quedó en Amorbach al cuidado de las propiedades de la familia.

Victoria tenía apenas ocho meses de edad cuando perdió a su padre. El duque de Kent, que se vanagloriaba de tener una salud de hierro, falleció a los cincuenta y dos años víctima de una fulminante neumonía tras coger un vulgar resfriado. Seis días más tarde, su abuelo el rey Jorge III moría sordo, ciego y demente en el castillo de Windsor donde estaba recluido. Su tío y padrino, el príncipe regente, ascendió al trono como rey Jorge IV pero ni él ni su sucesor tendrían descendencia legítima por lo que Victoria se convirtió por carambola en la única heredera al trono. Al quedarse viuda la duquesa de Kent afrontaba un incierto futuro. Tuvo que saldar las deudas de su esposo y se sentía una extraña en un país cuya lengua y costumbres desconocía. De nuevo su hermano Leopoldo acudió en su ayuda ofreciéndole una asignación anual para cubrir sus gastos y la posibilidad de quedarse a vivir en Kensington. Ante la perspectiva de tener que regresar a su palacio de Coburgo y criar sola y sin recursos a sus dos hijas, aceptó la propuesta. La duquesa y su pequeño séquito ocuparon las oscuras y húmedas habitaciones de la planta baja del palacio que el rey les asignó. No olvidaría el frío, la humedad y las «cacerías de cucarachas y ratas» que se paseaban a sus anchas por aquellos lúgubres aposentos.

Hasta que el destino situara a Victoria en el trono de Inglaterra, la pequeña vivía ajena a estos dramas familiares. A falta de padre, su tío Leopoldo se convirtió en su tutor y supervisó su formación. A los tres años era una niña traviesa, rebelde y muy consentida por sus nodrizas. Desde temprana edad su madre, consciente de las posibilidades que tenía de reinar, decidió educarla de manera severa y dentro de una rígida moralidad. La duquesa de Kent tenía una sola obsesión: que su hija se convirtiera en una reina cristiana y creciera lejos de la depravada corte de Jorge IV que para ella representaba un infierno de perdición y libertinaje. A este fin dedicaría todos sus esfuerzos y energías. Cuando la princesa cumplió once años, decidió que los obispos más eminentes de Inglaterra la sometieran a un examen para determinar si estaba consiguiendo sus piadosos propósitos.

En una carta escrita de su puño y letra, la duquesa de Kent explicó: «Siento que ha llegado el momento de que el trabajo realizado sea sometido a prueba, de modo que si se ha cometido algún error de juicio pueda ser corregido y el plan de futuro esté abierto a la consideración y revisión [...]. Asisto casi siempre a las clases, o a parte de ellas, y aunque la doncella de la princesa es una persona competente y la ayuda a preparar sus tareas para los distintos profesores, he resuelto actuar de ese modo para ser yo misma la institutriz de mi hija. [...] Cuando tuvo la edad adecuada comenzó a acompañarme regularmente a los oficios religiosos, y estoy segura de que lleva la religión metida en el alma y de que está moralmente imbuida de ella hasta tal punto que no es probable que yerre al aplicarla a sus sentimientos como una criatura capaz de reflexión». Los obispos acudieron a palacio y el resultado del examen no pudo ser mejor: «En sus respuestas a la gran variedad de preguntas que se le formularon, la princesa dio muestras de un profundo conocimiento de los aspectos más importantes de las Sagradas Escrituras, así como de las verdades y preceptos de la religión cristiana tal y como los enseña la Iglesia de Inglaterra, además de un conocimiento de la cronología y de los hechos fundamentales de la historia de Inglaterra, algo remarcable en una persona tan joven».

La infancia de Victoria fue austera y marcada por la monotonía, siempre rodeada de adultos. Nunca podía estar sola, ni jugar con otros niños de su edad. Cuando cumplió cinco años, su madre contrató a una institutriz alemana, fräulein Lehzen, hija de un pastor luterano de Hannover. Con sus exquisitos modales y mucho tacto consiguió atenuar las rabietas frecuentes de la niña, que comenzó a mostrarse más dócil. Al principio su nueva institutriz no daba crédito a los arrebatos de ira de la princesa. Nunca había conocido, según sus propias palabras, a una niña tan apasionada e indomable. Cuando la pequeña, con los ojos desencajados y las mejillas encendidas, no paraba de gritar y llorar muchos temían que hubiera heredado la enfermedad de su difunto abuelo, el rey loco. Pero con el tiempo la señorita Lehzen descubrió también que la pequeña era muy honesta y jamás mentía. Con su dulzura, y mucha paciencia, logró ganarse su afecto y confianza. La astuta y reservada institutriz —a quien Jorge IV elevaría al rango de baronesa— llegaría a tener una gran influencia sobre la joven reina Victoria que la consideraba su «mejor y única amiga».

La vida en Kensington se regía por una estricta disciplina y el control desmesurado de su madre. Victoria durmió en la misma habitación que ella hasta cumplir los dieciocho años y sus pasos eran seguidos con vigilancia extrema. Hasta el día de su coronación nunca bajó unas escaleras sin que alguien la llevara de la mano. La duquesa de Kent quería que su hija estuviera preparada para ocupar un puesto relevante y le inculcó las virtudes de la simplicidad, el decoro, la devoción y la constancia en el trabajo. De su temprana madurez da idea la siguiente anécdota. Un día, cuando contaba siete años, Victoria y su madre fueron invitadas por Jorge IV al castillo de Windsor. El rey, un anciano obeso con peluca y enfermo de gota, recibió a la pequeña acompañado de sus dos amantes enjoyadas y su extravagante séquito. Mientras paseaba con ella de la mano, el soberano le preguntó: «La orquesta está aquí a un lado. ¿Qué quieres que toquen para ti?». Y ella respondió sin vacilar: «*God Save The Queen*, señor». Una respuesta que ya demostraba su temprano y legendario tacto.

Mientras llegaba el gran día que el destino había previsto para ella, Victoria se había convertido en una adolescente cuya formación intelectual dejaba mucho que desear. Era bastante inculta, pero tenía una gran agilidad mental y tres cualidades que jugarían siempre a su favor: disciplina, sentido común y el deseo de ser una buena soberana. Su lengua materna era el alemán y pronto le enseñaron francés e inglés, aunque su dominio de la gramática inglesa nunca llegase a ser perfecto. Aparte de algunas nociones de historia de Inglaterra, una intensa formación en historia sagrada, apenas unas pinceladas de economía, y algo de música y de baile, el bagaje intelectual de la futura reina no era muy relevante. Leía muy poco porque le prohibieron las novelas pero sin embargo le gustaba escribir. Desde los trece años hasta su muerte llevó un diario donde registraba con profusión de detalles sus actividades y sentimientos.

Victoria pasó su infancia y adolescencia rodeada de mujeres. No tenía padre, ni un hermano con quien trepar a los árboles o compartir secretos. Las escapadas a la mansión de Claremont cerca de Esher donde vivía tu tío Leopoldo eran una bocanada de aire para ella y la única posibilidad de entrar en contacto con el mundo masculino. Pero cuando cumplió once años su tío preferido abandonó Inglaterra para convertirse en rey de Bélgica. En esa época su hermana Feodora, a quien se sentía muy unida, se marchó a Alemania para casarse con el príncipe de Hohenlohe-Langenburg.

Tras la partida de su querida Fidi, Victoria se sumió en una gran tristeza y buscó refugio en Lehzen que era su mayor apoyo. Dos años más tarde Feodora le escribía una sincera carta a Victoria en la que le decía: «No es tan sólo por haberme visto privada de los placeres de la juventud; lo más duro fue sin duda sentirme apartada del mundo y no disponer de un único pensamiento dichoso a lo largo de toda esa lúgubre existencia que fue la nuestra. Mis únicos momentos buenos eran cuando salíamos en coche o caminábamos con Lehzen. Sólo entonces podía hablar y comportarme sin ataduras. Tras mi boda, he escapado por fin a algunos de esos años de prisión, mientras tú, mi querida hermana, tú has tenido que padecerlos».

Uno de los pocos alicientes de que pudo disfrutar en aquellos tediosos y grises años en Kensington fue la visita de algunos familiares de la duquesa de Kent que residían en Alemania. Con frecuencia venían sus tíos y sus primos a pasar unos días rompiendo su monacal existencia. Fue así como un día conoció a los príncipes Ernesto y Alberto, hijos del hermano mayor de su madre, el duque de Sajonia-Coburgo. Apenas estuvieron juntos unas semanas pero Victoria, a sus diecisiete años, se enamoró perdidamente de su primo Alberto. Había nacido apenas tres meses después que ella, tenía buena planta y hermosos ojos azules. En su diario la joven no escatimó elogios para su «queridísimo» Alberto: «[…] es extraordinariamente apuesto. Tiene el cabello del mismo color que el mío, los ojos grandes y azules, la nariz hermosa, la boca dulce y una dentadura perfecta; pero su mayor atractivo es la expresión de su rostro, que no puede ser más encantadora. A la vez llena de bondad y dulzura, agudeza e inteligencia».

Mientras Victoria se comportaba con su habitual sencillez y naturalidad, su madre era una constante fuente de preocupaciones para el rey Guillermo, que no la soportaba. Al igual que su antecesor, Jorge IV, aborrecía a su cuñada porque era alemana y la consideraba «nerviosa, limitada, y arribista como todos los Coburgo». Por su parte la duquesa de Kent no sabía muy bien cómo tratar a este anciano excéntrico y con una pésima reputación, padre de diez hijos bastardos. Ella era la madre de la heredera al trono de Inglaterra y exigía que el rey le otorgara el reconocimiento de una princesa de Gales viuda, con su correspondiente asignación anual.

La duquesa, que no hablaba inglés ni tenía amigos, sólo confiaba en sir John Conroy, un oficial irlandés astuto y manipulador que había sido caballerizo del difunto duque de

Kent. Le nombró su consejero privado y se convirtió en su hombre de confianza. En Kensington, un hervidero de chismes y de intrigas palaciegas, se rumoreaba que eran amantes. Asesorada por él, decidió que su hija Victoria debía conocer las distintas regiones del país y familiarizarse con sus gentes. A lo largo de varios veranos organizó una serie de viajes que molestaron al rey porque no contaban con su autorización. Y es que la duquesa de Kent se comportaba como si fuera la regente y no dudaba en exhibir a la pequeña princesa en público para que los ciudadanos le presentaran sus respetos. Durante su estancia en el castillo de Norris, en la isla de Wight, la dama hizo uso del yate real y exigió que en cada salida fueran saludados con salvas reales por todos los buques y fortalezas. El monarca, al conocer la noticia, montó en cólera y prohibió semejante trato de privilegio.

A raíz de este incidente, que enturbió aún más las relaciones entre la duquesa de Kent y el rey, ésta en señal de despecho decidió que Victoria no pondría el pie en la corte. Sin embargo, para la celebración del cumpleaños del soberano, y a pesar de encontrarse descansando en Claremont, no pudo negarse a llevar a su hija a Windsor. El día de su llegada, Guillermo IV pasó por el palacio de Kensington de visita y descubrió que la duquesa, en contra de sus órdenes, se había apropiado de un ala con diecisiete estancias para su uso privado. Enfadado, el monarca regresó a Windsor y a pesar de sentir un gran afecto por su encantadora sobrina, no le perdonó a su cuñada su osadía y falta de tacto.

En el transcurso de la cena de cumpleaños celebrada en su honor, y a la que asistieron un centenar de invitados, la duquesa se sentó a la derecha del rey, y la princesa Victoria frente a ellos. Al final de la velada, en respuesta al brindis por su salud, el rey se levantó y en tono alto soltó un discurso en el que vertió toda su ira hacia la duquesa: «Ruego a Dios que me otorgue todavía nueve meses más de vida, tras lo cual, y a mi muerte, no habrá regencia alguna. En ese momento, tendré la satisfacción de ceder la autoridad real a los cuidados personales de esta joven muchacha y no de dejarla en manos de otra persona aquí presente, rodeada de consejeros diabólicos, e incapaz, ella misma, de actuar de manera acorde al lugar que ostenta. Entre muchas otras cosas, mi queja hace especial hincapié en la forma en que se ha apartado de mí y de mi corte a esta jovencita». Tras su inesperada intervención, la duquesa mantuvo el tipo como pudo hasta que se levantó de su asiento y pidió un carruaje para regresar aquella misma noche a Kensington.

Victoria, que hasta el momento se había comportado con una valentía y madurez intachables, aquella noche lloró sin parar y sufrió uno de sus frecuentes ataques de nervios. Las sucias intrigas de Conroy y los constantes enfrentamientos de su madre con el anciano soberano la hicieron caer enferma en más de una ocasión. A veces no podía soportar la tensión y debía guardar cama durante varias semanas, mientras veía cómo el pelo se le caía a puñados y sufría unas tremendas migrañas. A esto se sumaba la incertidumbre por su futuro personal. Victoria ya había dejado muy claro que sólo se casaría «con un hombre al que adore», algo que no parecía importar a su madre para quien sus dos primos Coburgo eran los únicos candidatos posibles. Por su parte el rey había intentado en 1836 preparar el terreno para casar a la princesa Victoria con uno de los hijos del príncipe de Orange, tratando a su vez de evitar a toda costa las visitas de los jóvenes primos Coburgo a Kensington. Como Victoria, con su habitual franqueza, declaró que los hijos del príncipe de Orange le parecían «muy feos y necios», la balanza por el momento se inclinaba hacia el apuesto Alberto.

La relación de Victoria con su madre era cada vez más fría y tirante. Aunque le dejaba a ella el protagonismo, detestaba sus manipulaciones y aires de grandeza. Seguían compartiendo el dormitorio pero apenas se dirigían la palabra. Cuando la duquesa se enteró de que la salud del anciano rey Guillermo IV empeoraba por momentos, le escribió una carta al primer ministro, lord Melbourne —en realidad redactada por Conroy—, en la que le pedía que a la muerte del soberano le confiara la regencia hasta los veintiún años de edad de Victoria. Según su madre, su hija estaba totalmente incapacitada para reinar.

El día que cumplió los dieciocho años, su tío el rey de Inglaterra le ofreció como regalo de cumpleaños una pensión anual de diez mil libras esterlinas, de las que podría disponer libremente sin que fuera necesaria la intervención de su madre. Victoria aceptó encantada la generosa oferta, pero su madre se sintió muy ofendida. La duquesa declaró molesta que «cuatro mil libras al año eran más que suficientes para su hija, y que las seis mil restantes deberían ser para ella». Fue uno de los últimos gestos de Guillermo IV para contrariar a su cuñada, puesto que su muerte se encontraba próxima. Un colapso le había dejado muy débil y se temía seriamente por su vida.

Cuando el rey Leopoldo supo que al soberano le rondaba la muerte, escribió a su sobrina interminables cartas llenas de buenos consejos y advertencias. Una de ellas acababa así: «Querida, permanece tranquila y distendida; no pierdas de vista la posibilidad de convertirte en reina antes de lo que imaginas». Mientras ese día llegaba, una costurera confeccionaba a Victoria un sencillo vestido de duelo, con mangas bombachas y talle ceñido, al tiempo que Lehzen le leía a Walter Scott para calmar su angustia. El rey Guillermo murió un mes después de que su querida sobrina alcanzase la mayoría de edad. Los sueños del oscuro John Conroy para conseguir un período de regencia y ser «el hombre a la sombra del trono» se desvanecían. El momento de Victoria había llegado.

APRENDIENDO A REINAR

En la madrugada del 20 de junio de 1837 fallecía en Windsor el rey Guillermo IV. Tras los funerales, el arzobispo de Canterbury viajó a gran velocidad hasta Kensington para comunicar la noticia a Victoria. En su diario la joven princesa anotó: «Mamá me levantó a las seis de la mañana y me dijo que el arzobispo de Canterbury y lord Conyngham estaban aquí y querían verme. Salté de la cama y fui a mi sala de espera (vestida sólo con mi camisón), sola, y los vi arrodillados ante mí. Lord Conyngham me avisó que mi pobre tío, el rey, había muerto, y que por consiguiente yo era ahora la reina». Tenía dieciocho años recién cumplidos y ella, una perfecta desconocida para todos, acababa de convertirse en Su Majestad Victoria I de Inglaterra. Aquel mismo día por la noche, escribió de nuevo en su diario: «Puesto que la Providencia ha decidido ponerme en esta situación, haré todo lo posible para cumplir mi obligación con mi país. Soy muy joven e inexperta en algunas cosas, aunque no en todas, pero estoy segura de que poca gente tiene mejor voluntad y mayores deseos que yo de hacer lo que es correcto y conveniente».

Después de recibir al primer ministro, lord Melbourne, a quien ratificó en su cargo, ese mismo día presidió en el salón rojo su primer Consejo de Estado. Victoria apenas sabía nada del mundo, y mucho menos de política. Había crecido recluida en Kensington, sin apenas contacto con el mundo exterior, salvo con las personas a su servicio y su tío Leopoldo. Sin embargo aunque no estaba preparada para desempeñar las funciones de gobierno, desde su primera aparición sorprendió a todos por su delicadeza, elegancia y prudencia. Tras una larga lista de soberanos libertinos, extravagantes y necios su juventud inspiró enseguida la simpatía del pueblo. La imagen de aquella joven menuda, vestida de riguroso luto, avanzando con gran desenvoltura entre el público, cautivó a todos.

Cuando Victoria despachó los asuntos más urgentes, y por fin pudo quedarse a solas con su madre, lo primero que hizo fue ordenar que sacaran su cama fuera de su habitación. La duquesa de Kent había logrado el sueño de ver a su hija convertida en reina, pero ni se había ganado su confianza ni en el futuro tendría ninguna influencia sobre ella. A partir de ese momento si deseaba ver a su hija debería regirse por la estricta etiqueta de la corte y pedir audiencia, algo que la sacaba de quicio. Un mes y medio después de su ascensión al trono, Victoria mandó trasladar la Casa Real al completo de Kensington al palacio de Buckingham, que sería su nueva residencia. El enorme y poco confortable edificio, en el que ningún soberano había residido hasta el momento, tuvo que reformarse a marchas forzadas para poder alojar a la reina y a su numeroso séquito. A la duquesa se le asignaron varias estancias separadas de las de su hija.

También decidió perder de su vista al odioso sir John Conroy, al que recompensó de manera espléndida por sus servicios y le concedió un título nobiliario. Quien sin duda se beneficiaba de todos estos cambios internos era su institutriz, la baronesa Lehzen, quien aún se ganó más su confianza. El hecho de que su dormitorio estuviera contiguo al de la reina daba una idea de la estrecha relación que existía entre ambas. De su maquiavélico tío Leopoldo, quien intentaría manejar a su sobrina para sus propios intereses, también se fue distanciando paulatinamente.

Victoria, aunque tenía muchas responsabilidades y grandes retos que afrontar, no perdía jamás la alegría. Un anciano cortesano que la conocía desde niña destacaba su entusiasmo y naturalidad: «Se ríe a gusto, con la boca muy abierta, dejando a la vista unas encías poco atractivas […]. Come casi con las mismas ganas con que se ríe, creo que se podría decir que más bien engulle […]. Se sonroja y se ríe a todas horas con tal naturalidad que podría desarmar a cualquiera». Pero la joven reina también podía ser implacable con sus enemigos. Con el paso de los meses afloró en ella su verdadero temperamento exigente y autoritario. Le gustaba mucho mandar, tenía un genio de mil demonios y se mostraba intransigente con aquellos que pensaban de manera distinta. Cuando llegó al trono el gobierno estaba controlado por los whigs, el partido liberal del que ella, como su padre, era una entusiasta seguidora. El problema es que no ocultaba su desprecio y odio a los miembros de la oposición, los tories (conservadores), negándose incluso a contratar en la corte damas de cámara de este partido. Ese odio le hizo intervenir en política impidiendo en 1839 que el jefe de la oposición, el conservador sir Robert Peel, pudiera formar gobierno.

Por fortuna la persona de máxima confianza de la joven e inexperta reina era ahora lord Melbourne, primer ministro de

Inglaterra desde hacía dos años. Este hombre maduro, cultivado y seductor cautivaría a Victoria desde el primer instante.
Melbourne era un auténtico caballero y un astuto político
liberal que gracias a su encanto personal y veteranía, se convirtió en su consejero privado y compañero inseparable. Fue
sin duda su mejor maestro, y además ayudó a la soberana a
superar sus miedos y disfrutar de su nueva posición. La joven,
que había crecido falta de cariño y atenciones, encontró en su
primer ministro a un respetado estadista pero también al padre que nunca tuvo.

Tras años viviendo bajo el estricto control de su posesiva
madre, de repente Victoria se sentía libre y poderosa. No sólo
era dueña de sus actos sino que además poseía una gran riqueza. El Parlamento había decidido otorgarle trescientas
ochenta y cinco mil libras anuales y lo primero que hizo fue
pagar las deudas de su padre. También se comprometió a hacerse cargo de la manutención de los hijos ilegítimos que el
rey Guillermo IV tuvo con su amante, la actriz Dorothea
Bland.

Los dos primeros años de su reinado transcurrieron de
manera apacible y feliz. El aburrimiento se había acabado y
desde que se levantaba a las ocho no tenía ni un solo minuto
para sí misma. En su diario, escribiría: «Recibo tantos comunicados de mis ministros, les remito tantos y tengo tantos papeles que firmar que siempre estoy enormemente atareada.
Este trabajo me encanta». Pero más allá de los asuntos que
despachaba a diario con Melbourne, por primera vez en su
vida podía disfrutar de los placeres que más le gustaban: montar a caballo, comer y bailar. «¡Cómo pasa de rápido el tiempo
cuando se es feliz!», exclama Victoria exultante y a la vez sorprendida por el giro que ha dado su vida. Los ataques de ner-

vios y las migrañas han quedado atrás, ahora lo único que le quita el sueño es el gran día de su coronación en la abadía de Westminster fijada para el 28 de junio de 1838.

La coronación fue un nuevo éxito para la joven soberana que soportó con gran dignidad una ceremonia anticuada, compleja e interminable. Tras ella la vida continuó con su calma habitual sólo interrumpida por las quejas de su madre, que le reprochaba «el ir demasiado al teatro, comer en exceso y beber mucho vino en la mesa», y el haber condenado al ostracismo a sir John Conroy. También le preocupaban las cartas que recibía cada semana del rey Leopoldo. Aunque siempre se había sentido muy unida a su tío, Victoria tuvo que dejarle muy claro que la política exterior de Inglaterra no era de su incumbencia, sino competencia exclusiva de la reina y de sus ministros. Leopoldo cesó de interferir en los asuntos políticos de su sobrina pero no cejaría en su empeño de unir a su sobrino Alberto con la reina.

Victoria ya se había olvidado de su apuesto primo Alberto de Sajonia pero el tema del matrimonio comienza a preocuparla. Se lamenta de que todo el mundo quiere verla casada a pesar de que su deseo es disfrutar unos años más de su libertad. A Melbourne le confiesa: «Estoy tan acostumbrada a hacer lo que me apetece que existen nueve posibilidades sobre diez de que no me entienda con un hombre». Pero hasta el primer ministro le recuerda que si ella no tuviera hijos y falleciera, su tío el duque de Cumberland —ultraconservador y muy poco querido por el pueblo británico—, ahora rey de Hannover, la sucedería en el trono. Aunque a Victoria lo que de verdad le molesta es que le hayan elegido pretendiente sin contar con su parecer y que no paren de hablarle del buen partido que es Alberto. Finalmente aceptó a regañadientes que su primo la visitara en otoño pero dejando muy claro a Leopoldo que «no existe entre nosotros dos ningún compromiso».

Cuando el 10 de octubre de 1839 Alberto, de veinte años, llegó a la corte inglesa, Victoria cayó rendida a sus pies. En su diario anotó: «Es encantador, quizá excesivamente guapo con sus arrebatadores ojos azules, su encantadora nariz, una bonita boca, un bigote fino y sus pequeñas patillas. Tiene una magnífica estatura, unos hombros anchos y una figura esbelta. Me ha robado el corazón». Alberto apenas llegaba al metro setenta, pero en las fotografías del compromiso donde posa de pie y muy erguido junto a su prometida parece muy alto.

En los días siguientes sólo tuvo ojos para su apuesto primo. Montó a caballo con él, bailaron juntos al son de la orquesta y pudieron conversar durante los largos paseos que dieron por los jardines; según ella, todo fue perfecto. Alberto había llegado a Londres un jueves por la noche y el domingo siguiente por la mañana Victoria le comunicaba a su fiel Melbourne que había cambiado de opinión y deseaba casarse cuanto antes. El primer ministro no era muy partidario del candidato alemán y ya había dado su opinión al respecto: «Casarse con un primo no es lo más recomendable, sobre todo si se tiene en cuenta que esos Coburgo no resultan populares en el extranjero, especialmente en Rusia, donde los odian». Pero la reina ya estaba decidida y nada ni nadie la haría cambiar de parecer.

A los dos días Victoria hizo llamar a su primo y lo recibió a solas en su gabinete. Según confesaba en su diario, «tras unos minutos le dije que ya debía de saber el motivo por el cual lo había hecho venir, y que me haría inmensamente feliz si aceptaba mis deseos de casarme con él. Entonces nos abrazamos y fue muy amable y afectuoso». Alberto, que seguramente no esperaba que ella se decidiera tan pronto, le respondió: «Te haré muy feliz». Él no estaba enamorado de ella, pero se sentía sin duda agradecido por el giro inesperado que había dado su vida. La posibilidad de ocupar un puesto tan elevado y envidiable le llenaba de orgullo. Hombre de profundas convicciones y muy religioso, estaba dispuesto a que su esposa representara como nadie la integridad, la moralidad y la respetabilidad del Imperio británico.

El hombre por el que ahora suspiraba la reina Victoria, había crecido marcado por la ausencia de su madre y el comportamiento inmoral de su padre. Era hijo del duque Ernesto I de Sajonia-Coburgo y la joven princesa Luisa, que aportó al matrimonio como dote el ducado de Gotha. Tras el nacimiento de sus dos hijos, Ernesto y Alberto, y cansada de las infidelidades de su esposo, se enamoró de un joven oficial. Este escándalo fue el detonante para que el duque la expulsara de Coburgo y le prohibiera para siempre ver a sus hijos. La duquesa moriría en París sola e infeliz a la edad de treinta años víctima de un cáncer.

Alberto, que cuando lo separaron de su madre contaba cinco años de edad, nunca se recuperaría de su ausencia y guardaría una imagen idealizada de ella. Al igual que Victoria, fue educado de manera muy estricta y sin apenas cariño. A los once años sorprendió a su padre cuando le dijo que esperaba convertirse en «un hombre bueno y de bien». Cuando Victoria le conoció era un joven al que le gustaba gastar bromas, montar a caballo, practicar la esgrima y pasear por el campo. Hasta su compromiso con Victoria no había dado ninguna muestra de interés hacia el sexo opuesto. Su amigo y mentor, el barón Stockmar, escribió acerca de él: «El príncipe siempre tendrá más éxito con los hombres que con las mujeres, en cuya compañía muestra muy poca complacencia». El escritor Lytton Strachey, en su magnífica biografía sobre Victoria, insinúa que el príncipe Alberto antes de comprometerse con su prima mantenía una relación íntima con un joven oficial inglés, el teniente Francis Seymour.

Una vez fijada la fecha de la boda, Alberto regresó a Alemania para despedirse de su familia y los paisajes de su infancia, que no volvería a ver. Se encuentra muy abatido y preocupado por su incierto futuro; sabe que los lores le despreciarán y que siendo un Coburgo tendrá muchos enemigos en la corte. En una de sus últimas cartas de soltero a un amigo le confiesa: «Dentro de dos horas estaré casado. ¡Que Dios me asista!». El 10 de febrero de 1840, Victoria de Kent se casaba con el príncipe Alberto en la capilla real del palacio londinense de Saint James. La reina lucía sobre su cabeza una sencilla corona de flores de azahar y un vestido de satén blanco bordado con una larga cola de encaje. Pronto Alberto descubriría que su vida de casado no iba a ser un cuento de hadas. Él deseaba que la luna de miel en Windsor durara al menos una semana, pero Victoria le responde de manera autoritaria: «Olvidas, mi amor, que soy la soberana y que los asuntos de Estado no pueden interrumpirse por un sí o un no. Mientras el Parlamento esté de sesiones, me resulta imposible ausentarme de Londres».

A pesar de sus discrepancias iniciales, la noche de bodas no pudo ir mejor. Victoria se sentía muy atraída físicamente por su esposo y no lo ocultaba. En las páginas de su diario escribe: «No hemos pegado ojo durante la noche. ¡Cuando tuve ante mí ese rostro angelical, mi emoción superó todo cuanto pueda expresar! ¡Es tan atractivo con su camisa solamente y el pecho al descubierto!». La reina no puede evitar escribir unas líneas a Melbourne para compartir con él lo feliz que se siente: «Ha sido una noche tan deliciosa y arrebatadora. Nunca pensé que alguien pudiera quererme tanto».

A los tres días la pareja regresa a Londres y Victoria reanuda su actividad junto a Melbourne. Aunque la reina le ha otorgado a Alberto el tratamiento de Alteza Real, en la corte sólo es el príncipe consorte. No tiene más de veinte años, habla mal el inglés y su manera de vestir «a la alemana» provoca todo tipo de bromas entre los lores. En lo político es un cero a la izquierda y no puede hacerle sombra a lord Melbourne, que no sólo es el primer ministro sino el secretario privado de la reina. Victoria sólo espera de él que sea un esposo perfecto.

Pero como marido sus funciones también son limitadas. La vida privada estaba gobernada por su antigua institutriz, la baronesa Lehzen, que sigue ocupando la habitación contigua a Victoria y que controla, entre otras cosas, los gastos y la correspondencia de la soberana. «Mi vida conyugal es muy feliz y plena... pero me resulta imposible conservar mi rango de manera razonable, puesto que ya no soy el dueño y señor, simplemente el marido», se lamentaba en una carta a su tío Leopoldo.

El orgullo de Alberto ha sido herido desde que llegó a Inglaterra donde la familia real le trata como «un extranjero impostor» y el gobierno le niega una posición honorable. Alberto se sentía un completo extraño en la corte pero su estricta rigidez y formalidad no le ayudaban a ganarse el afecto del pueblo. Nunca se mezclaba con la gente, ni paseaba por las calles de Londres, ciudad que encontraba sucia y sin mucho atractivo. Aunque en privado podía ser encantador y bromista, en público —y para dar una imagen irreprochable— se mostraba estirado y distante. Alberto sólo tenía un amigo en la corte, su consejero privado y mentor el barón Friedrich Stockmar, un médico alemán que había servido durante su juventud al rey Leopoldo. Con el tiempo, y gracias a su habilidad diplomática y sabios consejos, se convertiría en una de las personas más fieles del entorno de la reina.

Pero las desavenencias entre la pareja real iban más allá. Victoria y Alberto tenían gustos y temperamentos muy distintos. Él era serio, culto, responsable y muy puritano. Acostumbrado a madrugar y a llevar una vida espartana, no soportaba el relajado ritmo de vida de los lores. A las diez y media de la noche se le veía dando cabezadas en el sofá. Por su parte a Victoria, apasionada, espontánea y alegre, le gustaba bailar toda la noche y ver salir el sol desde el pórtico del palacio de Buckingham. Alberto, a diferencia de la reina, había recibido una educación muy completa, primero en el palacio de Coburgo y después en la Universidad de Bonn. Le gustaba pintar, componer música, tocar el piano y el órgano, y frecuentar a personalidades del mundo literario y científico. Sin embargo, la reina no era partidaria de invitar a «este tipo de personas», ya que no se sentía a su altura y se veía incapaz de mantener una conversación con un sabio o un escritor.

Los que pensaban que a causa de estas diferencias su matrimonio tenía las horas contadas se equivocaban. Victoria podía ser muy terca, arrogante y autoritaria pero en el fondo jugaba en desventaja. Estaba perdidamente enamorada de su esposo y en privado sus disputas daban paso a una dulce reconciliación. Una anécdota que presenció Ernesto, hermano del príncipe Alberto, durante su estancia en palacio, resulta muy reveladora. Un día el príncipe, enfadado ante uno de los frecuentes ataques de ira de la reina, se encerró con llave en su

VICTORIA
DE INGLATERRA

Victoria fue consciente del destino que la aguardaba a los doce años. Durante la clase de historia, mientras estudiaba su árbol genealógico, descubrió que si su tío Guillermo IV fallecía, ella le sucedería en el trono. Tras quedarse un rato en silencio y pensativa, le dijo a su institutriz: «Seré buena». Así puso de manifiesto su madurez, seguridad y humildad, cualidades que dominarían su largo y próspero reinado.

Su infancia fue austera, marcada por la monotonía y siempre rodeada de adultos. Hasta los dieciocho años, por temor a que pudiera ser asesinada o secuestrada, Victoria durmió en la misma habitación de su madre, Victoria de Sajonia-Coburgo-Saalfed, duquesa de Kent.

Con dieciocho años recién cumplidos, se convirtió en reina de Inglaterra tras la muerte de su tío Guillermo IV. A pesar de su juventud, sorprendió a todos desde su primera aparición pública por su sensatez y prudencia.

Al año de casados Alberto es insustituible para la reina Victoria, a quien acompaña en sus apariciones públicas. Se convierte en su secretario privado y consejero personal, y está presente en todas sus entrevistas con los ministros. La asesora, le dicta las cartas, le escribe los discursos y se encarga de su estilismo.

La boda tuvo lugar el 10 de febrero de 1840. Victoria de Kent se casaba con el príncipe Alberto en la Capilla Real del palacio londinense de St. James. La reina lucía sobre su cabeza una sencilla corona de flores de azahar y un vestido de satén blanco bordado con una larga cola de encaje.

Alberto siempre sería fiel a su esposa y con su ejemplo defendería la santidad de los votos del matrimonio. Consiguió que la reina representara como nadie la integridad, la moralidad y la respetabilidad del Imperio británico, y suprimió en la soberana el exceso de entusiasmo y pasión.

Sintiéndose abandonada por todos, y sin su adorado Alberto junto a ella, la reina encontró en John Brown, un rudo escocés, la paz y la protección para superar su depresión. Le nombró su servidor personal. En esta foto en el castillo escocés de Balmoral, el refugio favorito de la reina.

Victoria, ya anciana, posa de negro y con velo. Fue una reina tan atípica como extraordinaria, que con sus contradicciones e inseguridades le devolvió el prestigio a la corona. Murió en plena gloria siendo la reina de Gran Bretaña e Irlanda, de todas sus colonias y emperatriz de la India. Y la gran soberana de un imperio que aún dominaba el mundo.

habitación. Victoria, no menos furiosa, llamó a la puerta. «¿Quién es?», preguntó él. «La reina de Inglaterra», fue la respuesta. Alberto siguió sin reaccionar y la soberana continuó dando golpes en la puerta. La misma pregunta y la misma respuesta se repitieron varias veces. Finalmente se hizo un silencio y ella dijo en tono dócil: «Tu esposa, Alberto». Y la puerta se abrió al instante.

Con el paso del tiempo la posición del príncipe cambió. El estudio de la política le resultaba menos aburrido de lo que imaginaba y comenzó a recibir clases de Derecho inglés. En ocasiones se encontraba presente cuando la reina se reunía con sus ministros y, siguiendo las sugerencias de lord Melbourne, se le hacía partícipe de toda la información relacionada con los asuntos exteriores. Antes del nacimiento de su primer hijo, se le nombró regente en caso de que falleciera la reina sin la más mínima oposición por parte del Parlamento.

Dos meses después de su boda, la reina ya estaba embarazada. Victoria, que por entonces disfrutaba de los placeres de la vida conyugal, sufrió una gran decepción. De temperamento fogoso, sentía una gran atracción sexual hacia Alberto, cuya hombría alababa siempre en sus diarios. En una carta a su abuela de Coburgo le decía: «Me quedé encinta a las primeras de cambio y eso me hizo sentir una rabia incontenible. Le pedí a Dios día y noche que me concediera la gracia de, al menos, seis meses de libertad. Pero mis plegarias no fueron atendidas y heme aquí una desdichada. No puedo comprender cómo se puede desear esto justo al principio de un matrimonio».

La reina, en contra de la imagen pública que proyectaba, nunca fue muy hogareña ni maternal. Ya en su madurez escribiría a su hija mayor, Vicky: «Males, sufrimientos, miserias, enfrentarse a tormentos, renunciar a placeres, tomar infinitas precauciones; descubrirás en tu propia piel el calvario a que está sometida la mujer casada y por el que yo reconozco haber pasado. Una se siente terriblemente limitada». La llegada de los hijos —tuvo nueve casi seguidos— la alejarían paulatinamente de la vida política, tal como deseaba su esposo.

Aunque gozaba de buena salud y los primeros meses de embarazo pudo llevar una vida normal y asistía a la ópera y al teatro del brazo de su marido, en una carta a su tío Leopoldo le confesaba: «Es tan horrible en verdad…Y si la cosa no resultase ya lo bastante odiosa, después de lo que vengo sufriendo, y tuviera además una niña inmunda, creo que la ahogaría. Sólo deseo un varón». Sus deseos no fueron atendidos y en noviembre de 1840, la reina, tras un parto que dura doce interminables horas, daba a luz a una niña. La princesa real se llama Victoria como su madre, aunque desde su nacimiento la han apodado Pussy y con el tiempo se convertirá en Vicky. Al contrario que su propia madre, la reina decide no dar el pecho a su hija, pues según sus propias palabras «no me gustan las mujeres convertidas en vacas lecheras». Tampoco le atraen mucho los bebés, que le recuerdan a las ranas y son «realmente feos».

Tras el nacimiento de su primera hija, guardó cama dos semanas durante las cuales Alberto se ocupó tiernamente de ella. El príncipe estaba exultante, aquella niña era para él una bendición y a la vez suponía una notable mejoría: ser el padre del futuro heredero de la Corona le concede una mayor relevancia en la corte. La reina está emocionada con tantos cuidados: «Sus atenciones eran propias de una madre. No se habría podido encontrar una enfermera más cariñosa, más atenta y con mejor criterio».

Victoria nunca fue una esposa fácil ni modélica. Tenía poca paciencia con los niños y sus terribles accesos de cólera explotaban sin previo aviso. Alberto no sabía cómo reaccionar ante sus repentinos cambios de carácter y le preocupaba que su esposa hubiera heredado la locura familiar de los Hannover. En una carta a su tutor, el príncipe le confesaba: «Es tan colérica y apasionada… Cuando se pone violenta, me aguijonea con reproches y me acusa de ser ambicioso, celoso y de no confiar en ella… Sólo se me ocurren dos soluciones: bien quedarme en silencio y retirarme discretamente, con lo cual sería como el niño a quien su madre acaba de reprender y se marcha con las orejas gachas; o bien responder a la violencia con la violencia, pero ello daría paso a una escena y detesto con todas mis fuerzas ver a Victoria en ese estado». Victoria, por su parte, reconocía en su diario que tiene un carácter imposible: «Ya sabía antes de casarme que aquí radicaría mi problema». Alberto estaba convencido de que la única forma de calmarla era alejarla poco a poco de los quebraderos de cabeza que le ocasionaban sus obligaciones políticas y reconducirla a su papel de madre.

En 1841 la soberana tuvo que afrontar importantes cambios en su vida; las dos personas que más influencia habían tenido sobre ella en el pasado ya no estarían a su lado. Los tories —que ella tanto odiaba— llegaron al poder y su adorado lord Melbourne dimitió. En realidad sus continuos embarazos no la privarían del placer de cartearse con su ex ministro y fiel amigo. Aunque el hombre de confianza de Alberto, el barón Stockmar, se presentó en la casa de Melbourne para exigirle que pusiera fin al intercambio casi diario de correspondencia que mantenía con la reina, éste ignoró sus palabras. En los meses siguientes Victoria recibiría como antaño ramos de rosas y de laurel, además de sus cartas llenas de afecto y los consejos de un político curtido en mil batallas.

Cuando dio a luz a su segundo hijo, Eduardo, el príncipe decidió que se ocuparía personalmente de la educación y el cuidado de los niños. Al nacimiento de Bertie, como todos llamaban al príncipe heredero, le seguirían Alicia, Alfredo, Elena, Luisa, Arturo, Leopoldo y, en 1857, Beatriz, madre de la futura reina de España, Victoria Eugenia. Alberto, que seguía quejándose abiertamente del papel que desempeñaba la baronesa Lehzen —«esa estúpida intrigante, loca y endiosada con obsesiva sed de poder», como él la describía—, tomó cartas en el asunto para perderla de vista. Con mucho tacto y esperando el momento propicio, le anunció a su esposa que Lehzen había aceptado jubilarse y regresar a Hannover a vivir con su hermana. Esta vez Victoria comprendió el mensaje y se resignó a perder a la mujer que le había servido durante tantos años y la había protegido de las intrigas de Conroy. Su abnegada institutriz viviría el resto de sus días rodeada de los recuerdos de su pupila.

Tras su marcha, Alberto se sintió liberado, pero aún le quedaba algo por hacer. Por propia iniciativa, y con su habitual mano izquierda, consiguió reconciliar a Victoria con su madre. Si en el pasado la duquesa de Kent había sido una mujer estricta y posesiva, la llegada de los nietos la transformó en una abuela entrañable. Alojada en Clarence House, apenas distante diez minutos a pie del palacio de Buckingham, podía visitar a diario a sus nietos y jugar un rato con ellos. Para la soberana, la presencia de los pequeños sería un gran apoyo en los tiempos difíciles.

A medida que la familia aumentaba, Alberto organizó la vida diaria de la pareja en función de sus propios horarios.

Victoria era noctámbula y pasaba buena parte de la mañana en la cama, pero él la obligaba a levantarse a las ocho y desayunar juntos. Antes de atender la correspondencia daban un corto y saludable paseo por los jardines. Después se dedicaban casi dos horas a dibujar o a hacer aguafuertes. Tras la comida la soberana recibía a sus ministros acompañada cada vez más a menudo por su esposo. Las cenas, los conciertos, las óperas y los bailes ocupaban las noches. Paulatinamente sería Alberto quien marcaría el protocolo y dirigiría las veladas en palacio. El príncipe, que detestaba la frivolidad, sólo permitiría en Buckingham la presencia de hombres y mujeres de intachable reputación, llegando a prohibir la entrada en palacio a los divorciados.

Si durante los primeros años de su reinado Victoria disfrutaba siendo el centro de atención de todas las veladas y recibiendo a los miembros de la alta sociedad, ahora las cosas habían cambiado. En el pasado no había ni una sola heredera ni un atractivo oficial que accediera a la alta sociedad sin haber sido presentados previamente en la corte y sin besar la mano de Su Majestad. Cada semana, en unas pocas horas, podían desfilar frente a la joven soberana cerca de tres mil personas. Los principios austeros y luteranos de Alberto acabarían imponiéndose y las recepciones serían cada vez más espaciadas.

Las cenas en la corte, antaño divertidas, se volvieron aburridas y marcadas por un rígido y engorroso protocolo. Las damas de honor —y los propios invitados— las consideraban directamente un incordio. El único que parecía divertirse era Alberto, quien había establecido para estas veladas todo un ritual. Primero, aparece él ante sus invitados, y un cuarto de hora más tarde, la reina hace su entrada en los salones mientras dos lacayos le abren las puertas con una gran reverencia.

Una vez sentados a la mesa, el príncipe habla de política o
de literatura germana con su primer ministro Peel o con algún pariente llegado en visita de Coburgo. Qué lejos quedan
para Victoria las entretenidas y en ocasiones «picantes» conversaciones que mantenía con su querido lord Melbourne y
los juegos de cartas junto a la chimenea que se alargaban hasta la madrugada. Los domingos la pareja real asiste del brazo a
misa en la nueva capilla de Buckingham rodeados del personal de palacio. Alberto, empeñado en alejar a su esposa de sus
obligaciones políticas, se siente satisfecho al ver su cambio:
«He hecho pública mi satisfacción al hallar tan feliz a la soberana y he añadido la esperanza de que busque y encuentre,
poco a poco, la plena felicidad, exclusivamente en el ámbito
familiar», le diría a Stockmar a la salida del bautizo de su hijo
Bertie.

Los que conocían bien a la temperamental Victoria se
quedan sorprendidos del cambio que ha experimentado debido a la influencia de su esposo. La reina parece inmensamente feliz en su papel de madre entregada y devota, y de que
Alberto se ocupe «de todos sus asuntos», incluidos los domésticos. En una página de su diario podemos leer: «Alberto entró con mi querida hija Pussy, que llevaba un precioso vestido
de lana blanco con bordados azules que mamá le había regalado y un gorro muy bonito, y la dejó en mi cama y él se
sentó a su lado, y la niña se portó de maravilla. Y al ver a mi
amado y valioso Alberto, allí delante, con nuestro amorcito
entre los dos me asaltó la felicidad y me sentí muy agradecida
a Dios». Imbuida por la moralidad y la austeridad que poco a
poco le impone su esposo, Victoria se convierte en una dama
perfecta dedicada exclusivamente a traer hijos al mundo, cuidar de su familia y preservar la integridad y respetabilidad del

Imperio británico. Para el príncipe su abnegada esposa es el ejemplo de la «nueva mujer», madre prolífica y entregada, ángel del hogar y esposa decente.

La vida de la reina ha dado un giro inesperado. Se acabaron las fiestas, los bailes hasta la madrugada y las partidas de ajedrez. Para distraerse toma el té con otras mujeres congregadas alrededor de la esposa del pastor de su parroquia. Su día a día discurre dentro de un rígido corsé de prohibiciones donde no tienen cabida las bromas, ni los chismorreos de la corte que antaño tanto la entretenían. Los temas de conversación giran en torno a la familia, los niños, los fallecimientos o los bautizos. Si en su juventud cautivaba a todos por su naturalidad, alegría y entusiasmo, ahora cada vez se parece más a su «querida mamá» que para Alberto reúne todas las cualidades. El príncipe, aconsejado por el barón Stockmar, ha conseguido suprimir en la soberana todo exceso de entusiasmo y pasión. En 1840, Alberto escribía al barón: «Estoy muy orgulloso de Victoria: últimamente sólo me ha organizado dos escenas. Además a nivel general, cada vez confía más en mí». La admiración y confianza ciega que siente hacia su marido, queda reflejada en las páginas de su diario. Con inusual ñoñería, anota cómo le enternece ver a su querido esposo tocando el órgano con un bebé en cada rodilla. O alaba el buen gusto de Alberto que también se ocupa de su estilismo y le elige los trajes. La reina, de apenas metro cincuenta y bastante corpulenta, no era nada presumida y odiaba las pruebas de los sastres. Tenía un gran complejo por sus manos, pequeñas y gruesas, y ocultaba sus dedos con muchos anillos. Por fortuna tenía a su lado a Alberto: «Tiene tanto gusto y yo tan poco...», diría emocionada mientras seguía a pies juntillas sus consejos: vestir con sencillez y sin hacer demasiada ostentación.

Al año de casado Alberto ya era insustituible para ella y la acompañaba en todas sus apariciones públicas. Es su secretario privado, su consejero personal y está presente en todas sus entrevistas con los ministros; le asesora, le dicta las cartas y le escribe los discursos. Las desavenencias de los primeros tiempos han quedado atrás. Victoria sólo vive para su esposo y no puede entender cómo en el pasado lord Melbourne había sido el hombre de su total confianza. «No puedo evitar pensar lo artificial de mi felicidad por aquel entonces y lo afortunada que soy por haber encontrado en mi amado marido la felicidad verdadera y estable, que ni la política ni los reveses mundanos podrán cambiar», escribió orgullosa de tener por marido a un hombre tan perfecto.

ALBERTO, EL REY A LA SOMBRA

Victoria idolatraba a Alberto, pero éste no era tan feliz como ella. Los arrogantes lores lo consideraban todavía un extranjero, un príncipe de poca monta, sin territorios ni riquezas. Tampoco compartía con ellos el gusto por el ocio, el juego, las carreras de caballos, ni las conquistas femeninas. El príncipe, que siempre le fue fiel a su esposa, sólo encontraba consuelo en el trabajo. Con la llegada de Robert Peel al gobierno, comenzó a intervenir más activamente en los asuntos de Estado. Aunque al principio Victoria no soportaba a su nuevo primer ministro, llegaría a sentir por él un gran afecto y respeto. El trato que le daba al príncipe acabó por ablandar el corazón de la reina. Los dos hombres simpatizaron desde el primer instante porque tenían mucho en común. Ambos eran puritanos, firmes y trabajadores infatigables. Peel nombró a

Alberto presidente de una comisión real de bellas artes destinada a reconstruir el edificio del Parlamento, destruido en un incendio. El trabajo no podía ser más apropiado para él, que amaba el arte y le gustaba relacionarse con hombres distinguidos y a la vez respetables. Se entregó en cuerpo y alma a su nuevo cometido. Pero la siguiente tarea que emprendió con igual dedicación fue aún más agotadora y minó su quebradiza salud. Alberto decidió reformar la organización de la Casa Real y poner orden en las finanzas de la soberana.

En el palacio de Buckingham reinaba un caos absoluto, el servicio era deficiente e indisciplinado, los aposentos incómodos y fríos —las chimeneas no siempre funcionaban— no estaban a la altura de los ilustres invitados que visitaban a Su Majestad. La seguridad dejaba mucho que desear y era frecuente encontrarse escondido a algún intruso en el interior del palacio. Dos semanas después del nacimiento de la princesa Vicky, la nodriza oyó un ruido sospechoso en el dormitorio contiguo al de la reina. La baronesa Lehzen descubrió horrorizada que debajo de un enorme sofá se escondía un chiquillo. El inesperado visitante, llamado «el pequeño Jones», era hijo de un sastre y había conseguido entrar en palacio trepando por la pared del jardín y colándose por una ventana abierta. Dos años antes ya se había paseado a sus anchas por los aposentos reales disfrazado de deshollinador. Alberto consiguió mejorar la seguridad en palacio y acabar con los excesos tras años de despilfarro.

La reina y el príncipe forman una familia idílica que posa orgullosa para el pintor oficial de la corte, Winterhalter, rodeados de sus hermosos y sonrientes hijos vestidos con encajes impolutos. El pueblo admiraba su cercanía, sencillez y rectitud moral. La soberana es una figura muy popular y querida por la mayoría. Dieciocho meses después del nacimiento del príncipe de Gales, llegó la princesa Alicia, y al año siguiente el príncipe Alfredo, después la princesa Elena (Lenchen), y dos años más tarde la princesa Luisa. Para Victoria, cada vez más volcada en su numerosa prole, la pompa y etiqueta del castillo de Windsor, donde pasaban largas temporadas, le resultaba mortificante y anhelaba llevar una vida más íntima y retirada. Nunca le gustó esa inmensa fortaleza, alejada de Londres, que le parecía una prisión y donde todo era «aburrido y tedioso». El castillo, que poco había cambiado desde los tiempos de Enrique VIII, no resultaba acogedor para una familia con nueve hijos pequeños. Victoria se quejaba del frío y de las corrientes de aire pero con el tiempo se convirtió en su principal residencia y el lugar donde recibía a las más altas personalidades.

Hacia 1845, y para poder disfrutar de una mayor intimidad, la pareja real se compró con sus ahorros una propiedad en Osborne, al norte de la isla de Wight. En un magnífico emplazamiento se hicieron construir un hermoso palacio de estilo renacentista italiano que amueblaron a su gusto. Aquí, junto al mar y lejos de todas las miradas, la soberana y su familia disfrutaban de una privacidad impensable en Londres. El clima soleado, los extensos jardines de flores que rodeaban el edificio y la pureza del aire eran muy beneficiosos para todos, tal como comprobó en una de sus visitas el doctor Clark, médico personal de Victoria: «Era un lugar saludable para los niños, para los nervios de la reina y los problemas de estómago que padecía el príncipe».

Más adelante la felicidad de Victoria fue completa cuando compraron en Balmoral un antiguo pabellón de caza enclavado en los páramos del condado de Aberdeen, en Escocia. La construcción original fue derruida y en su lugar los monarcas levantaron una residencia más grande, moderna y palaciega. Su emplazamiento era magnífico a orillas del río Dee, lejos de la corte británica y rodeado de bosques. Desde su primer viaje a las Highlands en el verano de 1842, la reina sintió un auténtico flechazo. Lectora asidua de las novelas de Walter Scott, esta tierra de leyendas y paisajes hipnóticos la cautivó. Los escoceses, poco acostumbrados a las visitas reales, recibieron al matrimonio con grandes muestras de aprecio.

A Victoria, las colinas cubiertas de brumas, sus tranquilos lagos de aguas cristalinas y sus mágicos castillos la trasladaron a los escenarios de sus cuentos infantiles. El aire de Escocia le sentaba a las mil maravillas y en medio de sus cumbres y bosques se sentía rejuvenecer. En ocasiones la pareja real realizaba románticas escapadas a lejanas montañas en compañía de sus dos criados, Grant y Brown, con nombres falsos para no ser reconocidos. Así lo recordaba Victoria en su diario: «Habíamos decidido llamarnos lord y lady Churchill pero a Brown una vez se le escapó y me llamó "Su Majestad" mientras yo subía al carruaje, y Grant, desde la cabina, llamó a su vez a Alberto "Su Alteza Real", lo cual nos provocó una carcajada, pero nadie nos descubrió». El castillo escocés de Balmoral, al que sólo se accedía por barco, se convirtió en su refugio favorito. Para los lugareños la reina Victoria era portadora de buena fortuna, una especie de «amuleto de la buena suerte». La veían fuerte, vigorosa, llena de entusiasmo disfrutando al máximo de aquella vida campestre. Le gustaba escalar, montar a caballo, cruzar ríos y alojarse en sencillas fondas. En una ocasión declaró que podía haber vivido así para siempre. Pero esta deliciosa rutina se veía interrumpida cuando la reina de-

bía trasladarse a Buckingham para inaugurar las sesiones del
Parlamento, recibir a sus ministros o a importantes visitantes
extranjeros.

Alberto se había vuelto un trabajador infatigable y obse-
sivo, pero sin descuidar la educación de sus hijos. Siente debilidad, y no lo disimula, por su hija Vicky que ya tiene tres
años de edad y es una niña muy avanzada. La pequeña ha recibido una rigurosa y esmerada educación. Con sólo año y
medio ya daba clases de francés, y antes de los cuatro empezó
a hablar alemán. A partir de los seis años estudiaba, entre otras
materias, geografía, aritmética e historia. Se convirtió en una
alumna aplicada y siempre con ganas de aprender. El príncipe
pasa todo el tiempo que puede con ellos y en vacaciones sale
a cazar mariposas, les enseña dibujo, poesía alemana y música,
supervisando siempre de cerca sus progresos. Al nacer su sexta hija, Luisa, ha previsto un estricto y minucioso plan de estudios para ellos.

De todos sus hijos, Bertie, el heredero al trono, es quien
más le preocupa. El niño, que en nada se parece a su modélica
e inteligente hermana Vicky, le trae de cabeza. Es revoltoso,
simpático y muy divertido, pero no le gusta estudiar. Sus padres deciden redoblar sus esfuerzos para que no caiga en la
dejadez, revisan su plan de estudios, amplían el horario de sus
clases y seleccionan meticulosamente a sus tutores. «Con seis
años, a más tardar, debe confiarse su aprendizaje a un preceptor. Mi deseo es que crezca con las miras puestas en la conducta de su padre, de tal manera que con dieciséis o diecisiete
años sea para él un verdadero compañero», opina la reina.

El pequeño es puesto en manos del reverendo Birch, un
antiguo maestro de Eton dedicado a encauzar muchachos y
conocido por la severidad de sus métodos. Pero el niño, a

quien se le impone un plan de estudios aún más riguroso que el de sus hermanas, no mostrará ningún avance. Bertie (futuro rey Eduardo VII) nunca sería como su padre, que se mostraba inflexible y tremendamente moralista con sus hijos varones. Cuando el príncipe heredero cumplió diecisiete años, Alberto le envió un informe detallado explicándole que entraba en la edad adulta y que la vida se compone de deberes. Bertie rompió a llorar y la relación con su padre sería cada vez más fría y tirante.

Y fue en este instante de su vida cuando Alberto decidió organizar una gran Exposición Universal que enseñara al mundo los mayores avances tecnológicos de la civilización. No debía ser sólo un escaparate de las últimas invenciones e ingenios, sino contener alguna lección moral. Para el príncipe, hombre de fe y de firmes convicciones, debía ser además un monumento internacional a las grandes virtudes de la civilización: la paz, el progreso y la prosperidad. Cuando lanzó al aire la idea, el primer ministro Robert Peel se mostró entusiasmado y la reina Victoria, en tono solemne, comentó: «Me siento muy orgullosa al pensar en lo que ha sido capaz de concebir la mente privilegiada de mi amado esposo».

Era un gran reto que contó con el apoyo de todos los sectores y el gobierno autorizó que el recinto se instalara en Hyde Park. Entre todos los proyectos que se presentaron para el edificio principal de la exposición Alberto eligió el del arquitecto Joseph Paxton, famoso por sus diseños de enormes invernaderos. Durante dos años el príncipe trabajó hasta la extenuación y tanta entrega le acabaría pasando factura a su ya débil salud. Sufría de insomnio y se le agotaron las fuerzas. Además, tuvo que enfrentarse a las críticas de quienes pronosticaban un gran fracaso.

Pero todo aquel esfuerzo tuvo su recompensa cuando el 1 de mayo de 1851 la reina, exultante, inauguró la Exposición Universal ante una gran concurrencia de público. Para un día tan señalado Victoria lució un vestido rosa y plateado, y llevaba colgado el famoso Koh-i-Noor que un año antes le ofreció como regalo la Compañía de las Indias. Era el mayor diamante del mundo, con ciento ochenta y seis quilates, y había decorado el trono de los emperadores mongoles en Delhi. La ocasión lo valía.

El rotundo éxito del evento —con más de seis millones de visitantes y cuantiosos beneficios económicos— mejoró enormemente el prestigio de Alberto. Tras la clausura, la soberana en una carta a su primer ministro le expresaba su honda satisfacción: «El nombre de mi querido esposo ha quedado para siempre inmortalizado, y el hecho de que el país así lo haya reconocido me supone una fuente de felicidad y gratitud inmensas».

Pero el príncipe consorte, lejos de relajarse o tomarse unas merecidas vacaciones tras dos años de arduo trabajo, sigue inmerso en una actividad febril. Inaugura hospitales y museos, pronuncia discursos en la Real Sociedad de Agricultura, se reúne con ministros y secretarios, se ocupa de la vasta correspondencia y escribe interminables memorandos. También saca tiempo para esbozar los planos del castillo que quiere levantar en Balmoral como residencia de descanso para su numerosa familia y se encarga él mismo de su decoración.

Construido en piedra gris, el castillo que diseña Alberto nada tiene que ver con el resto de los castillos escoceses y la mezcla de estilos —de arquitectura gótica, folclore alemán y un toque medieval— deja atónito al visitante. Los cuartos de baño son de estilo gótico, las cortinas y las alfombras son de tartán verde, amarillo y azul. Los sofás han sido tapizados en tela brillante y floreada de chintz, y las paredes del dormitorio de la reina están revestidas de papel pintado de color azul con flores de lis. En los pasillos cubiertos de alfombras cuelgan numerosas cabezas de ciervo y diversas cornamentas. Pero lo más llamativo es la gran hornacina que preside la entrada y que contiene una escultura a tamaño natural del príncipe Alberto vestido con falda escocesa. Cuando el primer ministro de Victoria, lord Rosebery, visitó por primera vez el castillo, comentó: «Pensaba que no podía existir en el mundo algo más feo y de peor gusto que Osborne hasta que un día me invitaron a Balmoral».

Alberto tampoco se da tregua en la remodelación de su residencia de Osborne donde proyecta desde el alcantarillado hasta el diseño de los jardines, una de sus pasiones. A todas estas preocupaciones se suma la indolencia de su hijo Bertie. Su nuevo preceptor, el señor Gibbs, se encarga de recordarle una y otra vez que él es el heredero de la Corona. Alberto ha concebido un programa educativo para sus dos hijos varones con el asesoramiento del barón Stockmar. El profesor de alemán de Bertie alerta al príncipe de que el método le parece tan inhumano que puede dejarle secuelas a su pupilo. Pero él hace oídos sordos, y considera que sólo con mano dura podrá reconducir al futuro rey de Inglaterra.

El 7 de abril de 1853, Victoria da a luz a su octavo hijo, Leopoldo. Durante el alumbramiento los médicos le han administrado con un pañuelo cloroformo en el rostro, siendo una de las primeras personas en experimentar esta forma de anestesia. El parto sin dolor, «relajante, tranquilizador y delicioso», merece la aprobación de la reina. Sin embargo, como le ocurre tras todos sus embarazos, cae en una depresión y de nuevo aparecen sus temidas explosiones de cólera. La reina está además inquieta porque el recién nacido es menos robusto que el resto de sus hermanos. «Es feo, aborrecible y la cosa más humillante del mundo para una madre», se lamenta Victoria antes de descubrir que está enfermo.

Desde sus primeros pasos el pobre Leo —como todos le llaman— tiene moratones en todo el cuerpo y sufre de manera anormal. El niño padece hemofilia, una enfermedad genética que transmiten las mujeres y que sólo afecta a los hombres. La reina se niega a aceptar que ella haya podido legar esta anomalía conocida como «el mal real» a sus hijos. Hasta el nacimiento del príncipe Leopoldo la soberana nunca sospechó que pudiese ser portadora de enfermedad alguna. En aquel tiempo se pensaba que la genética de las familias reales europeas era superior a la de cualquier plebeyo. Pero Victoria sufría de un severo tipo de hemofilia y dos de sus cinco hijas —las princesas Alicia y Beatriz— transmitirían la enfermedad a sus descendientes, afectando a las cortes de Rusia, España, Rumanía y Prusia.

Durante su niñez la reina se interesaría muy poco por su hijo Leo al que tratan casi como un inválido. Su preocupación se centra más en la salud de su amado esposo y las amenazas de una guerra inminente. El ajetreo, las reuniones y la lista interminable de cenas que han tenido que organizar con motivo de la clausura de la Exposición Universal le han debilitado. A sus treinta y tres años, Alberto parece un anciano. El antaño apuesto príncipe de película es ahora un hombre algo encorvado que comienza a perder pelo, sufre reuma en el hombro y frecuentes dolores de estómago. Su débil salud se resiente aún más por la dura y larga batalla que le enfrenta a su peor adversario, lord Palmerston, ministro de Asuntos Exteriores. Este veterano político que había dedicado toda su vida al gobierno de su país, consideraba al príncipe un extranjero, un hombre insignificante cuyo único mérito había sido casarse con la reina. Con su audacia, y sin contar con el visto bueno de la soberana, en más de una ocasión había puesto en peligro las relaciones diplomáticas y la política internacional. Finalmente tras una larga y dura batalla, que ganaría Alberto, el ministro fue destituido. Pero el triunfo del príncipe no duraría mucho.

En 1854, Francia y Gran Bretaña declararon la guerra a Rusia para entrar en el conflicto de la guerra de Crimea. Durante aquellos meses de tensiones y delicadas maniobras diplomáticas, las críticas contra la destitución de Palmerston, un político valiente y muy admirado por el pueblo, no se hicieron esperar. En cuanto se conoció su renuncia se produjo un estallido de ira y odio hacia la figura del príncipe. Comenzaron a circular rumores de que el esposo de la reina era un traidor al servicio de la corte rusa, que había obligado a Palmerston a abandonar el gobierno, para dirigir él mismo la política exterior de Inglaterra y favorecer los intereses de los enemigos del país.

Para Alberto fue uno de los momentos más duros y humillantes de su vida. Durante semanas tuvo que leer en los periódicos los peores insultos contra su persona. De nuevo, y a pesar de entregarse en cuerpo y alma a sus obligaciones como príncipe consorte, le acusaban de ser alemán y no tener ningún derecho a inmiscuirse en los asuntos de gobierno.

Todo este revuelo puso sobre la mesa un tema de gran importancia: la definición exacta de las funciones y de los poderes de la Corona. Algún tiempo después, cuando se reunió el Parlamento, los líderes de los dos partidos pronunciaron en las dos cámaras discursos a favor del príncipe en los que declararon su irreprochable lealtad al país y reivindicaron su derecho a aconsejar a la soberana en todos los asuntos de Estado. Victoria estaba encantada con la resolución y comentó al barón Stockmar: «La posición de mi dueño y señor ha quedado definida de una vez por todas, y sus méritos han sido reconocidos en todas partes como se merece». Unos días más tarde estalló la guerra de Crimea y el patriotismo del príncipe quedó fuera de toda duda.

En 1855, el viejo rival del príncipe, lord Palmerston, se convertía en primer ministro de Inglaterra pero su relación con la pareja real dio un cambio radical. El veterano político se volvió menos dictatorial y ahora escuchaba con atención las sugerencias de la Corona. Además, se mostraba impresionado por los conocimientos del príncipe a quien invitaba a participar en los consejos de ministros donde se decidían las operaciones militares. Como el asedio a Sebastopol se eternizaba, y el número de bajas resultaba sobrecogedor, Palmerston le sugirió a la reina que invitara a Windsor a Napoleón III. El emperador había manifestado su deseo de acudir en persona a Crimea para tratar de desbloquear el conflicto.

El primer ministro tenía claro que si Napoleón visitaba el frente se adueñaría en exclusiva de la victoria, algo que Inglaterra no podía permitir. La reina tenía que disuadirle de sus planes y de paso estrechar aún más las relaciones entre los dos países. Aunque Victoria consideraba a Napoleón un advenedizo de mala reputación que le había usurpado el trono al pobre anciano Luis Felipe, cuando le conoció cayó rendida ante sus encantos. Descubrió que ambos tenían muchas afinidades: «Monta muy bien a caballo, tiene un porte elegante y baila con gran vivacidad», anotaría en su diario. Pero sobre todo Napoleón escuchaba embelesado al príncipe Alberto y este detalle acabó por ablandar el corazón de la reina.

En aquella visita histórica en el mes de abril, Victoria pudo conocer mejor a la emperatriz Eugenia de Montijo que le pareció una mujer alegre y de gran sencillez, y no la «mujer fatal» descrita por lord Cowley, embajador inglés en París. La soberana admiraba la elegancia y el estilo de la española, que lucía llamativas crinolinas parisinas que realzaban su esbelta figura. A su lado Victoria, de baja estatura y bastante rechoncha, vestida con ropa de estridentes colores y poco favorecedora, apenas se distinguía. Pero ella era la reina de Inglaterra y eso le bastaba. Nunca mostró un ápice de envidia hacia la emperatriz, al contrario, en su diario anotó que hasta Alberto había apreciado su belleza y encanto: «Estoy satisfecha de verle tan deslumbrado, pues resulta tan inusual verle así con una mujer».

Desde aquel primer encuentro se hicieron buenas amigas y en el futuro compartirían el dolor por la trágica muerte de sus seres más queridos. Cuando sus ilustres huéspedes abandonaron Windsor, la reina lo sintió mucho pero pronto les devolverían la visita y viajarían a París con motivo de la Exposición Universal. El 8 de septiembre la ciudad de Sebastopol, tras un duro asedio, caía en manos de las tropas franco-británicas y Rusia se vio obligada a firmar la paz. Victoria y Alberto celebraron el fin de aquella sangrienta guerra en la intimidad de su residencia de Balmoral.

Pero hubo otros importantes acontecimientos en la vida de Victoria y Alberto que les hicieron olvidar por un instante los horrores de la guerra. Un año más tarde, en septiembre de 1856, la reina descubre que está encinta y la noticia le causa una nueva depresión, humillada por este noveno embarazo y por la deformación de su cuerpo. Está convencida de que no sobrevivirá al parto y se muestra muy nerviosa y excitable. El barón Stockmar y el doctor Clark temen más «por la salud mental de Su Majestad que por su salud física».

La reina ha demostrado ser una mujer de gran fortaleza pero sus ataques de cólera son imprevisibles y van en aumento. Alberto le recrimina su comportamiento delante incluso de sus hijos y como las escenas son más frecuentes y se agravan, le manda un largo informe que concluye con esta frase: «Mi amor y mi compasión son ilimitados e inagotables». Finalmente, y de nuevo con la ayuda del cloroformo, la reina da a luz a la princesa Beatriz, en un delicado parto que ha durado catorce horas.

Con este nuevo nacimiento la Corona británica goza de una solidez nunca antes vista. Y es en este momento cuando Victoria reclama a lord Palmerston el título de «príncipe consorte» que su marido lleva esperando desde hace ya dieciséis años. Victoria amenaza con negarse a abrir la siguiente sesión del Parlamento, si en esta ocasión su petición no es escuchada. El 25 de junio de 1857 ella misma le concede a su marido el título que cree tanto le corresponde. A pesar de su buena voluntad, el príncipe Alberto de Sajonia-Coburgo-Gotha seguiría siendo el mismo extranjero de siempre. Su nuevo título no impedirá las críticas de los periódicos hacia su persona y las caricaturas que tanto hieren su amor propio.

A principios de 1858 la princesa real Vicky contrajo matrimonio con el príncipe heredero Federico Guillermo de Prusia. Para el príncipe Alberto y la reina que las casas reales de Inglaterra y de Prusia se unieran mediante el matrimonio de su hija primogénita era un sueño hecho realidad. En esta ocasión este matrimonio político era también una boda por amor. La reina Victoria, que transmitió a todos sus hijos devoción por su país, se negó a que la boda de su hija se celebrara, como había solicitado la corte prusiana, en Alemania. La idea simplemente le parecía «demasiado absurda». Después de todo, exclamó con orgullo: «No todos los días se casa uno con la hija mayor de la reina de Inglaterra».

Alberto, desde el anuncio del compromiso, desea preparar a su hija para el papel que tendrá que desempeñar. En los días previos a la boda se encierra con ella a diario, entre las cinco y las seis de la tarde, y le hace leer insoportables memorandos redactados por el barón Stockmar. La reina sufre en silencio por el tiempo que Alberto le dedica a su adorada Vicky. El príncipe ha decidido además que comparta con ellos todas las veladas. En su diario Victoria confesaría: «Hemos cenado con Vicky. Normalmente nos deja hacia las diez y, en ese momento, siento la desconcertante felicidad de quedarme a solas con mi queridísimo Alberto».

La realidad es que la enfermiza pasión que el príncipe siente por su hija mayor genera en la soberana un profundo malestar. Sin embargo, en el fondo de su corazón, lo que más le preocupa a Victoria es el futuro de la joven. Sabe que los prusianos, que preferirían ver a su heredero casado con una gran duquesa rusa, no iban a recibir a Vicky con los brazos abiertos: «No me hago a la idea de ver a mi hija camino de Berlín, lo que es poco más o menos que ponerla en manos del enemigo». Alberto también estaba muy afectado con la idea de perder a su hija predilecta y la más parecida a él.

El breve reinado de la princesa real Vicky en la «fría y poco confortable» corte de Potsdam no iba a ser un lecho de rosas. Criticada por su origen inglés, fue relegada al ostracismo tanto por los Hohenzollern como por la corte de Berlín.

Su vida familiar estaría marcada por las tragedias y la mala relación con sus hijos varones. Con sólo diecisiete años se quedó encinta, lo que supuso una honda preocupación para su madre. Durante el embarazo, diagnosticado de riesgo, los consejos de la reina a Vicky se duplican. Victoria, madre de nueve hijos y a punto de ser abuela, mantendría una nutrida correspondencia con ella. La soberana no comparte en absoluto su alegría por el embarazo, y, como de costumbre, se muestra muy sincera respecto a la maternidad: «Querida, lo que dices sobre el orgullo de dar vida a un alma inmortal es un bello pensamiento; ahora bien debo reconocer que no comparto tu opinión. Sí pienso, en cambio, que en este momento en que nuestra naturaleza se hace tan animal y tan poco fascinante somos como vacas o como perras».

El barón Stockmar, al enterarse del tono de las cartas, alertó a Alberto para que pusiera fin a aquella «aborrecible» correspondencia de la reina. A partir de ese instante los comentarios de Victoria a su hija se limitarían a temas de índole doméstico y consejos maternales: «Vicky, debes caminar, lavarte el cuello con vinagre, abrir las ventanas tres veces al día y colocar el termómetro al lado de cada una de ellas, y exigir el acondicionamiento de los cuartos de baño y los retretes». La reina no confía en los médicos alemanes y envía a su comadrona y a su propio partero. Como su madre temía, Vicky tras dar a luz entró en coma y durante varios días se debatió entre la vida y la muerte. Su hijo, el futuro káiser Guillermo II, nació muy débil y las complicaciones del parto le dejarían para siempre las secuelas de un brazo inerte y atrofiado.

Más adelante la pareja real sufriría un nuevo revés al morir dos de sus ocho hijos antes de llegar a la edad adulta. Cuando en 1888 el príncipe Federico se convirtió en rey de

Prusia y emperador de Alemania, apenas podría introducir las reformas que había soñado. Fallecería tres meses después víctima de un cáncer de laringe. Vicky, la niña mimada de Alberto, antes de cumplir los cincuenta años era una emperatriz viuda, desconsolada y marcada por las tragedias familiares. Su primogénito y heredero al trono, el káiser Guillermo II, con quien mantuvo una compleja relación, la apartaría definitivamente del poder.

Aquel año Alberto no sólo se vio privado de la compañía de su hija mayor sino también de alguien muy importante en su vida. El barón Stockmar, que durante veinte años había desempeñado «la trabajosa y agotadora labor de amigo paternal y consejero de confianza del príncipe y de la reina», decidió que había llegado el momento de retirarse. Tenía setenta años, estaba cansado y regresó a su casa en Coburgo. Se sentía orgulloso del legado que dejaba atrás. Había hecho del príncipe un trabajador incansable y un ejemplo de virtud y perseverancia. En su ausencia Alberto seguiría esforzándose por llegar a lo más alto, y siempre fiel al consejo de su preceptor: «Jamás olvide sus deberes».

Para superar la tristeza que siente por la partida de su hija se sumerge aún más de lleno en el trabajo. No se contenta con leer y tomar nota de todos los despachos que provienen de Europa o del imperio, dirige los destinos de la Universidad de Cambridge, organiza conferencias a las que invita a las mayores personalidades del momento, se reúne con el conservador de la National Gallery o se enfrasca en la reforma de las escuelas públicas. El día de su cumpleaños lo celebra en familia y recibe encantado los regalos de la reina, siempre tan de su gusto. Alberto ha cumplido treinta y nueve años, pero aparenta sesenta.

Victoria sabe que está extenuado y que su frágil constitución no está preparada para hacer frente a tanto esfuerzo. Los ratos de esparcimiento y diversión han quedado atrás, y ya ni siquiera salen cada mañana a pasear o a hacer ejercicio juntos. Se ha convertido en un tipo hipocondríaco y depresivo entregado al trabajo de un modo patológico. Los compromisos sociales se han reducido a la mínima expresión, y las fiestas en palacio se cuentan con los dedos de la mano. La pareja real cada vez se acuesta más temprano y a primera hora de la mañana ya están en pie para seguir una rutina absorbente a la que dedican cada vez más horas.

El príncipe, del que la reina de Inglaterra sigue enamorada como el primer día, es ahora un hombre enfermizo y melancólico. Ha engordado, está muy pálido y casi calvo. En una carta a su querida Vicky le confiesa que por las mañanas en Balmoral se pone una peluca para evitar coger frío y enciende la chimenea a escondidas de su madre. Sus detractores, que antes le comparaban con un tenor de ópera, ahora se mofan de él diciendo que parece un mayordomo. A pesar de ello, Victoria y Alberto aún forman una sólida pareja. Coincidiendo con el vigésimo primer aniversario de bodas, Alberto escribiría: «Mañana celebramos nuestro aniversario de bodas y, aunque hemos soportado todo tipo de tempestuosas inclemencias, nuestro amor sigue floreciente y fresco como el primer día...».

LA VIUDA DE WINDSOR

A principios de 1861, la duquesa de Kent, madre de Victoria, falleció de manera inesperada. Era la primera vez que la reina perdía a un ser querido y su desaparición le hizo sentir un gran vacío. En los últimos años su relación con ella había sido más estrecha y pasaba mucho tiempo en su compañía. Aunque siendo joven reconoció a lord Melbourne que «nunca había querido a su madre», con el tiempo descubriría que Conroy y su institutriz Lehzen se habían interpuesto entre ellas para sus propios fines. El horror de la muerte se apoderó por primera vez de Victoria, que llenó páginas y páginas de su diario describiendo las últimas horas de su madre y la impresión que le causó su cuerpo inerte. A falta de Vicky, es su hija Alicia quien ahora se encarga de consolarla. Toda la corte está en duelo y Victoria cae en una profunda depresión.

El matrimonio se retira a Osborne y durante tres semanas la reina cena sola en su habitación. Alberto se siente impotente y preocupado por el estado nervioso de su esposa. «No me resulta fácil reconfortarla y darle ánimos», le confiesa a Stockmar en una carta. Mientras finalizan las obras del mausoleo que la soberana ha hecho levantar en Frogmore, los restos de la duquesa de Kent reposan en la capilla de Windsor. Victoria acude allí cada día a rezar y regresa consumida por el dolor. «Reconozco que tienes razón —le confiesa en una carta a Vicky—, no quiero sentirme mejor. Tengo la cabeza a punto de estallar y no puedo soportar el menor ruido. Llorar me alivia y, aunque desde la noche del miércoles no he vuelto a tener ninguna crisis violenta, éstas van y vienen durante el día y mitigan las heridas abiertas del corazón y del alma.»

Ante la ausencia de la soberana en Londres corre el rumor de que ésta ha perdido el juicio. Alberto recibe cartas de todas las cortes europeas preguntando por la salud de su esposa. La muerte de su suegra, la reclusión de Victoria, su delicado estado de nervios y la cantidad de cartas de condolencia

que se ve obligado a responder le sobrepasan. Sus preocupaciones parecen no tener fin. A la felicidad por la boda de su
hija Vicky se suma la consternación por el comportamiento
de su hijo Eduardo.

El joven se ha convertido en un príncipe encantador y
frívolo al que le gusta disfrutar de los placeres de la vida. Ha
estudiado en Oxford y en Cambridge, pero sin que sus conocimientos hayan aumentado sensiblemente. Aunque acaba de
cumplir los veinte años, las jóvenes atractivas le interesan más
que la política. El 12 de noviembre, el príncipe Alberto recibe
una carta del barón Stockmar que le afectará mucho. En la
misma le informa de las malas andanzas de Bertie por Irlanda,
donde recibía instrucción militar. Al parecer Eduardo había
mantenido relaciones íntimas con una bella actriz llamada
Nellie Clifden, y en público la presentaba como la futura
princesa de Gales. Para Alberto, que llevaba veinte años im-
poniendo en la corte una estricta moralidad, la posibilidad de
que su hijo se prometiera con una actriz fue un golpe devastador. En una dura carta le recordó al heredero de la Corona
cuáles eran sus obligaciones y le recriminaba que «hubiera
caído en la depravación y el vicio más bochornosos».

Tras la fatídica noticia Alberto no puede dormir y reconoce que se encuentra «francamente mal, aguijoneado por
toda clase de dolores». Unos días más tarde, y a pesar del frío
y de la lluvia, el príncipe acude a visitar los edificios de la
nueva academia militar de Sandhurst. Regresa calado hasta los
huesos y con escalofríos pero mantiene intacta su actividad.
A pesar del reumatismo que sufre tiene aún otra obligación
que cumplir: desplazarse a Cambridge para hablar cara a cara
con su hijo Eduardo. Tras una larga conversación y las discul-
pas del príncipe heredero, éste le promete a su padre celebrar

lo antes posible su boda con su prometida, la princesa Alejandra de Dinamarca (conocida como Alix), hija del rey Cristián IX.

Además de ocuparse de los devaneos amorosos de su hijo, Alberto tiene en aquellos días que afrontar problemas más serios. En abril de 1861 estalla la guerra civil en Estados Unidos y todo parece indicar que Inglaterra, a causa de una violenta disputa con los estados del Norte, puede verse implicada en el conflicto. El entonces ministro de Asuntos Exteriores, lord John Russell, ha presentado a Su Majestad un duro comunicado y el príncipe se da cuenta de que si lo envía tal como está redactado, la confrontación será inevitable. A pesar de estar ya muy enfermo, escribe una serie de sugerencias para modificar el borrador y suavizar el lenguaje. Finalmente, el gobierno de Su Majestad aceptó los cambios y se evitó la guerra. Fue el último memorando, de los miles que redactó en su vida.

El príncipe Alberto, a diferencia de Victoria, no le teme a la muerte. En una ocasión le dijo a su esposa: «No me aferro a la vida, tú sí lo haces; yo en cambio no le doy importancia. Estoy seguro de que si padeciera una enfermedad grave me daría por vencido y no lucharía por la vida. No me interesa tanto seguir viviendo». Cuando llevaba varios días enfermo, le confesó a un amigo que estaba convencido de que tenía los días contados. Si su enfermedad se hubiera diagnosticado desde el principio, podría haberse salvado con un tratamiento adecuado. Pero su médico de cabecera, sir James Clark, se equivocó al juzgar los síntomas. Lo que en un primer momento fue un vulgar resfriado acabó con un pronóstico más grave: fiebres tifoideas.

En la fría noche del 14 de diciembre, Alberto moría en su

lecho del castillo de Windsor, tras veinte días de agonía, rodeado de su numerosa familia. Durante la mañana, uno por uno, todos los hijos pudieron despedirse de su padre en silencio. Victoria, que no se había separado ni un segundo de su lado, al comprobar que ya no respiraba, lanzó al aire un grito desgarrador y salió corriendo de la habitación. «Lloré y recé hasta perder el sentido. ¡Oh, Dios mío, por qué no me volvería loca allí mismo!», anotó en su diario con mano temblorosa.

Era una viuda inconsolable, malhumorada y culpaba a Bertie de la muerte de su padre. Estaba convencida de que los disgustos que le había dado en las últimas semanas habían agravado su delicada salud. Victoria, que siempre consideró al heredero un «frívolo, indiscreto e irresponsable», le confesaría a su hija mayor: «No puedo, ni podré, mirarlo a los ojos sin estremecerme». Desde el primer instante las hijas de la reina temen por la reacción de su madre y no la dejan nunca sola. Alicia duerme a su lado y una enfermera le administra láudano para que consiga conciliar el sueño. Pero ni la presencia de su pequeña Beatriz, de cuatro años, ni el cariño de los suyos podrán aliviar su gran abatimiento.

Los hijos siempre ocuparían un lugar secundario en el corazón de la soberana. En una carta a un familiar de la rama de los Hannover, Victoria reconocía con su habitual franqueza: «No hallo ninguna compensación en la compañía de mis hijos. Es más, pocas veces me encuentro a gusto con ellos. Me pregunto por qué ha tenido que dejarme Alberto y ellos continúan a mi lado…». Nunca se recuperaría de la muerte de su esposo y su depresión, que arrastraría durante cuatro décadas, entorpecería su labor de Estado.

La reina Victoria se negaba a aceptar que su marido la hubiera abandonado en la flor de la vida, con sólo cuarenta y dos años. Ella, que tantas veces había imaginado una vejez apacible junto a él y disfrutando de sus nietos. En una carta al rey de Bélgica se muestra totalmente abatida e indignada por lo que le ha sucedido: «¡La felicidad ya no existe para mí! ¡La vida se ha terminado para mí! […] ¡Oh! Desaparecer así en la flor de la vida, recordar nuestra vida doméstica, pura, feliz, sosegada, que era lo único que me permitía tolerar la posición que ocupo y que tanto detesto, truncada a los cuarenta y dos años, cuando yo tenía la esperanza, la certeza instintiva de que Dios no nos separaría jamás, de que nos dejaría envejecer juntos (aunque Alberto siempre hablaba de la brevedad de la vida), ¡es demasiado terrible, demasiado cruel!».

El rey Leopoldo está seriamente preocupado por la salud mental de Victoria y le recomienda que abandone Windsor y se retire a su residencia de Osborne. Antes de partir la reina elige el lugar exacto en el que debe erigirse el mausoleo que albergará el cuerpo de su marido, en Frogmore, no muy lejos de donde descansa su madre. Como está convencida de que va a morir pronto, encarga esculpir su propia estatua yacente de mármol blanco, al mismo tiempo que la del príncipe consorte.

Sin reparar en gastos manda levantar una gran capilla octogonal inspirada en el estilo de las iglesias italianas del siglo XIII y decorada con pinturas que recuerdan a las de Rafael, artista admirado por el príncipe. Los suelos y las paredes interiores son de mármol, una enorme cúpula de cobre se alza a veinte metros de altura y cinco ángeles de bronce velan el sarcófago. Victoria tardaría aún casi cuarenta años en reunirse con Alberto en ese mausoleo cuyo elevado coste provocó airadas críticas en la prensa. Lady Longford, biógrafa de la reina, describía así su estado emocional en aquellos días: «No era una histérica que necesitara una fuerte bofetada sino una persona desgarrada por una herida espantosa».

Además del dolor por su ausencia, Victoria se siente paralizada e incapaz de seguir la obra colosal que su marido había emprendido al servicio de Inglaterra. Alberto era su único apoyo, se encargaba de todo, de los asuntos domésticos, de la educación de sus hijos, de dictarle los discursos y cada carta que escribía. Le elegía los vestidos más favorecedores, e incluso cómo debía posar para los pintores y escultores y así legar una imagen de la monarquía digna de admiración. A pesar de su miedo por no estar a la altura de su adorado esposo, desde el primer instante está decidida a continuar su obra y no permitir que nadie se interponga en su camino. Así se lo hace saber a su tío Leopoldo: «Me gustaría insistir en una cosa, y es en mi firme resolución, en mi irrevocable decisión de que sus deseos, sus planes con respecto a todo, sus opiniones sobre todas las cosas, ¡han de convertirse en mi ley! Y no hay poder humano que pueda desviarme de lo que él decidió y deseaba». Por débil y destrozada que se sienta no está dispuesta a que nadie se atreva a guiarla o dirigir sus pasos.

Ante su repentina viudez y las preocupaciones familiares, Victoria fue retirándose de la vida pública provocando el desconcierto de muchos miembros de la sociedad y su gobierno. En los primeros meses, se sentía tan afectada que se negó a atender a sus ministros. La princesa Alicia asumiría el papel de secretaria no oficial y haría de intermediaria entre su madre y el gobierno. Sin embargo, al cabo de unas semanas, lord Russell se atrevió a advertir a la reina de que esa situación no podía continuar y que no era bueno para la monarquía que se aislara y se desinteresara de todo.

En un comunicado a su primer ministro lord Palmerston,

la soberana le comunicó que «no soportaría en sus condiciones ningún cambio de gobierno». Victoria le pedía además que enviara un recado al jefe de la oposición, el conservador lord Derby, diciéndole que una crisis política en esos momentos tan delicados para ella podría hacerla perder la razón. Finalmente, y tras interminables discusiones, Palmerston consiguió que la desconsolada viuda accediera a presidir su primer consejo privado. Sin embargo, permaneció en la sala contigua con la puerta abierta, sin ser vista.

Victoria, que se mostraba más egocéntrica y altiva que nunca, no quería revelar en público su dolor y ser el centro de todas las miradas. Durante un largo período de tiempo sería una reina ausente y casi desconocida para su pueblo. Sumida en una profunda melancolía, vestida de riguroso luto, viajaba casi como una autómata de Windsor a Osborne y de Osborne al imponente castillo gris de Balmoral. Rara vez ponía el pie en Londres, se negaba a asistir a las ceremonias de Estado y a relacionarse con la sociedad.

Sólo la boda de su hija Alicia con Luis IV, gran duque de Hesse-Darmstadt, hizo salir a la reina Victoria de su reclusión. La ceremonia tuvo lugar en el castillo de Osborne, sin lujos y en la más estricta intimidad. El ajuar de la novia era negro, los caballeros que asistieron al enlace vestían de luto y las damas en color malva. La vida de la princesa Alicia en la corte alemana de Darmstadt, debido a las dificultades económicas, las tragedias familiares —su hijo Federico falleció a los dos años y medio a causa de la hemofilia— y las desavenencias conyugales, sería muy desgraciada. Alicia, la gran duquesa de Hesse, pereció demasiado joven víctima de un brote de difteria. Su sexta hija Alejandra se casaría con el zar Nicolás II de Rusia y transmitiría el gen de la hemofilia al príncipe heredero, el za-

revich Alexei. Todos los miembros de la familia imperial rusa
serían ejecutados tras el estallido de la revolución en 1918. La
reina Victoria moriría antes de ver el trágico fin de la dinastía
Romanov.

Al tiempo que la soberana asistía a las bodas de sus hijos y
se convertía en abuela, mantenía un duelo interminable marcado por un culto exagerado y enfermizo hacia la figura de
Alberto. Su hija mayor Vicky, en una carta desde Windsor a
su esposo, le comenta sobrecogida: «Resulta tan conmovedor
ver a mamá, se la ve tan joven y tan bonita con su cofia blanca
y con sus velos de duelo… Aún sigue durmiendo tapada con
el abrigo de papá, con la querida bata roja a su lado y con algunas de sus prendas de vestir sobre su cama. A partir de ahora la pobre mamá deberá acostarse y levantarse sola cada día.
Amaba a papá como si estuvieran recién casados, y deseaba
con anhelo otro hijo. Pero ahora todos deambulamos deso-
rientados, como un rebaño sin pastor».

Victoria ha convertido el gabinete azul de Alberto en
una capilla ardiente en memoria de su difunto esposo. Ha
mandado pintar las paredes de nuevo y coronas de flores ya-
cen sobre su lecho. Ha pedido a la servidumbre que no toquen ni cambien un solo objeto de la habitación. Cada día, el
viejo Richard, ayuda de cámara de Alberto, deposita en un
diván la ropa del príncipe, su chaleco, sus zapatos y sus calce-
tines. En el cuarto de aseo se llena el jarro con agua caliente,
como si su señor fuera a afeitarse. Cada noche, prepara su ba-
tín y su camisón. Durante casi cuatro décadas en el castillo de
Windsor se mantendría este mismo ritual en las dependencias
del difunto.

La reina ha ordenado que en la cabecera de cada una de
las camas reales de Windsor, Osborne y Balmoral, se coloque

una foto de Alberto, en el lado derecho, que era el lugar donde dormía cada noche junto a ella. Encarga docenas de bustos del príncipe que la soberana siempre tendrá a su lado para que el mundo recuerde la figura de su esposo. Durante cuatro años Victoria viviría recluida en su dolor y censurando cualquier diversión. En la corte impuso un estricto luto: los carruajes, las libreas de los sirvientes y los arreos de los caballos son negros, y hasta el papel de cartas que utiliza Su Majestad tiene una franja negra.

Sin Alberto a su lado para presidir las cenas y animar las conversaciones, se niega a recibir a los soberanos extranjeros y a alojarlos en Buckingham. En la verja del palacio, ahora desierto, un gracioso ha colgado un letrero en la verja que dice así: «Se alquila o se vende este edificio, en virtud de que sus últimos inquilinos se niegan a seguir con su oficio». Huyendo de sus obligaciones, la reina ponía en serio peligro el futuro de la monarquía. Aunque amenazó con abdicar en su hijo, éste no estaba preparado para asumir el trono. Eduardo, tras la muerte de su padre, fue enviado de gira por Oriente Próximo y en 1863 contraería matrimonio con la princesa danesa Alix. Una boda que, al igual que la de su hermana Alicia, se celebrará sin lujos y con una lista de invitados muy reducida.

Por aquellos días Victoria piensa seriamente en abdicar y le confiesa a una amiga que «el trabajo de reina ya no le interesa». Cuando Palmerston y Russell le sugieren que implique más a su hijo Bertie en los asuntos del reino, ella se niega categóricamente. Para Victoria el príncipe de Gales, a sus veintidós años, le sigue pareciendo demasiado joven, inexperto y frívolo. Hasta 1898 Victoria le excluiría deliberadamente de los asuntos de gobierno. Tras la boda los príncipes de Gales se han instalado en Londres, en la mansión de Marlborough

House, pero no pueden escapar al control de la reina que se inmiscuye constantemente en sus vidas. En 1863, el ministro lord Stanley se lamenta: «En Londres se habla mucho del modo en que la reina controla al príncipe y a la princesa de Gales en los menores detalles de su existencia. No tienen derecho a cenar fuera, salvo en las casas que ella autorice expresamente, ni invitar a nadie a cenar, si no cuentan con su aprobación; sólo le permite a la princesa Alix dar dos o tres paseos a caballo por el parque. Cada día la reina recibe un informe minucioso de todo cuanto acaece en Marlborough House».

Las preocupaciones de la soberana tienen su fundamento. Bertie ha heredado la vena juerguista de su tío abuelo Jorge IV y en su residencia organiza divertidas cenas, partidas de cartas, y asiste con frecuencia a fiestas, a la ópera y al teatro. Son jóvenes, atractivos y viven de manera desahogada, alternando con lo mejor de la sociedad británica. Lo que la reina también ignora es que el heredero al trono y su bella esposa son cada vez más populares, y en sus escasas apariciones públicas son aplaudidos por el pueblo con gran entusiasmo. Mientras ella pasa sus días acudiendo a diario al mausoleo de su marido y encerrada en el gabinete azul de Alberto rodeada de sus papeles y escritos, el príncipe de Gales se ha convertido en el centro de todas las miradas. En una Inglaterra marcada por el luto, la presencia del príncipe, cercano y campechano, junto a su elegante y joven esposa que viste a la última moda, causa sensación.

El rey Leopoldo de Bélgica, para despertar los celos de Victoria y obligarla a salir de su prisión, le comenta el éxito de la joven pareja entre sus súbditos. A los pocos días la soberana inaugurará una exposición de horticultura y al sentir de nuevo el cariño del pueblo, escribirá orgullosa a su tío Leopoldo: «Los príncipes de Gales están hundidos… Es evidente que la gente no se detiene ante ellos, ni corre como siempre han corrido detrás de mí, no gozan del fervor que ahora tanto me dedican».

Cuando Victoria cumple los cuarenta y seis años sigue siendo una viuda inconsolable. Ni los nacimientos de sus nietos, ni el trabajo que se acumula en su gabinete consiguen librarla de su profunda depresión. Poco a poco su físico se ha ido deteriorando y parece mucho mayor. Sus amplios vestidos de crespón negro ocultan su sobrepeso y los rasgos de su rostro se han endurecido. Sus ojos saltones —casi siempre llorosos—, su enorme papada y el rictus amargo de su boca en nada recuerdan a la encantadora y dulce princesa del pasado.

La reina soporta muy mal la soledad y se obstina en mantener a sus hijas cerca de ella para servirla y distraerla. Su pena alimenta un desmesurado egoísmo hacia los suyos. Se lamenta de que su hija Alicia, excelente enfermera que ya cuidó de su padre durante su larga enfermedad, no pueda estar a su lado. En una carta a su tío Leopoldo le dice: «Es necesario que tenga una hija casada cerca de mí y, de este modo, no tenga que rebajarme continuamente en busca de ayuda, ni haya de ir sorteando al límite de mis fuerzas los apuros que me van surgiendo cada día. Es demasiado cruel. Tengo la intención de buscarle a mi hija Lenchen [la princesa Elena], de aquí a uno o dos años (puesto que, hasta que no cumpla diecinueve o veinte, no quiero casarla), un príncipe joven y sensato que, mientras YO viva, haga de mi casa su residencia principal».

Pero Victoria finalmente aliviaría su insoportable soledad con la compañía de un hombre que le devolvería la paz y el ánimo. Tras quedarse viuda los médicos le recomendaron que se trasladara una temporada a su residencia campestre de Osborne. Consideraban que en «el estado de salud de Su Majestad, no era aconsejable que apareciera oficialmente en público». La tranquilidad de la vida en el campo y los atentos cuidados de su nuevo hombre de confianza la ayudarán a recuperarse. A nadie le pareció mal que a su retiro le acompañara su fiel sirviente John Brown. Desde hacía dos años este rudo escocés no la había abandonado ni un instante.

Brown, un montañero escocés de origen humilde, había llegado a Balmoral con dieciséis años como mozo de cuadra y acabó trabajando como sirviente personal de Alberto. En más de una ocasión había acompañado como guía a la pareja real en las románticas excursiones que realizaban de incógnito por las tierras altas de Escocia. El príncipe siempre solicitaba sus servicios cuando salía a cazar ciervos, a escalar montañas y en sus largas caminatas por el campo. De carácter reservado, grave y sensato, el escocés congenió con Alberto que siempre hablaba bien de él. En otoño de 1865, Brown se había convertido en un gran apoyo para la reina viuda y se lo trajo con ella a Londres. Ocupaba una habitación contigua a la suya en Windsor, le llevaba cada noche un vaso de agua y a todas horas velaba por su seguridad. La acompañaba en sus salidas, la ayudaba con el equipaje, le preparaba el té a su gusto con un buen chorro de whisky —bebida que la reina llamará su grog y a la que se aficionará hasta el fin de sus días— y se tomaba con la reina unas libertades impensables para cualquier otro de sus sirvientes. Ese hombre de campo, tosco, robusto, de cabello pelirrojo y modales rudos consiguió que Victoria volviera a sonreír: «¡Qué alivio tener a Brown siempre a mi lado!», exclama la reina.

Victoria estaba convencida de que John Brown tenía poderes paranormales y era capaz de comunicarse con el alma de su difunto esposo. En la mitad del siglo XIX existía en toda Europa un gran interés por el espiritismo. En Londres ilustres médiums se ofrecen para hablar con los seres queridos en el más allá. La propia Victoria había invocado a los espíritus en Osborne, en compañía del príncipe y de sus hijos. Ahora, con Brown a su lado, sentía que su amado Alberto se hallaba de nuevo con ella, y nadie mejor que el escocés podría comprender su desdicha. Cada día, vestido con su inconfundible kilt (falda tradicional escocesa), la acompaña al mausoleo familiar y lloran juntos frente al sepulcro de Alberto. Por la tarde, salen a pasear y Brown sujeta las riendas del poni real y coge entre sus brazos a Su Majestad para ayudarla a bajar del caballo. La riñe con cariño cuando va desabrigada o a veces critica su forma de vestir: «Pero mujer, ¿qué lleva puesto hoy?». Nadie se atreve a hablarle a la reina con la familiaridad que él lo hace. La influencia de Brown sobre Victoria no pasó inadvertida en la corte, donde no tardaron en surgir todo tipo de rumores. Se decía, entre otras cosas, que la soberana se había enamorado de su criado y sólo tenía ojos para él.

En 1866 la reina se resigna a aparecer en público para abrir la sesión parlamentaria, un sacrificio que acepta por puro interés. Aunque ocupa el trono desde hace casi treinta años, sufre un ataque de nervios cada vez que tiene que dar un discurso. En cierta ocasión le confesó a su hija mayor Vicky: «Suelo preguntarme cómo haré para seguir adelante. Todo me altera. Hablar en público me resulta especialmente difícil».

Pero la ocasión lo merece. Su hija Lenchen se va a casar con el príncipe Cristián de Schleswig-Holstein, y van a vivir en Frogmore House, antigua vivienda de la duquesa de Kent. Si desea que el Parlamento apruebe la dote que ha pedido para la princesa, al menos debe hacer acto de presencia. Sin embargo el 22 de febrero de 1866, escribe al primer ministro lord Russell en los siguientes términos: «La reina debe decir que siente con gran amargura la falta de sensibilidad de los que le piden que presida la apertura del Parlamento. Entiende que el público desee verla y no tiene en absoluto la intención de esconderse, pero no alcanza a comprender que este deseo sea de una naturaleza tan irracional y cruel, que esas personas lleguen incluso a recrearse en el espectáculo de una pobre viuda con el corazón afligido y los nervios destrozados, al límite de sus fuerzas, sola, con sus ropajes de gala, pero sumida en un profundo duelo…».

Han pasado cuatro años desde la muerte de Alberto, y Victoria aún se siente una viuda desvalida, incapaz de hacer frente a sus obligaciones. Por fortuna tiene a Brown a su lado, que ahora ejerce como su secretario privado y es su persona de total confianza. En 1867 Victoria le nombró «servidor personal de la reina» y le incrementó su salario. «Con él todo funciona a la perfección. Es tan tranquilo, tan inteligente, tiene tan buena memoria… Además, es tan sacrificado, tan fiel, tan mañoso… Resulta tan cómodo tener permanentemente en casa a alguien cuya única razón de ser es el servicio a mi persona y Dios sabe cuán grande es mi necesidad de que me cuiden…», escribe a Vicky. Aquel mismo año anunció que asistiría a una revista militar acompañada del escocés, quien, por supuesto, iría vestido con la falda tradicional de su país. Los ministros, asustados por la repercusión que su presencia tendría en la prensa, intentaron disuadirla, pero ella se mostró tajante: «Si el gobierno quiere mi presencia tendrá que ser con John Brown». A sus ojos su fiel sirviente no tiene ningún defecto, ni siquiera su gran afición a la bebida.

La asistencia de Brown en Londres provoca un enorme

malestar entre la clase política y los miembros de la corte. Las confianzas que se gasta con Su Majestad, el tono brusco en que la reprende incluso en público, deja atónitos a los nobles lores que le consideran «un animal y un primitivo». Pero a Victoria, lejos de molestarla, el tono directo y la franqueza de su criado le resultan agradables. La reclusión de la reina favorece los rumores que se extienden por todas las cortes europeas. En un periódico suizo se llega a publicar que la reina de Inglaterra ha contraído matrimonio en secreto con Brown, y que está esperando un hijo.

Los hijos de la reina están también seriamente preocupados por la forma en que su madre se comporta con su sirviente. Sus hijas Alicia y Vicky intentan convencerla para que salga de su aislamiento y despida a su criado, a lo que Victoria se opone furiosa. En los salones londinenses los caballeros se burlan de la actitud de la soberana, que ahora es apodada «mistress Brown». Estos insultos y los maliciosos comentarios que oye a sus espaldas la indignan pero sigue defendiendo con uñas y dientes «a su pobre y más leal servidor». La relación con el príncipe de Gales aún se ha deteriorado más desde que su madre se muestra en público con su secretario escocés. Bertie se niega a recibir a Brown en su casa y la reina jamás se digna a ir de visita a Marlborough House. Ella no le tiene al corriente de nada y prohíbe a sus ministros que le informen de cualquiera de los asuntos de Estado, aunque sean importantes.

Esta actitud no será nada favorable para el futuro heredero de la Corona que, aburrido y sin ninguna responsabilidad, se entregará a una vida de alegres placeres. Victoria ha pedido a sus consejeros que, para no sufrir una crisis nerviosa, nadie mencione en su presencia el nombre de su hijo Eduardo. En cambio, ahora siente una ternura maternal por «el pequeño Leo», su hijo hemofílico del que apenas se ocupó en su desgraciada infancia. El joven príncipe, que posee la inteligencia y el talante serio de su padre, hubiera sido un buen monarca para Inglaterra. Sin embargo, las terribles hemorragias que padece le impiden llevar una vida normal y pasa sus días dedicado a la lectura consciente de que la menor recaída puede tener fatales consecuencias para él.

Mientras Victoria y su inseparable Brown son la comidilla de Londres, la verdadera naturaleza de la enfermedad de la soberana se convierte en un asunto de Estado. Uno de sus ministros afirma con humor que «Su Majestad se las ingenia muy bien para eludir lo que le disgusta y hacer todo aquello que le gusta». Todo el mundo sabe que desde que se quedó viuda, Victoria ordena a su médico de confianza, el doctor Jenner, que redacte informes médicos falsos para huir de los deberes públicos. En una carta al primer ministro, el general Grey le escribe en tono crispado que las lamentaciones de la reina le importan un bledo y añade: «Lo que le sucede a la soberana es que desde hace mucho tiempo está acostumbrada a escuchar únicamente sus deseos, sin que nadie le replique, y eso es lo que impide renunciar, aunque sólo fuera diez minutos, a un solo deseo, a un solo capricho, sin que experimente una buena dosis de agitación nerviosa». El militar llama a la reina «Su holgazana Majestad» y aunque muchos están de acuerdo con él, pocos se atreven a decirlo públicamente. Por su parte el príncipe de Gales con su comportamiento no contribuye a restablecer el prestigio de la Corona, que está más bajo que nunca. Sus aventuras, sus gastos y su lista interminable de amantes inquietan a los que temen por el futuro de la institución.

Dueña del mundo

Desde la muerte del príncipe Alberto la escena política ha sufrido grandes cambios. Los primeros ministros de los años cincuenta —lord Palmerston, lord Aberdeen y lord Derby— han dado paso a nuevos protagonistas. Dos veteranos políticos, el líder del partido liberal William Gladstone y su rival el conservador Benjamin Disraeli, se las tendrán que ver en años sucesivos con una reina terca y caprichosa, que aún se niega a desempeñar sus funciones públicas. Aunque el primero había sido discípulo del antiguo primer ministro sir Robert Peel y se había ganado la confianza del príncipe Alberto, fue Disraeli, futuro conde de Beaconsfield, quien se ganó el corazón de la soberana. Gladstone, uno de los más grandes estadistas de su época, era un hombre serio, extremadamente frío y poco dado a la adulación. Nunca congenió con Victoria, que se sentía intimidada ante su imponente estatura y se aburría con sus interminables discursos y memorandos. En cambio Disraeli, encantador y cercano, conquistó el favor de la reina elogiando al príncipe Alberto de quien dijo que «reunía en sí la gracia viril junto con una sublime sencillez, el espíritu caballeresco con el esplendor intelectual».

Con su aspecto de dandi, su magnífica oratoria y gran cultura, Disraeli se hizo partícipe del dolor de la reina. Cuando en 1874 ganó en las elecciones a su oponente Glasdstone, se convirtió en su *premier* durante siete años. Comenzó entonces una estrecha amistad entre ambos, basada en el cariño y la complicidad, que se mantuvo hasta su muerte. Disraeli hacía un año que se había quedado viudo y junto a la reina recobró la alegría de vivir. Ya no gozaba de la energía y la pasión de antaño, sufría de asma y casi no tenía aliento para pronunciar los largos discursos que le habían hecho famoso. «El poder me ha llegado muy tarde. Hubo un tiempo en que, cuando me despertaba, me sentía capaz de conmover dinastías y gobiernos, pero ese tiempo ya se ha ido», reconocería apesadumbrado. Aun así, fue capaz de convencer a la reina para que desempeñara de nuevo el papel que le correspondía y devolverle la confianza en sí misma.

Disraeli, que además de político era un reconocido escritor, se relacionó con ella de manera completamente distinta a como lo había hecho Glasdstone. Su devoción sin límites y una intensa adulación conmovieron a Victoria. Por primera vez en años la reina sonríe e incluso ríe a carcajadas. Algunos consideran exagerada —y demasiado íntima— su relación, e incluso se rumorea que entre ambos pueda existir algo más que una amistad. Se les ve pasear juntos cogidos del brazo, charlar en el gabinete de Su Majestad hasta altas horas de la madrugada; se intercambian poemas y emotivas cartas. En primavera la soberana le envía ramos de flores que recoge con sus propias manos en su jardín de Osborne. Ella le llama cariñosamente «Dizzy» y él de manera poética «Mi Hada». Disraeli, que ya tiene setenta años, domina como nadie el arte de agradar a Victoria, una tarea ciertamente hercúlea. A pesar de sus achaques el primer ministro goza de la más amplia mayoría parlamentaria que nadie haya visto en el país desde hace cuarenta años, su partido le adora y nadie, incluida la reina, puede resistirse a sus encantos.

Hace ya casi cuarenta años que Victoria ocupa el trono de Inglaterra, y aunque dice que no le gusta la política, conoce todos sus secretos. Creció bajo la tutela de su tío el rey Leopoldo y contó con los sabios consejos de Melbourne y Palmerston como primeros ministros. La reina se ha codeado con todas las cabezas coronadas desde el zar Nicolás I hasta el emperador austríaco, desde Napoleón III hasta el sultán de Turquía. Tiene experiencia en el campo político pero la echa a perder su carácter obstinado y caprichoso, su mente estrecha y la indiferencia que muestra ante los movimientos sociales. El ser la reina de Inglaterra la hace sentirse especial, considera que lo que hace es lo correcto y no tiene que dar explicaciones a nadie.

Cada vez pasa más tiempo alejada de Windsor, que le trae tantos y dolorosos recuerdos. Su majestad vive cinco meses en Escocia y otros tres en Osborne, lo cual supone para los miembros del gobierno un continuo ajetreo. Sus ministros se quejan de que no resida más tiempo en Londres y que tengan que desplazarse tan lejos para departir con ella. Balmoral está a un día de distancia de Londres y hay que quedarse a dormir en el enorme palacio de Su Majestad, un lugar frío y poco acogedor. Además, la monarquía no atraviesa por su mejor momento. El aislamiento de la soberana, unido a la caída de Napoleón III y la proclamación de la República Francesa provocan en la población un sentimiento antimonárquico. Son muchos los que se cuestionan para qué sirve una reina que vive recluida y que cuesta al pueblo 385.000 libras al año. Nunca antes los gastos y los privilegios de la soberana se habían discutido abiertamente.

Pero la llegada de Disraeli al gobierno iba a dar un giro inesperado a la monótona y triste vida de Victoria. Durante los siguientes seis años la reina de Inglaterra viviría su período de mayor gloria y el país alcanzaría una incuestionable supremacía internacional. En 1876, y gracias al empeño de Disraeli, la reina recibiría el título tan codiciado de emperatriz de la India, un gesto que la conmovió profundamente. Días des-

pués el primer ministro acudió a Windsor invitado a un gran
banquete ofrecido por la nueva emperatriz de la India. Esa
noche tan especial para ella, Victoria lució las magníficas joyas
que le habían regalado los príncipes del Raj. Pero la dicha de
la reina duraría poco. Las elecciones de 1880 dieron el poder
de nuevo a los liberales y su ministro de confianza tuvo que
retirarse y falleció un año después. Victoria le demostraría el
profundo afecto que sentía por él hasta el último momento.

Mientras tanto la vida privada de la reina Victoria había
sufrido importantes cambios. Tras la muerte de su tío el rey
Leopoldo en 1865, las funciones que él había desempeñado
como centro y asesor de un gran número de familiares en
Alemania e Inglaterra ahora le incumbían a ella. Con el matrimonio de sus hijos mayores y el nacimiento de sus nietos el
clan familiar se había ampliado y también sus preocupaciones.
A la boda de la princesa Lenchen le siguió la de su hija Luisa,
quien heredó el temperamento sensual y excéntrico de su
madre. Era la más bella de sus cinco hijas, tenía un carácter
alegre y un espíritu rebelde. Desde temprana edad demostró
gozar de un gran talento para la pintura y la escultura. Pero la
reina, que apreciaba sus aptitudes artísticas, se cuestionaba si
esta actividad era apropiada para una joven decente.

Victoria se oponía con furor a una propuesta de ley a favor del sufragio femenino que acababa de presentar el econo-
mista y diputado liberal John Stuart Mill. Desde entonces miles de mujeres reclamaban el derecho a voto, pero la soberana
no quería ni oír hablar de este tema. La sola idea, por ejemplo,
de que mujeres pudieran estudiar en compañía de hombres,
contradecía para ella «todos los principios morales». Finalmente, permitiría a la princesa Luisa asistir a clase en la escuela nacional de arte de Kensington que Alberto puso en mar-

cha durante la Exposición Universal. El problema es que Luisa acabaría perdidamente enamorada de su profesor Joseph Edgar Boehm, escultor oficial de la corte y toda una figura en Londres. Cuando llegó a los oídos de la soberana que su hija visitaba a menudo el estudio de este apuesto artista vienés, que además estaba casado, decidió buscarle cuanto antes un marido. Por desgracia, la princesa Luisa tras rechazar a varios candidatos prusianos y alemanes, acabaría casándose con el marqués de Lorne, un noble escocés de ideas liberales. No fue feliz, al igual que la mayoría de sus hermanas, y el no poder tener hijos fue un duro golpe para ella.

En la época victoriana, era frecuente que muchas viudas eligieran a una de sus hijas para que las acompañaran el resto de la vida. La reina Victoria, tras las bodas de sus dos hijas, sólo contaba con el apoyo y la compañía de la pequeña Beatriz. «Ella es la última que me queda y no podría vivir sin su compañía», confesaría en una ocasión. La menor de los nueve hijos de la reina se había convertido en una adolescente tímida y recatada. El perder a su padre cuando sólo contaba cuatro años la privaría de disfrutar de una verdadera juventud. Cuando Beatriz se enamoró y quiso casarse con el príncipe alemán Enrique de Battenberg, su madre enfureció. La princesa, que siempre acataba sus órdenes sin rechistar, por primera vez se rebeló contra ella.

Finalmente la reina cedería con la condición de que los jóvenes se quedaran a vivir con ella y Beatriz siguiera siendo su secretaria, primera dama de honor y compañera. Al igual que las otras hijas de la reina Victoria, la vida de la princesa Beatriz estaría marcada por las tragedias personales. A los treinta y ocho años la princesa de Battenberg, como ahora se la conocía, se quedó viuda. De sus cuatro descendientes, uno

heredó la hemofilia y murió muy joven. Su única hija, Victoria Eugenia o Ena como era más conocida —futura reina de
España por su matrimonio con el rey Alfonso XIII—, también sería portadora de esta enfermedad.

Sin Disraeli en quien apoyarse, Victoria aliviaba su soledad en la compañía de John Brown. El escocés, gracias a los
favores de la reina, tiene sus propias estancias en Windsor y
una casa que le ha regalado Victoria en Balmoral. Aunque ella
sólo ve sus virtudes, su secretario personal bebe cada vez más
y tiene un carácter de mil demonios, pero ella finge no darse
cuenta. Un día en el que, completamente ebrio, se cayó al
suelo justo a su lado, Victoria exclamó ante sus invitados: «He
notado como un ligero temblor de tierra». Brown apenas
puede cumplir con sus funciones y el médico personal de
Victoria se encarga de cuidarlo cuando sufre sus crisis etílicas.
La soberana lo considera un miembro más de la familia, y
aunque se niega a posar para los fotógrafos, ella le obliga a
hacerlo. A Victoria le sigue cautivando su pronunciado men-
tón, su elevada estatura de escocés, sus fuertes rodillas y brazos
de leñador. A falta del príncipe Alberto, se ha convertido en
el señor de la casa. Él se encarga de hacer llegar los telegramas
de la familia, de reñir a los nietos de la reina y hace el papel de
juez en los conflictos domésticos. Es el anfitrión de las fiestas
e incluso Victoria baila en público con él.

Poco a poco la reina se reconcilió con su país y volvió a
cumplir con sus deberes oficiales. Su pelo castaño se tornó
canoso, sus facciones severas se suavizaron, su gruesa silueta se
ensanchó aún más y tuvo que ayudarse por un bastón. Su
imagen de abuela venerable y el aplomo con el que se enfren-
taba a las tragedias familiares le granjearon de nuevo el cariño
de su pueblo. En un breve período de tiempo Victoria sufrió

golpes muy duros. El primero fue un atentado —el último de los siete que padeció durante su reinado— del que salió milagrosamente ilesa. En esta ocasión un poeta desequilibrado, ofendido porque Victoria se había negado a leer uno de sus poemas, disparó contra la reina cuando su carruaje salía de la estación de Windsor. Pero las tragedias familiares eran las que más la afectaban y a veces se creía «maldita» ante la pérdida de tantos seres queridos. Primero fueron su nieta María de cuatro años y su hija la princesa Alicia de Hesse, quienes fallecieron en el palacio de Darmstadt víctimas de un brote de difteria. Alicia murió el mismo día que su padre, un 14 de diciembre, y para la reina fue una coincidencia que tachó de «increíble, cruel y misteriosa».

Más adelante, y con sólo treinta años, perdería a su hijo hemofílico Leopoldo, víctima de un accidente. En 1881 fallecía su apreciado amigo Benjamin Disraeli y dos años más tarde perdía a su secretario privado John Brown. El alcohol había minado la robusta constitución y las facultades del escocés, que sólo tenía cincuenta y seis años. Al conocer la noticia de su muerte Victoria se quedó hundida por el dolor. En una nota a su primer ministro le dijo: «La vida de la reina acaba de sufrir una desgracia tan terrible como la de 1861». Ella misma se encargó de escribir la necrológica para el *Times*, tan larga —veinticinco líneas en comparación con las cinco que tuvo Disraeli— que fue motivo de irónicos comentarios entre los miembros del gobierno. En la nota la soberana mostraba el profundo afecto que sintió hacia él: «En 1864, se convirtió en mi servidor permanente. Durante dieciocho años y medio, sirvió a Su Majestad sin ausentarse ni un solo día. Acompañó a la reina en sus paseos diarios, sus viajes y excursiones y permaneció detrás de ella en banquetes y actos públicos. Un guardaespaldas honesto, fiel y abnegado, un hombre discreto, franco y leal. Dotado de un buen juicio, colmó sus pesadas y delicadas responsabilidades tanto de atenciones como de constancia, lo que le honró con la amistad incondicional de la reina».

Los funerales por Brown se celebraron con toda la pompa pero los miembros de la familia real adujeron mil excusas para no asistir. Al igual que ocurrió tras la muerte de Alberto, la reina decidió honrar la memoria del escocés levantando monumentales estatuas de bronce por todo el país. Para consternación de su secretario privado, Henry Ponsonby, la cosa no quedó ahí. Victoria empezó a trabajar en una breve biografía póstuma sobre su querido sirviente, de edición limitada. Cuando el secretario hojeó las primeras páginas se quedó horrorizado y la convenció para que no lo publicara, ya que podía dar pie a malos entendidos. Ya circulaban bastantes rumores en Londres que aseguraban que entre Victoria y su sirviente existió una relación amorosa. La reina destruyó con enorme pesar el manuscrito, pero se salió con la suya. A principios de 1884 publicó con gran éxito un libro titulado *Fragmentos del diario de nuestra vida en las Highlands*, en el que describía sus veinte últimos años en Escocia en compañía de su esposo Alberto y, cómo no, de su vigoroso escocés cuyas hazañas y atenciones hacia ella ocupaban buena parte del volumen.

Por fortuna, en esta ocasión el duelo de la reina no fue interminable y aunque durante varias semanas se recluyó sola en la isla de Wight, pronto las tareas de gobierno distraerían su mente. El segundo mandato de Gladstone, como ella temía, fue una sucesión de fracasos, y en 1885 el conservador lord Salisbury se alzó con el poder. Sería su admirado y respetado último primer ministro. Con su nombramiento, Victoria abandonó su perpetua reclusión y se entregó con nuevas energías a un gran número de actividades públicas. Mientras, el príncipe de Gales decidía celebrar los cincuenta años del reinado de su madre con un gran jubileo. Aunque en un principio la idea de cruzar Londres en una carroza en medio de una marea humana no gustó a la soberana, finalmente se dejó convencer por lord Salisbury.

La ceremonia, celebrada con gran pompa, fue un éxito rotundo para el prestigio de la Corona y al banquete asistieron cincuenta reyes y príncipes europeos. Victoria, rodeada de los más altos dignatarios del reino, atravesó las calles de la ciudad en un landó descubierto tirado por seis caballos. Se negó a ir en una carroza vidriada porque deseaba estar cerca del pueblo. Una muchedumbre entusiasta la saludó a su paso como símbolo viviente de su grandeza imperial. Cuando, de regreso al palacio de Buckingham tras la interminable ceremonia, le preguntaron cómo se encontraba, ella respondió con una sonrisa: «Estoy muy cansada, pero también muy feliz». Pronto cumpliría los setenta años y el afecto que aquel día inolvidable recibió de la gente la reconfortó y le hizo olvidar los malos tiempos del pasado.

En su último tramo de vida, la ausencia de Alberto se hizo menos angustiosa y el luto en la corte menos estricto. Sin embargo, nunca abandonó sus excéntricos rituales funerarios. La reina seguía ordenando que en sus aposentos de Windsor se le pusiera cada noche la ropa limpia encima de la cama y agua en la palangana. Pero algo cambió en ella, se volvió menos egoísta y autoritaria —sobre todo con sus nietos y bisnietos a los que malcriaba— y comenzó a disfrutar de los pequeños placeres de la vida. Su salud era excelente, salvo por el reumatismo y la falta de movilidad que afectaba a sus pier-

nas y que los médicos opinaban que tenía un origen psicosomático. Tras la muerte de Brown, la reina creía que ya no
podía caminar, aunque en ocasiones especiales se la vio bailar
con mucha soltura. Poco a poco se había liberado de su viu-
dedad y tras un lapso de treinta años, volvió a invitar a compañías de teatro a actuar en la corte de Windsor. En aquellas
veladas disfrutaba como una niña y su humor era excelente.
Siempre le había apasionado la interpretación, y seguramente
hubiera sido una estupenda actriz. Cuando a los dieciocho
años debutó en la corte, todo el mundo se sorprendió de su
aplomo y serenidad. El papel de reina le iba como un guante.

Ahora con más de ochenta años a sus espaldas, seguía sorprendiendo por la manera en que escenificaba sus apariciones
en público y cómo era capaz de meterse a la gente en el bolsillo. Sin embargo había aspectos en los que seguía firme en
sus convicciones y no estaba dispuesta a ceder. Ella, que siendo
mujer había reinado como un hombre, se negaba a aceptar el
sufragio femenino. En una carta indignada sobre este asunto,
escribiría: «La reina está deseando conseguir el apoyo de todo
aquel dispuesto a hablar o escribir en contra de esta idea de-
mencial de los "derechos de la mujer" con todos los horrores
en que se han empecinado las de su sexo, perdiendo con ello
la feminidad y el sentido del decoro. Se merecen unos buenos
azotes [...]. Dios creó a los hombres y a las mujeres diferentes,
así que cada uno siga en el lugar que le corresponde».

Victoria nunca ocultó la admiración que sentía hacia la
India. Era su colonia británica más importante y la influencia
estética de este país sería muy evidente en este período de su
vida. Ajena a los rumores y el escándalo que provocaban algunas de sus iniciativas o amistades personales, en 1893 la reina
de Inglaterra intentará emular en su corte el esplendor y el

refinamiento de la India de los marajás. Como su emperatriz, desea contar entre su personal con varios sirvientes indios. En todos sus desplazamientos oficiales por la ciudad de Londres se hará acompañar por una escolta de jinetes bengalíes, vestidos con sus trajes de gala y tocados con vistosos turbantes de color azafrán. En la recta final de su vida, todo lo procedente de la India le apasiona. Coincidiendo con su jubileo, la reina contrató a dos indios musulmanes —que le fueron «obsequiados» por sus súbditos del Raj— para su servicio de mesa.

Al igual que antes había ocurrido con John Brown la soberana se mostraba encantada con las atenciones del más joven, Abdul Karim. Este atractivo y esbelto sirviente indio de veinticuatro años, natural de Agra, comenzó ejerciendo una función meramente decorativa en las fiestas que se celebraron durante el jubileo de Su Majestad. Poco a poco se fue ganando la confianza de la reina y se convertiría en su confidente y amigo. Para poder comunicarse con él, Victoria le confió a un preceptor de inglés, al tiempo que ella aprendía algunas palabras de hindi. Esta nueva excentricidad de la reina molestó a la corte y a los miembros del gobierno. Pero a esas alturas de su vida nadie se atrevió a contradecir sus deseos.

Victoria nunca puso el pie en la India, pero sí lo hizo su hijo Bertie, quien en 1875 emprendió una extensa gira que duró ocho meses. El príncipe de Gales escribía con frecuencia a su madre contando sus impresiones y su admiración por el lujo y el refinamiento de la India Británica. Aquel país de ensueño con sus opulentos palacios donde residían los marajás —trescientos cincuenta príncipes que no habían sido desposeídos de sus tierras y riquezas pero que pagaban un tributo a la Corona—, sus plantaciones de té y café, sus rubíes y diamantes del tamaño de un huevo, sus maderas preciosas y sus deli-

cadas sedas, fue bautizado con el título de la «Joya de la Corona». Se sentía embriagada ante las descripciones de un mundo
cargado de belleza, sensualidad y exotismo, nuevo para ella.
Los magníficos regalos que Bertie le trajo a su regreso, alfombras, sedas, estatuas, orquídeas naturales, trofeos de caza y joyas
fabulosas, contribuyeron a su amor por Oriente.

Llevada por su pasión por la India, la reina se atrevió a
reformar el palacio de Osborne, diseñado por el príncipe Alberto. Al edificio original se incorporó un nuevo y gran salón
de recepciones, cuya decoración se encargó a un indio alumno del padre del escritor Rudyard Kipling, conservador del
museo de Lahore. El espléndido salón Durbar (en hindi,
«Asamblea»), con sus paredes revestidas de estuco blanco y
techos de madera de teca ricamente tallados, recordaba el estilo y la opulencia de los palacios de los marajás. En él Victoria celebrará los grandes banquetes en honor de los miembros
de la realeza. En estas cenas de gala, la reina luce extraordina-
rias joyas a la manera de las majaranís y se presenta en público
custodiada por sus exóticos sirvientes indios.

En aquellos días redactará un extenso memorando dirigido a detallar la indumentaria con la que los sirvientes hindúes
deberán ataviarse según la ocasión: «Por la mañana, a la hora
del desayuno y en el exterior, tienen la obligación de vestir
sus túnicas color azul marino que son, a su vez, las mismas
que deben usarse para la comida, con un *pageri* [turbante] y
un cinturón de libre elección, pero nunca en oro. La túnica
roja y dorada con turbante y cinturón de color blanco está
reservada para la cena…». Victoria desea que la corte respete
la moda hindú de sus sirvientes y para evitar problemas prefiere dejar muy claro cuál va a ser a partir de ahora su uniforme oficial.

Cuando al cabo de unos meses Victoria instaló a Abdul en los aposentos de John Brown, contiguos a los suyos, los miembros de la corte se quedaron perplejos. Para entonces el sirviente indio había sido ascendido por la reina a Munshi (maestro) y ejercía funciones de secretario privado. Abdul se ganó el afecto de Victoria durante los últimos quince años de su reinado y ejerció una gran influencia en la soberana. El virrey de la India le llegó a escribir una carta donde le informaba de que no podría remitirle más despachos confidenciales si persistía en enseñárselos a su Munshi. El orgulloso Abdul la acompañaba en todos sus viajes por Europa, llegó a tener sus propios sirvientes y podía utilizar el carruaje privado de la reina para su uso personal. En 1895 se trajo consigo a su esposa, «una mujer gorda, pero bien parecida, con un tono de piel tirando a chocolate, suntuosamente ataviada con anillos en las manos y en la nariz, un pequeño espejo engastado de turquesas unido al pulgar y adornando su cuerpo largos collares, además de numerosos brazaletes y pendientes. Sobre la cabeza se realza un velo rosa profusamente bordado en oro como colofón a sus paños de seda y satén», escribiría una dama de honor. Otra añadió que los pasillos de Windsor le recordaban a «los suburbios de Calcuta».

Con el tiempo se descubrió que Abdul no era un príncipe ni tampoco hijo de un médico indio, tal como decía. En realidad su padre era un pobre anciano encargado de la farmacia de una prisión en una aldea remota; el trato de favor que recibía de Su Majestad era motivo de burlas y chistes entre los que allí le conocían. Era un impostor y un chantajista que se aprovechó de la buena fe de la reina, pero ella siempre le defendió. Haciendo oídos sordos, le regaló una casa en Balmoral —Karim Cottage— y otras dos en Windsor y en Os-

borne. Tras la muerte de la reina Victoria, su querido Abdul
Karim regresó a la India con una buena pensión que le daría
para vivir holgadamente en la propiedad que la reina adquirió para él a las afueras de Agra. Antes de su partida, el rey
Eduardo VII le pidió que le entregara todas las cartas que le
había escrito su madre y que por su contenido podían resultar
comprometedoras. Al igual que había ocurrido con John Brown,
eran muchos los que pensaban que la soberana se había enamorado de su sirviente indio.

El 22 de septiembre de 1896, Victoria superó a su abuelo
Jorge III como el monarca de mayor tiempo de reinado en la
historia británica. Al año siguiente, su jubileo de diamante se
celebró por todo lo alto y aunque la reina apenas podía caminar y su vista era muy débil, una multitud se echó a las calles
para felicitarla. El día que cumplió ochenta años recibió de
sus súbditos cientos de ramos de flores y cuatro mil cartas que
se leyó en su totalidad. A pesar de sus achaques, las curas de
salud a las que se sometía en Niza y en Biarritz le devolvían la
energía. Seguía mostrando una vitalidad envidiable, inaugura-
ba hospitales, pasaba revista a sus tropas, asistía a banquetes
oficiales y se entrevistaba con sus ministros.

La sangrienta guerra de los Bóers en Sudáfrica tenía so-
brecogido al país. La tensión y la constante ansiedad por este
prolongado conflicto y el número elevado de bajas se dejaron
sentir en la soberana y empezó a flaquearle la memoria. En
abril de 1900, a punto de cumplir ochenta y un años, viajó a
Irlanda, por primera vez desde 1861, de donde habían salido
grandes contingentes de jóvenes reclutas hacia los campos de
batalla. Se quedó tres días en Dublín, recorrió sin escolta las
calles a pesar de las advertencias de sus consejeros, habló con
la gente sencilla, y de nuevo su viaje fue un éxito rotundo

aunque ya mostraba señales de fatiga debido a su edad. La muerte en aquellos días de su segundo hijo Alfredo, casado con una hija del zar Alejandro II, la afectó mucho. En su diario, cuyas páginas seguía llenando, escribió: «Este año está siendo horrible, sólo hay tristeza y horror por todas partes».

Siguiendo la costumbre que mantuvo durante toda su vida, la reina Victoria pasó su última Navidad en su residencia de Osborne en la isla de Wight. Su físico se había deteriorado mucho, estaba inválida y casi ciega a causa de las cataratas. A principios de enero confesó que se sentía «mal y débil» y a mediados de mes llenó la última página de su diario con estas palabras: «Me encuentro soñolienta [...] mareada y confusa». En aquellos días piensa más que nunca en el porvenir de la Corona y en su heredero, el príncipe de Gales. Desde hace treinta años, Bertie, su hijo mayor, ha constituido una fuente constante de disgustos y preocupaciones. Victoria ha sido testigo del derrumbamiento del trono de Francia y del fin de grandes dinastías. Teme que en Inglaterra ocurra lo mismo porque su hijo —al que ha seguido manteniendo al margen de los asuntos de Estado— no está preparado para ser rey. Y sin embargo, el príncipe de Gales goza de una gran popularidad entre sus súbditos aunque su madre, obcecada, se niegue a reconocerlo.

El 22 de enero de 1901, un día intensamente frío, la reina se encuentra postrada en su lecho gravemente enferma. Le acompañan sus hijas Lenchen, Luisa y Beatriz, quienes se encargan de pronunciar por turnos los nombres de todos los miembros de la familia reunidos en la habitación. A las seis y media de la tarde, Victoria fallece en los brazos de su nieto mayor el káiser Guillermo II, que la ha sostenido durante dos horas mientras perdía y recobraba el sentido. Minutos antes la anciana dama ha abierto los ojos apenas unos segundos para mirar a su hijo el príncipe de Gales, que permanece en pie a su lado. Una sola palabra sale de sus labios antes de expirar: «Bertie», el cariñoso apodo de este hijo al que siempre ha menospreciado y con el que nunca se ha entendido. Fuera, los periodistas que montan guardia desde hace días frente a la verja del castillo vuelan a dar la triste noticia que sumirá al país en el dolor.

La soberana, previsora, ha dejado por escrito una serie de instrucciones para su funeral. No desea que su minúsculo cuerpo —cubierto por su velo de novia según su deseo— sea expuesto en una capilla ardiente, quiere que el pueblo la recuerde en vida. Ha pedido también que se coloquen dentro de su ataúd varias fotos de Alberto y de sus hijos, además de algunos objetos personales: la bata de su esposo, el abrigo del príncipe bordado por su hija Alicia y un molde en yeso de su mano. El doctor Reid aún debe cumplir otro deseo de Su Majestad. Antes de cerrar el féretro, y tras pedir que la familia abandone la habitación, deposita una foto de John Brown en la mano izquierda de la soberana y un mechón de cabellos del escocés en un estuche, que disimula bajo un ramo de flores. Su funeral tuvo lugar el sábado en la capilla de San Jorge del castillo de Windsor. Tal como ella pidió, todos los príncipes y princesas vistieron de blanco y se evitaron los crespones negros.

Su nieta preferida Alejandra Romanov, emperatriz de Rusia, no pudo asistir a las exequias pues en ese momento se encontraba embarazada de Anastasia y los médicos le desaconsejaron el viaje. Dos días más tarde la soberana era enterrada bajo la imponente cúpula azul y dorada del mausoleo de Frogmore, en la tumba que mandó esculpir con su estatua yacente de mármol blanco al mismo tiempo que la del príncipe consorte. Esperaba desde hacía cuarenta años este «día bendito» en que al fin se reuniría con el hombre que amó hasta la locura. Apodada «la abuela de Europa», tenía en el momento de su muerte cuarenta y dos nietos y treinta y siete bisnietos. Su desaparición ponía fin al más largo y glorioso reinado de la historia de Inglaterra. En su funeral, el predicador dijo: «Ella ha desaparecido y con ella toda una época… Se cierra el período glorioso que simbolizaba su nombre». Tras el breve responso sus restos mortales permanecieron durante tres días en la pequeña capilla del Albert Memorial. Su ataúd, cubierto de flores, fue el centro de todas las miradas: «¡Es tan diminuto!», se oyó decir.

Cuando supo que iba a morir, Victoria le pidió a su hija Beatriz que editara sus diarios antes de que fueran archivados y publicados. La tarea fue ardua ya que comenzó a escribirlos en julio de 1832, y continuó la labor hasta poco antes de su muerte. La princesa dedicaría treinta años de su vida a seleccionar este valioso material de su madre y a eliminar, como ella le ordenó, aquellos párrafos que pudieran causar problemas a las personas mencionadas o a familiares. En 1931, los ciento once volúmenes de sus diarios quedaron listos y hoy descansan en el Archivo Real del castillo de Windsor. A pesar de la censura y la destrucción de muchas páginas, esos diarios contienen el espíritu de una mujer entregada, orgullosa y sencilla hasta el final de sus días. Una reina tan atípica como extraordinaria, que con sus contradicciones e inseguridades le devolvió el prestigio a la Corona. Murió en plena gloria siendo la reina de Gran Bretaña e Irlanda, de todas sus colonias y emperatriz de la India. Y la gran soberana de un imperio que aún dominaba el mundo.

ALEJANDRA
ROMANOV

La última zarina

Mi pobre nuera no se da cuenta de que está arruinando a la dinastía y a ella misma. Cree sinceramente en la santidad de este aventurero [Rasputín] y nosotros no podemos hacer nada para evitar la desgracia que, sin duda, llegará.

MARÍA FEODOROVNA,
suegra de Alejandra Romanov,
emperatriz de Rusia

En la noche del 16 de julio de 1918, la emperatriz Alejandra Romanov escribió en su viejo diario: «Jugué a las cartas con Nicolás. A la cama. Quince grados». Fueron sus últimas palabras antes de morir asesinada junto a su familia a manos de los bolcheviques, en el lúgubre sótano de la casa de Ipatiev donde se encontraban prisioneros. La zarina falleció en el acto de un único disparo al igual que su esposo el zar Nicolás, quien sostenía entre sus brazos al príncipe heredero Alexei de trece años. Sus cuatro hijas corrieron peor suerte. Las grandes duquesas María, Tatiana, Anastasia y Olga fueron brutalmente rematadas a golpes de bayoneta porque las balas no conseguían acabar con sus vidas. En apenas veinte minutos aquellos

hombres habían cometido uno de los crímenes más espeluz-
nantes de la historia. Los pesares de la última emperatriz de
Rusia habían tocado a su fin. Tenía cuarenta y seis años y
había soportado con asombrosa entereza un largo y humillante cautiverio tras la abdicación de su esposo y el estallido
de la revolución que cambiaría para siempre el destino de
este país.

La zarina Alejandra nació el 6 de junio de 1872 en Darmstadt,
capital del gran ducado de Hesse, en Alemania. Era la sexta de
los siete hijos de la princesa Alicia de Gran Bretaña y el gran
duque Luis de Hesse. La pequeña, una niña rolliza de ojos
azules y cabellos dorados, fue bautizada con el nombre de las
cinco hijas de su abuela, la reina de Inglaterra: Victoria Alicia
Elena Luisa Beatriz, pero siempre se la conoció como princesa Alix de Hesse. Sus padres se habían casado diez años antes
en una breve y triste ceremonia íntima en el castillo de Osborne, residencia de verano de la reina Victoria. Aunque esta
unión tenía que haberse celebrado con gran pompa en la capilla real en el palacio de Saint James, la muerte del príncipe
consorte Alberto, seis meses antes, ensombreció el enlace.

Victoria, madre de la novia, asistió vestida de riguroso
luto y consumida por el dolor ante la súbita pérdida de su
amado esposo. En lugar de una capilla se improvisó un altar
en uno de los comedores del castillo. Fue, a decir del político
conservador Gerard Noel, «la boda real más triste de todos los
tiempos». La joven pareja no pudo disfrutar de su luna de miel
y la novia tuvo que ocultar en todo momento su felicidad
para no ofender a su compungida madre. Cuando se alejaban
de Osborne en su carruaje, una fuerte tormenta despidió a los

recién casados. Parecía una premonición del trágico destino que aguardaba a la joven pareja real.

Como era habitual, la reina Victoria, que era una experta casamentera, concertó este fatídico matrimonio al igual que los del resto de sus hijos. Cuando la princesa Alicia cumplió los diecisiete años la soberana creyó que era el momento de buscarle un esposo adecuado entre los codiciados solteros de las casas reales europeas. El elegido fue el príncipe Luis, un joven apuesto, cortés y de carácter afable perteneciente a la dinastía protestante más antigua del mundo. La familia Hesse contaba entre sus ilustres antepasados al emperador Carlomagno y a la desdichada María Estuardo, reina de los escoceses. Victoria invitó al príncipe alemán al castillo de Windsor en junio de 1860 para que pudiera asistir a las carreras de caballos de Ascot. La princesa Alicia, que hasta entonces había vivido enclaustrada en las distintas residencias reales —y apenas había tenido contacto con muchachos de su edad—, se enamoró de él a primera vista. Un año y medio más tarde, en plenos preparativos de la boda, el príncipe Alberto falleció de manera inesperada. La reina Victoria decidió que aquel enlace se llevaría a cabo porque había sido bendecido por su esposo, quien además había diseñado el traje de novia de su hija.

La relación de la princesa Alicia y su marido estuvo marcada desde el principio por las desavenencias. La vida en Darmstadt resultó ser muy distinta a lo que ella había imaginado. Era una tranquila ciudad medieval de calles angostas y empedradas a poca distancia del Rin. Añoraba su Inglaterra natal y nunca se sintió cómoda en su país de adopción, un lugar que, en su opinión, estaba repleto de «personas de miras estrechas, intolerantes y entrometidas». Tras la guerra franco-prusiana el ducado de Hesse quedó incorporado por la fuerza al Imperio alemán, lo que implicó su empobrecimiento. La princesa tendría que acostumbrarse a una vida sin grandes lujos ni pretensiones. En aquellos días escribió a su madre: «Debemos vivir con tanta economía, sin salir a ninguna parte ni ver a mucha gente, para ahorrar anualmente todo lo posible... Hemos vendido cuatro caballos de tiro y ahora nos quedan solamente seis... estamos bastante apretados en ciertas cosas». Estas privaciones influyeron negativamente en la relación con su esposo, que además era muy distinto a ella. Alicia, sensible y emotiva, era una intelectual mientras él, mucho más superficial y reservado, tenía un carácter muy infantil.

A pesar de los esfuerzos que hizo para adaptarse a su nuevo país y a su nuevo rango, siempre se sentiría una extraña. Tanta infelicidad, que a nadie podía confesar, comenzó a afectar a su ya compleja personalidad. Alicia sufría una profunda melancolía y frecuentes crisis nerviosas. Sus problemas de salud se agravaron aún más porque durante los diez primeros años de su matrimonio había dado a luz seis hijos. A su primera hija Victoria —nacida en Windsor en presencia de su abuela la reina— le seguirían Isabel —conocida por Ella—, Irene, Ernesto —Ernie— y Federico —Frittie— y Alejandra en 1872. La princesa Alicia educaría a sus hijos en los mismos valores victorianos que a ella le inculcó su madre: la sencillez, el amor al trabajo y a la familia, y una estricta moralidad. En cierta ocasión, le escribió a la reina sobre este tema: «Coincido completamente con lo que dices acerca de la educación de nuestras hijas, y me esforzaré para lograr que crezcan completamente a salvo del orgullo de su posición, que nada significa, fuera de lo que el valor personal de cada una pueda asignarles... Opino totalmente como tú acerca de la diferencia de rango y de lo importante que es para los príncipes y princesas saber que no son nada mejor ni superior a otros, salvo en lo que se refiere al ejemplo que puedan ofrecer: es decir, la bondad y la modestia. Y espero que mis hijos lleguen a practicar estos preceptos».

En diciembre de 1871, Bertie, príncipe de Gales y el hermano más querido de Alicia, cayó enfermo de fiebres tifoideas. La princesa al enterarse acudió de inmediato junto a su lecho en su residencia de Norfolk, donde se debatía entre la vida y la muerte. No se separó de él ni un instante y le cuidó hasta que milagrosamente Eduardo recuperó la salud. Cuando estuvo fuera de peligro, Alicia tenía los nervios destrozados y tuvo que guardar cama días enteros. Se encontraba embarazada de tres meses y llegó a temer por la vida del hijo que esperaba. Así que cuando la princesa Alix de Hesse, futura zarina de Rusia, vino al mundo el 6 de junio de 1872, para su madre fue un auténtico regalo.

En su bautizo la recién nacida tuvo entre sus ilustres padrinos a los futuros soberanos Eduardo VII de Inglaterra y Alejandro III de Rusia. La pequeña fue una niña feliz, de carácter alegre —la apodaban Sunny (Risueña)—, que dio sus primeros pasos en el Palacio Nuevo de Darmstadt, construido apenas seis años antes de su nacimiento. El edificio se levantaba en medio de un extenso parque de tilos y castaños rodeado por una alta verja de hierro. Su madre quiso recrear en su nuevo hogar la atmósfera de su infancia en Osborne y lo decoró con muebles traídos de Londres y grandes retratos de la reina Victoria, su esposo el príncipe Alberto y el resto de la familia real. Las Navidades se celebraban siguiendo la tradición alemana: se instalaba un enorme pino en el centro del salón de baile y sus ramas se adornaban con manzanas y nueces doradas, y pequeñas velitas encendidas. La cena de Navidad comenzaba con el tradicional ganso y terminaba con un budín de ciruelas.

Aunque los duques de Hesse se ocuparon de sus hijos más de lo que era habitual en los matrimonios reales, la educación de Alix recayó en una institutriz inglesa, la señora Orchard, que impuso un rígido programa diario a los niños con horas fijas para todas las actividades. Ella se encargaba de despertar a la pequeña puntualmente a las seis de la mañana porque las lecciones empezaban a las siete. También la bañaba y la vestía para después llevarla de la mano a la habitación de su madre y que le diera los buenos días. A las nueve desayunaba de manera muy copiosa para luego seguir la rutina de sus hermanos. Orchie, como la llamaban los pequeños, le enseñaba dibujo, le leía la Biblia y le contaba cuentos a la hora de dormir. Era su principal apoyo en ausencia de una madre que debido a su rango debía cumplir otras obligaciones. A Alix le encantaban los animales y solía recorrer el parque en un carrito tirado por un poni acompañada por un lacayo vestido de librea que sujetaba las riendas. Con el tiempo se reveló como una buena amazona y siempre le gustó la vida al aire libre y el contacto con la naturaleza.

Pero la agradable infancia de Alix se vio truncada con la trágica muerte de su hermano pequeño Federico, que padecía la enfermedad de la hemofilia. Un día el príncipe de dos años y medio cayó al vacío mientras jugaba desde una de las ventanas del palacio en presencia de su madre que nada pudo hacer por evitarlo. Aunque tras el fatal accidente aún estaba vivo y los médicos creyeron que podría recuperarse, por la noche falleció a causa de una hemorragia cerebral. La princesa Alicia se encargó de que nadie olvidase a su querido Frittie y al igual que la reina Victoria arrastraría a toda su familia a un interminable duelo. Cada cierto tiempo los niños visitaban con su madre la cripta donde descansaban los restos mortales de su hermano y rezaban todos juntos «por la salvación de su alma». Alicia lo tenía presente en todas las oraciones y hablaba a menudo de él como si aún viviera. Ya entonces manifestaba una tendencia al fatalismo y escribía pensamientos como éstos: «En medio de la vida estamos con la muerte. Nuestra vida entera debe ser la preparación y la espera de la eternidad».

Al dolor por la pérdida de su hijo predilecto y la relación distante con su esposo, Alicia tenía que añadir el sufrimiento por las desavenencias con su madre. Cuando la reina Victoria se enteró de que había decidido amamantar a todos sus hijos se enfureció porque era contraria a esa práctica que le parecía «antinatural». También le indignaba el interés que su hija mostraba por la ginecología y que le hiciera preguntas sobre el cuerpo humano. En una época en que las madres no hablaban de sexo con sus hijas, la curiosidad de la princesa le resultaba «poco delicada y grosera», como así se lo hizo saber en una dura carta. Además como Alicia ahora vivía lejos de Inglaterra, ésta la visitaba menos y cuando lo hacía sentía que no era bien recibida. La soberana no soportaba que su hija quisiera reconfortarla; se encontraba muy a gusto con su tristeza y no quería que nadie la animara.

Tras la muerte de su pequeño, Alicia se sintió más próxima a su hijo Ernie y a su recién nacida María. A pesar del distanciamiento cada vez mayor de su esposo, la princesa seguía siendo un fuerte apoyo para él. En 1877, el padre de Alix se convirtió en el gran duque Luis IV de Hesse, lo que no afectó a la rutina de los niños pero sí a la princesa que pasó a ejercer de primera dama y a realizar funciones de representación del pequeño ducado. Las obligaciones que su nuevo cargo le exigían como gran duquesa de Hesse le provocaban una gran angustia porque temía no estar a la altura de lo que el pueblo esperaba de ella.

Si desde un principio se volcó en las labores sociales y la mejora de los hospitales fueron su prioridad, se sentía muy incómoda cumpliendo el papel de *Landsmutter* (Madre de la Patria). Alix heredaría de su madre la presión psicológica, las tensiones de su posición, el temperamento melancólico y el sentido de la fatalidad. En 1878, Alicia escribió muy afligida a la reina Victoria: «No creo que sepas, mamá, hasta qué punto me siento lejos del bienestar y cuán absurdamente me fallan las fuerzas… Soy una persona casi inútil… En mi vida antes estuve así. Vivo en un sofá y no veo a nadie, y sin embargo continúo empeorando…».

En aquel tiempo para la pequeña Alix su madre era una figura casi desconocida a la que veía muy poco. Cuando estaba en palacio se pasaba días enteros en la cama encerrada en su dormitorio; en realidad, nunca se recuperaría de la pérdida de su hijo. Los escasos momentos que podían compartir no eran muy reconfortantes. La gran duquesa le hablaba del cielo y de la muerte y de que pronto todos se reunirían con su pequeño Frittie. Para una niña de su corta edad semejantes reflexiones resultaban incomprensibles pero calaron hondo en la futura zarina. De aquellos primeros años de luces y sombras Alix sólo recordaría con agrado el verano de 1878 cuando viajó con sus padres y hermanos por toda Europa. Durante varios días se alojaron en espléndidos palacios y castillos de cuento disfrutando de la compañía y la hospitalidad de sus tíos y tías, y jugando con sus primos en la campiña inglesa.

De regreso en Darmstadt, los niños retomaron sus ocupaciones pero una inesperada tragedia les golpeó de nuevo. En noviembre de 1878 el Palacio Nuevo se vio afectado por una virulenta epidemia de difteria. Alix y sus cuatro hermanos cayeron enfermos de gravedad. Su madre les atendió personalmente día y noche pero nada pudo hacer por salvar a la pequeña María. Débil y agotada, ella también se contagió y no consiguió superar la enfermedad. El 14 de diciembre Alix perdía a su progenitora a la temprana edad de treinta y cinco años. Fue enterrada en el gran mausoleo ducal en Rosenhöhe con la bandera del Reino Unido cubriendo su ataúd. La muerte de su hermana menor y compañera de juegos, y dos semanas más tarde la de su madre la destrozó. Alix, al igual que sus hermanos, no acudió al funeral y vio desde las ventanas del antiguo palacio ducal la solemne procesión que acompañaba su féretro hasta el mausoleo familiar.

La reina Victoria —muy conmovida porque era la primera hija que perdía— les envió una emotiva y triste carta en la que les decía que su abuela trataría de ser una madre para ellos: «Queridos niños, vuestra amada mamá ha ido a reunirse con el abuelo y con el otro abuelo y con Frittie y la dulce y tierna María, a un lugar donde ya no existe dolor ni separación. Haced todo lo posible para reconfortar y ayudar a vuestro pobre y querido papá. Sea la voluntad de Dios. De vuestra devota y muy desgraciada abuela. VRI».

Cuando Alix regresó con sus hermanos al Palacio Nuevo todo había cambiado. Ni siquiera podía buscar consuelo en sus juguetes favoritos porque los habían quemado para evitar que la enfermedad se propagara. Se había quedado huérfana de madre a los seis años y nunca superaría este doloroso trance. En apenas unos meses todo aquello que le resultaba cálido y familiar había desaparecido para siempre. Su semblante, siempre risueño, se volvió triste y serio. A partir de este instante en ninguna de las fotografías que se conservan de ella

se la ve sonreír. La reina Victoria en persona se encargaría de
la educación de su nieta preferida y exigiría a sus preceptores
que le enviaran informes mensuales para controlar sus progresos. En ocasiones la soberana les indicaba qué libros tenía que
leer, qué asignaturas debían desarrollar más y qué piezas de
música debía practicar.

Alix recibió, a diferencia de otras princesas europeas, una
educación muy completa que no se limitaba a la danza, el
canto y a aprender las normas de etiqueta. Era una excelente
estudiante y a los quince años ya poseía sólidos conocimientos
de historia, geografía y literatura, tanto alemana como inglesa.
También tocaba el piano con gran brillantez, pero cuando la
reina le pedía que interpretase alguna pieza para sus invitados
en Windsor lo pasaba muy mal porque era extremadamente
tímida. A diferencia de su madre no le interesaban las labores
sociales, aunque comprendía que la obligación de una princesa era ayudar a los más necesitados. Tampoco estaba de acuerdo con la sumisión que en aquella Inglaterra victoriana se
imponía a la mujer. Ella se miraba en el espejo de su abuela
que era la soberana más respetada y poderosa de Europa.

Los largos años que Alix de Hesse vivió con su abuela
tuvieron gran influencia sobre ella. Victoria, a pesar del tiempo transcurrido desde la muerte de su esposo, continuaba su
doloroso y exagerado duelo. Había cumplido los sesenta años
y tenía el aspecto de una anciana venerable, bajita y oronda,
pero de aspecto imponente. Alix la recordaba siempre luciendo sobre sus cabellos canosos una cofia de viuda de tul blanco
con un largo velo y envuelta en vaporosos vestidos de seda
negra. Esta soberana, que muchos temían por su fuerte carácter, se comportaba con ella como una abuela cariñosa y fue su
mejor consejera.

La joven pasaría los inviernos en Darmstadt y los veranos con la reina y sus primos en las distintas residencias reales: el castillo de Windsor cercano a Londres, Balmoral en las tierras altas de Escocia y Osborne en la isla de Wight, a orillas del mar. La suya fue una infancia y adolescencia solitarias pues había una gran diferencia de edad con sus hermanos. Con el tiempo, se convirtió en una niña muy encerrada en sí misma que solía caer, al igual que su madre, en períodos de melancolía y aislamiento. Únicamente se sentía cómoda rodeada de un grupo pequeño y selecto de familiares y amigos. Sólo entonces volvía a ser «Sunny», la alegre y risueña princesa que hacía las delicias de su abuela.

En la primavera de 1884 la hermana de Alix, la princesa Victoria, se casó con su primo el príncipe Luis de Battenberg. Aquel día que debía ser muy feliz se vio ensombrecido por un escándalo protagonizado por el padre de la novia. Pocos años después de quedarse viudo a los cuarenta y un años, el gran duque había tomado como amante a una dama con la que ahora deseaba casarse. El problema es que la elegida era divorciada y además practicaba la fe ortodoxa rusa, lo que no le permitía ser la esposa del gran duque de Hesse-Darmstadt. Pero lo peor es que éste había decidido contraer matrimonio la misma noche de la boda de su hija. Y así lo hizo, en el más absoluto secreto. Fue una boda vista y no vista porque cuando Luis IV de Hesse comprobó la reacción que su enlace había provocado no sólo en su suegra la reina Victoria —que le amenazó con retirarle su apoyo— sino entre sus súbditos, tuvo que anularlo.

Pero en aquel año de 1884 hubo otros acontecimientos de especial relevancia que iban a alterar la tranquilidad en el Palacio Nuevo. Poco tiempo después de la boda de Victoria,

se anunció el compromiso de su hermana mayor Isabel —Ella—
con el gran duque Sergio, hermano menor del emperador
Alejandro III y tío del futuro zar Nicolás II de Rusia. La reina
Victoria despreciaba a los Romanov y los consideraba moralmente «corruptos, falsos y arrogantes». Las ansias expansionis-
tas de Rusia en Turquía y Afganistán entraban en conflicto
con los intereses de Gran Bretaña sobre estas regiones, lo cual
aumentaba el odio de la soberana hacia el imperio zarista. El
recuerdo de la guerra de Crimea tampoco servía para apaciguar la profunda fobia que Victoria sentía por este país.

Cuando Alix tenía doce años un tren la llevó a San Petersburgo para asistir al enlace de su hermana. Era un cálido
día de primavera y la joven ignoraba que aquel viaje cambiaría para siempre su destino. Para la princesa alemana era su
primer encuentro con la corte del zar, la más espléndida de
toda Europa. Nada superaba a la magnificencia de la Rusia
imperial, donde el lujo y la opulencia eran el sello personal de
la dinastía Romanov. Al llegar a la estación principal de San
Petersburgo vio que una carroza dorada, tirada por ocho caballos blancos y guiada por lacayos de pelucas empolvadas, librea color escarlata y medias de seda, esperaba a su hermana
para conducirla a palacio.

Los viajeros fueron alojados en Peterhof, el palacio imperial de verano a orillas del golfo de Finlandia, con sus deslumbrantes jardines y fuentes salpicadas de estatuas doradas. Aquí
fueron recibidos por el zar Alejandro III —padrino de Alix—
y su esposa María Feodorovna. A la princesa el zar le pareció
un hombre imponente, medía casi dos metros, era muy fuerte
y autoritario. Al contrario de su esposa, le desagradaban las
fiestas, la pompa y el protocolo ceremonial. Su hijo mayor, el
zarevich Nicolás —a quien todos llamaban Nicky—, era pri-

mo segundo de Alix y sus padres lo trataban como a un niño a pesar de ser el heredero al trono.

La boda tuvo lugar en la capilla del Palacio de Invierno y aunque su hermana Ella —ahora llamada Isabel Feodorovna tras su conversión a la ortodoxia rusa— era considerada una de las mujeres más hermosas y elegantes de su tiempo, Alix no pasó inadvertida. Vestida con un sencillo traje de muselina blanca con rosas adornándole el cabello, atrajo desde el primer instante el interés del zarevich que la miraba embelesado. Al parecer Nicky se enamoró como un colegial de su prima y durante su estancia le regaló un pequeño broche. Ella lo aceptó emocionada pero más tarde se lo devolvió durante una fiesta porque creyó poco apropiado aceptar un obsequio tan valioso. A Alix el príncipe heredero al trono de Rusia le pareció un muchacho muy cortés, discreto y apuesto con sus cabellos castaños claros y unos impresionantes ojos azules.

Los jóvenes tardarían cinco años en volver a verse. En 1889 la princesa fue a visitar a su hermana a San Petersburgo en compañía de su hermano Ernie y de su padre. Ahora era una joven de diecisiete años de radiante belleza y fuerte carácter. En las fotografías de aquella época se la ve alta y delgada, de facciones casi perfectas, brillantes ojos grises azulados y una larga melena de cabello dorado cobrizo. Él también había cambiado y a sus veintiún años el zarevich resultaba muy elegante y atractivo vestido con su uniforme de oficial. En esta ocasión se vieron numerosas veces en recepciones, banquetes, bailes y en el palco imperial del teatro Mariinski, donde se daba cita la alta sociedad rusa para disfrutar del ballet.

Nicolás la llevaba a patinar en alguna de las lagunas heladas y a pasear en trineo seguidos de una escolta de la guardia cosaca con sus pintorescos uniformes. Antes de la partida de

Alix convenció a sus padres, el zar y la zarina, para que dieran un baile especial en su honor. La velada fue espléndida y tuvo lugar en el palacio de Alejandro de Tsárskoye Seló, no muy lejos de la capital. La habitación donde se alojó estaba llena de rosas que perfumaban el aire con un aroma delicioso que nunca olvidaría. Como Nicolás conocía la extremada timidez de la princesa, invitó sólo a un reducido número de amigos personales, los miembros más jóvenes de la familia Romanov, y los oficiales que eran sus compañeros en el ejército. Bailaron juntos toda la noche y Nicky ya no disimulaba en público el interés que sentía por la princesa de Hesse. Como era Cuaresma, la joven asistió con la familia imperial a los oficios de la Pascua ortodoxa en la catedral de San Petersburgo. Ya entonces le impresionó la pompa y esplendor de la Iglesia rusa, que nada tenía que ver con la austeridad del rito luterano.

Habían pasado seis semanas inolvidables y Alix tuvo que regresar a Darmstadt con la promesa de volver al verano siguiente a Rusia. Y así lo hizo, aunque en esta ocasión no se alojó en San Petersburgo sino en Ilínskoie, una extensa finca que el gran duque Sergio heredó de su madre, cerca de Moscú. Aquél fue el primer contacto que la princesa alemana tuvo de la inmensidad del campo ruso, de sus prados, sus bosques de blancos abedules y de los campesinos que recogían la cosecha de trigo vestidos con sus blusas holgadas y sus pantalones amplios. Cuando Alix y su hermana pasaban en su elegante carruaje por los polvorientos caminos le sorprendía las profundas reverencias que estos hombres les hacían en señal de respeto.

Alix de Hesse nunca olvidaría su estancia en la campiña rusa y cuando años más tarde reconocía que su corazón pertenecía a Rusia lo hacía pensando en aquellos plácidos días que pasó en Ilínskoie. Nicolás no pudo visitarla porque los compromisos reales le mantuvieron alejado de Moscú. Al llegar el otoño el zarevich partió para un largo viaje al Extremo Oriente, pero sus sentimientos hacia Alix no habían cambiado.

Tras la boda de sus tres hermanas —Victoria, Ella e Irene—, la princesa Alix era la única hija del gran duque de Hesse que aún vivía con él. El Palacio Nuevo le parecía vacío sin ellas pero ahora contaba con su propia dama de compañía, la señorita Von Fabrice, que actuaba como su secretaria pero acabó siendo su amiga. En aquel año de 1889 la princesa se preparó para su confirmación en la Iglesia luterana, un paso obligatorio para cualquier joven que pretendiera ingresar en la alta sociedad o ser presentada en una corte europea. Alix se lo tomó muy en serio, estudió a fondo las lecciones y permaneció largas horas arrodillada rezando en la intimidad de su habitación. Para ella se trataba de un acto importante porque era muy devota. Con el tiempo su profunda fe religiosa la ayudaría a aceptar con gran serenidad las tragedias personales que la vida le deparaba.

El gran duque Luis de Hesse ofreció un espectacular y costoso baile en el Palacio Nuevo para presentar a su hija a la sociedad de Darmstadt. A partir de este momento tuvo que asumir el papel de primera dama de la corte junto a su padre y su hermano Ernie, el heredero. Aunque había sido muy bien instruida por su abuela Victoria para estas funciones, debido a su timidez el contacto con la gente extraña le producía una angustia casi patológica. Aun así, organizó cenas, bailes, recepciones, sin desatender las labores sociales. En aquellos años Alix viajó a menudo por Europa con su padre, al que se sentía muy unida. Pero en marzo de 1892 otra desgracia truncó su felicidad. El gran duque Luis de Hesse falleció de manera inesperada de un ataque al corazón a la edad de cincuenta y cuatro años.

La muerte de su progenitor la afectaría tanto que durante años no pudo mencionar su nombre ni hablar de él. La reina al conocer la noticia escribió a su nieta Victoria: «Esto es demasiado terrible... mi dolor que ya es completamente abrumador aumenta al pensar en tu angustia y en que el pobre Ernie y Alix están solos —huérfanos—... ¡Es terrible! Pero yo todavía estoy aquí, y mientras yo viva, hasta que se case, será más que nunca mi propia hija». Ernie sucedió a su padre con el título de gran duque de Hesse a la edad de veintitrés años y fue el mayor apoyo para su hermana. La soberana, al saber que su nieta estaba al borde de la depresión y su salud era muy delicada —se negaba a comer y guardaba cama durante semanas enteras—, la invitó a pasar una temporada con ella en Inglaterra.

UNA PRINCESA EXTRANJERA

«Era alta y estaba formada con rasgos delicados y hermosos, el cuello y los hombros blancos y exquisitos... Tenía el cutis claro y sonrosado como el de un niño pequeño. La emperatriz tenía ojos grandes, intensamente grises y muy lustrosos.» Así describía Anna Výrubova —dama de compañía y fiel amiga de la futura zarina de Rusia— a la entonces princesa Alix de Hesse. Había cumplido dieciocho años y su belleza hacía suspirar al zarevich Nicolás, quien a finales de 1891 escribía en su diario: «Mi sueño es casarme, algún día, con Alix. La amo desde hace mucho tiempo, pero con mayor profundidad e intensidad desde 1889 [...]. Durante mucho tiempo, luché contra mis sentimientos y traté de engañarme sobre la imposibilidad de lograr mi objetivo más ansiado. Pero ahora que Eddy se retiró o fue rechazado, el único obstáculo o abismo entre nosotros ¡es el tema de la religión!».

El tal «Eddy» al que Nicolás hace referencia era el príncipe Alberto Víctor, hijo mayor del príncipe de Gales y el candidato que la reina Victoria había elegido para Alix. Era su nieto más desagradable, un joven torpe, inmaduro y con fama de libertino. Se rumoreaba que era homosexual e incluso se llegó a decir que era el mismísimo Jack el Destripador cuyos horribles crímenes sacudieron Londres en aquel año. La princesa rechazó su propuesta de matrimonio alegando que no sentía nada hacia él. Victoria reconoció que aunque esta decisión le causó «una verdadera pena», admiraba el valor y la integridad de su nieta. El príncipe Eddy, duque de Clarence y Avondale, era el segundo en la línea de sucesión al trono de Inglaterra pero falleció antes que su padre y su abuela a causa de una neumonía. Cuando Nicolás supo que su amada había rechazado al pretendiente que su abuela deseaba para ella, redobló sus esfuerzos para que la princesa aceptara ser su esposa. No iba a ser fácil, primero tendría que enfrentarse a sus padres y después a la propia Alix, que se negaba rotundamente a abandonar su religión.

La reina Victoria no se daba por satisfecha y, aunque su nieta le había dicho que sólo se casaría por amor, le seguía buscando pretendientes entre los miembros de las casas reales. Con la esperanza de que Alix se olvidara de su príncipe ruso le eligió un segundo candidato, el príncipe Maximiliano de Baden, que no era un político brillante ni un joven apuesto pero sí un buen partido. Cuando éste llegó al Palacio Nuevo para proponerle matrimonio Alix lo pasó muy mal. Aquellos arreglos de su abuela la deprimían y le provocaban una tremenda angustia. Por una parte no deseaba enfadar a la soberana que era como una madre para ella, pero por otra se negaba a un matrimonio de conveniencia. El problema era que la melancólica princesa de Hesse estaba muy enamorada de Nicky pero nadie lo sabía. Por lo que respectaba al zarevich, éste sólo pensaba en ella y cuando sus padres le urgieron a que contrajera matrimonio él declaró que sólo se casaría con su prima. No la veía desde 1889 y sólo se intercambiaban cartas y algún presente, pero la distancia no había menguado el amor que sentía hacia ella.

Si Victoria no veía con buenos ojos a los Romanov y se negaba a que su nieta tuviera que renunciar a la fe luterana, los padres de Nicolás también se oponían a este enlace. Para la madre del zarevich el que fuera una princesa alemana no era la única desventaja. Conocían a Alix desde la infancia y aunque les parecía atractiva, buena y educada la consideraban una «histérica y desequilibrada». La emperatriz María Feodorovna sabía por propia experiencia que este cargo demandaba grandes destrezas y habilidades de las que, a su parecer, la joven carecía. Además, a causa de su timidez y su aire afligido la princesa parecía muy fría y altanera, algo que el pueblo ruso no le perdonaría. Es cierto que Alix con su familia podía ser muy divertida y reír a carcajadas, pero tendía a evitar cualquier relación con extraños. Tampoco manifestaba sus sentimientos y en público se mostraba muy reservada.

Pero el mayor obstáculo, y Nicolás lo sabía bien, era su firme negativa a abandonar su religión. Cuando su hermana se convirtió a la fe ortodoxa rusa, Alix no pudo entender su decisión. En aquel momento le confesó a Ella: «Seré luterana hasta la muerte. La religión no es un par de guantes que uno puede sacarse y ponerse». Pero Nicky no estaba dispuesto a darse por vencido y su obstinación sorprendía a sus propios padres. Hasta el momento había sido un hijo obediente, de buen carácter, que no les había dado muchos problemas. Pero por primera vez se mostraba inflexible y decidido a salirse con la suya aunque estuviera en juego el futuro de Rusia.

En la primavera de 1894, el gran duque Ernesto, el hermano mayor de Alix, contrajo matrimonio en la ciudad alemana de Coburgo con su prima, la princesa Victoria Melita de Edimburgo. Al enlace acudieron importantes personajes de la realeza europea, entre ellos la reina Victoria y su nieto el káiser Guillermo II, así como el zarevich Nicolás en representación de Rusia. Había pasado un año desde la última vez que los jóvenes se habían visto pero la situación había cambiado. El zar Alejandro III, preocupado por su mala salud e inquieto por la sucesión al trono, tras un año oponiéndose al enlace, cedió y autorizó a su hijo a pedir la mano de la princesa Alix.

La primera noche en Coburgo la pareja acudió a la ópera y al día siguiente Nicolás solicitó ver a solas a su prima. Tras una larga y tensa conversación de más de dos horas, ella le rogó con lágrimas en los ojos que la dejase en paz porque no pensaba cambiar de religión. Durante la boda todas las miradas estaban pendientes de la joven pareja, cuyo romance eclipsó a los recién casados. Al día siguiente Guillermo II, primo de Alix, mantuvo con ella una charla amistosa. Al káiser la unión de una princesa alemana y el heredero al trono ruso le parecía una excelente jugada política. Le dijo que casarse con Nicolás era su «auténtico deber» y que «la paz en Europa justificaba sacrificar algunas dudas religiosas».

Pero quien acabó convenciendo a Alix fue su hermana la gran duquesa Isabel Feodorova, quien, a pesar de no estar obligada a convertirse a la fe ortodoxa, lo hizo de manera voluntaria cuando contrajo matrimonio con el gran duque Sergio. La hermosa y dócil Ella le dijo que un cambio de religión no era algo tan terrible y destacó las semejanzas entre las iglesias rusa y luterana. Alix finalmente cedió y Nicolás escribió exultante en su diario: «¡Éste ha sido un día maravilloso e inolvidable! ¡Porque hoy es el día de mi compromiso con mi adorable Alix! [...] Dios, qué terrible peso me he sacado de los hombros». La princesa Alix de Hesse en aquellos días llegó a la conclusión de que la mejor manera de servir a Dios era convertirse en la esposa de Nicky y ayudarle a desempeñar el difícil papel de zar para el que no estaba preparado. Nicolás logró que sus padres le prometieran que, al igual que su hermana mayor Ella, Alix no tuviera que abjurar de su antigua fe cuando adoptase formalmente la ortodoxia. Fue afortunada al no tener que renunciar, como otras princesas, a su antigua religión, lo que le hubiera resultado aún más doloroso.

Victoria invitó a su nieta Alix a pasar el último verano con ella en el castillo de Windsor antes de contraer matrimonio. Aunque al principio se había opuesto a esta unión, cuando la feliz pareja de enamorados le comunicó la noticia de su compromiso, se limitó a sonreír y a darles su bendición. Tras la boda del gran duque Ernesto en Coburgo, Nicolás tuvo que separarse de Alix y regresar a Rusia junto a la familia imperial que residía en el palacio de Gátchina, al sur de San Petersburgo. En aquellos días la princesa de Hesse y su prometido se enviaron muchas cartas que reflejaban la profunda pasión que sentían el uno por el otro. Tras su apariencia victoriana y su actitud siempre reservada, Alix se muestra profundamente entusiasmada y emotiva: «Ay, si tan sólo supieras cuánto te adoro y cuánto se ha fortalecido e intensificado mi

ALEJANDRA ROMANOV

© Fratelli Alinari Museum Collections

La última zarina de Rusia nació el 6 de junio de 1872 en Alemania. La pequeña, una niña rolliza de ojos azules y cabellos dorados, fue bautizada con el nombre de las cinco hijas de su abuela, la reina Victoria: Victoria Alicia Elena Luisa Beatriz, aunque siempre se la conoció como princesa Alix de Hesse.

Nicolás escribía en su diario a finales de 1891: «Mi sueño es casarme, algún día, con Alix. La amo desde hace mucho tiempo». Alix también había decidido casarse por amor, y así se lo dijo a su abuela, la reina Victoria, que a pesar de ello le seguía buscando pretendientes porque despreciaba a los Romanov. Los consideraba «moralmente corruptos, falsos y arrogantes».

La llegada de los zares y la pequeña Tatiana al castillo de Balmoral en 1896 llenó de satisfacción a Victoria de Inglaterra. En su diario, la soberana británica anotó que se alegraba de que, a pesar de que su nieta hacía dos años que era la gran emperatriz de Rusia, apenas había cambiado y el cargo no se le había subido a la cabeza.

Aunque al zar Nicolás II le preocupaba la sucesión al trono, seguía muy enamorado de su esposa y feliz de la familia que habían formado. Ambos se sentían muy orgullosos de sus hermosas hijas a las que llamaban «nuestro pequeño trébol de cuatro hojas».

En esta fotografía histórica tomada en 1903, los zares posan solemnes luciendo fastuosos trajes antiguos rusos con motivo de un baile que ofrecieron en el Palacio de Invierno. Mientras los invitados a la fiesta bailaban cubiertos de joyas, en la calle los obreros de las fábricas de Moscú morían de hambre. Aquel fue el último gran baile de la Rusia imperial. La mecha de la revolución no tardaría en encenderse y sacudir los cimientos del imperio.

A principios de noviembre de 1905 la gran duquesa Militza presentó a la zarina a un misterioso campesino llamado Grigori Rasputín. En su diario, el zar Nicolás escribió sobre su primer encuentro con Rasputín: «Hemos conocido a un hombre de Dios». Rasputín, que contaba con el respaldo de importantes miembros de la iglesia, tendría una influencia tan grande en los zares que se le llegó a acusar de ser el culpable del fin de la dinastía de los Romanov.

En agosto de 1904 Alejandra dio a luz a su quinto hijo, el príncipe heredero Alexéi. La confirmación de que éste era hemofílico fue un golpe devastador para la zarina, que siempre se sentiría culpable por haberle transmitido la enfermedad. Rasputín se aprovechó de sus pretendidos poderes de curación sobre el niño para ejercer una gran influencia en la soberana.

Forzado a abdicar tras el estallido de la revolución, el zar y su familia fueron puestos bajo arresto domiciliario en Tsárskoye Seló, donde durante las primeras semanas de cautiverio se les permitía salir al exterior del palacio y dar un paseo diario de treinta minutos. El emperador y sus hijas también trabajaban en el jardín y en los meses más cálidos podían cultivar la huerta. Serían sus últimos momentos de felicidad, antes de morir brutalmente asesinados por los bolcheviques.

afecto por ti en estos años; tan sólo quisiera ser más digna de tu amor y ternura». A lo que Nicky responde: «Soy todo tuyo, por siempre y para siempre, mi alma y mi espíritu, mi cuerpo y mi corazón, todo es tuyo, tuyo; quisiera gritarlo en voz alta para que el mundo lo sepa. Soy yo el que se enorgullece de pertenecer a un ángel tan dulce como tú y de atreverse a pedir tu amor en respuesta».

Durante su estancia en Windsor, la reina —preocupada por la grave salud del zar Alejandro III— le explicó a Alix las obligaciones que debería afrontar cuando ocupase el trono de Rusia. Para ayudar a su nieta a aceptar la conversión Victoria encomendó la delicada tarea al honorable obispo de Ripon. Éste sostuvo largas conversaciones con la princesa de Hesse y se esforzó en destacar las similitudes entre la fe protestante y la ortodoxa. Por su parte Alejandro III envió a su confesor personal a Windsor, el padre Yanishev, para iniciar la educación de Alix en el catecismo ruso ortodoxo.

El zarevich estaba tan ansioso por volver a ver a su prometida que apenas un mes más tarde viajó de nuevo a la campiña inglesa para pasar el resto del verano junto a ella. En Windsor, Nicolás obsequió a su novia los primeros regalos de compromiso: un anillo con una perla rosada, un collar de grandes perlas a juego con aquélla, un brazalete en forma de cadena con una esmeralda de gran tamaño colgada del mismo y un broche de zafiros y diamantes. Pero la joya más fabulosa fue un magnífico *sautoir*, un collar largo de perlas que llegaba hasta la cintura de Alix, regalo del zar a su futura nuera. Diseñada por Fabergé, el famoso joyero de la corte rusa, era la pieza más valiosa que hasta el momento había realizado para la familia imperial.

Al contemplar estas deslumbrantes joyas, Victoria advirtió

a su nieta: «Alix, confío en que todo esto no te vuelva demasiado orgullosa». A mediados del mes de julio el idílico verano
tocó a su fin y el príncipe ruso abandonó Inglaterra a bordo
del yate imperial. Durante la travesía descubrió que Alix le
había escrito una plegaria en las páginas de su diario, que
siempre llevaba consigo: «¡Duerme serenamente y deja que las
olas te acunen! Tu ángel de la guarda vigila sobre ti. ¡El más
tierno de mis besos para mi adorado Nicky!».

Cuando cumplió veintidós años, Alix le escribió una carta a la reina Victoria en la que intentaba tranquilizarla sobre
su inminente separación al convertirse en la esposa del zarevich: «Sí, querida abuelita, estoy segura de que la nueva posición me presentará muchas dificultades, pero con la ayuda de
Dios y de un marido amoroso, será más fácil de lo que nos
imaginamos ahora. La distancia es muy grande, pero en sólo
tres días uno puede llegar a Inglaterra desde San Petersburgo.
Estoy segura de que los padres de Nicky nos permitirán venir
a visitarte seguido. Realmente no soportaría no volver a verte,
después de lo buena y amable que has sido conmigo desde
que mi querida mamá murió, y me aferro a ti más que nunca,
ahora que soy casi una huérfana. [...] Por favor, no pienses
que mi casamiento cambiará en algo el amor que siento por
ti: por supuesto que no será así, y cuando esté lejos, tendré el
consuelo de pensar que existe alguien, la mujer más buena y
amable del mundo, que me ama un poco». Pero a la soberana
no le preocupaba tanto la ausencia de su nieta como la enorme responsabilidad a la que tendría que hacer frente más
pronto de lo que imaginaba.

En octubre de 1894 el emperador Alejandro III yacía
muy grave en su lecho. Temiendo lo peor, Nicolás escribió a
Alix pidiéndole que se reuniera con él en la residencia que la

familia imperial tenía en Livadia, Crimea. La joven no se lo pensó ni un instante y a toda prisa, sin llamar apenas la atención, hizo el equipaje y puso rumbo a su nueva patria. A su llegada al palacio su presencia pasó casi inadvertida pues la corte imperial se encontraba tan pendiente de la salud del zar que no se organizó ningún evento para celebrar su llegada. Al ser la prometida del zarevich, un tren especial hubiera debido esperarla para recibirla, pero cuando llegó a la frontera al no ver a nadie se subió a un tren regular. El conde Vorontsov-Dashkov, gran mariscal de la corte imperial, se había olvidado de ella. En el vagón que la llevó a Livadia la futura emperatriz de Rusia viajó sentada al lado de gente corriente. Nunca volvería a estar tan cerca del pueblo llano ruso como en aquel viaje que cambiaría para siempre su vida.

Ya en el palacio, Alejandro III esperaba a Nicolás y a su futura nuera sentado en un sillón de su dormitorio. A pesar de las objeciones de los médicos y familiares, había insistido en que el único modo adecuado de recibir a la prometida de su hijo era con su uniforme completo de gala y sus condecoraciones. Arrodillada ante el demacrado y débil emperador, Alix recibió su bendición. Durante los diez días siguientes la vida de la familia real giró en torno al lecho del moribundo zar. La recién llegada se sentía una extraña y nadie le prestaba atención. Pero lo que más le irritaba era el modo en que todos trataban a su futuro esposo ignorando que era el heredero al trono.

Nicolás, siempre educado y cortés con su madre María Feodorovna, era incapaz de plantarle cara y le dejaba que se ocupara de todos los asuntos. La princesa escribió en el diario de Nicolás unas líneas donde le pedía que impusiera su voluntad en tan difíciles momentos: «¡No te dejes dominar por la desesperación! Tu Sunny está rezando por ti y por el amado enfermo… Sé firme y haz que los médicos acudan a ti todos los días para informarte sobre el estado de Su Majestad. Tú debes ser siempre el primero que se entere. No permitas que nadie se anteponga a ti o trate de hacerte a un lado. A ti que eres su hijo, se te debe decir y preguntar todo. Muéstrate enérgico y no dejes que los demás se olviden de quién eres. Perdóname, amorcito mío…». Alix añadía que podía confiar plenamente en ella y que compartiera todo con su amada. Este estrecho vínculo marcaría la relación de ambos hasta su trágica muerte.

En la tarde del 1 de noviembre de 1894 Alejandro III falleció a los cuarenta y nueve años. Su viuda se desmayó en los brazos de Alix y Nicolás se sentía hundido y abrumado. No sólo había perdido a su padre sino que ahora debería acceder al trono sin contar con ninguna experiencia ni preparación. Llorando desconsolado sobre el hombro de su cuñado el gran duque Alejandro, exclamó: «Sandro, ¿qué voy a hacer? ¿Qué va a ser de mí, de Alix, de mi madre, de toda Rusia? No estoy preparado para ser el zar. Nunca quise serlo. Ignoro completamente la profesión de gobernar. Ni siquiera sé cómo hablar con los ministros». Nicolás, un joven de carácter caprichoso, obstinado y algo pueril, había vivido siempre bajo la imponente sombra de su padre. Alejandro III nunca confió en él los asuntos de Estado y siempre le trató como a un niño. Alix no ignoraba que su esposo carecía de la firmeza necesaria para dominar el vasto y rebelde imperio que su padre había gobernado durante trece años con mano férrea.

En tan duros momentos a Nicky sólo le aliviaba saber que su prometida estaba a su lado, tal como le escribió en una carta a la reina Victoria: «El único gran consuelo que tengo,

en mi enorme sufrimiento, es el profundo amor de mi querida Alix, que le retribuyo por completo». Ansiosa por convertirse en un nuevo miembro de la familia Romanov, la joven
insistió en que su conversión tuviera lugar lo antes posible.
Un día después de la muerte de Alejandro III la princesa de
Hesse fue confirmada en la Iglesia ortodoxa rusa y adoptó el
nombre de Alejandra Feodorovna. La ceremonia quedó eclip-
sada por la trágica y prematura pérdida del zar. Alix vestía de
riguroso luto y a su lado la emperatriz viuda no dejó de llorar
amargamente durante el oficio religioso. El destino quiso que,
al igual que le había ocurrido a su madre Alicia de Hesse
—quien celebró su boda en Osborne como un funeral—, su
enlace con el zar de Rusia también se viera ensombrecido
por una tragedia familiar. Para muchos un fatal presagio que
anunciaba, como confesó el gran duque Alejandro, «la inmi-
nencia de una catástrofe».

Cuando la reina Victoria recibió la noticia de que el gran
Alejandro III había muerto, temió por el futuro de la joven
pareja. En su diario anotó con gran preocupación: «Pobres, mi
querido Nicky y mi amada Alix. ¡Qué terrible carga de responsabilidad y angustia deberán soportar los pobres jóvenes!
Yo que tenía la esperanza y la ilusión de que tuvieran muchos
años de relativa tranquilidad y felicidad antes de asumir esa
posición engorrosa». Nicolás, dos días después de la muerte de
su padre, intentó adelantar la boda y contraer matrimonio con
su amada en una ceremonia íntima en Livadia. Pero sus cuatro
tíos —hermanos del zar fallecido que ejercían una poderosa
influencia sobre su joven e inexperto sobrino— le instaron a
que se casara de manera oficial, en San Petersburgo. Según
ellos esa boda era un acontecimiento nacional demasiado importante para celebrarlo de manera privada y lejos de la capital.

Por lo tanto se decidió que el enlace se llevaría a cabo con toda la pompa y esplendor de los Romanov una semana después del funeral de su padre. Alejandra ni siquiera tenía ajuar y en una carta a su hermana Victoria le confesaba: «Es fácil imaginar cuáles fueron nuestros sentimientos. Un día sumida en el luto más profundo, llorando al ser amado, y al día siguiente con las prendas más elegantes, contrayendo matrimonio. No podría existir un contraste más hondo; pero ese hecho nos acercó más, si tal cosa era posible».

El día de la boda imperial la ciudad de San Petersburgo amaneció cubierta por la nieve. La ceremonia tuvo lugar en el impresionante Salón de Malaquita del Palacio de Invierno. La novia lucía un recargado vestido antiguo de fiesta ruso, de brocado de plata y un manto imperial de tejido dorado, forrado y bordeado de armiño. Estas prendas eran tan pesadas que necesitó la ayuda de cuatro pajes para sostenerlas. El largo velo de tul se mantenía fijo en su sitio gracias a una pequeña tiara de diamantes, y a la corona nupcial de los Romanov. Alejandra iba literalmente cubierta de fabulosas joyas, regalo del zar, entre ellas una serie de broches de diamantes que cubrían la pechera de su vestido, además de la cadena enjoyada de la Orden de San Andrés y varias hileras de perlas alrededor del cuello. También llevaba a modo de gargantilla un collar de diamantes y un par de aros a juego. Eran tan pesados que hubo que sostenerlos con alambres alrededor de las orejas. La novia lucía el cabello recogido hacia atrás y adornado con fragantes capullos anaranjados que habían sido traídos especialmente de los invernaderos imperiales de Polonia.

Nicolás, que vestía el uniforme rojo de húsar de sus tiempos juveniles en el ejército y sobre los hombros una capa blanca con alamares de oro, le esperaba nervioso en el Salón Árabe junto a familiares y las más altas personalidades invitadas al enlace. La feliz pareja, cogida de la mano y seguida de una numerosa comitiva, atravesó una serie de magníficas salas perfumadas —decoradas con enormes jarrones de rosas, orquídeas y lirios— hasta alcanzar la capilla donde les esperaban tres mil invitados. Todos los asistentes se emocionaron ante el evidente amor que les unía. Jorge, duque de York, escribió a su esposa que permanecía en Inglaterra: «Creo que Nicky es el hombre más afortunado del mundo, al haber conseguido una esposa tan hermosa y encantadora, y debo decir que jamás he visto a dos jóvenes tan enamorados el uno del otro ni más felices que ellos».

La ceremonia fue soberbia pero Nicolás II reconoció a su hermano menor, el gran duque Jorge, que la experiencia había sido «una tortura absoluta tanto para ella como para mí». A la salida del palacio la multitud irrumpió en gritos y vivas en honor de los recién casados. A pesar de que muchos veían con mal presagio la llegada de una zarina al país «escoltando un ataúd», la gente se rindió ante la evidente felicidad del zar. Alejandra había arribado a su nueva patria en circunstancias muy sombrías. Durante diecisiete interminables días, vestida de luto con un largo vestido y el rostro cubierto por un velo, tuvo que acudir mañana y tarde a la catedral de San Petersburgo con la familia imperial para asistir a los solemnes oficios fúnebres en memoria de su suegro. Nunca olvidaría el olor de los cirios, la imponente presencia de los monjes y sacerdotes agitando sus incensarios junto al ataúd y el murmullo ensordecedor de las plegarias. El cuerpo del zar estuvo expuesto al público durante más de dos semanas antes de sepultarlo. Parte del rito de cada servicio consistía en besar los labios del muerto. Para Alejandra fue una auténtica tortura porque el rostro del zar había adquirido «un color terrible, y el olor era espantoso».

Fue en aquellos dramáticos momentos cuando el pueblo ruso pudo ver por primera vez a su futura zarina: apenas una sombra negra que seguía al cortejo fúnebre. La princesa alemana Alix de Hesse ascendía al trono de Rusia a los veintidós años, una posición extraordinaria para una persona tan joven. Con su matrimonio se convertía en «Su Majestad Imperial, la zarina Alejandra Feodorovna, emperatriz de Rusia». A partir de este instante su nombre sería incluido en las oraciones que todo el pueblo ruso entonaba por la familia reinante.

Debido al luto, tras la larga y agotadora ceremonia nupcial no hubo recepción. Tampoco los novios habían tenido tiempo para planificar su luna de miel y acondicionar su nueva residencia. Los recién casados regresaron al palacio Anichkov donde vivía María Feodorovna, la emperatriz viuda. Alejandra y Nicolás estuvieron despiertos hasta muy entrada la madrugada respondiendo los numerosos telegramas que habían llegado de todo el mundo. En su noche de bodas, antes de acostarse, la joven escribió en el diario de su flamante esposo: «Al fin unidos, por toda la vida, y cuando esta vida concluya, nos reuniremos de nuevo en el otro mundo y nos mantendremos así por toda la eternidad. Tuya, tuya». A la mañana siguiente, abrumada por tanta felicidad, escribió de nuevo: «Jamás creí que existiera semejante felicidad absoluta en el mundo, semejante sentimiento de unión entre dos mortales. TE AMO: esas dos palabras expresan mi vida». Una semana después de la boda al fin pudieron escapar y estar solos durante cuatro días en la residencia imperial de Tsárkoye Seló, en las afueras de San Petersburgo.

Aquel primer invierno la pareja imperial vivió en seis pequeñas y estrechas habitaciones del palacio Anichkov. Para la flamante esposa esta situación le debió resultar muy incómoda, pero no tenía otra opción. Estaban redecorando las habitaciones de sus dos futuras residencias, el Palacio de Invierno y el Palacio Nuevo de Peterhof, y no podían trasladarse hasta que las obras hubieran finalizado. «Todavía no siento que esté casada, conviviendo aquí con otros parece que estuviese de visita», escribió con gran pesar a su hermana Ella. Alejandra apenas tenía intimidad con su esposo pues además de su suegra, en el palacio compartía sus habitaciones con los hermanos pequeños del zar, Miguel de dieciséis años y Olga de doce. Sin embargo a la pareja les preocupaba más las largas horas que debían estar separados que los problemas domésticos. Nicolás se lamentaba: «¡Peticiones y audiencias sin fin! Hoy sólo he podido estar con Alix una hora. No me es posible describir la felicidad que siento al saber que ya es mía. Es triste que mi trabajo me absorba tantas horas, que yo preferiría dedicar exclusivamente a ella».

En los escasos ratos que podían estar juntos, Nicolás le leía en francés pues Alejandra deseaba mejorar su conocimiento de este idioma que era el que se hablaba en la corte rusa. En ocasiones, en las noches nevadas, el zar envolvía a su esposa en bufandas de armiño y la sentaba a su lado para dar un romántico paseo en trineo. Pero muy pronto estos momentos de felicidad se verían eclipsados por las tensiones y los problemas que Alejandra tendría con una mujer que se convertiría en su peor rival, la emperatriz madre María Feodorovna. Su suegra no estaba dispuesta a ceder su privilegiada posición en la corte y se negó a retirarse de la escena pública. En las cartas que se conservan de los primeros meses de su matrimonio, Alejandra pasa de la más exultante felicidad a la más sombría desesperación. «Me siento completamente sola —escribió a una amiga suya alemana—. Lloro y me desespero todo el día porque tengo la impresión de que mi marido es demasiado joven y carece de experiencia… Estoy sola la mayor parte del tiempo. Mi marido está muy ocupado todo el día y pasa muchas de las veladas con su madre.»

Al principio de su reinado Nicolás acudió a su madre en busca de consejo y trató de consolarla con su presencia. Muy a menudo comía con ella, y solía quedarse después de la cena para pasar la velada a su lado. Para la emperatriz viuda, Alejandra seguía siendo una pobre princesa extranjera, inexperta y sin el menor conocimiento del país ni de los asuntos de Estado. Lejos de ayudarla, se mostraba prepotente, celosa y muy obstinada con su nuera. Al finalizar el período de duelo, María Feodorovna reapareció espléndida ante sus súbditos dispuesta a seguir desempeñando su papel de primera dama de Rusia. Era aún una mujer joven y a sus cuarenta y siete años tenía una desbordante energía y era muy popular en su país. Amaba las fiestas, la pompa y los chismes. No estaba dispuesta a ocultarse tras un velo negro el resto de sus días, así que ante el malestar de su nuera comenzó a organizar como en los viejos tiempos fiestas y brillantes bailes.

Alejandra tendría que soportar la humillación de ver cómo en los actos públicos y en las fiestas de palacio su suegra entraba la primera cogida del brazo de su hijo mientras ella, detrás, lo hacía junto al gran duque Miguel. Pero hubo un incidente que sellaría para siempre la enemistad entre las dos mujeres. Por tradición, la emperatriz viuda debía entregar algunas piezas de la colección de joyas imperiales a la zarina reinante. Sin embargo María, que sentía debilidad por los collares de perlas y las diademas de diamantes, esmeraldas y zafiros que tenía en su poder, se negó a separarse de ellas. En su lugar ofreció a Alejandra algunas antiguas joyas que habían pertenecido a Catalina la Grande y que por su incomodidad nunca se ponía en público. Su nuera se sintió profundamente ofendida por su feo comportamiento, pero supo cómo vengarse. Alejandra afirmó que ya no le interesaban las joyas y que aunque su suegra se las devolviera, se negaría a usarlas en las ceremonias oficiales. El zar Nicolás transmitió el mensaje a su madre que, temerosa de un escándalo en la corte, se apresuró a entregarle las joyas más valiosas. A partir de este momento la relación entre ambas fue muy tensa y más cuando se veían obligadas a vivir bajo el mismo techo.

Para Alejandra los primeros meses de matrimonio fueron decepcionantes aunque tratara de disimularlo. Se encontraba muy sola, lejos de su familia y en un país extraño rodeada de desconocidos que la miraban por encima del hombro. Sus días eran largos, ociosos y tremendamente aburridos; vivía casi recluida en sus aposentos del palacio a la espera de poder estar apenas unos minutos con su esposo, entre audiencia y audiencia. No conocía en absoluto a los miembros de su séquito, elegidos por su suegra. Su única amiga era la señora Orchard, su antigua institutriz, que había venido de Darmstadt para acompañarla. Alejandra se dedicaba a estudiar música, a aprender el ruso y a perfeccionar el francés.

La pareja imperial nunca podía estar a solas, ni siquiera tenían su propio comedor y compartían la hora de la comida con la emperatriz viuda. En la mesa Alejandra se sentaba entre la madre y el hijo, ignorada por ambos. María Feodorovna casi nunca la incluía en la conversación, y su esposo era demasiado débil para defenderla. Así que la zarina reinante permanecía sentada, en silencio, hasta el final de la comida. Pero en público Alejandra nunca se quejó ni lamentó haber cambiado de vida. Esperaba resignada el momento de poder abandonar el palacio Anichkov y comenzar una nueva vida lejos de su suegra, una mujer orgullosa y manipuladora que trataba al zar como a un niño. En los primeros años de su reinado, Nicolás se vería atrapado entre estas dos mujeres de fuerte temperamento que ejercían una poderosa influencia sobre él.

Cuando a principios del nuevo año Alejandra y Nicolás pudieron al fin mudarse al Palacio de Invierno, las tensiones domésticas cesaron. El imponente palacio con su fachada de estilo barroco reflejaba la grandeza y el poder de la Rusia imperial. Tenía mil quinientas habitaciones, ciento veinte escaleras —entre ellas la espectacular escalinata de Jordania en mármol blanco— y enormes salones, algunos revestidos de piedras semipreciosas o de oro desde el suelo hasta el techo; era la residencia oficial de la monarquía rusa y el edificio más espléndido de San Petersburgo. Construido a orillas del río Neva, sus proporciones eran descomunales y su interior, gélido y húmedo, muy poco acogedor. Alejandra residió poco en él, le parecía un lugar insalubre debido a las corrientes de aire y la falta de higiene de sus aposentos, y poco seguro. Hasta seis mil personas trabajaban y vivían en palacio cuando los zares residían en él. Tampoco tenían privacidad y todos sus movimientos eran observados por «mil ojos».

El matrimonio no se instaló, como se esperaba de ellos, en los suntuosos salones y habitaciones decoradas con muebles franceses, tapices gobelinos y antigüedades provenientes de las valiosas colecciones de la emperatriz Catalina la Grande. Eligieron unos aposentos más bien pequeños que amueblaron con dudoso gusto. El salón de la emperatriz estaba lleno de palmeras en enormes macetas y las paredes habían sido tapizadas con tela de algodón estampada de flores, muy de moda entre la burguesía. La emperatriz adornó su dormitorio conyugal con sedas copiadas de las paredes de las habitaciones de la infortunada María Antonieta en el palacio de Fontaine-bleau y de las que se enamoró cuando visitó París con su esposo.

La capital de San Petersburgo, con sus magníficos edificios diseñados por los arquitectos más importantes de la época, impresionó a Alejandra pero detestaba el ambiente ocioso y superficial de la corte. Debido a su juventud e inexperiencia ignoraba las obligaciones que implicaba su alto rango. Se esperaba de ella que ejerciera de primera dama, marcara la moda con su estilo, ofreciera cenas y recepciones, y disfrutara de los privilegios de ser la esposa del monarca más poderoso del mundo. Pero la joven decepcionó a muchos porque no tenía ni el carácter ni la presencia de una emperatriz rusa. Se vestía teniendo en cuenta su comodidad y le interesaba muy poco seguir las tendencias.

Cuando se casó, todo su ajuar consistía en prendas de luto y de colores oscuros de modo que llegó al trono sin los lujosos vestidos apropiados para su rango. Aunque era cliente de los modistos más prestigiosos del momento como Paquin o Worth de París, prefería los vestidos de seda amplios en tela blanca, crema o malva, cubiertos de encaje. Alejandra disponía de la más valiosa colección de joyas del mundo pero las perlas eran sus favoritas. Le gustaba lucir largos collares de dos y tres vueltas de las mejores perlas naturales, que también usaba en broches y aros engastados en platino. Al contrario de ella, las anteriores emperatrices se habían tomado muy en serio su cometido de ir a la última moda y organizar deslumbrantes fiestas que mostraran al mundo el poderío y la opulencia de los Romanov. Su suegra, María Feodorovna, dedicó su tiempo y energías a formar una familia —tuvo seis hijos—, a las organizaciones benéficas pero sobre todo a la vida social. Le encantaba bailar hasta altas horas de la madrugada, agasajar a sus invitados y ser la perfecta anfitriona de una corte que no tenía rival en toda Europa.

Los bailes de la corte que se celebraban en los salones del Palacio de Invierno, con sus suelos de mármol, maderas preciosas y enormes arañas de cristal que colgaban de sus altos techos, eran una explosión de lujo. El personal al servicio del emperador y los miembros de su cuerpo de guardia llevaban uniformes de gala. La entrada de sus majestades era anunciada solemnemente por un golpe de vara del maestro de ceremonias. Como era tradición, Alejandra y Nicolás abrían el baile al compás de una polonesa ante miles de invitados. La emperatriz, que era torpe bailando, se sentía aterrorizada ante la gente y no disimulaba que le parecía una tortura. Durante las recepciones permanecía en silencio para sorpresa de sus invitados y cuando tendía su mano para que la besaran lo hacía con auténtica desgana.

Un testigo de aquella época escribió: «La emperatriz no poseía el talento necesario para atraer a la gente. Bailaba mal, pues el baile no le interesaba, y ciertamente no era una conversadora brillante… Tenía los brazos enrojecidos, lo mismo que los hombros y la cara, y siempre suscitaba la impresión de que estaba al borde de las lágrimas… Todo alrededor de su persona era hierático y eso podía aplicarse incluso al modo de vestir con ese grueso brocado que tanto le agradaba y con los diamantes distribuidos sobre toda su persona, como desafío al buen gusto y al sentido común».

Las chismosas damas de la aristocracia de San Petersburgo

sentenciaron a la emperatriz desde su primera aparición pública: era demasiado tímida, tenía una expresión muy melancólica y no resultaba nada cordial. Además, la estricta moral victoriana de Alejandra se hizo notar enseguida tachando de la lista de invitados a las personas que venían precedidas del más mínimo escándalo. Esta selección también se aplicaba a los miembros de la familia de su esposo. La influencia que la reina Victoria ejerció sobre su nieta era indudable, tal como reconocía Lili Dehn, una de las mejores amigas de la zarina: «No cabe duda de que ella era en muchos aspectos la típica victoriana; al igual que su abuela amaba la ley y el orden, era fiel y apegada a su familia y al deber, detestaba la modernidad». Estos ideales de aquella Inglaterra decimonónica no encajaban bien en una corte hedonista y ostentosa como la de San Petersburgo. La sociedad rusa se tomó la revancha y no dudaron en calificar a la nueva zarina de «aburrida, puritana, provinciana, carente de interés y altanera».

En poco tiempo la nueva emperatriz se convirtió en el blanco de todas las críticas y burlas, y aunque intentó representar su papel lo mejor que pudo, no consiguió ganarse al pueblo ruso. Ignorada en la corte imperial, se volcaría en ayudar a su esposo en sus asuntos políticos y en formar su propia familia. Nicolás, angustiado por no poder desempeñar el papel de zar, intimidado por su propia familia y sin amigos fieles que pudieran asesorarle, se dejaría influir cada vez más por su dominante mujer. Pero muy pronto todos los problemas se desvanecieron cuando Alejandra descubrió que estaba embarazada apenas seis meses después de su boda. Emocionados ante la feliz noticia, los zares decidieron trasladarse a un entorno más acogedor para esperar la llegada de su primer hijo.

El lugar elegido era un oasis de paz a sólo veinticinco

kilómetros al sur de San Petersburgo conocido como Tsárskoye Seló, la aldea del zar. Durante casi dos siglos los monarcas rusos recrearon en este paraje de cuatrocientas hectáreas
un paraíso artificial en miniatura. El inmenso parque se hallaba cubierto de robles y tilos, y extensos lagos artificiales. Tal
como describió un visitante, uno de ellos tenía «una colección
de barcos de todas las naciones, desde un sampán chino hasta
un bote inglés de cuatro remos; desde una góndola veneciana
hasta un catamarán brasileño». El resto del terreno estaba lleno de jardines colgantes de flores, grutas, fuentes, estatuas y en
una amplia avenida destacaban las relucientes mansiones que
pertenecían a las grandes familias rusas de la corte. En medio
de un prado se alzaban dos magníficos edificios, situados uno
junto al otro: el extravagante palacio de Catalina y el palacio
de Alejandro, más pequeño y sobrio, que se convirtió en su
residencia preferida en los siguientes veinte años.

La emperatriz, muy ilusionada, comenzó a decorar los
que serían sus apartamentos privados en el ala oeste del palacio. Éstos estaban vigilados por cuatro gigantescos lacayos abi-
sinios, ataviados con chaquetas bordadas en oro, pantalones
escarlata, turbantes de seda blancos y zapatillas turcas. Su única
función era abrir y cerrar las puertas y anunciar cuando los
zares hacían su aparición. Alejandra, como era su costumbre,
intentó recrear los ambientes que recordaba de su niñez en
Osborne y en Windsor. El príncipe Félix Yusupov —casado
con una sobrina del zar Nicolás— escribió más tarde: «A pesar de sus proporciones modestas, el palacio de Alejandro no
habría carecido de encanto de no ser por las lamentables "me-
joras" que introdujo la joven emperatriz. Reemplazó la mayoría de los cuadros, los adornos de estuco y los bajorrelieves
con maderas de caoba y rincones cómodos del peor gusto

posible. Desde Inglaterra Maple envió muebles nuevos y los antiguos que eran magníficos fueron enviados a depósito».

El «modesto» palacio de estilo neoclásico contaba con cien habitaciones distribuidas en dos plantas y una de sus sorpresas era la gran piscina cubierta de agua salada situada en el extremo de una de sus alas. Alejandra, ajena a las críticas, había comprado todo el mobiliario de su residencia enviando los pedidos por correo a la tienda Maple de Londres, muy popular entre la burguesía inglesa. Pero la habitación preferida de la zarina era conocida como el «Boudoir Malva» (Tocador Malva) y debía su nombre a la costosa seda muaré de este color que cubría las paredes. Todo en esa estancia —desde las cortinas, las alfombras, los muebles y los jarrones— era malva. Le encantaba esta sala que utilizaba como tocador, y solía permanecer en ella largas horas sentada en un cómodo sillón mirando las vistas al parque desde su balcón privado. Por la mañana allí desayunaba huevos y tocino, leía o escribía bebiendo su té favorito «muy fuerte y amargo» y fumando sus delicados cigarrillos franceses. Los esposos compartían el mismo lecho, algo inusual en las parejas reales y al parecer mantenían una apasionada relación física. El dormitorio imperial reflejaba la creciente devoción religiosa de la zarina. En una de las paredes había infinidad de iconos religiosos, y a su lado un rincón de oración que Alejandra utilizaba con frecuencia. En este idílico refugio la zarina se sentía más relajada y pasó feliz todo su embarazo.

Alejandra y Nicolás aguardaban con ansias el nacimiento de un varón, el futuro heredero al trono de Rusia. Pero aquel 15 de noviembre de 1895, tras un doloroso parto que duró casi veinte horas, la emperatriz dio a luz una niña, rubia y fornida, de cuatro kilos. El anuncio se hizo mediante ciento una salvas de cañón (trescientas si hubiera sido un varón). La gran duquesa Olga, a pesar de su sexo, llenó de satisfacción a sus padres que aún eran jóvenes para dar a Rusia el heredero que todos esperaban. Alejandra fue madre por primera vez a los veintitrés años y para asombro de todos decidió cuidar personalmente de su pequeña. Ella misma la alimentaba y bañaba todos los días, y mientras dormía sentada junto a su cuna le tejía diminutas prendas de vestir. Al contrario de su abuela la reina Victoria que había sido una madre poco entusiasta, la emperatriz era muy maternal y trasladó la cuna de su hija a su propia alcoba.

Durante los primeros siete años de su matrimonio, y en rápida sucesión, daría a luz a cuatro hijas. A la pequeña Olga le seguirían Tatiana en 1897, María en 1899 y Anastasia en 1901. Su única obligación como zarina era concebir un heredero varón de la dinastía Romanov y al no conseguirlo sentía que había fracasado. El nacimiento de su segunda hija fue para todos, incluida ella misma, una gran decepción. Cuando despertó de la anestesia y vio «los rostros preocupados y nerviosos» de las personas que la rodeaban en el lecho, tuvo un fuerte ataque de histeria y comenzó a gritar delante de todos: «Dios mío, no, es una niña de nuevo. ¿Qué dirá la nación, que dirá la nación?». Mientras todas sus hermanas eran madres de una numerosa prole, incluidos varones fuertes y sanos, Alejandra no lograba su tan ansiado propósito. Las presiones del clan Romanov y los rumores sobre su incapacidad para engendrar un varón que garantizase la continuidad dinástica fueron para ella una dura prueba.

Cuando nació su cuarta hija, Anastasia, la zarina no gozaba de popularidad en Rusia y la sociedad de San Petersburgo seguía dándole la espalda. La relación con su suegra tampoco había mejorado y en la corte eran muchos los que la culpaban de no desempeñar como era su deber el importante papel de esposa del zar. Pero los múltiples embarazos la mantenían indispuesta y, con el paso del tiempo, sus problemas de salud —fuertes jaquecas, ciática y debilidad en las piernas— contribuyeron a que se alejara de la vida pública. Cuando nació su tercera hija María, se temió por su vida y la del bebé. En aquella ocasión el zar Nicolás se sintió tan desilusionado al saber que no era un niño, que para que no se notase su consternación tuvo que dar un largo paseo por el jardín del palacio antes de visitar a su esposa después del parto. Hasta la reina Victoria al recibir la noticia de la venida al mundo de la gran duquesa María no pudo contener su desencanto y dijo a Nicolás: «Lamento mucho la llegada de una tercera hija para Rusia. Sé que un heredero sería mejor que una niña».

Sin embargo, aunque al zar le preocupaba la sucesión al trono, seguía muy enamorado de su esposa y feliz de la familia que habían formado. Ambos se sentían muy orgullosos de sus hermosas hijas a las que llamaban «nuestro pequeño trébol de cuatro hojas». En una carta al obispo de Ripon, la zarina le decía: «Nuestras niñitas son nuestra dicha y nuestra felicidad; cada una de ellas, tan distintas en su aspecto y temperamento. Que Dios nos ayude a darles una educación buena y sólida, y a convertirlas, sobre todo, en valientes soldaditos cristianos que luchen por Nuestro Salvador».

Menos de seis meses después del nacimiento de su primogénita Olga, Alejandra se quedó de nuevo embarazada pero sufrió un aborto y perdió el hijo que esperaba. En aquellos días estaba muy tensa porque se iba a celebrar con gran pompa y boato la coronación del joven zar Nicolás II en Moscú, una ceremonia de gran trascendencia y valor simbólico. De nuevo tendría que enfrentarse al miedo escénico que le producía asistir a un acto público multitudinario, donde sería el centro de todas las miradas.

Sus Majestades Imperiales

Habían pasado trece años desde la última coronación del zar Alejandro III y la expectación en Moscú era enorme. La víspera del gran día el matrimonio se encontraba en el palacio Petrovski, en el límite de la ciudad, orando y ayunando como preparación para una ceremonia que era mucho más que un enlace real. Alejandra era muy consciente de que ella y su esposo —siguiendo una tradición de más de trescientos años de historia de los Romanov— iban a ser consagrados, coronados y reverenciados como los elegidos por Dios para gobernar Rusia. El 26 de mayo de 1896 amaneció soleado y nada hacía presagiar la tragedia que estaba a punto de ensombrecer la coronación de los zares en la catedral de la Asunción.

Alejandra, ataviada con un recargado vestido de corte ruso de brocado de plata adornado con perlas y magníficas joyas, soportó con gran entereza la larga ceremonia de cinco horas. Dentro de la iglesia, engalanada con frescos y repleta de iconos con incrustaciones de piedras preciosas, dos mil personas les esperaban. Nicolás se sentó en el trono del zar Alexei I, una pieza del siglo XVII incrustada con 879 diamantes. A su lado Alejandra hizo lo mismo en el trono de marfil de Iván el Grande. Tras la misa le fueron entregados al zar los símbolos reales: el orbe, el cetro y la cadena de la Orden de San Andrés. Finalmente fue proclamado «Nicolás II, el Legítimo y Único Emperador y Autócrata de todas las Rusias». Tras la investidura el zar se coronó él mismo demostrando de ese modo que su poder provenía directamente de Dios.

A diferencia de Nicolás, que acusaba el agobio por el insoportable peso de las túnicas, el manto revestido de armiño y la corona, su esposa se mantuvo todo el tiempo muy erguida. Según un testigo, «la zarina mostraba una profunda emoción pero su rostro era el de un mártir que camina, con ritmo pausado, hacia la pira funeraria». Alejandra y Nicolás eran ahora la pareja más rica y poderosa del mundo. El zar gobernaba un territorio de más de veintidós millones de kilómetros cuadrados y cerca de ciento cincuenta millones de personas. Pero la joven e inexperta zarina ignoraba lo que este título significaba y el cambio que iba a producirse en su vida cotidiana. Entraba a formar parte de una dinastía muy poderosa y de una enorme riqueza que se remontaba al siglo XVII.

Su amado y pueril esposo era en aquel momento el hombre más acaudalado del mundo; era dueño de fabulosas colecciones de joyas, poseía empresas madereras y mineras, un total de setenta millones de hectáreas a su propio nombre y una fortuna incalculable en bancos extranjeros. A esto había que sumarle sus residencias oficiales, entre ellas el impresionante Palacio de Invierno en San Petersburgo, dos palacios en Tsárskoye Seló, tres en Peterhof, dos en Livadia (Crimea) y el gran Kremlin en Moscú. Además de estos enormes y fastuosos palacios históricos, era propietario de otros más pequeños como el palacio Anichkov, el palacio Elagin y Gátchina, en la capital o en sus alrededores. En Moscú tenía dos palacios más, así como tres cotos de caza en Polonia, con millares de hectáreas, y varios pabellones de caza en Finlandia. La familia imperial disponía de cuatro yates y dos lujosos trenes para su uso exclusivo. No es de extrañar que Alix de Hesse, una sencilla

princesa alemana de un pequeño condado, se dejara deslum-
brar por la opulencia bizantina de la corte rusa y muy pronto
olvidara sus orígenes.

Siete mil invitados asistieron al banquete de la coronación
y cuatro días después se ofreció al pueblo un gran festín para
celebrar el acontecimiento. Más de medio millón de personas
se congregaron en Jodynka, un extenso campo a las afueras de
la ciudad, para beber y comer gratis a la salud de los zares. Pero
de repente, comenzó a circular el rumor de que quizá no hubiera suficiente comida ni regalos para todos y cundió el pánico entre la gente. En apenas unos minutos, cerca de mil quinientas personas perdieron la vida, en su mayoría aplastadas por
una multitud desenfrenada. La noticia conmovió a los zares
que visitaron a los cientos de heridos en los hospitales y trataron de consolar a sus familias. Nicolás II ordenó cancelar el
resto de los festejos previstos y se retiró a rezar con su esposa.

Aquella misma noche debía celebrarse un espléndido baile ofrecido por el embajador francés en honor de la pareja
imperial. El zar declaró que en semejantes circunstancias el
baile tenía que aplazarse. Pero sus cuatro tíos insistieron en
que debían asistir para evitar un incidente diplomático con
Francia, un buen aliado de Rusia. No tuvieron más remedio
que acudir aunque ninguno de los dos disfrutó lo más mínimo pensando en el terrible suceso. Alejandra, según los testigos, «estaba terriblemente afligida y tenía los ojos enrojecidos
de tanto llorar». La tragedia de Jodynka se podría haber evita-
do y se culpó de la mala organización al gran duque Sergio,
gobernador general de Moscú y cuñado de Alejandra. Aunque el matrimonio imperial compensó económicamente a las
familias de los fallecidos, el pueblo no les perdonó su actitud.
Les tacharon de insensibles y de divertirse mientras centenares

de súbditos morían o sufrían en los hospitales. A Nicolás se le recriminó el no tener criterio y a su esposa la despreciaron por su falta de compasión.

A partir de 1900, los zares retomaron la costumbre de pasar la Pascua —la fiesta más relevante en la tradición ortodoxa rusa— en Moscú para conocer mejor la antigua capital y a sus habitantes. En estas fechas era frecuente que las familias se reunieran y se regalasen huevos decorados, símbolo de la nueva vida y la esperanza. El zar, siguiendo una usanza que inició su padre Alejandro III en 1885, encargó al artesano joyero Carl Fabergé unos huevos de Pascua elaborados en oro, plata y platino con incrustaciones de zafiros, diamantes, rubíes y esmeraldas, y los más refinados esmaltes. Nadie, ni siquiera el propio emperador, conocía el diseño de esta joya que cada año regalaba a su madre y a su esposa respectivamente. Alix nunca olvidaría el huevo que Nicolás le regaló la primera Pascua tras su coronación en 1897. Estaba confeccionado en esmalte de oro, sobre el que se habían engarzado diamantes para dibujar el escudo del águila imperial. La joya se abría y en su interior había una réplica de oro en miniatura del carruaje en el que Alejandra hizo su entrada en Moscú.

Tras su coronación Nicolás y Alejandra emprendieron sus primeras giras oficiales como soberanos. En verano visitaron Austria para saludar al emperador Francisco José y a su esposa, la emperatriz Sissi, que acudió a recibirles en persona. Era un gran honor y algo inusual dado que la soberana, tras el suicidio de su único hijo el príncipe heredero Rodolfo, vivía retirada de la deslumbrante corte de los Habsburgo. La estancia en Austria duró apenas dos días pero Alejandra guardaría un dulce recuerdo de aquel viaje, al ser su primera visita oficial al extranjero como emperatriz de Rusia.

Tras pasar unos días en Alemania en compañía del káiser Guillermo II, el zar y la zarina subieron a su nuevo yate, el *Standart*, y pusieron rumbo a Escocia para visitar a la reina Victoria en su castillo de Balmoral. La cantidad de personal que les acompañaba, entre guardias de seguridad y el séquito del zar, era tan desproporcionada que tuvieron que construir albergues improvisados para alojarlos en los alrededores del castillo. La llegada de los zares y la pequeña Olga llenó de felicidad a la soberana de setenta y siete años, que en aquellos días celebraba el reinado más longevo de un soberano británico. En su diario Victoria anotó que se alegraba de que, a pesar de que su nieta hacía dos años que era la gran emperatriz de Rusia, apenas había cambiado y su cargo no se le había subido a la cabeza. El día que Alejandra debió abandonar con su familia Balmoral, escribió en una carta a su institutriz inglesa: «Ha sido una visita tan corta, me duele en el alma tener que dejar a la querida y amable abuela. Quién sabe cuándo y dónde volveremos a vernos».

El 22 de enero de 1901 Victoria fallecía en su lecho en el castillo de Windsor. El suyo había sido el reinado más largo en la historia de Inglaterra. Alejandra, a mil quinientos kilómetros de distancia, no podría asistir al funeral porque en ese momento estaba embarazada de Anastasia y el médico consideró que el viaje podría ser peligroso para su ya delicada salud. La zarina, abrumada por la triste noticia, escribió a su hermana Victoria: «Cómo te envidio, porque puedes ver a la amada abuela cuando la llevan hasta su último descanso. No puedo creer que de verdad se haya ido y que nunca más volveremos a verla. Parece imposible. Intervino en nuestra vida desde que tenemos memoria y nunca hubo un ser más amante y bondadoso. El mundo entero llora por ella. Inglaterra sin la reina parece imposible». La correspondencia que abuela y nieta habían mantenido durante tantos años le fue devuelta a la zarina tras la muerte de la soberana.

Desde el principio de su reinado la pareja imperial se mantuvo casi aislada de la política y las intrigas de la corte. Preferían la vida hogareña en Tsárskoye Seló, y en ella se refugiaba el zar huyendo de la toma de decisiones importantes para la nación. Aunque en sus primeros años de matrimonio la zarina permaneció al margen de la política, poco a poco, y viendo la debilidad de su esposo, influiría cada vez más en él. Alejandra no tenía experiencia en este campo pero antes de contraer matrimonio, su cuñado el gran duque Sergio la instruyó sobre los principios de la autocracia rusa y el carácter místico del oficio del zar. Con el paso de los años consideraba normal que el pueblo ruso tratase a su esposo como un semidiós y a ella se la reverenciase en todo el país. Hasta el día de su muerte creyó que los verdaderos rusos amaban a la familia imperial simplemente por la posición que ocupaban. Nunca entendió que el afecto y el apoyo del pueblo había que ganárselo día tras día. En una ocasión escribió a la reina Victoria: «Rusia no es Inglaterra. Aquí no es necesario realizar grandes esfuerzos para conquistar el afecto popular».

Alejandra no sólo daría consejos a su esposo, en ocasiones muy desacertados, sino que llegaría a retocar sus discursos. También dejó de lado a casi todos los hombres de confianza del zar, con el propósito de que nada perturbara su felicidad conyugal. Los zares pagarían un alto precio por vivir ajenos a las necesidades de su pueblo. En aquellos inicios del siglo xx, Rusia estaba muy atrasada respecto al resto de Europa y las diferencias sociales eran abismales.

La zarina vivía de espaldas a la cruda realidad del campesinado ruso, al que tenía ingenuamente idealizado. A sus ojos, esa «pobre gente» reflejaba el verdadero espíritu ruso y carecían de la hipocresía de las clases más cultas y adineradas. Al igual que ellos, se tomaba muy en serio la religión y apreciaba la honestidad de las personas. En 1890, durante su visita a su hermana en su finca de Ilinskoie, la visión de las aldeas humildes pero limpias, y de los hombres y mujeres que trabajaban afanosamente los campos, quedó para siempre grabada en su memoria. Pero era una imagen ficticia sólo válida para los campesinos que tenían la suerte de vivir en una gran propiedad como Ilinskoie. En el resto del país millones de hombres, mujeres y niños vivían explotados y sumidos en la más absoluta pobreza. En Rusia la familia imperial, los militares y la Iglesia eran los dueños absolutos de todo.

En una fotografía histórica tomada el 4 de febrero de 1903 Alejandra y Nicolás posan solemnes luciendo fastuosos trajes antiguos rusos. Fue durante el baile de disfraces celebrado en el Palacio de Invierno con motivo del tricentenario de los Romanov. Todos los asistentes vestían ricos trajes inspirados en la nobleza rusa del siglo XVI. El vestido de Alejandra era de brocado de oro adornado con esmeraldas y perlas. Alrededor del cuello lucía un collar realizado por Fabergé especialmente para esa fiesta en cuyo centro destacaba un zafiro de 159 quilates. Mientras los invitados a la fiesta bailaban cubiertos de joyas en un decorado de ensueño y se hacían fotos para la posteridad, en la calle los obreros de las fábricas de Moscú se helaban de frío y morían de hambre. Aquél fue el último gran baile de la Rusia imperial. La mecha de la revolución no tardaría en encenderse y sacudir los cimientos del imperio.

Aquéllos fueron los meses más difíciles y tensos del reinado de Nicolás y Alejandra. Cuando la zarina supo que estaba de nuevo embarazada, el imperio se desangraba en una cruenta guerra contra Japón en el Pacífico. Alejandra, preocupada por la pérdida de miles de hombres en el bando ruso, volcó todos sus esfuerzos en ayudar en la guerra. Se dedicó a organizar talleres en el Palacio de Invierno, donde se reunían mujeres de distintas clases sociales para preparar suministros y confeccionar ropa para los soldados rusos. También animó a sus hijas a que tejieran bufandas y gorros para combatir el frío. Las tropas rusas agradecieron a la zarina el envío de paquetes durante las Pascuas con productos de primera necesidad. Años después, crearía su propio hospital en Tsárskoye Seló, donde a diario visitaba a los heridos, y fundó un hogar para inválidos que acogería a muchos de ellos. No dejó de trabajar como una voluntaria más hasta dos meses antes del parto de su hijo. Después tuvo que permanecer unas semanas en cama debido al cansancio y la angustia acumulados.

En agosto de 1904, Alejandra, a sus treinta y dos años, dio a luz a su quinto hijo en el palacio de Peterhof donde residían en verano. Cuando la madre vio que era un varón rompió en sollozos y exclamó: «¡Oh, no puede ser cierto! ¡No puede ser cierto!». En San Petersburgo los cañones dispararon trescientas salvas en su honor y en todo el país las campanas de las iglesias no dejaron de repicar. El recién nacido, un niño hermoso de rizos dorados y ojos muy azules, fue bautizado como Su Alteza Imperial Alexei Nikolaievich, en honor al zar favorito de Nicolás, Alexei I, el padre de Pedro el Grande.

Por primera vez en muchos años se veía a la zarina alegre y relajada. Un visitante que la conoció cuando el pequeño tenía dieciocho meses escribió: «Advertí que la zarina estaba transportada por la exaltada alegría de una madre que al fin ha visto realizar su deseo más difícil. Se la veía orgullosa y complacida por la belleza de su hijo. Ciertamente el zarevich era uno de los niños más hermosos que uno pueda imaginar, con sus bellos rizos rubios, los grandes ojos azul grisáceo bajo las pestañas largas y curvas, y el color sano y sonrosado de un niño saludable. Cuando sonreía se le formaban dos hoyuelos en sus regordetas mejillas». El bautizo del pequeño se celebró en la iglesia de Peterhof y numerosos miembros de la realeza europea estuvieron presentes. Entre los padrinos del zarevich estaban el káiser Guillermo II, el rey Eduardo VII de Inglaterra, el gran duque Ernesto Luis de Hesse y su abuela, la emperatriz viuda María Feodorovna.

La felicidad de la pareja imperial no duró mucho porque apenas seis meses después de su nacimiento el pequeño Alexei comenzó a sufrir una hemorragia por el ombligo. Nicolás describió en su diario personal su inquietud al no saber qué le pasaba a su hijo: «Alix y yo estamos muy perturbados por la constante pérdida de sangre del pequeño Alexei. Sigue sangrando a ratos hasta la noche». A partir de ese incidente la vida de los zares dio un giro inesperado y no tendrían un minuto de descanso. Durante los siguientes meses, mientras su hijo daba los primeros pasos, veían impotentes cómo el pequeño cuando tropezaba o caía gritaba de dolor y el cuerpo se le cubría de llamativos cardenales.

Aquel niño encantador que parecía un ángel y estaba destinado a llevar sobre su cabeza la corona de Rusia tenía la hemofilia. Esta grave dolencia no era nueva para Alejandra pues su hermano pequeño Frittie también la padeció y murió tras un fatal accidente. Aunque seguramente antes de casarse la zarina sabía que existía una posibilidad de que pudiera transmitir este gen defectuoso a alguno de sus hijos varones

—al igual que la reina Victoria se la transmitió a su hijo el príncipe Leopoldo—, esta tragedia le afectó profundamente. El resto de su vida estaría pendiente de su pequeño, sufriendo la incertidumbre de no saber si en cualquier momento podía morir a causa de una simple caída.

Mientras Nicolás y Alejandra residían aislados en su palacio de Tsárskoye Seló, el pueblo ruso se mostraba cada vez más combativo por sus precarias condiciones de vida. En la capital se sucedían los motines, las huelgas y las manifestaciones. La falta de derechos políticos y la pobreza que tenían que soportar los campesinos se hizo insostenible. En el mes de enero de 1905 cerca de doscientos mil trabajadores se manifestaron frente a las puertas del Palacio de Invierno para reclamar al zar mejores condiciones laborales. Era una marcha pacífica organizada por un joven sacerdote, el padre Gapón, pero acabó en un baño de sangre. Nicolás no se encontraba en palacio pero su tío Vladimir ordenó abrir fuego contra la multitud. Murieron más de mil manifestantes y hubo centenares de heridos, la mayoría mujeres y niños. El padre Gapón sobrevivió a la masacre y desde un lugar secreto declaró que el zar era «un asesino de almas y que sus manos estaban manchadas con la sangre inocente de los trabajadores, sus esposas y sus hijos».

Alejandra al conocer los detalles de la tragedia se sintió abrumada, al igual que el propio zar. En una carta a su hermana Victoria le abría su corazón como nunca antes lo había hecho: «Ya comprendes la crisis que estamos viviendo. En efecto, es un momento dolorosamente difícil. La cruz que soporta mi pobre Nicky es muy pesada sobre todo porque no tiene una persona en la cual pueda apoyarse totalmente y que sea una verdadera ayuda para él. [...] De rodillas pido a Dios que me dé la sabiduría necesaria para ayudar a Nicky en su pesada tarea. Me devano los sesos para encontrar un hombre de confianza y no consigo nada; es desesperante [...]. El pueblo ruso está profunda y sinceramente consagrado a su soberano, y los revolucionarios utilizan su nombre para provocarlos contra los terratenientes, pero ignoro cómo lo hacen. Desearía mostrarme inteligente y ser realmente útil. Amo a mi nuevo país. Es tan joven, poderoso y tiene tantas cosas buenas, sólo que todo está desequilibrado y es infantil. Pobre Nicky, tiene que llevar una vida dura y amarga».

Por aquella época Alejandra sentía que era su obligación ayudar a su esposo a elegir a sus ministros y orientarlo en el cumplimiento de sus deberes. Y así lo hizo, aunque su manera de interferir en los asuntos políticos aún le granjearía más enemigos. La terrible matanza realizada por la guardia imperial rusa contra manifestantes pacíficos —conocida como el Domingo Sangriento—, unida a la aplastante derrota que iba a sufrir Rusia en la guerra contra Japón, menoscabaron el prestigio del zar y su gobierno.

En octubre de aquel convulso año el zar Nicolás II intentó apaciguar a los manifestantes aprobando la creación del Parlamento ruso, conocido como la Duma. No fue una decisión fácil pero frente a la amenaza de la anarquía, el zar y el gobierno no tuvieron más remedio que poner fin a los trescientos años de absolutismo de los Romanov. Nicolás II reconoció que había sido una «terrible decisión» pero que su único consuelo es que «esta grave decisión sacará a mi querida Rusia del intolerable caos en el que ha estado sumida durante casi un año». De puertas adentro, el zar se mostraba profundamente abatido, tal como le confesó a un amigo con lágrimas en los ojos: «Estoy deprimido. Siento que al firmar este acto he perdido la corona. Ahora todo ha terminado».

Cuando en abril de 1906, la zarina y la emperatriz viuda le acompañaron a la sesión inaugural de la Duma no pudieron evitar sentir el desprecio de muchos de los presentes hacia el monarca y su familia. Mientras el zar leía el discurso que ponía fin a la autocracia en Rusia, tanto su esposa como su madre tuvieron que contener las lágrimas. Así lo recordaba la emperatriz viuda María Feodorovna: «Nos miraban como si fuéramos sus enemigos, y yo no podía dejar de mirar ciertos rostros, tal era el odio incomprensible que parecían reflejar hacia nosotros».

Tras la inauguración del Parlamento ruso la situación en Rusia siguió siendo caótica y los asesinatos, robos y atentados con bombas eran muy frecuentes. Los zares seguían aislados en Tsárskoye Seló y desde el primer instante decidieron ocultar a la corte y al pueblo la grave enfermedad de su hijo. Fue una decisión errónea porque de conocer la verdad la gente hubiera sido más comprensiva con la zarina, que en público se mostraba muy seria y distante debido al sufrimiento del príncipe heredero. Pronto comenzaron a circular rumores que decían que el zarevich era epiléptico, retrasado o que sufría alguna deformidad y por este motivo sus padres lo mantenían escondido. El escaso afecto que a esas alturas el pueblo ruso prodigaba a los zares se fue esfumando y pronto se convirtió en absoluto desinterés.

Nicolás y Alejandra apenas se dejaban ver en público ni recibían visitas. Cuando no se encontraban en Tsárskoye Seló la familia imperial pasaba el verano en el palacio de Peterhof, a orillas del Báltico, el equivalente ruso de Versalles. Durante su estancia allí, los soberanos solían navegar a bordo del lujoso yate *Standart* con sus hijos y desembarcaban en las hermosas islas del golfo para disfrutar de un día al aire libre. Tras unas

semanas en Peterhof, la familia imperial se trasladaba de nuevo con su séquito, esta vez a su retiro en la Polonia rusa, donde el zar cazaba bisontes en sus frondosos bosques. Los zares
también pasaban sus vacaciones en el palacio de Livadia, en
Crimea. Este lugar, de clima cálido, a un paso del Mar Negro,
era uno de los retiros preferidos de Alejandra porque le recordaba los años de su niñez en el castillo de Osborne, en la
isla de Wight.

Tras la primera hemorragia que sufrió su hijo, la vida de
la zarina se convirtió en una pesadilla. La confirmación de que
su adorado Alexei era hemofílico fue un golpe devastador
para ella, que siempre se sentiría culpable por haberle transmitido este mal genético. Nunca antes se había encontrado tan
sola y lamentaba no tener junto a ella a su querida abuela
Victoria, que hubiera podido aconsejarla al haber sufrido la
misma tragedia. Aunque los miembros de la familia Romanov
conocían la verdadera naturaleza de la enfermedad del zarevich, no contó con su apoyo ni comprensión. Por el contrario,
las críticas hacia su persona no hicieron más que aumentar. En
aquellos días nefastos, la zarina sólo podía confiar en una mujer que con el tiempo se había convertido en su única amiga
verdadera, Anna Výrubova. Cuando se conocieron Alejandra
tenía veintinueve años y ella diecisiete, pero a pesar de la diferencia de edad entre ellas se estableció un vínculo especial. La
joven, cuyo padre había servido a la familia imperial, había
enfermado de fiebres tifoideas y Alejandra solía visitarla cuando hacía su ronda por los hospitales. Para la zarina era un deber pero para Anna resultaba algo tan excepcional que desde
aquel primer encuentro sintió una auténtica veneración por
la soberana.

A Alejandra le resultaba muy difícil establecer relaciones

de amistad debido a su timidez y al rango que ostentaba. En una ocasión escribió a una conocida una carta donde reconocía: «Debo preservar mi propia persona, si quiero ser yo misma. No estoy hecha para brillar frente a una asamblea, no poseo la conversación fácil ni ingeniosa que se necesita para eso. Me agrada el ser interior y eso me atrae con mucha fuerza. Como usted sabe pertenezco al tipo del predicador. Quiero ayudar a otros en la vida, ayudarles a librar sus propios combates y soportar su cruz». Aunque físicamente no llamaba la atención —era bajita, regordeta, de cara redonda y mejillas rosadas—, la zarina encontró en ella una persona sencilla y en quien poder confiar.

Cuando Anna Výrubova llegó a la corte y se convirtió en la favorita de la zarina, las críticas no se hicieron esperar. El propio embajador francés se sintió sorprendido cuando la conoció en palacio: «Jamás una favorita real pareció menos pretenciosa. Era más bien robusta, con el cuerpo tosco y las carnes abundantes, la cabellera espesa y reluciente, el cuello grueso, los labios carnosos, bonitos y llenos. Siempre se vestía muy sencillamente y con sus adornos baratos mostraba una apariencia provinciana». Para estar más cerca de su amiga la zarina, Anna compró una humilde casa en la aldea de Tstárskoye Seló. En ocasiones los zares se desplazaban hasta allí para tomar con ella una taza de té. A las elegantes damas de la corte de San Petersburgo les resultaba chocante que la zarina pasara tanto tiempo con una mujer desconocida y plebeya. Cuando Alejandra decidió concederle un cargo oficial para acallar las críticas, pasó a ser su doncella de honor y su única confidente.

Con el tiempo el pueblo llegó a odiar a Anna por el simple hecho de ser amiga íntima de la zarina. Comenzaron a

correr rumores de que ella y Rasputín se habían puesto de
acuerdo para provocar la caída de la monarquía. También se la
acusó de haber organizado orgías sexuales en el palacio de
Alejandro y de haber mantenido relaciones íntimas con la
propia zarina. Tras la abdicación del zar Nicolás II en 1917, la
doncella fue detenida y encarcelada acusada de «actividades
políticas». Convencida de que su vida peligraba, y para demostrar su inocencia, pidió que se le practicara un examen
médico. Con gran desconcierto se demostró que Anna Výrubova aún era virgen.

El continuo sufrimiento y temor por la vida del heredero
de la dinastía Romanov acabaría por minar la salud de la zarina. A su drama personal se sumó otra tragedia familiar, el asesinato en Moscú de su cuñado el gran duque Sergio a manos
de un revolucionario. Ocurrió tres semanas después de la terrible masacre del Domingo Sangriento en San Petersburgo.
Aunque Sergio era uno de los miembros más odiados por la
familia Romanov y el pueblo lo despreciaba por sus maneras
altivas y prepotencia, su muerte —víctima de un brutal atentado con bomba cuando salía del Kremlin en su carruaje—
afectó mucho a Alejandra. Por primera vez fue consciente de
que el trono de Rusia y el destino de su esposo estaban en
grave peligro. Cuando conoció la noticia quiso viajar de inmediato a Moscú para reunirse con su hermana Ella, pero el
zar se lo impidió porque era muy peligroso.

Tras el asesinato de su esposo, la gran duquesa Isabel Feodorovna se retiró de la vida mundana y tomó una drástica
decisión: vendió todas sus joyas —incluido su anillo de bodas— y demás posesiones. Con el dinero recaudado constru-
yó un convento y un hospital a orillas del río Moscú. La antaño
considerada una de las princesas más bellas y elegantes de

todas las cortes europeas, se transformó en una humilde abadesa y fundó su propio convento. Su entrega y dedicación a los pobres y a los enfermos le granjearon una reputación de santa.

Como el príncipe heredero Alexei era un niño vivaz y travieso sus padres decidieron seguir manteniendo en secreto su enfermedad. Incluso Pierre Gilliard, que fue preceptor de las grandes duquesas durante ocho años, desconocía la verdadera dolencia que aquejaba al zarevich. Para evitar que el niño se lastimara con fatales consecuencias, le asignaron como guardaespaldas a dos fornidos marineros de la flota imperial que lo tenían constantemente vigilado. A esas alturas la zarina sabía que los médicos nada podían hacer por devolver la salud a su hijo. Deprimida y abatida, Alejandra se refugió en la Iglesia ortodoxa y en su fe halló un verdadero consuelo a sus pesares. Su cuñado Alejandro dijo de ella: «Se negaba a someterse al destino. Hablaba sin cesar de la ignorancia de los médicos. Manifestaba una preferencia franca por los hechiceros. Se volvió hacia la religión y sus oraciones estaban tocadas por cierta histeria. La escena estaba preparada para la aparición de un milagrero...».

Aunque en un principio la zarina se negó a abandonar su religión, cuando abrazó la fe ortodoxa lo hizo con un fervor y devoción que sorprendían a muchos. Desde el primer momento se sintió impresionada con la pompa y el esplendor de la Iglesia ortodoxa en contraste con la austeridad de la Iglesia luterana. La visión del interior sombrío de las imponentes iglesias rusas envueltas en incienso y decoradas con brillantes iconos y frescos, con sus sacerdotes de largas y pobladas barbas, vestidos de negro, cubiertos de cruces y cantando sentidas letanías, llegó a su corazón. En la corte se criticaba su fervor religioso y muchos habitantes de San Petersburgo la considerában una fanática. Sin embargo la zarina, ajena a las críticas, pensaba que el milagro de la curación de Alexei llegaría de la mano de algún santón, de los muchos que habitaban en Rusia.

Los llamados «starets» eran una especie de monjes que solían vagar por el campo en peregrinaciones religiosas. Estos hombres, que atraían a una gran cantidad de seguidores, renunciaban a los bienes terrenales y consagraban su vida a ser los guías espirituales de hombres poderosos, a los cuales ayudaban a acercarse a Dios. En la Iglesia ortodoxa proliferaban estos santones y se admitía que tenían poderes especiales. No es de extrañar que cuando a principios de noviembre de 1905 la gran duquesa Militza presentó a la zarina a un misterioso campesino proveniente del pueblo siberiano de Pokróvskoye, llamado Grigori Rasputín, mostrara interés por él. En su diario el zar Nicolás escribió sobre su primer encuentro con Rasputín: «Hemos conocido a un hombre de Dios, Grigori, de la provincia de Tobolsk».

Este hombre, de gran estatura, aspecto tosco y mirada hipnótica, que acababa de hacer su aparición en el palacio de Alejandro también contaba con el respaldo de importantes miembros de la Iglesia en San Petersburgo, entre ellos el archimandrita Teófanes que lo recomendó a la pareja imperial con las siguientes palabras: «[…] es un campesino, un hombre de pueblo. Vuestras Majestades harán bien en escucharlo, pues a través de su persona habla la voz del pueblo ruso. Conozco sus pecados, que son muchos, y la mayoría de ellos repulsivos. Pero en él mora un ansia tan profunda de arrepentimiento y una confianza tan implícita en la compasión divina que yo me atrevería a garantizar su salvación eterna. Cada vez que se arrepiente, se le ve puro como un niño lavado en las aguas del bautismo. Es evidente que Dios ha decidido que él sea uno de Sus Elegidos».

El problema para Nicolás y Alejandra fue que Rasputín —apodado el Monje Loco—, a pesar de la fama que le precedía, no era un santo varón sino un farsante. Los verdaderos starets llevaban una vida religiosa austera, y renunciaban a la sexualidad. En el caso de este misterioso campesino se sabía que estaba casado, tenía tres hijos y mantenía un hogar en Siberia. Tampoco había dejado de lado los placeres relacionados con las mujeres y su apetito sexual era insaciable. Cuando hizo su aparición en San Petersburgo muchas damas aristocráticas, elegantes y envueltas en joyas, buscaron en él algo nuevo y atrevido. Si hay que creer en su interminable lista de conquistas femeninas, parece que él se sentía encantado de complacerlas en el lecho. Aunque los zares conocían el escandaloso pasado de Rasputín y su fama de libertino, lo aceptaron porque les parecía un pecador arrepentido cuyos poderes de sanación podían ser beneficiosos para su hijo.

Cuando Rasputín conoció a la zarina, ésta era una mujer enferma y muy vulnerable. Alejandra se podía pasar días enteros tumbada en su sillón del tocador presa «de terribles jaquecas, dolor en la espalda, las piernas y el corazón». Y sin embargo, a pesar de sus problemas y sufrimientos nunca se quejaba. Aceptó este nuevo golpe sin apenas protestar, tal como le confesó a su hermana Victoria, la única con la que podía sincerarse: «No creas que las enfermedades me deprimen en lo personal. No me importan, excepto al ver que mis seres queridos sufren por mi culpa y que no puedo cumplir con mis deberes. Pero cuando Dios envía una cruz como ésta, hay que cargar con ella». Aún era una mujer joven —tenía treinta y cinco años—, pero el sufrimiento de Alexei la había envejecido prematuramente. En una de sus conversaciones íntimas con Anna Výrubova, al comparar su vida de recién casada con su situación actual, le confesó: «Entonces me sentía tan feliz, tan sana y fuerte. Ahora soy una ruina».

La salud de la zarina nunca había sido buena, ni siquiera en su juventud. Ya entonces sufría dolores de ciática y los cinco embarazos y dos abortos que tuvo, unidos a la inquietud por el bienestar de su hijo, contribuyeron a empeorar su estado. A pesar de estar sobreprotegido, era inevitable que el pequeño Alexei sufriera algún accidente. Un leve golpe o un corte le producía episodios prolongados de dolor que la zarina vivía con enorme angustia. Mientras duraban no se separaba ni un instante de su lado, sosteniéndole la mano y escuchando sus gritos. El preceptor de francés de sus hijas, Pierre Gilliard, escribió: «El zarevich yacía gimiendo dolorosamente en la cama. Tenía la cabeza descansando sobre el brazo de la madre y la cara pequeña y mortalmente pálida era irreconocible. A veces, los gemidos cesaban y murmuraba una sola palabra: "Mami". Su madre le besaba los cabellos, la frente y los ojos como si el contacto con sus labios pudiese aliviar el dolor del niño y de su madre, testigo impotente del martirio de su hijo. […] Fue entonces cuando comprendí la tragedia secreta de su vida».

Hacia 1910 la influencia de Rasputín en la pareja imperial era cada vez mayor, y aunque eran muchos los detractores del falso santón, nada ni nadie podía hacer cambiar de opinión a la zarina. Ni siquiera lo consiguió su propia hermana, la gran duquesa viuda Isabel Feodorovna, quien viajó desde el monasterio de Moscú donde vivía recluida como una monja para hablar de este espinoso tema con ella. Conversaron en el Boudoir Malva de la zarina y su hermana le pidió que mandara a Rasputín de regreso a Siberia lo antes posible. Le advirtió sobre los inquietantes rumores que corrían fuera de la corte: se decía que era tal el poder del santón que influía sobre las decisiones del zar y su gobierno. Alejandra, tras escuchar impasible a su hermana, le rogó que no se inmiscuyera en sus asuntos personales y que debía mostrar una actitud menos crítica frente a un «hombre de Dios». Desde aquel tenso encuentro las dos hermanas, antaño bien avenidas, dejaron de hablarse.

La preocupación en la corte por la presencia de Rasputín era tan grande que el primer ministro ordenó investigar al supuesto starets, que tenía fama de mujeriego. Aunque las pruebas contra Rasputín eran más que evidentes, el zar estaba atado de pies y manos. Era consciente de que la influencia de este extraño personaje en su esposa aumentaba día tras día, pero tal como llegó a admitir en una ocasión: «Es mejor un solo Rasputín que diez ataques de histeria por día».

En 1912 tuvo lugar un suceso que acrecentó a los ojos de la zarina la santidad de su protegido. En otoño de aquel año, la familia imperial se encontraba en Spala, el pabellón de caza situado en Polonia, un lugar tranquilo rodeado de frondosos bosques. El zarevich se puso inesperadamente enfermo tras sufrir una caída y los médicos por primera vez temieron seriamente por su vida. Era necesario operar pero a causa de la hemofilia consideraron que la intervención era muy peligrosa. Cuando ya todo parecía perdido, y el niño sufría terribles accesos de dolor, Alejandra desesperada le pidió a Anna Výrubova que enviara un telegrama a Rasputín para que rezara por su hijo. La respuesta del santón tranquilizó a la zarina y decía así: «Dios ha visto tus lágrimas y ha oído tus plegarias. ¡Deja atrás tu sufrimiento! Tu hijo vivirá [...]. El pequeño no va a morir. No permitas que los médicos le molesten demasiado». Casi de inmediato Alexei comenzó a mostrar signos de recuperación. La gran duquesa Olga, que no sentía la menor simpatía por Rasputín, confesó: «Por increíble que pueda parecer, en una hora, mi sobrino estaba fuera de peligro». Los médicos del zarevich no daban crédito a lo ocurrido y reconocieron que «la recuperación era absolutamente inexplicable desde un punto de vista médico».

Durante los años siguientes, Rasputín fue capaz de aliviar los sufrimientos del zarevich. No fue una ilusión de su madre la zarina porque muchos testigos lo vieron. Aunque nadie sabía a ciencia cierta cómo obraba estos «milagros», Alejandra estaba convencida de que podía curar a su hijo mediante la fuerza de la oración. En una ocasión su cuñada Olga Alejandrovna afirmó tajante: «Ni mi hermano el zar Nicolás ni su esposa creyeron nunca que aquel hombre estuviese dotado de poderes sobrenaturales. Ellos lo veían como un campesino a quien su profunda fe había convertido en un instrumento de Dios, pero nada más que para el caso de Alexei. La zarina tenía neuralgias y sufría ciática, pero nunca vi que ese siberiano la ayudase o aliviara su dolor». Rasputín, aunque jamás tuvo un cargo oficial en la corte y no recibió ningún salario, supo aprovecharse de su privilegiada posición y la confianza que le tenía la pareja imperial. Pero tras lo ocurrido en Spala en aquel otoño de 1912 Alejandra sólo tenía claro que mientras este personaje estuviera a su lado su hijo viviría y el mundo sería para ella un lugar mejor.

EL OCASO DE UN IMPERIO

En 1913 se cumplían los trescientos años de reinado de la dinastía Romanov en Rusia y la ocasión se celebró por todo lo alto. Pero en sus viajes por el interior del país, el zar descubriría con gran preocupación el poco entusiasmo que mostraba el pueblo ante una fecha para él tan señalada. Las ceremonias comenzaron el 6 de marzo en San Petersburgo con un grave incidente. En el interior de la catedral un desconocido con aspecto de campesino estaba sentado en uno de los asientos reservados para los miembros de la Duma. Cuando el presidente del Parlamento se acercó, comprobó sorprendido que era Rasputín. Tras una violenta discusión el presidente consiguió echarle. La familia imperial llegó poco después a la catedral y fueron recibidos con un silencio hostil en lugar de las habituales ovaciones. Era su primera gran aparición pública en la capital en diez años y aun así las celebraciones dejaron indiferentes a la mayor parte del público. Alejandra decidió suspender los bailes imperiales programados para festejar el tricentenario y sólo apareció en un baile ofrecido por la nobleza de San Petersburgo en la Salón de las Columnas.

Aquella noche la zarina no bailó y a medida que pasaban las horas se mostraba más tirante e irritable. En un momento de la velada no pudo aguantar más y le pidió a su esposo que la acompañara fuera de la sala. Cuando se cerraron las puertas tras ellos, Alejandra se desmayó en sus brazos. En verano, el ambiente era tan tenso en San Petersburgo que el zar adelantó sus vacaciones en Livadia, donde se alojaron en su nueva residencia, el espléndido Palacio Blanco. De estilo renancentista y diseñado al gusto de la zarina, tenía más de cien habitaciones, amplios balcones y frescas galerías con vistas a los jardines y un extenso parque. Uno de sus patios interiores era una copia magnífica del claustro de San Marcos de Florencia. El suntuoso palacio, grande y muy caro, construido lejos de la capital, demostraba que en 1911 los zares pensaban aún que su reinado sería largo. Tras la revolución, Lenin lo transformó en sanatorio para obreros y campesinos. La familia imperial apenas pudo pasar cuatro veranos en ese lugar de ensueño que tanto gustaba a la zarina porque le recordaba al castillo de Osborne.

Las celebraciones del tricentenario culminaron con una peregrinación de toda la familia Romanov para conmemorar al primer zar, Miguel. Navegaron en barco por el río Volga hasta Kostromá y a lo largo del trayecto muchos campesinos se acercaron a la orilla más por curiosidad que por honrar a su zar. Era una ocasión única para ver a las cuatro grandes duquesas y al zarevich que rara vez aparecían en público. La zarina había criado a sus hijas totalmente apartadas del pueblo ruso, y para la mayoría eran unas desconocidas. Alejandra eligió que permanecieran alejadas todo lo posible de la influencia perniciosa de otros miembros del clan Romanov y del ambiente hedonista de la capital. Aunque la mayor, Olga, iba a cumplir los dieciocho años, no se dejaba asistir a las chicas a las fiestas y los espléndidos bailes que se celebraban en San Petersburgo, ni tener contacto con jóvenes de su edad. Al mantenerlas protegidas en el cerrado mundo de Tsárskoye Seló, las grandes duquesas crecieron muy apegadas a sus padres y tenían un carácter muy infantil. El jefe de la cancillería de la corte imperial, Aleksandr Mossolov, escribió: «Jamás escuché la más mínima palabra o sugerencia de coqueteo entre ellas, incluso cuando las dos mayores ya se habían convertido en verdaderas mujeres, uno podía escucharlas hablar como niñas de once o doce años».

Cuando se convirtieron en adolescentes comenzó a destacar la belleza y personalidad de cada una de ellas. Aunque se juzgaba a la zarina altiva, manipuladora y cegada por Rasputín, también era generosa y tenía un gran sentido del sacrificio, tal como demostró al atender a los soldados rusos heridos en la guerra. Sus hijas heredaron su bondad, su sencillez y su capacidad de entrega. Las cuatro fueron educadas por su madre en los ideales victorianos: Dios, la familia y el país. Los que las trataron recuerdan que no eran nada altivas, estaban muy unidas y sentían debilidad por su hermano pequeño Alexei.

En el palacio de Alejandro dormían en camas plegables, de manera espartana, en dormitorios decorados sin ninguna pretensión. Olga, la mayor y la más unida a su padre, se mostraba seria y responsable, y dedicaba gran parte de su tiempo a la lectura. Tatiana, la más hermosa de todas, tenía un porte muy elegante, era refinada y muy parecida en carácter a su madre. De cabello oscuro, piel muy blanca y ojos grises, se la veía reservada pero muy segura de sí misma. María era una artista con un talento innato para el dibujo. Aunque la menos estudiosa, era fuerte, enérgica y muy inteligente. La menor, Anastasia, era la más traviesa y divertida, y la que pasaba más tiempo jugando y entreteniendo al zarevich.

La zarina quería a todas sus hijas pero con el tiempo Alexei se convirtió en su favorito. Día y noche no dejaba de prodigarle atenciones y afecto, y nunca se separaba de su lado cuando el pequeño sufría con intensidad a raíz de la hemofilia que ella le había transmitido. Esa devoción era recíproca porque el zarevich sentía adoración por su madre. La familia era el orgullo y la única alegría de Alejandra. En una carta escrita en 1913, así lo reconocía: «Mis hijitos están creciendo con gran rapidez y en verdad son un consuelo para nosotros (las mayores muchas veces me reemplazan en mis funciones y están mucho con su padre); los cinco enternecen por la forma en que me cuidan, mi vida familiar es un rayo de sol bendito, excepto por la angustia de nuestro hijo».

Aunque en ocasiones podía ser una madre muy estricta y severa, tenía claro que ella no intervendría en los futuros matrimonios de sus hijos, al contrario de lo que hizo su querida abuela Victoria: «Tengo el deber de dejar que mis hijas sean libres de casarse según los deseos de cada una. El emperador tendrá que decidir si este o aquel matrimonio es adecuado para sus hijas, pero la autoridad de los padres no tiene que extenderse más allá de eso». Mientras la zarina veía crecer a sus hijos en su palacio de Livadia, donde se sentía libre de los convencionalismos sociales y las miradas hostiles de la corte, un terrible atentado iba a encender la mecha de una guerra de proporciones catastróficas.

Una soleada mañana de verano, el archiduque Francisco Fernando de Habsburgo, heredero del trono austrohúngaro, y su esposa murieron asesinados a tiros en la ciudad de Sarajevo. Era el 28 de junio de 1914 y cinco semanas más tarde el estallido de la Primera Guerra Mundial tendría consecuencias devastadoras sobre las tres grandes dinastías reinantes en Europa. En menos de cinco años las casas imperiales de los Habsburgo, los Hohenzollern y los Romanov fueron derrocadas. El Imperio ruso, aliado de Serbia, no pudo mantenerse neutral y sufriría las consecuencias de la guerra de manera más directa e inmediata. Ante la gravedad de los acontecimientos que se avecinaban, la zarina se mostraba profundamente preocupada y pasaba largos ratos en la iglesia rezando con gran fervor.

El 2 de agosto de 1914 el zar declaró la guerra a Alemania desde el Palacio de Invierno de San Petersburgo ante miles de personas que se congregaron en la gran plaza. Cuando la familia imperial hizo su aparición en el balcón, una multitud entusiasta se arrodilló frente a ellos en un gesto espontáneo de lealtad y afecto hacia los zares. A pesar de las huelgas y el descontento popular, el anuncio de la guerra contra Alemania levantó el fervor patriótico del pueblo ruso. Alejandra era muy consciente de que la batalla que iban a librar sería larga y cruenta: «Será una lucha terrible, monstruosa; la humanidad está a punto de pasar por un sufrimiento atroz».

Muy pronto el entusiasmo del pueblo ruso dejaría paso a la decepción tras sufrir los primeros reveses en el campo de batalla. Alemania, muy superior en armamento y destreza táctica, en pocos meses aplastaría al ejército ruso en el frente. A finales de 1914 habían muerto más de un millón de soldados rusos. Rasputín, que desde el principio se mantuvo en contra de la guerra, envió una advertencia al zar en los siguientes términos: «Que Papá no planee una guerra, porque con la guerra llegará el fin de Rusia y de ustedes mismos, y perderán hasta el último hombre». Cuando Nicolás leyó el mensaje que le entregó en mano Anna Výrubova, indignado rompió el telegrama delante de ella.

A medida que pasaban los meses, Rusia mostraba un mayor sentimiento antialemán. En las calles turbas violentas destrozaron tiendas alemanas y el edificio de su embajada fue arrasado. Incluso el Santo Sínodo prohibió los árboles de Navidad por entender que era una costumbre alemana. En aquellos días el odio contra la zarina, alemana de nacimiento, se acentuó. La acusaban de ser una espía y de intentar entregar a Rusia al enemigo, su primo el káiser Guillermo. Sin embargo, los sentimientos de Alejandra eran muy distintos y en más de una ocasión había declarado que se sentía más rusa que muchos de los que la atacaban. El embajador de Francia en Rusia desde 1914 hasta 1917, Maurice Paléologue, quien conocía bien la devoción de la zarina por Rusia, anotó en su diario: «Alejandra Feodorovna no es alemana ni en espíritu ni en pensamiento, y nunca lo fue. En su fuero interno se ha vuelto rusa por completo, no tengo dudas sobre el patriotismo de la zarina. El amor que siente por Rusia es profundo y sincero».

Desde el primer momento Alejandra creyó que la responsabilidad de la guerra recaía sobre Alemania, un país que confesaba no reconocer. Nunca había sentido simpatía hacia su primo el káiser, quien le parecía un hombre poco sincero, engreído y manipulador. Pero el pueblo no conocía estos pensamientos de su emperatriz. Un día una gran multitud se reunió en la Plaza Roja de Moscú reclamando su arresto, la abdicación del zar y la ejecución de Rasputín. Los manifestantes no dejaban de repetir el nombre de la zarina y se referían a ella como «la puta alemana». Parecía que Alejandra iba a correr la misma suerte que la reina de Francia nacida en Austria, María Antonieta, cuyo retrato colgaba en un salón del palacio de Alejandro. Uno de los tíos de Nicolás II, el gran duque Pablo, reconocía que se planeó encerrar a la zarina bajo llave en un convento de Siberia o en los Urales, método que se había utilizado en el pasado para encargarse de las mujeres de la realeza con demasiadas ambiciones o acusadas de traidoras.

A pesar de las protestas del pueblo, Alejandra no estaba dispuesta a alejar de su vida a Rasputín aunque éste se mostrara cada vez más altivo y orgulloso al ser su protegido. En una ocasión el falso santón le dijo a un diplomático ruso: «Se dicen muchas cosas sobre la emperatriz y yo. Es algo infame. Ayer fui a verla. Pobrecita; ella también tiene la necesidad de hablar con alguien con franqueza. Sufre mucho. Yo la consuelo: le hablo de Dios y de nosotros, los campesinos, y ella se calma. ¡Ah! No fue sino ayer que se durmió sobre mi hombro».

El muy astuto sabía cómo chantajear emocionalmente a la zarina y el poder que ejercía sobre ella. «Recuerde que no la necesito ni a usted ni al emperador. Si me abandonan a mis enemigos, no me preocuparé; puedo encargarme de ellos bastante bien. Los mismísimos demonios no pueden hacerme nada [...]. Pero ni el emperador ni usted pueden prescindir de mí. Si no estoy yo para protegerlos, ¡a su hijo va a pasarle algo malo!» Ante estas amenazas y la idea de perder al hombre que era capaz de curar a su querido zarevich, Alejandra le rogó al zar que confiara plenamente en su amigo. Llegó a estar tan convencida de que el campesino era realmente un ser especial, que en una ocasión le regaló a su esposo el peine del santón y le suplicó que lo utilizara «para peinarse antes de tomar decisiones difíciles».

El 5 de agosto de 1915, Varsovia caía en manos de los alemanes y el zar, abrumado por el pesar y la humillación, destituyó a su primo el gran duque Nicolás Nikolaievich que ejercía el mando supremo del ejército. De manera inesperada, Nicolás II decidió reemplazarle y asumir personalmente el cargo de comandante en jefe del ejército. Cuando anunció la noticia a sus ministros, éstos trataron de disuadirle pero fue inútil. Los miembros de la familia Romanov se sentían horrorizados de la imprudente decisión que había tomado y del gran riesgo que corría si perdía la guerra.

A diferencia de todos, Alejandra se alegró de que su esposo asumiera esta responsabilidad y estaba convencida de que el zar había sido elegido por Dios para salvar a Rusia. Cuando viajaba en tren rumbo al cuartel general, Nicolás recibió una carta de felicitación de su esposa donde, entre otras cosas, le decía: «Nosotros, a quienes se nos enseñó a mirarlo todo en una perspectiva distinta, a ver en qué consiste realmente la lucha y lo que significa: tú mostrando tu dominio, probando que eres el autócrata sin el cual Rusia no puede existir. Si en estos difíciles momentos hubieses cedido, te habrían arrancado todavía más cosas. Mostrarse firme es la única salvación. Sé lo que te cuesta y los sufrimientos horribles que tienes que afrontar y afrontas. [...] Será una gloriosa página de tu reinado y de la historia de Rusia, y Dios, que es justo y está cerca de ti, salvará a tu país y a tu trono gracias a tu propia firmeza».

Fue en tan duros momentos cuando la zarina demostró su compleja personalidad. Por un lado era una mujer dominante, obstinada y fanática que creía firmemente que había que preservar el poder absoluto de la monarquía en Rusia; sin embargo, llegado el momento era capaz de sacrificarse por el pueblo ruso y ayudar a los que más lo necesitaban. En ausencia de su esposo se consagró al trabajo en los hospitales pero no se limitó a visitar y a consolar a los heridos. Alejandra quiso ofrecer un ejemplo y aunque durante muchos años se negó a participar en actividades sociales y aparecer en actos públicos, la guerra la transformó. Antes llevaba una vida ociosa y casi recluida, solía dormir hasta el mediodía y rara vez abandonaba sus aposentos. Pero durante la contienda se levantaba a las seis de la mañana, asistía a misa y a las nueve, vestida con su uniforme de enfermera, iba al hospital en compañía de Olga y Tatiana.

Su amiga Anna Výrubova alabó los esfuerzos de la emperatriz durante la Gran Guerra: «He visto a la emperatriz de Rusia en la sala de operaciones sosteniendo las mascarillas de éter, trayendo los instrumentos esterilizados, ayudando en las operaciones más difíciles y recibiendo de las manos de los atareados cirujanos las piernas y los brazos amputados, retirando los vendajes ensangrentados e incluso podridos que provenían del campo de batalla, soportando todas las imágenes y todos los olores y los sufrimientos del más terrible de los lugares que uno pueda imaginar, un hospital militar en medio de la guerra». Aunque muchos lo ignoraban, la zarina no sólo organizó hospitales y trenes sanitarios, también donó grandes sumas de dinero para conseguir material médico. Gracias a ella, hacia finales de 1914 funcionaban sólo en la ciudad de San Petersburgo ochenta y cinco hospitales. El propio zar estaba impresionado por el éxito de su esposa y su capacidad de trabajo.

Desde el frente ruso llegaban oleadas de soldados heridos a la ciudad y hubo que improvisar hospitales en grandes edificios, entre ellos varios palacios de la familia imperial emplazados dentro de San Petersburgo y en sus inmediaciones. Alejandra organizó su propio hospital para los oficiales rusos en una sala del palacio de Catalina de Tsárskoye Seló. La zarina y sus dos hijas mayores realizaron un cursillo de primeros auxilios en la Cruz Roja, tal como le escribió emocionada en una carta a su hermana Victoria: «Nuestras mañanas en el hospital continúan y cada semana llega un tren con nuevos heridos. En el palacio grande tenemos a los oficiales, y voy allí todas las tardes para ver a uno que sufre mucho. Ha sufrido contusiones, y durante la última semana siempre estuvo inconsciente, sin reconocer a nadie. Cuando le hablo y conversamos, me mira y entonces me reconoce, me lleva las manos a su pecho y dice que ahora se siente reconfortado y feliz».

En este tiempo Alejandra Feodorovna representó dos papeles: la regia esposa del zar y la entregada enfermera que atendía a los heridos de guerra. En público seguía mostrándose fría y orgullosa incluso cuando debía visitar a los jóvenes cadetes que partían al frente. Era la digna representante de la dinastía de los Romanov y nunca bajaba la guardia. Jamás se permitía en público una sonrisa o una lágrima. Pero en las salas del palacio de Catalina dejaba atrás el rígido protocolo y se convertía en una mujer compasiva y humana que no reprimía sus sentimientos. Así se lo confesó a Nicolás: «Mi consuelo, cuando me siento deprimida y desdichada, es ir con quienes están muy enfermos e intentar llevarles un rayo de amor y esperanza».

Durante los dos años que Nicolás permaneció ausente, Alejandra le escribió más de cuatrocientas cartas, en ocasiones dos o tres al día. Le gustaba perfumar el papel con su fragancia favorita o introducir en el sobre flores que recogía de los jardines de Tsárskoye Seló. En sus cartas le detallaba las jornadas en el hospital y el sufrimiento de los soldados, pero también expresaba sus sentimientos más íntimos. Extensas y escritas en inglés, sus páginas reflejan la pasión y el amor físico que aún siente por su esposo. «Hace cuatro meses que no dormimos juntos» o «Deposito mi beso de buenas noches sobre tu almohada y ansío tenerte cerca… en mis pensamientos, te veo acostado en el compartimiento, me inclino sobre ti, te bendigo y beso dulcemente toda tu cara… oh, querido, cuán intensamente deseo que estés conmigo…». También le informaba puntualmente en sus misivas de sus períodos menstruales, en los siguientes términos: «El Ingeniero Mecánico me vino», «Becker nos vino hoy a Tatiana y a mí, qué bueno que haya sido antes de tiempo, pues así viajaré mejor».

Nicolás II dirigía a sus tropas desde su cuartel general, la

Stavka, situado en la ciudad de Mogilev, lejos de San Petersburgo. El zar se alojaba en la mansión del gobernador provin-
cial, una hermosa y amplia residencia situada en lo alto de una
colina. En 1915, decidió llevar a su hijo Alexei, de once años,
a vivir con él para que aprendiera sobre el terreno las técnicas
de mando. Alejandra en un primer momento se negó pero
luego recordó que su esposo llegó al trono de Rusia sin la
menor preparación para afrontar sus responsabilidades como
zar. Era comprensible que Nicolás no quisiera repetir el mismo error que cometió con él su padre Alejandro III.

En las siguientes semanas la zarina, temerosa de que su
hijo cayera enfermo, le escribió a diario a su esposo y le en-
viaba un sinfín de consejos maternales. Pero las extremas medidas de seguridad que rodeaban y asfixiaban al niño no pudieron impedir lo inevitable. Alexei sufrió un grave ataque de
hemofilia a causa de un resfriado y estuvo al borde de la
muerte. Cuando regresó con su padre al palacio de Alejandro,
los médicos le dieron pocas esperanzas; el pequeño podía morir en cualquier instante. Una vez más Alejandra, desesperada,
recurrió a Rasputín, quien se presentó en el palacio y fue directamente a la habitación del niño. Tras permanecer un rato
al borde de la cama, mientras los zares a su lado oraban de
rodillas, dijo: «No se alarmen. No sucederá nada». El campesino abandonó el palacio y Alexei, que había estado sufriendo
lo indecible a causa del dolor, se durmió. La hemorragia se
detuvo durante la noche. Para la zarina, Rasputín había obra-
do otro nuevo milagro.

Durante la larga ausencia de su esposo, Alejandra hizo
algo más que organizar hospitales y atender a los heridos.
Cuando Nicolás abandonó la capital rumbo al cuartel general,
dejó a su esposa al frente del gobierno. Una decisión descabe-

llada teniendo en cuenta que la zarina no tenía experiencia política y creía que la Duma y los ministros eran enemigos. Ajena a las críticas, se sentía orgullosa de poder ayudar a su marido en tan difíciles momentos, tal como le indicaba en las cartas que le escribía: «Amor mío, estoy aquí, no te rías de tu tonta y vieja esposita, pero ella tiene "pantalones" invisibles». Para la zarina lo que Rusia necesitaba era firmeza y preservar la autocracia por el bien de su hijo, el príncipe heredero.

La torpe influencia que ejercía sobre el zar queda refleja- da en los consejos que le daba tratándole como si fuera un niño: «¡Juega al emperador! Recuerda que eres el autócrata. Hábla- les a tus ministros como señor. [...] Sé como Pedro el Grande [...]. Aplástalos a todos. No te rías, niño malo. Deseo tanto ver que tratas así a quienes intentan gobernarte, cuando eres tú quien tendría que gobernarlos a ellos». Lejos de sentirse mo- lesto porque su esposa lo reprendiera, al zar le hacían gracia sus palabras y le respondía firmando sus cartas: «Te quiere tu pobrecito y débil esposo». Embriagada por el poder que aho- ra tenía, Alejandra no dejaría de dar órdenes directas a su ma- rido y emitir juicios políticos mientras Rusia se precipitaba al abismo. Su interferencia en los asuntos de gobierno le gran- jearon muchos enemigos pero la zarina creía que sabía muy bien lo que le convenía a Rusia. En 1916, le escribió a Nico- lás: «¿Por qué me odia la gente? Porque saben que tengo vo- luntad, y cuando estoy convencida de que algo está bien, no cambio de idea. Los que me tienen miedo, los que no me miran a los ojos, o están haciendo algo malo, nunca me quie- ren [...]. Pero los que son buenos y leales a ti con honestidad y sencillez, sí me quieren; fíjate si no en la gente común y en los militares».

Todos los miembros de la familia Romanov sabían que el

fin estaba cerca. Algunos habían visitado al zar en su cuartel general intentando que modificase su política, que exiliara a Rasputín y que no permitiera que su esposa interviniera en los asuntos de Estado. Pero el zar se negó en rotundo a seguir sus recomendaciones. En otoño de aquel año la gran duquesa viuda Isabel Feodorovna, vestida con el hábito gris de su orden, abandonó de nuevo su convento de Moscú para hablar con su hermana. La conversación en uno de los salones del palacio de Alejandro fue tensa y aunque Ella le advirtió que podían correr la misma suerte que Luis XVI y María Antonieta, la zarina no la escuchó. Fue el final de la relación entre ambas hermanas, que no volverían a verse.

Cuando Isabel, muy respetada en el seno de la familia imperial, le contó al príncipe Félix Yusupov que su hermana nunca cambiaría de idea respecto a Rasputín, los acontecimientos se precipitaron. Fue entonces cuando el príncipe Félix, el gran duque Dimitri Romanov —primo del zar— y un integrante de la Duma conspiraron para asesinar al campesino. Le invitaron a cenar al palacio de los Yusupov de San Petersburgo, propiedad de la familia de Félix, donde le sirvieron vino y pasteles envenenados. Viendo que no le hacía efecto, le dispararon con un revólver para acabar con su vida. Los asesinos arrojaron de noche su cuerpo al río Neva. Cuando unos días más tarde la zarina se enteró de la muerte de Rasputín se quedó en estado de shock. La idea de perder a la única persona que ella consideraba indispensable para la supervivencia de su hijo, unido al horror de descubrir que detrás de su asesinato estaban algunos miembros del clan de los Romanov, le hicieron venirse abajo.

El zar se sentía tan aterrado como ella. Rasputín había dicho a la zarina en más de una ocasión: «Si muero o me abandonas, perderás a tu hijo y tu trono en el plazo de seis meses». Como castigo Nicolás II ordenó el destierro de Félix a una propiedad en Rusia central y Dimitri fue enviado al frente en Persia. El gran duque Pablo, tío de Nicolás, rogó al zar que no castigara a su hijo Dimitri con tanta severidad, pero éste le respondió: «La emperatriz no puede permitir que lo liberen». Esta negativa tensaría aún más las difíciles relaciones entre el matrimonio y el clan Romanov. Las puertas de Tsárskoye Seló se cerraron definitivamente a los familiares del zar. Nicolás y Alejandra estaban cada vez más solos y aislados.

La zarina, desconsolada, enterró a su protegido en un rincón del parque de Tsárskoye Seló, en presencia de su viuda y de sus hijos. Antes de cerrar el ataúd, depositó un icono firmado por los zares y sus hijos, y una carta escrita de puño y letra por la propia emperatriz. Durante las semanas siguientes a su muerte, Alejandra apenas abandonó sus aposentos y pasaba horas enteras llorando. El asesinato de Rasputín fue un duro golpe para ella pero no la destruyó ni la apartó de la política. Al contrario, la influencia en las decisiones de su marido sería aún mayor. Nicolás no hacía nada sin el beneplácito de su esposa. Ante esta situación la familia imperial intentó apartar al zar del trono, se habló incluso de matar a la zarina, porque veían en ella el principal escollo para que se produjera un cambio en Rusia. En el Parlamento se habló por primera vez de un golpe de Estado, y su presidente avisó al zar de que se estaba gestando una revolución. El 9 de marzo de 1917 estalló una violencia sin precedentes en la capital, se organizaron huelgas por doquier, se clausuró la universidad y muchas escuelas cerraron sus puertas. Frente a la catedral de Kazán los soldados dispararon contra los manifestantes y la anarquía se apoderó de las calles. El presidente de la Duma desoyó la orden del zar de disolver el Parlamento.

Tras la deserción de la guardia imperial, el 16 de marzo Nicolás II supo que había perdido totalmente el poder y el control del país. Sin dudarlo, aceptó abdicar para evitarle al pueblo ruso un baño de sangre. Con una simple firma —y tras la renuncia a la sucesión de su hermano menor el gran duque Miguel— se puso fin a la dinastía Romanov. La caída del zar conmocionó a toda Europa. El hecho de que el pueblo hubiera derrocado a una familia tan antigua y poderosa significaba que las demás coronas podían correr la misma suerte.

Después de meses insistiendo a su esposo que se mantuviera firme en su puesto y se hiciera valer, cuando Alejandra se enteró de que había abdicado, se mostró muy comprensiva con él. En lugar de lamentarse por lo ocurrido, sólo pensó en el sufrimiento que estaba atravesando Nicolás y le escribió: «Entiendo totalmente lo que hiciste, ¡mi héroe! Yo sé que no podías firmar nada contra lo que juraste en tu coronación. Sabes que nos conocemos profundamente, no necesitamos hablar, mientras yo viva, te veremos otra vez en tu trono, que te devolverá tu pueblo, para gloria de tu reino. Has salvado el reino de tu hijo y el país y tu santa pureza. Te aprieto fuerte entre mis brazos y nunca les permitiré que toquen tu alma brillante. Te beso, te beso, te beso y te bendigo y siempre te comprenderé».

Cuando el zar abdicó, pusieron bajo arresto domiciliario a su esposa y a sus hijos en un ala del palacio de Alejandro vigilados por soldados revolucionarios. En aquel momento sus hijos Olga, Tatiana y Alexei yacían enfermos en la cama muy graves a causa del sarampión. Alejandra, desesperada, telefoneó a Lili Dehn que vivía en San Petersburgo para que se reuniera con ella y la ayudara en tan duros momentos. Cuando su amiga llegó en tren a la estación intentó tranquilizar a la zarina diciéndole que no se preocupara, que la situación no era grave y que su vida no corría peligro.

La realidad era muy distinta, el caos y la violencia se habían apoderado de la capital. Aquella noche, antes de acostarse, Alejandra le dijo a Lili: «No quiero que las niñas sepan nada hasta que sea imposible ocultarles la verdad, pero la gente está bebiendo demasiado y hay disparos indiscriminados en las calles. Oh, Lili, qué suerte que tengamos aquí las tropas más fieles. Está la guardia, todos son nuestros amigos». Pero en pocas horas una turba comenzó a llegar a los límites del parque imperial de Tsárskoye Seló y los soldados leales a la familia real que defendían el palacio de Alejandro desertaron.

Mientras esperaba ansiosa el regreso del zar a la capital, Alejandra se dedicó a destruir numerosas cartas, documentos y diarios para evitar que los revolucionarios se apoderaran de ellos y pudieran utilizarlos en su contra. Las cartas que más le costó quemar fueron las que le había escrito durante años su querida abuela la reina Victoria y las cartas de amor de su esposo. Ahora todo había acabado y sólo le quedaban los dulces recuerdos del pasado. Durante veintidós azarosos años había sido la gran emperatriz de Rusia y entonces bruscamente perdía el poder y el prestigio. Ya sólo era Alejandra Romanov, prisionera en su propio palacio y sin saber qué le depararía el destino a ella y a su familia. Los que antes les protegieron ahora eran sus carceleros.

Los revolucionarios les cortaron la luz eléctrica y el abastecimiento de agua. La temperatura exterior en aquellos días era de veintidós grados bajo cero y en el interior del palacio la calefacción dejó de funcionar. Aunque muchos pensaban que la zarina, con su frágil salud, no soportaría esta terrible y humillante situación, supo mantener en todo momento la compostura. Un amigo dijo al respecto: «La fe que profesaba acudió en su rescate».

Durante su cautiverio en el palacio de Alejandro, lo que más le dolía a la emperatriz eran los ataques que la prensa dirigía a su esposo. En una carta a un oficial de la armada rusa que había sido paciente de ella en el hospital de Tsárskoye Seló durante la Gran Guerra, le expresó su indignación con estas palabras: «Escriben tantas porquerías sobre él [Nicolás II], que es una mente débil y cosas por el estilo. Y cada vez es peor; tiro los periódicos al suelo, duele, siempre duele. Todo lo bueno se olvida, es tan difícil leer mentiras sobre la gente que uno ama… Cuando escriban porquerías sobre mí… déjalos, ya han empezado a atormentarme hace tiempo, ya no me importa, pero que lo difamen a él, que ensucien el nombre del Soberano Ungido por Dios, eso no se puede soportar. Tú sabes que he perdido casi toda la fe en las personas, y sin embargo, todo mi ser descansa en Dios y no importa lo que suceda, esta fe no me la pueden arrebatar…».

Cuando Nicolás pudo regresar al fin a Tsárskoye Seló unos días después de su abdicación, su rostro delataba la tensión y el agotamiento que había vivido. Aunque en público trataba de mantenerse sereno, cuando se encontraba a solas con su esposa en el Boudoir Malva lloraba como un niño. Durante las primeras semanas de cautiverio se le permitía salir al exterior del palacio y dar un paseo diario de treinta minutos escoltado por sus captores. El emperador y sus hijas también trabajaban en el jardín y en los meses más cálidos podían cultivar la huerta. La zarina en cambio no salía apenas, parecía envejecida, tenía débiles las piernas y el corazón. Su esposo

debía llevarla en silla de ruedas y ella se desplazaba por la habitación con ayuda de unas muletas.

El 3 abril, de manera inesperada, los zares recibieron la
visita de Kerensky, ministro de Justicia del gobierno provisional y principal líder de la revolución de marzo. Deseaba interrogar a la zarina acerca de sus «actividades traidoras durante
la guerra» e inspeccionar el palacio en busca de pruebas incri-
minatorias. La investigación duró dieciocho días y en este
tiempo Kerenski ordenó que el zar fuera apartado de su esposa y confinado en otra ala del palacio. Nicolás sólo podría
verla durante las comidas y en presencia de un oficial de la
guardia. Tenían que hablar en ruso y se les prohibió tratar temas de política. Tras someter a Alejandra a un largo interro-
gatorio sobre el papel político que ésta había desempeñado,
Kerenski creyó en su sinceridad. Le llamó la atención «la cla-
ridad, la energía y la franqueza de las palabras de Alejandra».
Cuando terminó su investigación, declaró a la zarina inocente
de las acusaciones de traición y dijo al zar: «Su esposa no
miente».

Antes de salir del palacio, Kerenski ordenó que las compañeras de la zarina, Lili Dehn y Anna Výrubova, abandonaran la residencia. Para Alejandra fue muy triste despedirse de
las únicas personas de confianza que todavía conservaba a su
lado. Eran sus únicas amigas y confidentes. Como temiendo
lo peor, la emperatriz tras abrazar a Lili, le dijo: «Querida amiga, al sufrir nos purificamos para ir al cielo. Esta despedida
significa poco. Volveremos a vernos en otro mundo».

Alejandra, confinada en el palacio, apenas abandonaba su
sillón del Boudoir Malva y tenía la mente perdida en el pasado. Ya no podía adornar sus aposentos con los ramos de flores
frescas que a diario le traían de los invernaderos de Tsárskoye

Seló. Tampoco podía recibir noticias del mundo exterior y estaban estrechamente vigilados. El comportamiento digno y sereno de Nicolás y Alejandra contrastaba con la insolencia y brutalidad de los soldados encargados de su custodia. El trato que les dispensaban, incluidos sus hijos, era cada vez más denigrante. A la zarina la llamaban «la mujer del tirano» y recibía toda clase de insultos. Nicolás, al que se dirigían como «señor coronel», tampoco se libraba de las burlas y el hostigamiento de sus captores. Un día Alejandra descubrió horrorizada que aquellos hombres se habían dedicado a disparar y matar no sólo a los ciervos domesticados sino también a los hermosos cisnes de los lagos.

En aquellos funestos días la zarina reflexionaba sobre todo lo ocurrido, y por primera vez se sintió culpable del derrocamiento de su esposo. Alejada de la vida política y de sus tareas de enfermera, se refugió en lo único que le daba consuelo: su fe religiosa. La invadió el fatalismo y comenzó a pensar que ella y su marido debían pagar por los pecados que habían cometido. De alguna manera en aquellos solitarios días Alejandra se preparaba para un largo e inminente martirio. La noticia de que un grupo de soldados había saqueado la tumba de Rasputín y profanado su cadáver, no hizo más que reafirmarla en su convencimiento de que su protegido «era un hombre de Dios que había muerto para salvarnos». Sólo la idea de que finalmente se les permitiría exiliarse a Inglaterra le daba ánimos en tan críticos momentos. A esas alturas de su largo cautiverio Alejandra y Nicolás ignoraban que en Londres su primo el rey Jorge V se había lavado las manos y su gobierno les había negado el asilo. En Inglaterra imperaba un sentimiento muy antialemán y los Romanov no contaban con el cariño de los británicos.

En agosto de 1917, tras seis meses de cautiverio, Alejandra
y su familia recibieron la noticia de su inminente traslado.
Primero se alegraron porque creían que serían conducidos a
su residencia de Livadia en Crimea, cuyo clima resultaría beneficioso para la frágil salud de Alexei. Prepararon ilusionados
el equipaje sin saber cuál iba a ser su nuevo destino. Sólo les
aconsejaron llevar ropa de abrigo y no cargar muchos objetos
personales. La noche del 15 de agosto la familia real y su séquito abandonaron el palacio de Alejandro para siempre. En
una carta de despedida a su dama de compañía Anna Výrubova, la zarina le expresaba su angustia por el futuro de sus hijos:
«[…] mi corazón ya débil se rompe cuando pienso qué les
sucederá». El zarevich acababa de cumplir trece años.

La nueva residencia de los zares se encontraba en Tobolsk,
una remota ciudad situada a unos mil doscientos kilómetros al
este de Moscú, en Siberia. Allí se alojaron en la mansión del
gobernador, un edificio grande de dos plantas emplazado en
una avenida polvorienta. En un principio su vivienda no les
pareció mal pues tras decorarla con algunos muebles, cuadros,
alfombras y objetos personales que les permitieron llevarse
consigo de Tsárskoye Seló, quedó bastante confortable. Además se les autorizó a pasear libremente por las calles y visitar a
los miembros de su séquito —compuesto, entre otros, por
médicos, preceptores, ayudantes de cámara, lacayos, doncellas,
cocineros, un encargado de vinos, un mayordomo, enfermeras, un barbero y un secretario—, que se alojaban en un edificio anexo. Los vecinos del pueblo se acercaban a ellos para
expresarles su lealtad y cuando iban a misa, la gente se persig-
naba a su paso.

Pero llegó el invierno y las condiciones de vida se hicieron
muy duras. La calefacción de la casa no funcionaba y la tempe-

ratura exterior llegó hasta los cincuenta grados bajo cero. El pueblo, durante aquellos meses invernales, quedaba aislado del resto del mundo y sólo se podía acceder a él por el río durante el deshielo. Era imposible escapar de allí. Al zar, que necesitaba hacer ejercicio, se le permitió cortar troncos de leña para utilizar en las estufas y en la cocina. Era su único pasatiempo.

Alejandra leía la Biblia, daba lecciones de alemán a sus hijas y pese a su vista cansada tejía medias para la familia y zurcía las prendas de sus hijos. A pesar de las penurias la zarina aún se mostraba tranquila y resignada. En una carta a su amiga Anna Výrubova que había sido puesta en libertad tras cinco meses prisionera en San Petersburgo, le decía: «Cuanto más sufrimos aquí, mejor será la vida en el otro mundo, donde tantos seres queridos nos esperan… Leo mucho y vivo en el pasado, tan abundante en hermosos recuerdos. Dios está con nosotros, sentimos su apoyo y a menudo nos asombra la posibilidad de soportar acontecimientos y separaciones que antaño nos hubieran podido destruir. Aunque sufrimos horriblemente, de todos modos reina la paz en nuestras almas… Ya no comprendo nada de lo que sucede. Todos parecen haber enloquecido… Amor mío, quema mis cartas. Es mejor. No he conservado nada de ese pasado al que tanto amé… Uno conserva únicamente lágrimas y recuerdos agradecidos. Una por una las cosas terrenales se esfuman, las casas y las posesiones caen arruinadas, los amigos desaparecen. Uno vive de día en día».

A primeros de noviembre de 1917, Vladimir Lenin y los bolcheviques tomaron el poder y derrocaron al gobierno provisional de Kerenski. La vida del zar y de su familia corría más peligro que nunca, aunque ellos en su aislamiento ignoraban el rumbo que estaba tomando Rusia. A medida que se acercaba la Navidad y avanzaba el crudo invierno siberiano, Ale-

jandra cayó en una profunda depresión. Los días eran «desesperadamente tediosos» debido a la prolongada oscuridad
—apenas tenían dos horas de luz solar— y el frío intenso que
hacía dentro de la casa. El doctor Botkin, médico de la familia
imperial que les acompañaba, escribió en su diario: «El invierno siberiano nos tenía, en aquel entonces, entre sus garras
heladas… Lo único que se puede hacer es sentarse, desesperado y temblar… uno no vive durante el invierno siberiano,
sólo vegeta, en una suerte de helado estupor».

Finalmente el 25 de abril de 1918 los líderes bolcheviques decidieron que el zar debía abandonar Tobolsk y dirigirse a la ciudad industrial de Ekaterimburgo, a quinientos kilómetros de distancia. Temían que el Ejército Blanco, fiel a la
monarquía, pudiera liberar a los Romanov y sacarles del país.
Aunque Alexei había sufrido otro ataque hemofílico, su madre —presionada por sus hijas— optó por acompañar a su
esposo y dejar al niño al cuidado de sus hermanas y su preceptor. Para Alejandra fue uno de los momentos más amargos
de su vida porque nunca antes había abandonado a su hijo
cuando éste se encontraba enfermo.

Antes de marcharse de Tobolsk, escribió su última carta a
Anna en la que le anunciaba lo que les deparaba el futuro: «La
atmósfera alrededor de nosotros está bastante electrizada. Sentimos que se aproxima una tormenta, pero sabemos que Dios
es compasivo y nos preservará…». Aunque la zarina siempre
había temido por la suerte de su amiga, tras ser liberada de su
encierro en la fortaleza de San Pedro y San Pablo, Anna Výrubova se fue a vivir a Finlandia, donde falleció a la edad
de ochenta años. En homenaje a su venerada zarina, antes de
abandonar Rusia le pidió a su amigo, el escritor revolucionario Maksim Gorki, que escribiese sus memorias. El libro, titu-

lado *Vida en la corte rusa*, es un testimonio histórico excepcional de la vida de la familia imperial rusa.

Aunque la separación de los zares de sus hijos fue muy dura, al cabo de unas semanas la familia se reunió de nuevo en Ekaterimburgo. La casa en que se instalaron pertenecía a la familia Ipatiev, y había sido requisada por los bolcheviques, quienes la rebautizaron con el nombre de «la Casa de la Finalidad Especial». Su vida en esta nueva prisión iba a ser un infierno. Los soldados rodearon la residencia con una alta empalizada de madera y cubrieron con cal todas las ventanas del piso principal impidiendo que pudieran ver el exterior. El espacio que tenían era muy reducido y carecían de las mínimas comodidades.

El matrimonio, sus cinco hijos y una doncella ocuparon los dormitorios. El resto de los criados que se les permitió conservar dormían en divanes instalados en el salón o en los pasillos. Sus vigilantes, setenta y cinco hombres que montaban guardia día y noche, les trataban con gran severidad. Fue su encierro más duro e inhumano. Sin embargo, ante el comportamiento ejemplar que mostraban tanto Alejandra como su esposo y sus hijos, algunos guardianes sintieron compasión hacia ellos. Uno de sus captores, Anatoly Yakimov, confesaría que dejó de ver a los zares como unos tiranos sanguinarios y a valorar su entereza durante su encierro: «Después de haberlos visto personalmente, comencé a cambiar mi actitud frente a ellos. Empecé a compadecerlos porque eran seres humanos… Concebí incluso la idea de dejarles escapar o hacer algo para liberarles».

Durante los meses siguientes los Romanov vivieron una pesadilla marcada por el miedo y la incertidumbre. Nunca sabían si al día siguiente estarían aún vivos o si les separarían o matarían. A principios de junio se levantó alrededor de la casa una segunda empalizada, más alta que la anterior, de tal modo que la fachada quedó prácticamente oculta desde la calle. Alejandra sintió que el peligro era eminente. Estaban solos y aislados del mundo exterior. Los guardias que ahora les vigilaban eran miembros de la policía secreta bolchevique, liderada por el siniestro Yákov Yurovski, designado comandante de la casa Ipatiev.

El 16 de julio, tras un día tedioso y sofocante como los demás, los miembros de la familia imperial se fueron a acostar a las diez y media. Horas antes Yurovski había convocado en su despacho al capitán de los guardias y había dado la orden de fusilarlos a todos. Tres horas más tarde el comandante despertó al doctor Botkin y le pidió que avisara al matrimonio y a sus hijos de que por motivos de seguridad debían pasar la noche en el sótano. Tras lavarse y vestirse, los prisioneros salieron de las habitaciones. Nicolás sostenía en brazos a su hijo Alexei, seguido de su esposa que caminaba con la ayuda de un bastón. Las cuatro grandes duquesas, vestidas con camisas blancas y faldas negras, iban detrás de ellos. Tatiana sujetaba a su perrito spaniel, del que no se había separado desde que abandonaron Tsárskoye Seló. La doncella llevaba dos almohadas que ocultaban en su interior pequeños cofres que contenían las joyas pertenecientes a la zarina y a sus hijas. El doctor Botkin, el ayudante de cámara y el cocinero cerraban la marcha.

Eran las dos de la madrugada y nadie parecía alarmado. Descendieron al sótano sin sospechar nada y el matrimonio se sentó en las dos únicas sillas que había en aquella habitación vacía. Las cuatro muchachas y los sirvientes permanecieron de pie detrás de ellos. Tras unos tensos minutos de espera, un pelotón de ejecución formado por diez hombres irrumpió en la estancia disparando a los presentes. Yurovski dio el tiro de gracia que alcanzó a Nicolás y lo derribó sobre el cuerpo de su hijo Alexei. Alejandra se persignó y al instante una bala atravesó su cabeza y la lanzó hacia atrás. Falleció en el acto, no así sus hijos que sufrieron una auténtica tortura. Las cuatro jóvenes asustadas se agruparon en un rincón del sótano y gritaban horrorizadas. Los asesinos que les disparaban se dieron cuenta de que no conseguían matarlas a causa de las joyas que ocultaban en el interior de sus corsés. Para acabar con ellas, las remataron a golpes de bayoneta.

Los disparos cesaron pero unos gemidos rompieron el silencio del lugar. Era Alexei, que aún estaba vivo porque se había protegido de las balas con el cuerpo de su padre. El propio Yurovski se acercó hasta él y le abatió a sangre fría con su revólver repetidas veces hasta que dejó de moverse. La escena era dantesca, tal como la describió un testigo: «La habitación estaba llena de humo, olía a pólvora y un enorme charco de sangre cubría el suelo de la estancia donde yacían apiñados los cadáveres de la familia del zar y sus sirvientes».

En los años ochenta el destino quiso que los restos de la familia imperial fueran hallados e identificados tras permanecer ocultos en el bosque de Koptiaki, a las afueras de Ekaterimburgo. Hoy descansan al fin todos juntos en un panteón de la catedral de San Pedro y San Pablo de San Petersburgo, donde nunca faltan flores y coronas en su memoria. En noviembre de 1981, en una ceremonia cargada de simbolismo, el zar Nicolás II y su familia fueron canonizados por la Iglesia ortodoxa rusa en el exilio. Aquel día Alejandra Feodorovna, nieta predilecta de la reina Victoria y la última emperatriz de Rusia, se convirtió en mártir y santa. A ella, mujer devota que encontró en la religión consuelo a todos sus tormentos, este gesto seguramente la habría conmovido.

Bibliografía

Alexandre, P. y De l'Aulnoit, B., *Victoria reina y emperatriz*, Edhasa, Barcelona, 2001.

Allem, M., *La Vie Quotidienne sous le Second Empire*, Hachette, París, 1961.

Anderson, B. y Zinsser, J., *Historia de las mujeres*, Crítica, Barcelona, 1991.

André-Maurois, S., *Miss Howard. La femme qui fit l'empereur*, Gallimard, París, 1956.

Aubry, O., *Eugenia de Montijo*, Iberia, Barcelona, 1992.

Beladiez, E., *Españolas reinas de Francia*, Prensa Española, Madrid, 1979.

Bennassar, B., *Reinas y princesas del Renacimiento a la Ilustración*, Paidós, Barcelona, 2007.

Benson, A. C. y E., *The Letters of Queen Victoria*, John Murray, Londres, 1908.

Bluche, F., *La Vie Quotidienne au Temps de Louis XVI*, Hachette, París, 1988.

Buxhoeveden, S., *The Life and Tragedy of Alexandra Feodorovna*, Longmans, Green and Co, Londres, 1928.

Campan, Mme., *Mémoires de Madame Campan: première femme de chambre de Marie-Antoinette*, Jean Chalon, París, 1988.

—, *Memorias sobre la vida de María Antonieta, reina de Francia y de Navarra*, Surco, Barcelona, 1943.

Caso, A., *Elisabeth*, Planeta, Barcelona, 1995.

Castillon du Perron, *La princesse Mathilde. Un règne féminin sous le Scond Empire*, Perrin, París, 1963.

Chalon, J., *Querida María Antonieta*, Salvat, Barcelona, 1995.

Chateaubriand, F.-R., *Memorias de ultratumba*, Alianza, Madrid, 2005.

Chaussinand-Nogaret, G., *Las mujeres del rey*, Vergara, Buenos Aires, 1993.

Chauvel, G., *Eugenia de Montijo*, Edhasa, Barcelona, 2000.

Chiappe, J.-F., *Louis XVI*, Perrin, París, 1987.

Christomanos, C., *Sissi*, Tusquets, Barcelona, 1988.

Corti, E., *Elisabeth*, Iberia, Barcelona, 1943.

De Allendesalazar, U., *La reina Cristina de Suecia*, Marcial Pons, Madrid, 2009.

De Austria, M. A., *Mi testamento*, Funanbulista, Madrid, 2007.

De Goncourt, E. y J., *Historia de María Antonieta*, Reguera, Barcelona, 1948.

De Habsburgo, C., *La maldición de Sissi*, La Esfera de los Libros, Madrid, 2013.

—, *María Antonieta*, La Esfera de los Libros, Madrid, 2007.

De Metternich, P., *Souvenirs*, Plon, París, 1922.

Delors, C., *For the King*, Dutton, Nueva York, 2010.

—, *Mistress of the Revolution*, Dutton, Nueva York, 2008.

Des Cars, J., *Eugenia de Montijo, la última emperatriz*, Ariel, Barcelona, 2003.

Desternes, S. y Chaudet, H., *L'Impératice Eugénie intime*, Hachette, París, 1955.

—, *La vida privada de la emperatriz Eugenia*, Vergara, Barcelona, 1956.

Díaz-Plaja, F., *Eugenia de Montijo, emperatriz de los franceses*, Planeta, Barcelona, 1992.

Felder, E., *Vida y pasión de grandes mujeres*, Imaginador, Buenos Aires, 2003.

Figes, O., *La revolución rusa: la tragedia de un pueblo*, Edhasa, Barcelona, 2001.

Fisas, C., *Historia de las historias de amor*, Planeta, Barcelona, 1993.

Fokkelman, M., «Sissi, bulímica y anoréxica», Crónica *El Mundo*, n.º 346, junio, 2002.

Fraser, A., *María Antonieta*, Edhasa, Barcelona, 2006.

Gelardi, J., *From Splendor to Revolution: The Romanov Women 1847-1928*, St. Martin's Press, Nueva York, 2011.

—, *Nacidas para reinar*, El Ateneo, Buenos Aires, 2006.

Gil, J., *Cartas familiares de la emperatriz Eugenia*, Iberia, Barcelona, 1944.

Girard, L., *Napoleón III*, Hachette, París, 1993.

Godechot, J., *Los orígenes de la Revolución Francesa: la toma de la Bastilla*, Sarpe, Madrid, 1985.

Hamann, B., *Sisi, emperatriz contra su voluntad*, Juventud, Barcelona, 1989.

King, G., *La última emperatriz de Rusia*, Javier Vergara, Buenos Aires, 1995.

La Tour du Pin, Mme., *Escape from Terror: the Journal of Madame La Tour du Pin*, Folio Society, Londres, 1979.

Langlade, E., *Rose Bertin: creator of fashion at the court of Marie-Antoinette*, Charles Scribner's Sons, Nueva York, 1913.

Lenotre, G., *El cautiverio y la muerte de María Antonieta*, Plus Ultra, Madrid, 1946.

Margarit, I., *Eugenia de Montijo y Napoleón III*, Plaza & Janés, Barcelona, 1999.

Marshall, D., *The Life and Times of Queen Victoria*, George Weidenfeld and Nicholson, Londres, 1972.

Massie, R., *Nicolás y Alejandra*, Plaza & Janés, Barcelona, 1971.

—, *The Romanovs: The Final Chapter*, Jonathan Cape, Londres, 1995.

Merimée, P., *Lattres à la comtesse de Montijo*, Mercure de France, París, 1955.

Moix, A. M., *Vals negro*, Lumen, Barcelona, 1994.

Montero, R., *Pasiones*, Aguilar, Madrid, 1999.

Murat, L., *La Reine Christine de Suède*, Flammarion, París, 1934.

Neumann, A., *La Reine Christine de Suède*, Payot, París, 1936.

Quilliet, B., *Cristina de Suecia, un rey excepcional*, Planeta, Barcelona, 1993.

St. Aubyn, G., *Queen Victoria: A Portrait,* Sinclair-Stevenson, Londres, 1991.

Stefano, M., *Cortesanas célebres*, Zeus, Barcelona, 1961.

Strachey, L., *La reina Victoria*, Lumen, Barcelona, 2008.

Sztáray, I., *Aus den letzten Jahren der Kaiserin Elisabeth*, Amalthea, Viena, 2004.

Thomas, Ch., *La reina desalmada*, El Aleph, Barcelona, 1992.

Victoria, Reina de Gran Bretaña, *The Letters of Queen Victoria*, John Murray, Londres, 1907.

Villamor, A., *Sissi Emperatriz, Elizabeth de Austria*, Edimat Libros, Madrid, 2007.

Villa-Urrutia, W., *Cristina de Suecia*, Espasa Calpe, Madrid, 1941.

Voltes, M. J. y P., *Las mujeres en la historia de España*, Planeta, Barcelona, 1986.

Von der Heyden-Rynsch, V., *Cristina de Suecia, la reina enigmática*, Tusquets, Barcelona, 2001.

Von der Pfalz, L., *Cartas de la princesa palatina*, Caparrós, Madrid, 2003.

Wheatcroft, A., *Los Habsburgo: la personificación del imperio*, Planeta, Barcelona, 1996.

Zweig, S., *María Antonieta*, Juventud, Barcelona, 2007.

Agradecimientos

Son muchas las personas que han hecho posible este libro. En primer lugar *Reinas malditas* no existiría sin el ánimo constante de mi esposo José Diéguez, mi crítico más exigente. Mi enorme gratitud a mi amiga y compañera de viajes, Pilar Latorre, por su apoyo a todos mis proyectos. A Jackie Bassat por estar siempre a mi lado y colaborar en las presentaciones de mis libros.

Doy las gracias a Belén Junco por hacer posible el magnífico especial publicado en la revista *¡Hola!* que inspiró este libro, y a Marta Gordillo por su inestimable ayuda y buen hacer. También a mi admirada escritora Mamen Sánchez, por su generosidad y los buenos momentos compartidos.

A mi amiga, la periodista Gemma Nierga, mi «talismán», por su profesionalidad y buena disposición a la hora de presentar mis libros. Y al fotógrafo Javier Alonso Asensio, por sus buenos retratos y complicidad.

Y a mis otras amigas Rosa del Rey, Esther González-Cano, María Rosa Chico, Teresa Gumiel y Stella Lamas que me han acompañado durante estos largos años de escritura. A mis queridas Patricia Almarcegui, Juana Andueza y Ana Lara, por sus sabios consejos y por levantarme el ánimo en los días sombríos. Y a Mario Sabido, por cuidar de la salud de la autora.

Y a mis editores David Trías, Virginia Fernández y Emilia Lope, mi agradecimiento por su ánimo, paciencia y entusiasmo. Y a Leticia Rodero y Alicia Martí, del departamento de prensa, que consiguen hacer más llevaderas mis promociones.

Por último, dar las gracias a mi hijo Álex Diéguez, que también ha compartido esta aventura.

Reinas malditas de Cristina Morató
se terminó de imprimir en noviembre de 2016
en los talleres de
Impresora Tauro S.A. de C.V.
Av. Plutarco Elías Calles 396, col. Los Reyes,
Ciudad de México

HUMAN Extended version Vol 1
817 ETA St Apt 1502
National City 91950